L'ÉLOQUENCE POLITIQUE

EN GRÈCE

DÉMOSTHÈNE

PAR

L. BRÉDIF

ANCIEN ÉLÈVE DE L'ÉCOLE NORMALE
RECTEUR DE L'ACADÉMIE DE CHAMBÉRY

DEUXIÈME ÉDITION

PARIS
LIBRAIRIE HACHETTE ET Cⁱᵉ
79, BOULEVARD SAINT-GERMAIN, 79

1886

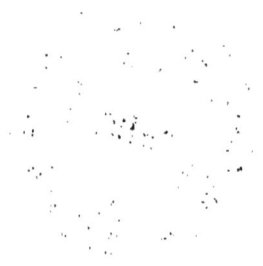

L'ÉLOQUENCE POLITIQUE

EN GRÈCE

DÉMOSTHÈNE

PAR

L. BRÉDIF

ANCIEN ÉLÈVE DE L'ÉCOLE NORMALE
RECTEUR DE L'ACADÉMIE DE CHAMBÉRY

DEUXIÈME ÉDITION

PARIS

LIBRAIRIE HACHETTE ET Cie

79, BOULEVARD SAINT-GERMAIN, 79

1886

GENÈVE.— IMPRIMERIE SCHUCHARDT.

PRÉFACE

DE LA

SECONDE ÉDITION

L'accueil bienveillant fait à la première édition de cet ouvrage par le public et la presse nous
a engagé à le rééditer, après une revision attentive. Afin de l'accommoder à son nouveau format,
nous avons dû en resserrer certaines parties et
réduire les notes. Ce travail de concentration l'a
rendu plus rapide, sans nuire sans doute à l'intérêt qu'il a paru d'abord offrir. Ainsi allégé (malgré plusieurs additions) et plus maniable, l'ouvrage ira plus aisément aux mains de la jeunesse
studieuse et des lettrés. Peut-être aussi ne sera-
t-il pas indifférent aux personnes que touchent les
préoccupations familières, dans tous les temps, à
l'éloquence politique.

Qu'il nous soit permis d'espérer que cette étude conscienceuse et personnelle, honorée d'une traduction à l'étranger[1], et où la critique littéraire et la philosophie morale s'allient naturellement, continuera de répondre au vœu de l'auteur. Puisse-t-elle, grâce à l'éloquence de celui que nous appellerions volontiers le grand Hellène, entretenir dans l'âme des lecteurs le sentiment du vrai et du beau, la passion de la dignité nationale, le respect des devoirs du citoyen.

L. Brédif.

---

[1] Political eloquence in Greece. Demosthenes, by L. Brédif, translated by M.-J. Mac Mahon, A.-M. — Chicago. S.-C. Griggs and Company, 1881.

Erratum : p. 81, ligne 29e; Qui *préservera*; lire : Qui *préserva*.

PRÉFACE

DE LA

PREMIÈRE ÉDITION

« Ce qui distingue l'homme de l'animal et le Grec du Barbare, c'est la supériorité de l'intelligence et de la parole. » Isocrate aurait pu ajouter que le meilleur usage à faire de la parole est de l'appliquer à l'examen et à la défense des intérêts de la cité. L'éloquence politique a été l'un des éléments essentiels et l'une des gloires les moins contestées de la démocratie athénienne. Nous ne pouvions songer à l'étudier en détail dans ses divers développements. L'éloquence politique en Grèce, aux temps des invasions barbares et de la guerre du Péloponèse, n'a laissé aucun monument original. Il eût fallu en suivre la trace dans des documents de seconde main, interprètes quelquefois assez fidèles (chez Thucydide), mais rares et insuffisants. D'autre part, durant les quarante années qui s'écoulent entre la prise d'Athènes par Lysandre et l'apparition de Philippe aux abords de la Grèce (404-359), l'éloquence attique est surtout judiciaire ; la politique ne s'y mêle qu'incidemment. Aussi, tout en profitant des lumières dont les souvenirs des premiers âges éclairent d'une manière générale l'histoire de l'éloquence politique, nous avons particulièrement retracé l'image de celle qui a illustré l'époque macédonienne. Démosthène et ses contemporains ne sont pas toute l'éloquence grecque, mais ils la représentent avec le plus d'éclat, à l'un des moments les plus pathétiques de la vie du monde grec.

Deux grandes personnalités éclipsent toutes les autres au milieu du quatrième siècle de l'histoire hellénique (362-336) : Philippe et Démosthène. Ils sont, avec le peuple athénien, les trois acteurs du drame national qui se déroule en Grèce. Nous avons tracé le portrait du roi de Macédoine et celui de la cité qu'il combat. Quant à Démosthène, son œuvre politique et oratoire remplit cet ouvrage et l'anime. Il y paraît à tout moment comme acteur ou comme témoin. Nous serions heureux que le lecteur eût autant de plaisir à écouter ses dépositions éloquentes que les héliastes en trouvaient à entendre lire par le greffier celles d'Homère et de Solon, de Sophocle et d'Euripide.

Nous avons cru pouvoir toucher à l'éloquence judiciaire d'Athènes sans manquer au titre de cet ouvrage. L'avocat et l'orateur politique sont si étroitement entrelacés chez les anciens, qu'il est fort malaisé, sinon impossible de les désunir. Les intérêts particuliers et les préoccupations politiques s'entre-croisaient sans cesse dans des cités où l'homme privé ne se séparait guère du citoyen. Ainsi le barreau s'y transformait en arène politique; les passions qui agitaient l'assemblée du peuple pouvaient agiter aussi le tribunal. Les débats offraient alors le spectacle doublement intéressant d'antagonistes défendant leur vie ou leur honneur, en même temps qu'ils disputaient sur les affaires de l'État, délibération publique greffée sur un duel. Dans ces conditions, on n'est pas surpris d'entendre un consulaire, le prince de la tribune politique à Rome, déférer la primauté à l'éloquence judiciaire, la plus difficile peut-être des œuvres humaines, mais aussi la plus belle [1].— Un procès politique a été l'origine du chef-d'œuvre oratoire de Cicéron, la *Milonienne*.

Une cause particulière cimentait à Athènes l'union des genres délibératif et judiciaire : le ministère public y était étendu au public entier. Le droit accordé, pour ne pas dire le devoir imposé à tout citoyen de poursuivre les crimes ou délits politiques, favorisait la confusion perpétuelle de la tribune et du barreau, en provoquant des accusations dont trop souvent l'intérêt privé s'armait au nom de l'intérêt de l'État. Les trois discours qui seuls nous restent d'Eschine sont trois plaidoyers politiques. En dehors des *Philippiques*

---

[1] In causarum contentionibus magnum est quoddam opus, atque haud scio an de humanis operibus longe maximum. *De oratore*, II, 17.

et des *Olynthiennes*, les plus belles harangues de Démosthène [1]
sont mêlées, dans une mesure presque égale, de l'élément
délibératif et du judiciaire. Ajoutez à cela qu'Athènes n'avait
pas de juges spéciaux pour les diverses causes. Qu'il s'agît
d'une revendication civile ou d'un débat politique, le tribunal
était toujours une partie plus ou moins considérable de la
multitude athénienne, auditoire populaire dont l'orateur gou-
vernait l'esprit et maniait les passions à l'aide de procédés
identiques. De là, chez les Attiques, l'affinité des mœurs
oratoires de la tribune et du barreau, et la nécessité pour
bien comprendre les orateurs politiques d'Athènes de voir à
l'œuvre ses avocats.

Un témoin, pour défier les soupçons, doit n'être ni l'allié,
ni le serviteur de la personne en cause. A ces conditions le
tribunal des Lettres pourrait en ajouter une autre : celle de
ne pas être son traducteur ou son critique. C'est une prévention assez commune de se passionner en faveur de l'écrivain
qu'un long commerce sympathique s'est approprié ; l'exacte
vérité pâtit quelquefois de cet excès de tendresse. Les grands
noms ajoutent à cette affection intéressée un prestige qui fa-
vorise l'illusion. Sans doute, il ne faut point parler de si nobles
personnages à la légère ; mais, si l'on doit le respect à leur
gloire, on doit au lecteur toute la vérité. Nous croyons avoir
étudié le roi de la tribune antique avec une vénération libre
de partialité. Le citoyen, le politique, l'orateur sont assez forts
en lui pour supporter le blâme auquel l'homme et le polémiste
n'ont pas toujours échappé.

On a reproché à Brébœuf d'être plus Lucain que Lucain
lui-même (*Lucano Lucanior*). Tel interprète de Démosthène,
non satisfait sans doute de l'éloquence de l'original, y ajoute
à sa manière. Par malheur, les Attiques n'étaient pas élo-
quents à la française : parer Démosthène, c'est le travestir ;
lui enfler la voix ne le rend pas moins méconnaissable. Où il
a rappelé des *torts*, le traducteur, avec la meilleure intention
du monde, dénonce des *forfaits*. « Demeurez en repos, confiants
et armés » devient : « Attendez sans bruit, l'épée à la main,

---

[1] *Leptinienne, Midienne, Contre Aristocrate, Sur la Chersonèse*, sur
les prévarications de l'*Ambassade, Sur la Couronne.*

la confiance dans le cœur. » — « Je parlerai avec franchise »
est froid ; on y substitue : « Rien n'enchaînera ma langue ! »
Ces scrupules partent d'un bon naturel ; mais ils manquent le
but. A défaut de pavé, une tendresse indiscrète jette des fleurs
ou des tropes à ce colosse. Le plus grand service qu'un ami
de Démosthène ait à lui rendre, est de ne pas chercher à
l'obliger de cette façon. Vous voulez que sa beauté ravisse ?
montrez-le simplement tel qu'il est. Vous lui épargnez ainsi
les « calomnies » dont se plaignait Addison [1], et vous vous
dérobez vous-mêmes à l'application de l'adage : *traduttore,
traditore*. Le traducteur doit être le premier auxiliaire du
critique : un orateur ancien bien traduit est à demi commenté [2].

Démétrius de Phalère disait de l'éloquence qu'elle est, dans
les États libres, ce qu'est le fer dans un combat. Les républiques bien ordonnées ne connaissaient pas d'autre champ
de bataille à l'intérieur que celui de la tribune, arène pacifique et féconde où la lutte s'engage entre les intelligences
sur le terrain commun du dévouement à l'État. Au souvenir
des conflits oratoires et sanglants du patriciat et des plébéiens
aux temps réputés les plus beaux de la République romaine,
l'auteur du *Dialogue des orateurs* accusait l'éloquence de vivre
de séditions. La France libre et unie la nourrit d'aliments
meilleurs. L'ère des séditions sociales ne s'ouvrira point pour
elle ; et, grâce à la Constitution qui l'a faite sa propre souveraine, elle saura éviter les fautes qui l'obligeraient à s'armer
du fer de la parole, comme l'Athènes de Démosthène, contre
des ennemis étrangers. Plus heureuse est, de nos jours, la
mission de la tribune française. Au sein de la paix, elle
cherche avec passion, elle expose avec éclat les plus chers
intérêts de la patrie. Aidée d'une puissante alliée, la presse,
elle se fait, par la sagesse des pensées, l'éducatrice politique
du peuple ; par la dignité des sentiments, elle maintient haute
l'âme de la France.

[1] « I have been *traduced* in french. »
[2] Pour faciliter au lecteur le recours au texte, nous suivrons la collec-
tion grecque-latine de Didot dans sa pagination et dans le classement
qu'elle donne des œuvres de Démosthène.

L'ÉLOQUENCE POLITIQUE EN GRÈCE

CHAPITRE PREMIER

INTRODUCTION

Au dix-septième siècle, alors que le discours public était presque borné à la chaire et au barreau, Fénelon relevait la toute-puissance de l'éloquence en Grèce. Aujourd'hui nos assemblées sont autre chose que des cérémonies : elles donnent de grands exemples de l'efficacité de l'éloquence, mais très éloignés encore des triomphes connus de l'antiquité grecque. Aussi est-il permis de partager, même de nos jours, l'admiration de l'auteur de la *Lettre à l'Académie*. L'éloquence n'exercera jamais chez nous la souveraineté dont elle jouissait à Athènes ; cela tient aux conditions toutes différentes de la vie politique chez les modernes et les anciens.

Dès son berceau, la Grèce grandit et se fortifia à la chaude lumière de la liberté. Aussi longtemps que dura son indépendance, elle vécut de la vie publique du Pnyx et de l'Agora. Dans les assemblées populaires où la nation se réunissait pour délibérer, l'éloquence était naturellement appelée à jouer un rôle prépondérant. La politique s'y faisait à ciel ouvert ; chacune

1

de ses délibérations était comme un drame joué par
des milliers d'acteurs dont les passions et les votes
dépendaient des maîtres de la tribune. Au milieu de
cités démocratiques jalouses à bon droit de se gouverner elles-mêmes et de voir clair dans leurs affaires,
« tous peuvent tout » selon le mot de Tacite ; c'est le
plus grand nombre qui décide sans appel des questions les plus graves, du choix des alliances, de la
paix ou de la guerre, de la vie ou de la mort des vaincus. « *Dans un état démocratique,* dit Eschine, *l'homme
privé est roi par la loi et le suffrage.* » Parfois un grand
citoyen paraît être le roi de la cité ; mais cette royauté
fragile tient à la faveur du peuple : le peuple l'a élevée, le peuple à son gré la renverse selon l'affection
du moment. Quel allié aidera l'homme d'État à conserver la confiance de la cité dont il se fait obéir ?
l'éloquence. Aux temps anciens, dit Aristote (*Politique,*
VIII, 4), les usurpateurs acceptés de la multitude
étaient des généraux. Car alors l'épée était plus habilement maniée et plus puissante que la parole ; « mais
de nos jours, grâce aux progrès de l'éloquence, il
suffit de savoir bien parler pour arriver à être chef du
peuple. Les orateurs n'usurpent pas, à cause de leur
ignorance militaire, ou du moins la chose est fort
rare. » Ainsi chez les Grecs la multitude était maîtresse de toute chose, et la parole était maîtresse de
la multitude.

Cette force de l'éloquence provoquait des effets
surprenants. L'armée athénienne est aux mains des
Siciliens vainqueurs. Dioclès, orateur populaire, conseille de faire périr les généraux, de vendre ou jeter
les soldats aux carrières : les Syracusains applaudis-
sent à ces rigueurs. Un citoyen, Nicolaos (pourtant
la guerre a moissonné ses deux fils), exhorte les vain-

queurs à la clémence : le peuple ému va pardonner.
Gylippe, général spartiate, alarmé de cette faiblesse
impolitique, parle à son tour ; la multitude exaspérée
vote le supplice. Un jour, à Athènes, les Mityléniens
révoltés sont condamnés en masse à périr, sur l'avis
de Cléon ; le lendemain, Diodote fait rougir le peuple
de cette barbarie imprudente et les Mityléniens sont
épargnés. L'éloquence régnait encore dans les assemblées amphictyoniques, sorte de conciles ou d'États
généraux de la Grèce, où s'agitaient les intérêts, pour
ne pas dire les débats politiques et religieux, de la
famille hellénique. Ainsi la parole était le grand ressort de la société grecque.

Dès l'origine, l'éloquence a fleuri en Grèce sans
efforts ni étude, comme dans son terrain le mieux
approprié. Cette spontanéité a été le fruit des qualités
natives de la race hellénique ; les mœurs et les institutions l'ont nourrie et portée à sa pleine maturité.
Sensibilité, imagination vive, souplesse et délicatesse
des organes, sympathie communicative, rien n'a manqué aux Hellènes pour rencontrer, sans recherche, le
talent de la parole. Le Grec est né parleur (ῥήτωρ), et
le milieu social où il a vécu, dès les temps héroïques,
l'a obligé à l'être avec une force convaincante et persuasive.

Dans son *Théâtre des rhéteurs* (1620), le père Cres-
solius, de la Compagnie de Jésus, s'empare d'un vers
de l'Odyssée (XIX, 179) pour faire remonter l'art de
la parole non pas au déluge de Deucalion, mais au
delà, au père de Deucalion, Minos, devenu sage profond et sophiste consommé, grâce aux leçons puisées
dans les conversations de Jupiter. Sans remonter si
haut, l'ingénieux érudit aurait pu se contenter de rappeler le trait de Pélée confiant Achille à Phénix pour

apprendre de lui « à parler et à agir ; » ou les vers
de l'Iliade (IX, 443 ; XV, 283) où sont mentionnées
les joutes oratoires auxquelles se plaisait la jeunesse
achéenne. Cette double influence des dons naturels et
des mœurs paraît manifeste dans Homère. La féodalité
héroïque y témoigne d'inclinations démocratiques où
se dessinent les futures institutions du gouvernement
populaire. Les orateurs porte-conseils (βουληφόροι) y
annoncent les conseillers et ministres ordinaires
d'Athènes ; même on y voit poindre le sycophante
démagogue avec Thersite. Image des assemblées de
l'Olympe, où les dieux se haranguent dans l'espoir de
mieux s'entendre, le conseil des chefs (βασιλεῖς) déli-
bère sur les intérêts publics, et l'assemblée du peuple
(λαός) ouvre à l'éloquence un champ plus vaste où la
gloire s'acquiert égale à celle des combats. Achille
est le premier héros de l'Iliade, le second est Ulysse ;
la lance du fils de Thétis est la plus décisive à l'action ;
la parole du fils de Sisyphe est la plus utile au conseil. Orateur irrésistible, sa voix est puissante, ses
paroles pressées et fortes renversent, entraînent
comme un ouragan de neige. Grâce à lui, l'éloquence,
comme le javelot d'Achille, peut guérir les maux
qu'elle a faits : le second chant de l'Iliade (vers 144
et suiv.) en offre un exemple mémorable. — En dehors
de la vie politique, quelle part n'est pas faite à l'éloquence dans le drame de l'Iliade, tout plein de passions promptes à s'exhaler, d'impétuosités à contenir,
de résistances à vaincre ! Si les Immortels y rient à
pleine gorge, les rois s'y injurient de même. A grand'
peine Nestor calme les tempêtes de ce Parlement ora-
geux. Ici, la colère obstinée d'Achille provoque des
supplications éloquentes ; là, les larmes du vieux
Priam mouillent les mains teintes du sang du dernier

de ses fils ; ailleurs, la tendresse d'Andromaque voudrait désarmer la valeur imprudente de son époux : inspirations pathétiques, que le drame et l'éloquence n'ont pas encore surpassées.

La puissance de la parole et l'importance de son rôle dès les temps homériques expliquent le soin du poète à marquer les caractères, même les attitudes diverses de ses orateurs. Elles justifient aussi ces vers significatifs de l'Odyssée (VIII, 167) : « Les dieux n'accordent pas à tous les hommes leurs dons aimables, les avantages du corps, la sagesse, l'éloquence : tel a l'extérieur chétif, mais un dieu couronne ses paroles de beauté ; à sa vue le peuple est charmé ; il s'énonce avec une assurance douce et modeste : il domine l'assemblée. S'il traverse la ville, on le contemple comme une divinité. »

Le pouvoir et la nécessité de l'éloquence s'accrurent à mesure que l'esprit de féodalité aristocratique des premiers âges fit place aux institutions démocratiques, et par suite celle des races grecques qui devait s'attacher le plus passionnément au gouvernement libre, devait aussi voir le mieux fleurir chez elle l'art de la parole. Ce privilège fut celui de la famille ionienne établie en Attique et devint le trésor d'Athènes (*Brutus*, 13). Ce don singulier était-il attaché au ciel même de l'Attique et le signe d'un lien mystérieux entre la nature du pays et l'esprit des habitants? « A peine sortie du Pirée, l'éloquence parcourut toutes les îles et voyagea dans l'Asie entière: mais, imprégnée des mœurs étrangères, elle perdit cette diction pure et saine apportée de l'Attique et oublia presque la langue maternelle » (*Orator,* 8). L'éloquence en Orient, même à Rhodes, désapprit les qualités puisées au sol natal, et Athènes demeura le séjour privilégié, la terre classique du talent de la parole.

Cette prédilection de l'éloquence pour la cité de Minerve s'explique aussi par le caractère des institutions athéniennes. A Rome, non contents d'avoir mis la main sur l'histoire, transformée à l'origine en une sorte de magistrature pontificale et gardienne partiale des titres de gloire et des privilèges de leur ordre, les patriciens s'étaient réservé le monopole de la connaissance des lois et des formules de la procédure : attaqué en justice, le client plébéien était à la merci de son patron. A Athènes, rien de semblable à cette tutelle abusive. La loi de Solon voulait que tout citoyen devant les tribunaux fût apte à soutenir son droit par la parole, comme par les armes sur le champ de bataille. Elle le contraignait à chercher dans la pratique du discours public une garantie nouvelle de son indépendance, un gage de sa dignité. « S'il est honteux, dit Aristote (*Rhétorique* I, 1), de ne pouvoir se défendre de son corps, il serait étrange qu'il ne le fût point de ne pouvoir se défendre de la parole, qui est le propre de l'homme bien plutôt que l'usage des facultés corporelles. » Pénétrée de cet esprit de liberté démocratique et d'initiative personnelle, la constitution de Solon avait donné à la vie politique et à la parole un essor que l'autorité des Pisistratides put tempérer, mais non détruire. Les quatre classes censitaires établies par le législateur formaient l'assemblée du peuple et fournissaient aux tribunaux les juges ou héliastes. Ainsi tous les citoyens, riches et pauvres, étaient admis, avec les archontes et l'aréopage, au partage de la souveraineté et à l'examen des affaires publiques. Les personnages considérables étaient obligés de donner leur avis motivé dans les assemblées. A l'ouverture de la séance, le héraut demandait à haute voix : « Qui des citoyens au-dessus de cinquante

ans veut prendre la parole? » La « très belle et très
sage » obligation des cinquante ans révolus, regrettée
par Eschine, tomba bientôt en désuétude, et le droit
pour tous de traiter les affaires à la tribune se déve-
loppa tous les jours avec les progrès de la liberté et
l'agrandissement de la cité[1].

Les réformes démocratiques apportées par le chef
des Alcméonides, Clisthène, à la constitution de Solon, après l'expulsion définitive des Pisistratides, im-
primèrent à l'activité politique d'Athènes un mouvement décisif qui élevait l'âme de la cité et la mission
de l'éloquence. Dès lors la liberté rendait Athènes capable de concevoir, d'exécuter de grandes choses et
aussi de les bien dire[2]. Le crédit, le pouvoir sont assurés plus que jamais, non au plus riche ou au plus
noble, mais au plus capable de discours persuasifs.

[1] « Les lois ordonnent à l'*orateur* et au *stratège* qui veut
avoir du crédit auprès du peuple d'avoir des enfants conformément à la loi, de posséder un bien-fonds sur le territoire et
de ne prétendre à diriger le peuple qu'après avoir donné tous
les gages légitimes » (Dinarque, *Contre Démosthène*, Didot, p.
166, § 71). — Plutarque (*De l'amour des enfants*) attribue à
Lycurgue et à Solon une loi contre les célibataires, loi en vigueur à Sparte, mais dont l'application à Athènes n'a pas laissé
de trace dans les orateurs attiques. Cette obligation d'être marié,
père et propriétaire (condition réclamée jadis par les théo-
riciens du *pays légal*), est peu conforme à l'esprit de liberté
tolérante des Athéniens. Les célibataires, se dérobant au détriment de la Cité à « l'impôt le plus continu et le plus coûteux
de tous » au sentiment d'Isocrate, pouvaient y être moins considérés ; on plaçait sur leur tombeau une figure symbolique
particulière (λουτροφόρος) ; mais la loi respectait envers eux le
principe fondamental de l'égalité des droits des citoyens.

[2] Aristote, *Politique* III, 1 ; VIII, 2 ; Hérodote, V, 78, 91 ;
Grote, *Histoire de la Grèce*, IV, 107 ; V, 353 ; VII, 338.

Les magistrats, devenus responsables, comparaissent au tribunal du peuple; leurs redditions de compte l'initient à l'administration, à la jurisprudence; elles l'exercent aux débats contradictoires. Les Athéniens d'alors ne connaissent pas d'autre école d'éloquence que le Pnyx. C'est, il est vrai, et de beaucoup la meilleure.

Les guerres médiques, à cet égard comme à plusieurs autres, donnèrent à Athènes une impulsion vigoureuse. Les maux de l'invasion étrangère sont quelquefois compensés par des bienfaits que l'ennemi apporte avec lui sans le savoir. A l'ambition conquérante des rois de Perse, Athènes (pour ne rien dire de l'union momentanée de presque toute la famille hellénique) dut l'apaisement de ses rivalités domestiques, la puissance maritime destinée à demeurer sa force caractéristique et dominante. Dès lors elle pouvait entonner son *Rule, Britannia, the waves;* sa vocation maritime était décidée. Le mouvement démocratique né forcément du mélange de toutes les classes sur les navires, fragile et dernier espoir de l'État; la recrudescence de ce sentiment d'égalité si vif de tout temps chez les Athéniens, mais encore développé par des épreuves et des victoires communes; l'épanouissement de l'autorité d'Athènes, maîtresse de l'hégémonie par droit de conquête morale, et devenue le centre politique et intellectuel du monde hellénique; cette exaltation méritée de la patrie des Miltiade, des Thémistocle et des Cimon, âme de la patrie commune, imprimaient une secousse féconde au génie d'Athènes et préparaient le siècle de Périclès.

Dès lors il fallut élargir la constitution de Clisthène, en vigueur depuis près de trente ans. Des quatre classes établies par Solon, maintenues par Clisthène, les

trois premières donnaient seules accès aux magistratures. La force du courant démocratique fut tel, après
l'expulsion des barbares, qu'un homme peu suspect
de démagogie, Aristide, proposa le premier d'étendre
l'éligibilité à tous les citoyens indistinctement. Cette
reconnaissance de l'égalité des droits fut consacrée
par l'établissement du tirage au sort pour toutes les
charges, sauf celle de stratège. Tous les Athéniens
sortis à leur honneur de l'épreuve de la *dokimasia,*
sorte d'enquête préalable sur la moralité et la capacité, pouvaient être appelés par la fève impartiale aux
plus hautes dignités, celles de sénateur, d'archonte[1].
Cette réforme, très favorable à l'extension du gouvernement populaire, l'était aussi à l'éloquence : elle
obligeait à l'exercice de la parole toutes les classes
des citoyens, même cette multitude marine (selon
l'expression légèrement dédaigneuse d'Aristote) qui,
à Salamine, avait sauvé l'État et assis la démocratie

[1] Le tirage au sort, raillé par Socrate (*Mémorables,* I, 2),
est aux yeux d'Aristote le caractère essentiel du gouvernement
populaire; *Politique,* VIII, 1. Montesquieu est aussi favorable
à ce mode de nomination ; *Esprit des Lois,* II, 2. Ce procédé
égalitaire simplifie merveilleusement la loi électorale. La Rome
républicaine armée de toutes pièces et faible contre la brigue,
la Rome impériale avec ses candidats officiels, auraient pu
maintes fois envier à Athènes ses candidats du Hasard. « A
Hérée, on abandonna la voix de l'élection pour celle du sort :
l'élection n'avait jamais amené que des intrigants au pouvoir. »
Politique, VIII, 2. Un client de Démosthène, Euxithée, se plaint
de l'opération électorale qui l'a exclu de son canton. « Nous
étions dans les ténèbres ; Eubulide remit à chacun de ses complices deux ou trois bulletins... il n'y avait pas plus de trente
votants, et dans l'urne le nombre des bulletins dépassa
soixante : jugez de notre étonnement ! » *(Contre Eubulide).*

sur des fondements indestructibles à toute autre force qu'à la démocratie même.

Une des fonctions publiques les plus considérables à Athènes, sans aucun caractère administratif ni pouvoir spécial, était celle d'orateur. Les orateurs d'Athènes étaient les ministres sans portefeuille de la Cité. Or ces ministres, non pas élus, ni même désignés par le sort, mais redevables de leur investiture à eux seuls, et s'instituant les conseillers du peuple de par leur ambition ou leur talent, étaient loin de descendre tous de familles d'eupatrides. Cléon était corroyeur, Hyperbolos lampiste, Cléophon facteur de lyres, Eucrate marchand d'étoupes, Lysiclès marchand de bestiaux; Isocrate était fils de luthier, Démosthène d'armurier, Iphicrate de cordonnier, Pythéas de meunier, Eschine d'un desservant de maître d'école; Démade, fils de matelot, fut d'abord matelot lui-même. La participation des artisans les plus modestes au gouvernement d'Athènes ne doit inspirer ni surprise ni défiance; les emplois ne semblent pas en avoir été plus mal remplis. « Dans les gouvernements despotiques où l'on abuse également de l'honneur, des postes et des rangs, on fait indifféremment d'un prince un goujat, et d'un goujat un prince[1]. » Il n'y avait pas de goujats à Athènes, ni de sots. Le niveau de la culture intellectuelle était plus égal dans les cités grecques que dans nos sociétés modernes, et les Athéniens en particulier, doués d'aptitudes très diverses, étaient propres à tout[2]. Nul n'était étonné en Grèce de voir un coureur

---

[1] *Esprit des Lois*, V, 19.

[2] Leur souplesse, εὐτραπελία, leur permettait de tout faire « avec grâce, » μέτα χαρίτων, sans jamais avoir à forcer leur talent. Thucydide, II, 41. Le sophiste Hippias d'Élis est un type curieux à cet égard (Platon, *Second Hippias*). Cf. Juvénal, *Satires*, III, 74.

(Diodore), chargé d'ambassade; un comédien (Aristodème), diplomate; un cordonnier, publiciste politique
(Simon, ami de Socrate). Laissons les historiens et
les poètes comiques se faire les échos des rancunes
aristocratiques et railler ces orateurs hommes d'État
« élevés sur le marché. » La constitution qui permettait aux diverses couches sociales de se mêler en une
seule, et donnait au plus humble le droit de s'élever
à la tête du gouvernement par l'ascendant du mérite
ou de la parole, était certainement la plus favorable
non seulement à la culture de l'éloquence, mais à
l'expansion des énergies individuelles, la vraie force
d'un État. « Dans la guerre, dit Aristote, d'étroits ca-
naux à franchir suffisent à rompre les phalanges;
dans l'État la moindre démarcation (contraire à la
fusion des classes) peut engendrer la discorde. »
Athènes avait nivelé le sol politique et comblé les
fondrières où la paix sociale trébuche parfois.

Périclès et Éphialte achevèrent l'œuvre de Solon,
de Clisthène et de Salamine. Ils réorganisèrent les
tribunaux (*dicasteria*) sur des bases très larges et,
pour parler le français d'Amyot, « se rangèrent à la
ligue du menu populaire, préférant la multitude de
la commune pauvre au petit nombre des nobles et des
riches. » Les archontes et l'aréopage, jadis investis
du pouvoir judiciaire, civil et criminel, en furent
presque entièrement dépouillés en faveur des tribunaux populaires où siégeaient des jurés désignés par
le sort, au nombre de six mille par an. L'exercice
assidu des droits politiques exige des loisirs et une
certaine aisance. Les juges reçurent un salaire quoti-
dien de deux oboles, élevé par Cléon à trois (environ
45 centimes). C'était un moyen d'attirer les classes
pauvres aux tribunaux et d'y faire prévaloir les in-

fluences démocratiques. Les *dicastes* n'avaient pas seulement à se prononcer sur une question de fait comme les jurys modernes, mais à juger les questions de droit. Et l'on pense si elles étaient nombreuses au sein d'une cité élue, depuis la victoire de Micale (479), directrice de la Confédération de Délos, et abondamment pourvue de causes à démêler par les intérêts multiples de ses sujets et alliés. Est-il surprenant que, transformée ainsi en cour de justice de la Grèce ionienne et des îles, Athènes soit devenue le grand foyer de l'éloquence, et comme un immense marché richement approvisionné d'idées et de discours [1] ?

A cet égard, les dispositions naturelles avaient singulièrement aidé les institutions. Périclès loue les Athéniens de ne pas croire, à l'exemple des Spartiates, que les discours nuisent à l'action. Dans un panégyrique d'Athènes, devant les tombes des guerriers morts pour la patrie, le grave orateur ne pouvait user de la franchise de Cléon. Ce favori du peuple le gourmande sans ménagement dans Thucydide. Il ne traite pas ses auditeurs de *gobe-mouches* avec le sans-façon d'Aristophane, mais il fait pressentir les fortes réprimandes des *Philippiques*. Les Athéniens, disputeurs subtils, font parade volontiers de leur dextérité aux passes oratoires : «.... Dominés par le plaisir des oreilles, vous ressemblez à des spectateurs assis pour entendre des sophistes, plutôt qu'à des citoyens délibérant sur les intérêts de l'État. » Cléon marque ici l'excès de leurs qualités mais il laisse entrevoir le prix des qualités mêmes : les Athéniens, esprits vifs, impressionnables, sont naturellement diserts et très sensibles aux beautés oratoires ; ils sont nés pour l'éloquence et se laissent gouverner par elle.

---

[1] Ἐμπορία λόγων, familièrement *foire aux idées, halle aux discours*.

Nous avons suivi les progrès corrélatifs de la constitution politique et de l'éloquence à Athènes, puis signalé les ressources qu'elle y trouvait dans les institutions et les dispositions natives. Le moment est venu de déterminer la transformation de l'éloquence parlée, non encore littéraire, en éloquence écrite et savante, et les développements que lui donna l'art des rhéteurs et des logographes.

Les trois âges de l'éloquence attique. — Durant plusieurs siècles après l'âge homérique, la prose se borna à offrir un instrument aux relations sociales des Grecs, sans réussir à supplanter la poésie comme langage littéraire. Voilà pourquoi l'éloquence se rencontre d'abord et uniquement chez les poètes. Au temps des premiers historiens du cinquième siècle (Hécatée de Milet), la prose s'élève à son tour à la dignité d'élément scientifique et littéraire. De même l'éloquence fut d'abord employée naïvement, sans calculs oratoires, comme un agent naturel de défense et d'attaque, au milieu des accidents variés de la vie civile et politique des Grecs; puis elle devint un art pratiqué sciemment, avec une notion réfléchie de ses éléments, de ses règles, de ses effets. Sans nul doute, l'éloquence a eu des représentants avant le commencement du cinquième siècle, mais elle attendit des maîtres jusqu'au temps de Périclès; exercée longtemps auparavant, elle fut cultivée et enseignée seulement à cette époque. Après les guerres médiques et durant la guerre du Péloponèse, la rhétorique s'allie à l'éloquence; la sophistique la seconde et quelquefois la corrompt; dans la période macédonienne, pourvue des armes accumulées par les âges dans son arsenal, tout entière à la passion, à l'action, elle produit ses plus beaux chefs-d'œuvre.

Ainsi trois âges principaux se détachent : le premier
est celui de l'ancienne éloquence politique avec Aristide, Thémistocle, Périclès ; le second nous la montre
tantôt aux mains des héritiers de Périclès, politiques
peu irréprochables, mais orateurs encore fidèles en
général aux anciennes traditions ; tantôt professée et
pratiquée par des artistes hommes du métier, sophistes
et logographes, s'enrichissant de leur savoir et de leur
talent ; le troisième âge est celui de sa maturité accomplie et de ses plus éclatants triomphes, avec Démade,
Lycurgue, Hypéride, Eschine et Démosthène. Elle
semble alors avoir négligé la plume pour saisir le
glaive et jeter toute sa science, toutes ses énergies
dans la mêlée du temps.

L'éloquence cultivée a été tardive en Grèce ; Cicéron
a été frappé de la lenteur de cet enfantement. La
Grèce, dit-il, est passionnée pour l'éloquence, elle y
excelle depuis longtemps ; cependant les autres arts y
sont encore plus anciens ; elle les a perfectionnés bien
avant d'avoir tourné son étude vers ce bel art de la
parole. L'auteur du *Brutus* explique cet essor tardif de
l'éloquence par les difficultés exceptionnelles dont
elle est entravée, *rem unam omnium difficillimam.* A
cette raison il aurait pu en joindre une autre. En
Grèce, les beaux-arts ont paru à leur tour, selon l'ordre
de succession naturelle, comme chez l'homme se produisent les phénomènes attachés aux diverses périodes
de la vie. D'abord elle vit éclore l'hymne religieuse,
et l'épopée qui pendant plus d'un siècle règne en souveraine sur le monde hellénique ; puis la poésie didactique, la poésie lyrique sous ses formes variées, puis
le drame. Quand l'inspiration poétique qui avait animé
le septième et le sixième siècle commença de s'affaiblir, la prose naquit, et avec elle l'histoire, l'éloquence,
la philosophie.

Ainsi le génie grec parcourait, et avec quel éclat! le cercle de ses productions intellectuelles par une suite normale d'enfantements réguliers, et avec un enchaînement logique, signe manifeste de générations spontanées. A Rome, au contraire, où la Grèce proposait à l'imitation tardive des rudes fils du Latium maints chefs-d'œuvre dans tous les genres à la fois, la production des œuvres littéraires, durant les premiers siècles, fut entachée d'une sorte de confusion et de pêle-mêle [1]. En présence de tant de beaux fruits nés des diverses saisons du génie grec, le traducteur romain, embarrassé du choix, encombré de richesses, s'emparait avec avidité, selon la fantaisie ou les prédilections de son appétit, des trésors étalés devant lui. De là des reproductions parfois artificielles, des greffes capricieuses tentées, au gré de chacun, sur des plants originaux, redevables d'une partie de leur sève à cette loi de la progression des êtres si bien décrite déjà par Aristote dans son *Histoire des animaux*, et que le génie humain, abandonné à sa force créatrice, suit avec la fidélité de la nature.

Venue à son heure (ce fut celle de l'avènement de la prose), l'éloquence en Grèce a suivi dans ses développements les évolutions successives de la cité. Il n'en pouvait être autrement. Les arts des Grecs ont toujours été unis intimement à la vie pratique; leurs œuvres, appropriées à un but. Cette appropriation était à leurs yeux une qualité essentielle; ils sont allés parfois jusqu'à en faire un élément de beauté, confon-

---

[1] Ennius, pour ne citer qu'un exemple, emprunte à la Grèce des tragédies, des comédies, un poème philosophique (*Epicharme*), un traité sceptique en prose (*Évhémère*), et un poème de gastronomie didactique (*Phagétiques*). L'ensemble de son œuvre est une *satura* véritable.

dant par là le beau et l'utile [1]. Ainsi, disait Socrate, un corps, un édifice, une cuirasse, un objet quelconque, n'est beau que dans la mesure où il s'accommode à sa fin, à son usage. Ce mérite d'appropriation exigé des arts plastiques devait être, à plus forte raison, imposé à l'éloquence, instrument indispensable de la vie civile et politique des Grecs, sans cesse maniée comme un objet de première nécessité, et, pour cette raison même, modifiée selon les caractères et les besoins du temps ; arme d'abord unie, où le poids et le tranchant seuls importent, puis « fleuret d'escrime, » épée de luxe façonnée avec art pour la montre, ou habilement ajustée par les logographes à la main de celui qui la leur a commandée ; enfin, glaive à la fois splendide et meurtrier : ses sobres ornements n'en ont pas émoussé le fil, il jette à la face de Philippe d'incomparables éclairs.

Première période. — Indiquons les caractères principaux et les représentants les plus illustres des trois âges de l'éloquence grecque. Thémistocle, le plus grand homme d'Athènes avant Périclès, fut aussi un orateur puissant. Il fit la grandeur de sa patrie en obtenant de son héroïsme le sacrifice de foyers laissés en proie aux Barbares pour voguer virilement vers l'inconnu de l'avenir. Une telle victoire, remportée sur les résistances naturelles de l'intérêt privé, dépasse celle de l'orateur romain forçant les tribus à renoncer à la loi agraire appelée à les nourrir ; elle justifie et au delà l'éloge de Lysias : « Thémistocle était très capable de parler, de concevoir et d'agir. »

---

[1] *Mémorables*, III, 8, 10 ; IV, 6. Cf. Aristote, *Rhétorique*, I, 5 ; curieuse définition de la beauté.

Quels étaient les caractères de son éloquence? sans
doute ceux que Cicéron reconnaît à l'ancienne école,
la précision et la simplicité, la pointe pénétrante, la
rapidité, l'abondance des idées plutôt que des expressions.

Périclès est le type le plus achevé de cette école,
orateur « presque parfait, » dit l'auteur du *Brutus*.
Cet éloge est confirmé par les trois discours que Thucydide met en sa bouche, trilogie admirable, pleine
de l'âme d'un grand citoyen digne d'avoir gouverné
pendant près de quarante ans le peuple le plus défiant
du mérite, le plus jaloux de sa liberté. Tel n'eût pas
été Périclès s'il avait été l'élève de l'un de ces rhéteurs qui « enseignaient à criailler *(latrare)* à la clepsydre; » il eut d'autres maîtres. Le premier, Périclès
appela la science à son aide, mais la science des
choses, non des mots. Deux philosophes le formèrent,
Zénon d'Élée, dialecticien consommé, et surtout Anaxagore de Clazomène, appelé par ses contemporains
l'Intelligence, parce que le premier il l'avait vue dans
l'univers et en avait fait le premier élément du Cosmos,
ordonné et embelli par elle. Ces deux esprits, éminents par leur subtilité pénétrante ou leur élévation,
avaient été, bien plutôt que le musicien lettré Damon
(n'en déplaise à Isocrate), les Chirons pères nourri-
ciers de cet Achille. Il y parut au *suc*, à la moelle de
ses discours. Son argumentation, simple et forte, est
celle de la vérité, relevée par l'élévation sentencieuse
des pensées, par la vivacité pittoresque ou la complexité profonde de l'expression. Sa familiarité noble
s'allie à un relief énergique, éclate par intervalles en
traits saisissants comme des éclairs. A la force logique
s'unit chez lui l'émotion concentrée qui naît des hautes
conceptions, des sentiments magnanimes : éloquence

grave dont le poids irrésistible incline les volontés
invinciblement. Pleine de grandeur imposante dans
sa sobriété, elle laisse l'impression d'un temple dorien.
Périclès sait trouver à propos des images riantes, parfois piquantes [1]; mais ce sont là des sourires passagers. Il est fort éloigné des gaietés de l'urbanité romaine; tout en lui respire l'austérité. Son extérieur
est sévère comme son discours, sa démarche tranquille, le son de sa voix toujours égal; dans le geste
et le maintien, il garde une mesure que la chaleur la
plus véhémente ne saurait altérer. Périclès est à cet
égard l'image fidèle de l'art grec, presque toujours
mesuré dans ses intentions les plus énergiques. Ce
n'est pas de lui qu'un rival aurait pu dire : « Eh! que
serait-ce si vous aviez entendu rugir le lion même? »
Immobile, comme Homère dépeint Ulysse le sceptre
à la main, par la seule force de la parole et sans
acton, il imprime le respect, « la terreur. » Ces témoignages, empruntés aux anciens, doivent prévenir
toute méprise sur le sens véritable des traits souvent
cités d'Eupolis et d'Aristophane. Quand ces deux comiques parlent des éclairs, du tonnerre de Périclès à
la tribune, ils veulent exprimer non pas une véhémence aux bruyants éclats, ni de grands mouvements
oratoires d'une impétuosité fulgurante, mais l'admiration craintive qu'inspire à la multitude une éloquence

---

[1] Il disait d'Egine, île rivale, située en face du Pirée : « Il
faut enlever cette tache de l'œil du Pirée. » Il comparait les
Samiens subissant le joug d'Athènes à contre-cœur « aux petits enfants qui, tout en pleurant, mangent leur purée. » Une
de ses oraisons funèbres renfermait ce trait gracieux et touchant : « La République privée de la jeunesse moissonnée par
la guerre, c'est l'année dépouillée de son printemps. » Aristote,
Rhétorique, III, 4, 10.

sereine où semble reluire la majesté redoutable du
maître de l'Olympe.

Périclès, homme d'État et non orateur de profession, n'écrivait pas ses discours. Comme Aristide,
Thémistocle et les anciens orateurs, il improvisait
après une forte méditation. L'impression en était à la
fois immédiate et durable : « il laissait l'aiguillon dans
l'esprit des auditeurs. » Mais si puissante que fut sa
voix, à peine l'antiquité nous en a-t-elle transmis de
faibles échos. Ni Périclès ni ses contemporains n'a-
vaient songé à recueillir de si belles harangues ; quelques traits seulement de ces chefs-d'œuvre ont été
sauvés de l'oubli. Ce sont comme des grains détachés
du marbre éloquent que Périclès façonnait d'inspiration, sans préoccupation littéraire. Mais la statue
même, où est-elle ? Les contemporains l'ont vue ap-
paraître un jour, sa majesté les a touchés, ils ont obéi
à ses ordres et ils l'ont laissée s'évanouir. D'où vient
que les auteurs ou les témoins des chefs-d'œuvre de
l'ancienne école attique nous aient privés de la con-
templation de ces ouvrages ? A leurs yeux, l'objet en
était tout pratique. L'éloquence politique leur semblait
destinée à la seule action, non à l'admiration des lecteurs de l'avenir. La sténographie était peut-être
connue dès cette époque ; nul, en tout cas, ne songeait
à s'en servir. Périclès parlait pour la dignité ou le
salut de la cité ; peu lui importait d'écrire *à toujours ;*
et cependant quelle devait être cette éloquence, si
forte et si belle encore, à demi dissimulée sous le voile
de l'historien son interprète !

Deuxième période. — Ce désintéressement, maudit
des lettrés, dura jusqu'à Antiphon (479-412), auteur
du premier discours écrit, innovation favorable au

perfectionnement de l'éloquence. L'âge de Périclès
avait ignoré les développements abondants, les effets
du style dans la structure du discours. Le jour où les
orateurs aspirèrent à la gloire d'écrivains, l'éloquence
s'enrichit de moyens précieux. La plume, dit Cicéron,
est une excellente maîtresse d'éloquence : *Stylus opti-
mus dicendi magister et effector*. A partir d'Antiphon,
il faut distinguer l'orateur d'action et l'orateur de cabinet. Le premier est un personnage politique qui
prend la parole à l'*ecclesia*, quand les événements l'y
invitent. Le second ne paraît pas, ou rarement, devant
le peuple ; c'est un avocat d'une nouvelle sorte, un
avocat qui ne parle pas ; mais il écrit. Il compose au
logis des traités de rhétorique (τέχναι), où tous vont
avidement chercher les secrets de l'art d'avoir raison,
ou des discours sur des sujets de fantaisie, tour à tour
accusateur et défenseur dans la même cause. Quelquefois même, à ces deux plaidoyers, preuve déjà suffi-
sante de la souplesse de son talent, il joint l'instance
et la réplique. Telles sont les *tétralogies* d'Antiphon.

Le plus souvent, ces exercices d'école lui servent à
se former au métier de *logographe* ou *dicographe*, c'est-
à-dire de faiseur de plaidoyers à l'usage d'autrui. La
loi athénienne obligeait les parties, dans les affaires
civiles et criminelles, à comparaître en personne.
Longtemps la simplicité des mœurs rendit l'observation de la loi facile. Mais quand la parole fut devenue
un art et l'éloquence un mérite obligatoire, la plupart
des intéressés se dérobèrent à ses périls. Ils recou-
raient à des avocats dont le talent augmentait leurs
chances de vaincre. Ainsi, au témoignage de Démosthène, le banquier Phormion, peu jaloux sans doute
d'égayer l'auditoire de ses « solécismes, » estimait
plus sûr d'être parleur habile par procuration. Le

plaideur payait la harangue comme on paye une consultation, et il allait au tribunal la débiter avec le plus de naturel possible, simulant l'improvisation de son mieux, comme s'il parlait d'abondance et non de mémoire.

Les Sophistes. — Les rhéteurs logographes étaient, à des degrés divers, les élèves des sophistes dont l'enseignement, durant les trente années qui séparent la mort de Périclès de celle de Socrate, provoqua un grand mouvement d'idées et des méthodes nouvelles dans la science, nouvelles aussi, malheureusement, en morale. Les sophistes ont été fort attaqués et admirés des anciens; on les voit tour à tour mis hors la loi (Protagoras), et honorés (Gorgias) d'une « statue, non pas dorée, mais d'or à Delphes, » au temple même d'Apollon. Disons brièvement ce que leurs innovations avaient de pernicieux et d'utile.

Leur influence fut bonne dans une certaine mesure pour la science. Les systèmes antérieurs à l'âge des sophistes avaient été de vastes conceptions *à priori*, entachées parfois de préjugés théogoniques. L'esprit nouveau voulut affranchir la science de ces entraves, la ramener à l'observation de la nature. Cette revendication de la vérité provoqua comme toujours des résistances passionnées. Sans parler des émules de l'*Euthyphron* de Platon, Aristophane, le poète conservateur des *Nuées*, en haine de l'esprit nouveau, se fait le patron des préjugés populaires contre les physiciens [1]; il déclare les sophistes impies pour oser en-

---

[1] Plutarque, *Vie de Nicias.* Les esprits forts du temps se communiquaient à la dérobée, sous le manteau, les livres expliquant humainement les éclipses de lune. La physique a fait bannir Protagoras, jeter Anaxagore en prison, empoisonner

seigner que ce n'est pas Jupiter qui tonne. Il voit un
crime d'État précisément dans un de leurs meilleurs
titres, et il consacre à les bafouer une scène malavisée
(la leçon de physique) où, en dépit de sa verve et
contre sa coutume, l'étincelant comique n'a pas eu à
Athènes, et a encore moins de nos jours, les rieurs de
son côté.

A ce travail de rénovation scientifique s'unit celui
qui nous intéresse particulièrement, l'étude minu-
tieuse de la pensée et du langage. Seul, jadis, le
talent naturel avait soutenu l'éloquence politique ;
grâce aux sophistes, il trouva dans l'art un utile
auxiliaire. Vers le milieu du cinquième siècle, la
Sicile avait produit des maîtres sophistes renommés.
Corax, Tisias avaient fait connaître une méthode
d'enseignement ignorée ou négligée jusqu'alors. Gorgias de Leontini la répandit à Athènes, à l'occasion
d'une ambassade qui marque une date mémorable
dans l'histoire de l'éloquence attique (427). Ses concitoyens l'avaient député auprès des Athéniens pour
gagner leur alliance. En écoutant ce rhéteur, « le plus
éloquent de beaucoup de tous les hommes de son
temps, » selon Diodore de Sicile (XII, 13), l'assemblée
fut « toute saisie. » Sa diction brillante, harmonieuse,
parée de mille artifices agréables, était une « nouveauté » qui ravit l'admiration. Cet homme incomparable fut rappelé dans la cité de Minerve et s'y vit
aussitôt entouré de disciples. L'impression de son
éloquence avait été profonde ; le succès de son enseignement fut décisif. Dès ce jour, l'homme d'État
athénien dut se doubler d'un artiste pour persuader ;

Socrate. Dans les temps modernes, l'astronomie n'a pas été
plus clémente. Voir J. Bertrand, *Les fondateurs de l'Astronomie moderne.*

il lui fallut plaire en faisant goûter à un auditoire
« naturellement ingénieux et ami du beau langage »
l'éloquence savante dont le député sicilien avait révélé
la puissance d'attrait.

L'ambassade de Gorgias avait valu aux Léontins
l'alliance d'Athènes : aux Athéniens elle valut Isocrate, ce maître dont l'école fut un laboratoire d'éloquence ouvert à toute la Grèce. A l'égal du cheval de
Troie, dit Cicéron, elle enfanta des héros, les rivaux
de Démosthène et Démosthène même [1]. Voilà un
magnifique éloge des rhéteurs sophistes dans la personne de leur élève le plus fameux; sans doute il est
exagéré; ni Brutus, l'ami de Cicéron, ni Aristote n'y
ont souscrit. Cependant, pour que le prince des orateurs romains ait cru pouvoir le leur décerner,
même avec une indulgence suspecte de partialité, il
faut bien qu'ils aient rendu des services incontestables à l'éloquence.

En effet, elle leur dut des qualités nouvelles. Jadis
elle n'avait pas toujours échappé à une sorte de raideur; sa concision touchait parfois à l'obscurité.
Auprès des rhéteurs, elle gagna en souplesse, clarté
et abondance. Ses muscles, un peu nus et saillants, se
couvrirent d'un embonpoint florissant qui n'excluait
pas la vigueur : ce fut comme le passage de la *Vierge
jardinière* de Raphaël à la seconde manière de la
Sainte Famille et de la *Transfiguration*. Elle prit aussi
dans leur commerce le goût du nombre; elle sut à la
fois arrondir ses périodes et atteindre par de fines
analyses à des nuances plus délicates. Comme plus
tard les stoïciens à Rome, les sophistes aimaient les
recherches étymologiques et philologiques. Protago-

---

[1] *Brutus*, 8, 12 ; *Orator*, 13 ; *de Oratore*, II, 22.

ras écrivait un traité sur la correction du langage
(ὀρθοέπεια); Prodicos, sur l'exacte signification des
mots et les synonymes; Evenos de Paros composait
un poème sur la formation des mots. Les sophistes
excellaient à décomposer la pensée en ses éléments
pour les comparer et les opposer. La langue devait se
ressentir de ces études curieuses; des antithèses
ingénieuses ou fortes donnaient au style de la délicatesse ou de l'énergie. Cet exercice de pénétration et
d'ajustement artistique (*concinnitas*) plaisait à l'esprit
fin des Grecs.

Mais ces qualités séduisantes côtoient de graves
défauts; elles conduisent à la subtilité, à l'artifice des
« fausses fenêtres, » à tous les raffinements des périodes symétriquement balancées, des consonances,
assonances, chutes « adorables » comme celle du sonnet d'Oronte, puérilités savantes honorées par les
rhéteurs les plus graves de préceptes minutieux. Aux
mains de ces enfileurs de paroles, la délicatesse
devient mignardise, la couleur se tourne en vermil-
lon; à force de rompre l'esprit aux souplesses de la
dialectique, on tombe dans les arguties du *sorite*,
du *menteur*, de l'*argument cornu;* l'éristique aboutit à
des tours de prestiges. Dans son zèle à polir l'idée, la
lime la réduit à néant; pour la mieux orner, on
l'étouffe; on veut l'équilibrer avec grâce, lui donner
la contenance la plus avantageuse : on l'accommode
en mannequin, irréprochable d'ajustement et de pose;
fleuri de riantes couleurs, il prétend à faire figures
(σχήματα), il fait même des mines; mais il est vide,
inanimé, objet de gloriole pour son frivole auteur, de
curiosité passagère pour le spectateur, de mépris aux
yeux du bon goût et du bon sens.

Telle était l'éloquence factice dépeinte par Balzac,

la *Reine de village* de Pascal, et cette affectation de pensée et de langage connue sous le nom de *préciosité*. Le début du dix-septième siècle en France a connu l'emphase harmonieuse de Gorgias dans l'enflure des Espagnols Gongora, Antonio Pérez ; la subtilité maniérée de Polos d'Agrigente et d'Hippias d'Élis dans les gentillesses d'esprit (*vivezza d'ingegno*) de Guarini et du cavalier Marino. Les précieuses, comme les sophistes, ont certainement aidé au perfectionnement de la langue ; mais, comme eux, elles ont tenu bureau d'esprit ; elles poursuivaient le fin du fin, le fin des choses, et elles l'attrapaient, en compagnie de l'afféterie. Le sophiste appelait la mer « le plancher bleuâtre d'Amphitrite, » le grand roi « le Jupiter des Perses, » les vautours « des tombeaux vivants. » Avec lui, la trompette de ville est « le coq public des Athéniens ; » tel objet « a les pâles couleurs, est anémique. » De même, les assidus des samedis de Mlle Scudéry « impriment leurs souliers en neige, » appellent la promenade du Cours « l'empire des œillades, » et les violons « l'âme des pieds. »

Cette altération du goût en France, imitation passagère du faux bel esprit de l'Espagne et de l'Italie, ne coïncida pas avec un affaissement des croyances et des mœurs. L'hôtel de Rambouillet aspirait à « débrutaliser » les mœurs aussi bien que le langage ; il quintessenciait les sentiments sans les corrompre. En Grèce, il n'en fut pas de même et les sophistes, assez méchants maîtres de rhétorique, furent des logiciens et des moralistes pires encore. Il était bon de protester contre les systèmes ambitieux des philosophes qui prétendaient tirer de leur cerveau seul l'explication de l'univers ; mais nier la science parce qu'elle s'était égarée, était un abus pire que le mal justement signalé. Ne croire qu'aux sens est une prévention aussi périlleuse que de ne croire qu'à son esprit, et le philosophe idéaliste (Anaxagore) déclarant la neige noire, parce que l'eau dont elle est formée est noirâtre, n'avait pas de reproches à recevoir de l'empirique donnant avec Épicure au soleil et à la lune le volume qu'ils paraissent avoir, celui, par exemple, d'un fromage de Béotie.

Il est louable de dégager la philosophie des attaches sacerdotales; mais est-il à propos, si la tradition religieuse n'est pas le dernier mot de la science, de faire de l'homme l'unique arbitre de la vérité et «la mesure de toutes choses,» selon le mot fameux de Protagoras? Nier la vérité, le bien absolu, admettre seulement le probable, l'agréable ou l'utile, enseigner à plaider, avec une vraisemblance égale, la thèse et l'antithèse, rendre le discours *faible* victorieux du discours *fort*, tel était le fond de la doctrine sophistique. Le scepticisme philosophique naquit en Grèce des excès de la spéculation métaphysique, comme les exagérations idéalistes des Cartésiens provoquèrent le scepticisme du dix-huitième siècle. Mais si les excès par réaction s'expliquent, jamais ils ne se justifient, surtout quand ils passent du domaine des idées pures dans celui de la morale pour la détruire. Le scepticisme du dix-huitième siècle a produit les Helvétius, d'Holbach, Lamettrie[1]; les sophistes de la Grèce n'ont

---

[1] « ... Le sentiment de l'amour de soi est la seule base sur laquelle on puisse jeter les fondements d'une morale utile. » Helvétius, *De l'Esprit*. « Il serait inutile et peut-être injuste de demander à l'homme d'être vertueux, s'il ne l'était pas sans se rendre malheureux : dès que le vice le rend heureux, il doit aimer le vice. » D'Holbach, *Système de la nature*. Lamettrie, *passim* : « Les remords sont des préjugés de l'éducation...

pas tardé de même à tirer de leurs doctrines le mal
qu'elles recélaient. La loi de la conscience est-elle
imprescriptible, ou la loi de nature est-elle la seule loi
véritable? La justice divine est-elle autre chose qu'un
argument oratoire? Le crime heureux cesse-t-il d'être
crime? C'est selon : oui, si la chose vous agrée; non,
si vous trouvez plus commode la proposition contraire. Ainsi la Grèce, à force de subtiliser, en était
venue à s'amuser comme d'un jeu d'escrime de la
démonstration ou de la réfutation des vérités morales
les plus nécessaires.

Protagoras commençait un de ses ouvrages par
cette déclaration péremptoire : «Les dieux sont-ils ou
ne sont-ils pas? Deux raisons m'empêchent de me
livrer à l'examen de cette question : l'incertitude de
la chose et la brièveté de la vie humaine.» Antiphon,
un homme grave cependant de caractère et d'éloquence (on l'avait surnommé Nestor), raille comme
préjugés les croyances religieuses de ses contemporains : «Certains hommes ne vivent pas la vie présente, mais se préparent à grand'peine comme s'ils
avaient à vivre une autre vie et non la vie présente;

Il est permis, suivant la loi de nature et Puffendorff, de prendre par force un peu de ce qu'un autre a de trop. » Lamettrie
estime innocents « ces abatis philosophiques des vices et des
vertus... Cela n'empêchera pas le peuple, ce vil troupeau d'im-
béciles, d'aller son train, de respecter la vie et la bourse des
autres, et de croire aux préjugés les plus ridicules. » Voilà la
philosophie qu'il appelle « notre aimable reine, » et Voltaire
« exécrable. » Selon ce médecin-philosophe, l'homme est une
« machine. » Toute machine se détraque si l'on en force les
ressorts : l'auteur de *L'Art de jouir* mourut d'une indigestion.
Son hôte, il est vrai, Frédéric, « le Salomon du Nord, » écri-
vit son éloge funèbre.

cependant, le temps leur échappe et fuit.» Cette vie
présente, objet unique des sophistes, était précisément celle que dédaigna Socrate pour la vie à venir.
Socrate, novateur comme les sophistes quant à la méthode scientifique, mais aussi hostile à leur scepticisme religieux et moral qu'aux « affiquets » de leur
langage. La sophistique, « école d'impudence, » avait
instruit le grand politique du *Gorgias*. Calliclès fait
litière des préventions des petits esprits : la raison du
plus fort est toujours la meilleure; la force prime le
droit, théorie soutenue de nos jours par des personnages considérables, avec annexion de provinces à
l'appui; théorie enseignée jadis dans certaines écoles
de la Grèce et mise en pratique par ses hommes
d'État. En perdant le sens du vrai, les sophistes et les
Athéniens, leurs disciples trop dociles, avaient perdu
le sentiment de la Divinité, celui du bien et du juste
qui s'identifient avec elle. Ce que l'expérience antique, avec Hésiode et Ésope, avait seulement relevé
comme un fait brutal, eux l'avaient érigé en principe,
et, ce principe, ils l'appliquaient avec une logique
cruelle digne du *Prince* de Machiavel. Ces maximes
empoisonnées perdent tôt ou tard ceux qui osent en
user[1] : Athènes avait fait à son profit l'apologie de la
tyrannie et de l'usurpation ; sous l'étreinte de Philippe, elle expia ses sophismes amèrement.

L'influence morale des sophistes fut donc très per-
nicieuse; leur influence sur l'éloquence ne fut pas
mauvaise de tout point. Les orateurs attiques profitè-
rent de leurs recherches sans sacrifier à leurs défauts.
La justesse et la sobriété de l'esprit attique avaient

---

[1] Isocrate, *Sur la paix*; Didot, p. 113, § 91 ; Thucydide,
III, 84.

réagi contre les attraits des vices siciliens. Avec
Lysias, Isée et leur école, la prose, sagement travail-
lée, sut se parer sans coquetterie, concilier la simplicité et la grâce, la vigueur et l'aisance. Plus de trace
d'efforts ni de méditation laborieuse, mais l'allure
dégagée d'une langue facile, moins jalouse de faire
réfléchir que d'instruire par sa précision et sa limpi-
dité naïve. Ce n'est plus ici le prisme miroitant de la
sophistique, avec ses couleurs chatoyantes et visant à
de flatteuses illusions; c'est un cristal transparent où
les objets paraissent avec leurs teintes et proportions
naturelles. L'œil n'a pas à démêler leurs vrais con-
tours sous des reflets artificieux et des mouvements
ondoyants; il les voit nettement dessinés, en doux
relief, comme les cordages d'un navire du Pirée, aux
rayons tempérés du soleil couchant.

Troisième période. — Les Attiques avaient légué
à leurs successeurs un instrument exquis, une prose
claire, expressive, suffisamment pittoresque. Toutefois leur éloquence, sauf dans la pathétique péroral-
son du discours d'Andocide *sur les Mystères*, manquait
un peu d'action et de chaleur. Cette placidité, voisine
pour nous de la froideur, était imposée aux orateurs
par la loi. Les Athéniens se connaissaient trop bien
pour ne pas se défier de l'éloquence. Ulysse avait
fermé les oreilles de ses compagnons au chant des
sirènes; les Athéniens captivaient la bouche des « sirènes » de l'agora. La loi des tribunaux interdisait le
pathétique; si l'avocat s'y laissait aller, un huissier le
rappelait à son devoir. L'Aréopage surtout était attaché au respect de cette règle. Pourtant elle fut éludée
le jour où Hypéride plaida pour Phryné. L'éloquence
muette d'une beauté sans voile toucha la grave com-

pagnie, péroraison entraînante non prévue par la loi.
L'éloquence pacifiée des purs Attiques ne pouvait suffire aux agitations de la période macédonienne ; les
orateurs politiques allumèrent alors le feu que l'atticisme avait dû laisser couver. La « claire fontaine »
devint torrent impétueux ; le « zéphyre léger, » « tempête et foudre (Quintilien). » L'éloquence ne fut plus
seulement artistique, mais surtout militante au milieu
des luttes passionnées des adversaires et des partisans du Macédonien.

La Grèce, toujours fière de son passé, mais incapable de le soutenir, a produit alors ses plus fameux
orateurs, grâce aux circonstances particulièrement favorables qui ont fait d'eux les contemporains du duel
sans merci d'Athènes et de Philippe, et les héritiers
des progrès accomplis dans l'art de la parole par le
siècle de Périclès et l'école attique. Maître de ces trésors d'expérience et d'art, Eschine a pu en abuser
avec un talent difficile à surpasser. Démosthène en a
usé quelquefois, comme son adversaire, sous l'impulsion de passions malsaines. Mais chez lui heureusement le citoyen dominait l'homme. Ame épurée par
les amertumes du patriotisme, il a dépassé son rival
de toute la supériorité du cœur sur l'esprit. Plus obstiné à l'honneur que la Pythie même qui, au temps
de Philippe, s'inspirait de Plutus autant que d'Apollon ;
interprète courageux d'Athènes asservie, mais fière de
sa défaite et, après sept années de servitude, prenant
enfin, avec l'auteur du discours de la *Couronne*, sa
revanche de Chéronée, Démosthène, l'orateur du devoir, a uni dans une œuvre achevée la beauté artistique et la beauté morale. Le cortège des orateurs
grecs se termine à lui comme une *théorie* sacrée porte
en triomphe la statue d'un immortel. Les hommes dési-

reux de servir leur pays à la tribune doivent le méditer, se tremper à cette source antique et toujours jeune. Démosthène soufflera aussi son âme aux citoyens ardents à repousser tout ennemi public du glaive de la parole; il est à jamais la loi de l'éloquence[1], le héraut de la dignité nationale et de la liberté.

[1] *Lex orandi*, Quintilien, X, 1.

CHAPITRE II

PHILIPPE. — LES ATHÉNIENS

Pour bien apprécier la puissance de l'éloquence de
Démosthène et les âpretés de la tâche qu'il avait affrontée, il est nécessaire d'avoir présents à l'esprit les
obstacles accumulés devant lui, de bien connaître
l'ennemi public, Philippe, devenu l'ennemi privé de
l'orateur, et l'adversaire domestique dont les vices se
firent les alliés du Macédonien, le peuple d'Athènes.
Nous verrons ensuite quelles ressources Démosthène
a su tirer de son âme et de son génie pour lutter contre
deux antagonistes également redoutables.

I

Philippe, retenu plusieurs années comme otage à
Thèbes, avait profité de cette disgrâce pour étudier
au sein de la Grèce l'art militaire dont il devait user
excellemment contre elle. A l'école du vainqueur de
Leuctres, Epaminondas, il conçut l'idée de la phalange
macédonienne, formée sur le modèle du bataillon sacré
de Thèbes et destinée à jouer un rôle si considérable
dans l'histoire. Ainsi Thèbes avait instruit celui qui
devait un jour terrasser la Grèce à Chéronée. A la tête
de la phalange, Philippe enfonça les bataillons du pré-
somptueux Lysiclès et rejoignit l'aile victorieuse de
son fils Alexandre. Cette machine puissante méritait
d'être ménagée et elle s'accommodait peu d'ailleurs à

toutes les actions. Philippe la réservait aux mêlées décisives. D'ordinaire, il évite les batailles rangées ; afin de surprendre l'ennemi plus sûrement, au lieu de lourdes cohortes, il va et vient à la tête d'un camp volant, composé d'archers et de cavalerie légère. Alerte et toujours prêt, car il ne met aucune différence entre l'hiver et l'été, il se déplace à son gré, tombe sur les cités à l'improviste. Les Athéniens sont moins agiles ; ils consultent les lunes, ils suivent les vieilles coutumes nationales, bouleversées par ce roi barbare ; ils ne guerroient volontiers que durant les quatre ou cinq mois de la belle saison. « Notre siècle ne ressemble en rien aux siècles précédents, et c'est je crois surtout dans l'art de la guerre qu'il y a eu mouvement et progrès (*3ᵉ Philippique*). » La stratégie athénienne du bon vieux temps est déconcertée, scandalisée de ces innovations contraires à toutes les règles respectées jusqu'alors. Ainsi les marches foudroyantes de Bonaparte étaient déloyales au sentiment des vieux généraux allemands, habitués à des allures compassées, méthodiques, et aux patientes combinaisons des guerres de Sept et de Trente ans.

Comme plus tard César, Philippe croit n'avoir rien fait, s'il lui reste quelque chose à faire. Il sait tout poursuivre avec une activité opiniâtre, tout préparer à temps, tout prévoir ; l'action, le mouvement est sa vie. Ce général diligent, inévitable, est d'une bravoure intrépide. Démosthène lui rend cet hommage : « Je voyais Philippe, notre adversaire, braver tout pour commander et devenir le maître ; je le voyais un œil de moins, l'épaule rompue, la main et la cuisse estropiées, abandonner sans regret, gaiement, à la Fortune tout ce qu'elle voudrait de son corps, pourvu qu'avec le reste il vécût honoré, glorieux. » Cette passion de la

gloire, qui rend Philippe dédaigneux de son corps et
de la vie, lui fera un jour respecter son ennemie
vaincue. On le pressait de ruiner Athènes : « A Dieu
ne plaise, répondit-il, que je détruise le théâtre de la
gloire : je ne travaille que pour elle. »

Il travaillait aussi pour satisfaire une ambition insatiable; lui-même en fait l'aveu : « Je ne suis en paix
qu'avec ceux qui veulent m'obéir. » Cette soif de commander lui fait promener ses armes dans les pays les
plus opposés, de la Phocide au Danube, de l'Hémus
(les Balkans) à l'Eubée, du Péloponèse à Bysance et
jusqu'en Scythie. Maître de l'Illyrie, de la Chalcidique,
de la Chersonèse, des Thermopyles, de toutes les ave-
nues de la Grèce centrale au nord et au midi, nul
agrandissement ne peut le satisfaire. « La Grèce, les
contrées barbares sont trop étroites pour l'ambition
de ce mortel chétif. » A ses yeux nulle conquête n'est
petite : obligé de se détourner un moment d'Athènes,
sa proie la plus convoitée, il jette son armée sur de
« méchantes bicoques de la Thrace, capable de braver
pour de telles conquêtes travaux, frimas, périls extrêmes...; pour enlever le seigle et le millet des sou-
terrains de la Thrace, il s'enfonce l'hiver dans des
abîmes... Misérable Macédonien, né dans un pays où
l'on ne put jamais acheter un bon esclave, » il s'est
élevé sur la Grèce au point de présider les jeux Pythiques, la plus auguste des solennités nationales; il
s'est emparé du privilège de consulter le premier
l'oracle; admis avec révérence au sein du conseil des
amphictyons, arbitre souverain des différends helléniques, instrument des vengeances des dieux sur
leurs profanateurs, rien ne le rassasie. Dominateur
incontesté de la Grèce entière, investi depuis Chéronée
de l'hégémonie, jadis l'objet de l'émulation des grandes

cités grecques, il ne s'arrêtera pas encore. Proclamé
généralissime des forces occidentales contre l'Asie,
il rêvera les conquêtes réservées à son fils, et au moment de se jeter dans cette carrière nouvelle, le poignard d'un meurtrier le condamnera à quarante-sept
ans, à son premier, à l'éternel repos (336).

Les débuts de Philippe dans le gouvernement avaient
révélé en lui ce que l'on est convenu d'appeler un
grand politique : il est passé maître en intrigues, et
ses intrigues réussissent. D'abord régent de Macédoine
au nom d'Amyntas, son neveu, il le supplante. Roi à
vingt-quatre ans, à force d'adresse et d'énergie quelquefois criminelle, il réussit à se maintenir contre ses
ennemis du dedans et du dehors. De ce nombre furent
dès l'origine les Athéniens, partisans d'Argée, l'un de
ses compétiteurs à la couronne. Les Grecs avaient
voulu se mêler de ses affaires : il le leur rendit bien.
Leurs convoitises et jalousies traditionnelles fournissaient contre eux des armes dont le rusé Macédonien
se servit avec succès. Il assiège Amphipolis, place
disputée depuis longtemps par Athènes à la Macédoine.
Les Athéniens veulent la secourir; Philippe les arrête
par la promesse de la leur rendre, une fois prise. Il
l'enlève et la garde (358). Un an après, il leur dérobe
Potidée et la donne aux Olynthiens alors irrités contre
Athènes. Plus tard Olynthe sera prise à son heure
(348). Diviser pour régner est sa devise. Il voit les
Thessaliens, les Thébains, les Phocidiens prévenus de
défiances mutuelles : il les dupe tour à tour, les sub-
jugue les uns par les autres. Contre Sparte, car son
activité ambitieuse embrasse toute la Grèce, il use de
l'intervention intéressée d'Argos et de Messène ou de
l'antipathie des Arcadiens. Il donne à telle cité ce qu'il
a dérobé à une autre. Par là, il s'assure des complices,

il fomente des haines intestines, il déjoue d'avance les tentatives de coalition. Les villes, aveuglées par la cupidité ou par des inimitiés municipales, ne voient pas qu'en échange d'avantages fragiles ou compromettants, l'ennemi commun leur ravit l'honneur et les armes.

Philippe, afin d'avoir le droit de disputer les couronnes aux yeux Olympiques, se disait descendant d'Hercule. Il n'était ni Grec, ni allié aux Grecs, mais digne de l'être. Il a beaucoup des qualités de l'Ulysse d'Homère; non seulement il est patient, dur à la peine, mais varié, fécond en ressources, artisan de ruses. Il sait se retourner et jouer divers personnages. Il est homme à tout faire (πανοῦργος), à tout feindre. Selon l'état de ses affaires, il caresse ou intimide; il tient des discours fiers ou réservés, sinon humbles (ainsi après l'alliance d'Athènes et de Thèbes); il avance ou recule, résiste ou cède à propos.

Philippe, politique avisé, pratique la maxime diplomatique de mettre toujours les apparences du droit de son côté; sa longanimité ne se rebute de rien : « Malgré tant d'iniquités provocatrices, j'ai respecté votre ville, vos galères, votre territoire. Je pouvais cependant beaucoup prendre, même prendre tout; j'ai persisté à vouloir soumettre à des arbitres nos plaintes mutuelles. » La duplicité de ses pratiques éclate surtout dans sa lutte toujours désavouée contre Athènes. Il a juré de la prendre, et du plus loin qu'il peut, dès ses premiers pas sur le sol hellénique, il proteste de son amitié pour la cité de Minerve. A toute occasion, il la ménage, la flatte. Il avait renvoyé, comblés de présents, les Athéniens prisonniers au camp d'Argée; il traite avec courtoisie la garnison athénienne de Potidée; plus tard il promettra la mise en liberté des cap-

tifs d'Olynthe : « Voyez jusqu'où va mon bon vouloir
pour vous : cette île (Halonèse) je vous l'avais donnée ;
vos orateurs ne vous ont pas permis de la recevoir. »
Après de tels gages, oserait-on douter de lui ? Ses
desseins sont innocents, ses intentions tout équitables
et pacifiques. La paix, tel est le plus cher de ses vœux ;
ses partisans le publient ; lui-même par écrit le déclare : le moyen de douter de la sincérité de son désir !
Les Athéniens s'empressent de croire à la paix et ils
l'observent ; Philippe en profite pour avancer ses
affaires. Athènes est en paix avec Philippe, mais non
Philippe avec Athènes. Tandis que l'ennemi abusé
désarme, l'envahisseur poursuit ses hostilités ; il prend
de tous côtés sans guerroyer, il escalade les remparts
sans coup férir. A quoi bon la violence où la ruse suffit ?
il sera toujours temps de tirer l'épée, quand l'adversaire poussé à bout se révoltera [1].

Convaincu, pris sur le fait, il nie encore. Au besoin,
il affecte un dévouement hypocrite pour les victimes
qu'il a jouées. Aux malheureux Oritains, il répond :
« J'ai envoyé mes soldats vous visiter ; c'est par amour
pour vous, car j'ai appris que vous souffrez de fac-
tions ; le devoir d'un allié, d'un ami véritable, est de
se montrer dans ces conjonctures. » Philippe excelle
aux manœuvres souterraines ; au début des hostilités,
il louvoie, se déguise, se dérobe ; cependant peu à
peu il se fortifie, il avance. Le jour où sa fourberie l'a
fait maître, il jette le masque. Plus de promesses
d'amitié, de protestations d'innocence, mais des reproches menaçants. Voici quelques traits d'une lettre
de cet ami d'Athènes : « Malgré mes fréquentes am-

---

[1] La seule fin du ministre plénipotentiaire « est de n'être
point trompé et de tromper les autres » (Labruyère).

bassades pour le maintien de nos serments et de nos
conventions, vous n'avez nullement tourné votre attention de ce côté ; je crois donc devoir vous mander
sur quels points je m'estime lésé. Ne vous étonnez
point de la longueur de cette lettre : mes griefs sont
nombreux et il est indispensable que sur tous je m'explique nettement. » Suit l'énumération des iniquités
d'Athènes. Le tort le plus grave de la cité est d'avoir enfin ouvert les yeux et de rendre guerre pour guerre à cet
honnête voisin. « Tels sont mes griefs : vous êtes les
agresseurs et ma modération vous rend plus entre-
prenants, plus ardents à me faire tout le mal que vous
pouvez. Vous repousser est aujourd'hui mon droit ;
j'attesterai les dieux, et je trancherai le différend. »
Philippe déclare la guerre aux Athéniens par ce message (340) ; il y avait douze ans qu'il la leur faisait.
Athènes avait été son objectif unique ; à mesure que
ses allures obliques, ses marches tortueuses, dissimu-
lées par des feintes et diversions de toute sorte,
l'avaient rapproché du but, les alarmes d'Athènes
avaient redoublé ; mais les serments et machinations
du Macédonien avaient redoublé aussi, et la cité, intéressée à ne pas voir le péril, était demeurée inactive.
Le jour où l'adversaire est à sa merci, Philippe s'ap-
prête ouvertement à l'action décisive ; un seul coup
reste à frapper et il se sent le plus fort ; la clé de la
maison, la maison même est à lui ; qu'a-t-il besoin de
soutenir plus longtemps son rôle d'hypocrite ?

Philippe sait où réside le nerf de la puissance
d'Athènes, dans la prépondérance de ses forces nava-
les : il essaie de faire incendier les arsenaux mariti-
mes du Pirée ; dans les tributs des insulaires ses alliés : il s'efforce de tarir cette source de revenus. La
piraterie athénienne fait grand mal à Philippe ; elle

empêche l'importation et l'exportation de Macédoine :
à pirate pirate et demi ; les bateaux pirates macédoniens vont s'enrichir des dépouilles des alliés d'Athènes ; ils se jettent sur Lemnos, Imbros, Gérestos, Marathon, d'où ils enlèvent la trirème sacrée. Philippe,
écumeur de la mer, aspire à en faire la police. Les pirates infestent l'Archipel, les côtes d'Asie Mineure :
Philippe doit aux Hellènes d'intervenir et de les se-
conder ; ce sera l'occasion pour lui de surveiller les
côtes, de nouer des intrigues dans les îles ; quelquefois de s'en emparer (ainsi il enlève l'île d'Halonèse
au pirate Sostrate) ; de favoriser le développement de
sa marine, le plus cher de ses vœux ; et, sous couleur de coopération amie, il débauchera les alliés
d'Athènes. Il suit son adversaire sur tous les terrains ;
sentinelle vigilante, il le guette, l'attaque de tous les
côtés ; il sait que partout où il agira, il ne peut manquer de nuire et, à la fin, de dominer.

Philippe n'est pas seulement l'ami des Grecs, il l'est
aussi de leurs dieux : leurs démêlés religieux, durant
la guerre sacrée, lui offrirent mainte occasion de s'imposer. Le pillage du temple de Delphes par les Phocidiens (vers 355), plus tard l'impiété d'Amphissa culti-
vant un champ consacré, mirent une arme sainte aux
mains de ce protecteur de la religion. Investi par les
Amphictyons d'un commandement militaire absolu
(στρατηγὸν αὐτοκράτορα), il marche à la tête de ses soldats, le front ceint comme eux du laurier d'Apollon.
Il est ministre des vengeances du dieu qui le conduit.
Il écrit aux Péloponésiens : « Je veux secourir le dieu
avec vous et punir ceux qui transgressent les choses
saintes parmi les hommes, » et pieusement il tient parole. La Phocide sacrilège est mise à feu et à sang ; les
Amphissiens, contempteurs des décrets religieux, sont

châtiés. Toute peine mérite salaire : sa première intervention lui ouvre, sans combat, le défilé des Thermopyles (346) ; la seconde, par la prise d'Élatée (339), le chemin de l'Attique. Ces deux coups de foudre jettent la consternation dans Athènes ; mais ne savait-elle pas que les dieux protègent les défenseurs de leurs droits outragés ?

Malgré cette protection, Philippe échoue quelquefois. Arrêté une première fois aux Thermopyles, il ajourne ce coup de main ; il sait attendre. Il n'a pu frapper son ennemi là ; il court l'atteindre dans ses colonies de Chersonèse, il cherche tous les points vulnérables. Battu en Thessalie par le Phocidien Onomarque, il puise dans ses revers une énergie nouvelle et détruit son adversaire. Repoussé de Périnthe, de Byzance, chassé de l'Hellespont, il ne se rebute pas. Obstiné, tenace, l'œil fixé sur le but, il change de moyens d'attaque, non de fin. Il épie les abords de la Grèce, comme le loup rôde autour d'une bergerie ; il l'explore, il l'éprouve à Mégare, à Ambracie, dans l'Eubée. Il paraît toujours au poste d'où il peut le mieux tenir l'ennemi en échec. Afin de déjouer la défiance des clairvoyants, il mêle ses voies. Une forteresse est inexpugnable aux machines ? il en fait tomber les portes devant un « mulet d'argent. » Affable, éloquent, séduisant de sa personne, il sait user de séductions à plus longue portée que ses catapultes. Les mines d'or du Pangée, sans parler de celles de Thessalie et de Thrace, lui donnent mille talents par an ; il les emploie à acheter la Grèce avec ses stratèges, ses orateurs et ses oracles. Parmi les salariés, les uns, habiles endormeurs, bercent le peuple d'Athènes de promesses illusoires et assoupissent son indolence ; d'autres lui livrent leurs troupes ou les places qu'ils ont demandé de défendre. Il s'empare ainsi de Pydna, d'Amphipolis, d'Olynthe. Il ne laisse pas toujours, il est vrai, les traîtres jouir de leur trahison : le but atteint, il les rejette. Il craint de partager avec eux la gloire du succès ; et il est assuré, malgré ces retours amers, de n'en manquer jamais. Il déclare méprisable l'homme qui se vend, et il ne compte pas sur sa fidélité. Qui avait plus ardemment que les Thébains sacrifié la cause hellénique aux profits de l'alliance macédonienne? Pourtant un jour les Thébains l'ont trahi ; aussi le vainqueur de Chéronée (338) ne ménage pas ces déserteurs : il les met à mort ou les vend. Athènes, au contraire, seule des cités grecques, a toujours résisté à ses offres, à ses empiètements ; il la hait et l'estime ; il la poursuit avec acharnement et l'admire ; vaincue, il lui rend ses prisonniers, il lui épargne l'affront d'une garnison macédonienne. N'est-ce pas une disgrâce assez sensible pour elle d'être dépouillée de sa liberté ?

Philippe, avide de commander, a fait appel aux mauvais instincts de la nature humaine, la jalousie, la cupidité, toutes les infirmités de l'égoïsme ; il excelle à corrompre et, par la corruption, à maîtriser. Violent et perfide, clément et impitoyable, pieux et cruel [1] selon les vues de sa politique, dédaigneux des hommes comme tous les ambitieux, lui-même a ses vices ; mais au lieu de les laisser entraver ses desseins, il les tourne en alliés aussi efficaces que ses qualités : activité, persévérance infatigable, valeur héroïque, talents militaires, profondeur et souplesse politique, passion de

[1] Il jette à la mer trois mille prisonniers phocidiens par piété. En moins de trois ans, il détruit trente-deux cités chalcidiques (350-347). A Olynthe, il rend la liberté à quelques amis d'un comédien grec et il tue ses propres frères.

la gloire, enfin cette grandeur factice compagne des fastueux projets exécutés au prix d'un déploiement admirable d'intelligence et d'énergie, mais sans scrupules ni souci des moyens. Tel fut Philippe, ennemi redoutable en lui-même et fortifié encore de tous les défauts de ses adversaires.

II

A la fin de ses *Helléniques*, Xénophon remarque que depuis Mantinée (363), victoire fatale à la suprématie de Thèbes, parce qu'elle avait coûté la vie à Épaminondas, la confusion et le trouble avaient régné dans toute la Grèce encore plus qu'auparavant. « Je ne vois pas, dit Démosthène, les Hellènes unis par une amitié commune. Il en est même qui se fient plus à notre ennemi qu'à tel d'entre eux. » Les rancunes qui divisaient Lacédémone, Athènes, Thèbes, sans parler des cités restées étrangères à l'exercice ou même à la convoitise de l'hégémonie, rompaient le faisceau qu'il eût été si nécessaire de resserrer; et si le patriotisme est la sympathie de tous avec tous dans un même ordre d'idées et de sentiments dont le bien de la patrie commune est l'objet, la Grèce n'a jamais connu le patriotisme. La crainte de l'étranger, le lien le plus fort de la concorde, ne la fit jamais se presser tout entière, comme la République romaine devant les Gaulois ou Annibal, autour d'un même foyer. Cet autel de Vesta, symbole de la patrie une et indivisible, ces pénates publics, ce temple de Jupiter Capitolin, siège unique de l'empire romain, enfin cette forte cohésion de tout un peuple uni dans ses croyances et sa foi à de communes destinées, où les trouver dans la Grèce avec ses variétés ou ses antipathies de race, et son morcellement en

petites personnalités actives et vigoureuses en soi,
mais affaiblies dans leur ensemble par un isolement
défiant et jaloux? A Marathon, Athènes seule entre en
ligne : Sparte avait attendu pour partir que la lune
fût en son plein. A Salamine, Athènes avec ses alliés
est le rempart de la Grèce. A Platée, la lutte est soutenue par les Athéniens, les Lacédémoniens, les Té-
géates et les Mégariens contre les Perses et leurs
auxiliaires grecs, entre autres les Thébains. A Chéronée, dernier champ de bataille de la liberté, Athènes
et Thèbes combattirent seules; Lacédémone n'y parut
même pas trop tard, comme à Marathon. Il y a eu un
panhellénisme intellectuel (παιδεία Ἑλληνική); il n'y
en a pas eu de politique, ni de patriotique surtout. La
Grèce était une agrégation d'individualités égoïstes,
incapables de sacrifices désintéressés. Dans le discours
Sur les classes des armateurs, l'orateur parle du dessein
prêté au Grand Roi d'attaquer la Grèce : « Il donnera
de l'or, il offrira son amitié à quelques-uns ; ceux-ci,
voulant réparer leurs pertes particulières, sacrifieront
le salut commun; » et plus loin : « Les Hellènes vou-
draient se mettre en foule à sa solde, moins pour lui
procurer quelques conquêtes, que pour sortir de l'indigence et acquérir un peu d'aisance personnelle. »
Telles sont les dispositions des Grecs à l'égard de ce
monarque « plus riche à lui seul que tous les Grecs
ensemble, et dont l'or charge douze cents chameaux.»
Elles seront les mêmes envers Philippe, moins opu-
lent, mais plus adroit. Il saura allécher leur cupidité
et les duper. Quelques-uns n'auront pas le dessein de
lui donner des armes contre les Hellènes, mais l'habile politique saura tourner leurs passions à son profit,
contre leur gré. Jamais les Athéniens ne consentirent
à ces marchés honteux, même par surprise ; mais que

d'autres avantages ils laissaient prendre à Philippe contre eux[1] !

Ils redoutent Philippe comme l'ennemi non de leur liberté, mais de leur repos. Insouciants, légers, un rien les distrait de la pensée du devoir : au milieu de la délibération la plus grave, si *Peau-d'Ane* leur avait été conté, ils y auraient pris un plaisir extrême. Et de fait, une historiette fut parfois nécessaire pour contraindre cette multitude frivole à écouter. Sans être voués au rire à perpétuité, comme l'étaient, selon Athénée (VI), les Tirynthiens, heureux sujets d'Amphitryon, roi chéri de Jupiter, les Athéniens acquittent les plus grands coupables, même convaincus, « en retour d'un ou deux bons mots.» Au lieu de goûter les raisons d'un orateur, ils s'égaient des sobriquets, des facéties dont il est l'objet à la tribune ; ils tournent tout à la plaisanterie. Un rhéteur, à Olympie, les engage à l'union. « Cet homme nous exhorte à la concorde, » remarque un auditeur, « et il ne peut la persuader aux trois personnes qui composent sa maison, sa femme, lui-même et sa servante. » Voilà le fruit tiré par eux de la harangue. Il faut les divertir pour les gagner. Léon de Byzance est député à Athènes, il paraît : une risée générale accueille sa petite taille : « Eh ! que serait-ce donc, » leur dit l'adroit ambassadeur, « si vous voyiez ma femme ! Elle me vient à peine au genou. » Les rires redoublent. « Cependant,

---

[1] Nous avons voulu ici relever seulement les traits du caractère athénien qui importent à cette partie de notre sujet. Un portrait complet serait plus favorable et rappellerait la toile où Parrhasios avait essayé de figurer les qualités contradictoires d'un peuple fantasque et inégal. Pline, *Histoire naturelle*, XXXV, chap. 36, § 5. Cf Thucydide, I, 70 ; Platon, *Lois*, livres I et II.

tout petits que nous sommes, quand nous avons dispute ensemble, Byzance n'est pas assez grande pour
nous contenir.» La gaieté athénienne ne respecte rien,
pas même le vénérable Aréopage. Un membre de cette
compagnie réunie devant le peuple, usait, à propos
d'un décret de Timarque et sans songer à mal, de
termes à double sens où la malignité de l'auditoire vit
une allusion aux réduits que fréquentait ce débauché.
Plusieurs fois l'hilarité du public avait souligné certaines expressions du candide orateur. Mais voici que
d'un ton grave, il entre dans les détails ; l'assemblée
n'y tient plus, elle éclate ; l'huissier Pyrrandre inter-
vient : « Ne rougissez-vous pas de rire ainsi devant
l'Aréopage ! » Qu'y faire ? le fou rire est comme la pa-
nique, irrésistible ; et ce n'est pas à Athènes qu'on
songe à le maîtriser.

Les Athéniens s'amusent des disputes de leurs orateurs comme d'un combat de coqs. Démosthène s'entend mal de tout point à les égayer : c'est un buveur
d'eau. Sans cesse il entretient d'obligations fâcheuses
un peuple épris surtout de plaisir. Amis du loisir, ils
passent doucement le temps à deviser dans la boutique
du barbier ou du parfumeur. Friands de nouvelles, ils
vont et viennent sur l'agora, se demandant : quoi de
nouveau ? A défaut de nouvelles, ils en forgent. « Le
sublime du nouvelliste est le raisonnement creux sur
la politique » (Labruyère). Les Athéniens raisonnent,
conjecturent, interprètent les desseins de Philippe. Ils
révèlent ce qu'il n'a jamais fait, et refusent de croire
à ce qu'on le voit faire tous les jours. Chacun forge sa
fable, scrute l'avenir ; nul ne songe au devoir présent.
Après de magnifiques décrets, ils désarment sur un
simple bruit, alors que cette rumeur annonçant la
mort ou la maladie de Philippe devait les exciter

d'autant plus à une action rapide. Toujours d'humeur
à donner dans les excès, ils passent de l'extrême découragement à l'extrême confiance, de la présomption
au désespoir. Crédules à qui les flatte, ils ferment
l'oreille aux avertissements de Démosthène ; ils l'ou-
vrent avec complaisance aux conseils pacifiques de
Phocion, aux illusions naïves d'Isocrate, aux insinua-
tions perfides de Philippe à l'adresse de ces conseillers d'injustice, détestables auteurs de motions belliqueuses. Aveugles volontaires, les Athéniens trouvent
plus commode de détourner les yeux du péril que d'y
courir.

Philippe a saisi les Thermopyles : à cette nouvelle,
grand émoi sur l'agora. On discute, on s'accuse, on
s'agite. Puis, l'égoïsme aidant, on en vient à des réflexions rassurantes : il y a loin encore des Thermopyles au Pirée ; point de péril en la demeure. Du reste,
si Philippe a franchi le boulevard de la Grèce, c'est
à seule fin, lui-même en donne sa parole, de clore la
guerre sacrée qui ensanglante la Grèce depuis bientôt dix ans (357-346). Athènes ne s'oppose pas à ces
efforts charitables ; d'un cœur léger, elle assiste à la
destruction des Phocidiens maudits. Philippe, maître
de la Phocide, descend vers le sud. Les Athéniens
s'en inquiètent médiocrement : Philippe n'a pas encore atteint à la puissance de Thèbes ; or, Athènes a
vaincu les Thébains. Thèbes est menacée, Athènes
s'en console : depuis Mantinée, l'arrogance thébaine a
humilié Athènes ; Épaminondas n'osait-il pas dire à la
multitude qu' « il fallait transporter les Propylées de
l'Acropole dans le vestibule de la Cadmée ? » Et puis
ces Béotiens sont épais comme l'air qui les nourrit.
Le moyen de s'intéresser, à Athènes, à des gens qui
n'ont pas d'esprit ? La Béotie est subjuguée, les Thé-

bains détruits, et l'envahisseur s'est rapproché d'une
nouvelle étape. Athènes commence à prendre l'éveil ;
le grand justicier des sacrilèges de la Phocide et de
l'insolence thébaine avance toujours ; il va toucher
au but. En vain Démosthène avait donné l'alarme :
Aux armes, Athéniens ! Ces machines dressées contre
Thèbes vont battre vos propres murailles ; si la Béotie périt, vous périrez, car c'est vous surtout que le
Macédonien redoute et veut anéantir. Riches, donnez
votre or, riches et pauvres, montez sur les galères,
saisissez la rame et la lance !..... Démosthène, prophète fâcheux, patriote inexorable, n'est pas écouté ;
car Eschine les rassure, le front serein ; il accuse de
mensonges injurieux à Philippe les soupçons de ce
morose ; il conseille aux Athéniens de ménager leur
bourse, leurs personnes, de continuer à jouir de leur
repos. Ce langage agréable est goûté, et tandis que la
trahison et la violence poursuivent leur œuvre, la
malheureuse Athènes ne bouge ; tout au plus elle
s'agite, mais elle n'agit pas.

Trop souvent le mouvement est aussi stérile pour
elle que le repos. Elle est généreuse et prend des résolutions dignes d'elle en faveur des opprimés ; mais
elle s'en tient à des manifestes. Un orateur propose
une expédition : *Vite aujourd'hui,* s'écrie l'assemblée,
et ni le jour même, ni le lendemain, rien ne s'accomplit. Elle vote quarante trirèmes et soixante talents :
elle envoie dix bateaux vides avec cinq talents d'argent, et une autre fois « un général sans troupes, un
décret sans force, et des forfanteries de tribune. »
Elle fait à Philippe une guerre bruyante de décrets ;
quel fruit en retire-t-elle ? Il y a longtemps que le Macédonien eût été châtié, si les décrets avaient cette
vertu ; mais, en dépit de leur zèle en paroles, il gran-

dit toujours. Les Athéniens remportent la palme des
discours, Philippe celle de l'action. « Que Philippe,
général et soldat, prodiguant sa personne, animant
tout de sa présence, ne perdant pas une occasion, pas
un instant, triomphe d'hommes à délais, à décrets, à
conjectures, je n'en suis pas étonné. » Pour vaincre à
la guerre, des harangues, même celles de Démosthène, ne suffisent point. « Sans l'action toute parole
est impuissante, surtout la parole d'Athènes; car
nous passons pour les plus habiles parleurs de la
Grèce. » Vifs à concevoir d'eux-mêmes et à comprendre les idées d'autrui, ils font des vœux, pas un effort.
Ce peuple qui jadis a mis toute la Grèce en mouvement pour défendre les droits des Hellènes, le jour
où lui-même est dépouillé, il sommeille et laisse impuni le spoliateur. Il aime la gloire pourtant, il
admire celle des aïeux et se réjouit de l'entendre célébrer ; mais il se contente d'applaudir aux ancêtres
sauveurs de la Grèce, sans avoir le courage de les
imiter. Un moment enlevé (quelle apathie ne le serait?)
par l'éloquence de Démosthène, il vote la guerre par
acclamation, mais il laisse à d'autres le soin de la
faire. Au lieu de servir en personne, les Athéniens
soldent des mercenaires ; bons citoyens en désir et en
idée, patriotes militants par procuration.

Le temps n'est plus où, devant une assemblée spartiate, des ennemis rendaient cet hommage aux Athéniens : « Ils sont prompts à imaginer et à exécuter ce
qu'ils ont conçu ;... pour leur patrie ils risquent leurs
corps comme la chose qui leur est la plus étrangère ;...
ils ne connaissent d'autre fête que l'accomplissement
du devoir. » Entre l'Athénien de Thucydide (I, 70) et
celui de Démosthène, quel contraste ! Ce dernier tient
avant tout à son bien-être ; il lui répugne de quitter

un ciel riant, les causeries des portiques et de l'agora, les mille divertissements artistiques et littéraires sans cesse renouvelés dans une cité non seulement l'*école,* mais le rendez-vous de plaisir de toute la Grèce, pour aller en plein hiver, sous un climat barbare, courir au-devant de rudes soldats accoutumés à tout oser, à tout souffrir. Les jouissances du corps et de l'esprit, dont il s'est fait une habitude, l'ont rendu inhabile aux âpres jouissances de la guerre. Le pauvre est attaché par-dessus tout au triobole des tribunaux qui l'aide à vivre, au diobole qui lui assure l'entrée au théâtre. Il se rend à l'assemblée « comme à un festin dont on se partagera les restes. » Le riche « mesure le bonheur au ventre [1] et aux voluptés les plus honteuses, » sans nul souci du bonheur de n'avoir pas de maître, « avantage estimé jadis en Grèce la règle et le dernier terme de la félicité. » C'est assez dire que riches et pauvres sont mal disposés à faire obstacle de leurs corps à cette bête monstrueuse, toute hérissée de fer, qui s'appelle la phalange macédonienne. Ils se réservent à des luttes plus commodes ; au lieu de Philippe, ils combattent leurs conseillers ou leurs généraux : « Est-ce l'auteur de vos maux que vous haïssez ? non, c'est le citoyen qui vous en a parlé le dernier, » alors qu'il venait offrir le remède d'un malheur dont il est innocent. Une entreprise militaire a échoué ? un harangueur en rejette l'insuccès sur Diopithe, Charès, Aristophon ; la foule de s'écrier : « il a raison ! » et le général est cité en jugement. « Braves pour condamner, lâches pour agir, » ils le rendent responsable de

---

[1] Voir Fragments des *Poètes comiques;* Didot, p. 524. Alexis, *Le maître de libertinage.* — Plutarque, *Moralia ;* Didot, I, p. 25.

leurs propres fautes, ou si lui-même en a commis, ils
le punissent avec une rigueur dont ils useraient plus
à propos contre le grand coupable, Philippe. De ces
injustices ou sévérités excessives, que résulte-t-il?
Les généraux désertent le service d'Athènes; chacun
d'eux en toute sécurité va guerroyer où son intérêt
l'appelle. Ainsi les Athéniens font les affaires de l'ennemi, non les leurs.

Que dire de l'élection des magistrats? Socrate et en
général les socratiques ont été peu sympathiques à la
démocratie athénienne. Socrate osait railler « les fou-
lons, cordonniers, maçons, chaudronniers, petits marchands et colporteurs, graves personnages dont se
compose l'assemblée du peuple. » La politique était
une science compliquée à ses yeux, comme la vertu
même était un art : la multitude ignorante était-elle
capable d'atteindre à l'une ou à l'autre? Montesquieu
est plus indulgent. « Le peuple est admirable pour
choisir ceux à qui il doit confier quelque partie de
son autorité... Il sait très bien qu'un homme a été
souvent à la guerre, qu'il y a eu tels ou tels succès :
il est donc très capable d'élire un général; il sait
qu'un juge est assidu, que beaucoup de gens se reti-
rent de son tribunal contents de lui, qu'on ne l'a pas
convaincu de corruption : en voilà assez pour qu'il
élise un préteur. Il a été frappé de la magnificence ou
des richesses d'un citoyen : cela suffit pour qu'il
puisse choisir un édile; toutes ces choses sont des
faits dont il s'instruit mieux dans la place publique
qu'un monarque dans son palais. »

Les Athéniens, si l'on en croit Démosthène, justifient peu la bonne opinion que l'auteur de *L'esprit des
lois* (II, 2) a du peuple à cet égard. Ils donnent les
charges au plus riche, non au plus digne; ils nom-

ment leurs chefs politiques ou militaires « avec autant
de légèreté que les prêtres. » Il serait bon, par exemple, qu'un général de cavalerie sût se tenir en selle ;
or Midias, promu à cette dignité, ne peut même, dans
les processions solennelles, traverser convenablement
la place publique à cheval. Avec de telles aptitudes
pour des emplois dus à la brigue, quoi d'étonnant si,
au jour de l'action, ces incapables épuisent tous les
subterfuges pour se dérober aux obligations de leur
charge ? Ils ont convoité la dignité, ils ne veulent plus
de la fonction dès qu'elle menace de devenir effective ; on décrète un envoi de cavalerie ? vite l'hipparque, soudainement épris de la mer, court aux trirèmes ; une expédition navale est décidée ? aussitôt notre marin rejoint son escadron. « Comment se fait-il
(Isocrate, après une vive critique des mœurs politiques des Athéniens, met cette objection dans la bouche
d'un contradicteur) qu'avec une pareille conduite
nous ne sommes pas détruits, ni même inférieurs en
puissance à aucune cité ? » C'est que les ennemis d'Athènes, les Thébains, les Lacédémoniens, ne sont pas
plus sages. Athènes a dû longtemps le maintien de sa
prospérité aux fautes de ses adversaires. Avec Philippe, il en devait être autrement. Le roi de Macédoine n'était pas homme à se faire l'instrument des
succès des Athéniens :

Je vois toutes nos affaires tombées si bas par incurie, que
je crains de prêter à la vérité le langage du blasphème en af-
firmant que, si vous aviez comploté, vos orateurs et vous, de
voter les mesures les plus funestes, je croirais impossible de
mieux organiser la ruine de la République... C'est moquerie
de gouverner ainsi. Par le ciel, Philippe lui-même, je le crois,
peut borner ses vœux à vous voir toujours dans la même
voie, retards, folles dépenses, discussions chagrines sur le choix
des chefs, colères et accusations mutuelles (*Philippiques*).

Au lieu de prendre les mesures les plus souhaitées
de l'ennemi [1], que ne s'empressent-ils de faire ce que
lui ne manquerait pas de faire à leur place? mais
leurs caractères sont bien différents : Philippe déli-
bère sur l'avenir, les Athéniens se querellent sur le
passé; Philippe prévient les événements, les Athéniens
le suivent comme à la remorque :

Le pugilat des Barbares, voilà votre guerre contre Philippe.
L'un d'eux a-t-il reçu un coup? il y porte la main ; le frappe-
t-on ailleurs, sa main y est encore aussitôt ; mais parer, mais
regarder l'adversaire en face, il ne le sait, il ne l'ose. Vous
faites de même. Apprenez-vous que Philippe est en Chersonèse? décret pour secourir la Chersonèse; aux Thermopyles? décret pour les Thermopyles ; sur quelque autre point? vous courez,
vous montez, vous descendez à sa suite, vous manœuvrez sous
ses ordres ; jamais une mesure utile prise de vous-mêmes,
jamais une prévoyance ; vous attendez la nouvelle du désastre
d'hier ou d'aujourd'hui. Autrefois peut-être vous pouviez agir
ainsi impunément, mais la crise approche et veut une réforme
(1re *Philippique*).

Les Athéniens manquent absolument de la qualité si
justement appréciée des Grecs, l'opportunité (εὐκαιρία);
ils font toute chose à contre-temps, en retard ou trop
pressés. « Le peuple, selon Montesquieu, a toujours
trop d'action, ou trop peu. Quelquefois, avec cent mille
bras, il renverse tout; quelquefois, avec cent mille
pieds, il ne va que comme les insectes. »

Savez-vous, Athéniens, pourquoi les Panathénées, les Dionysiaques sont toujours solennisées au temps prescrit, quelle
que soit l'habileté ou l'inexpérience des personnes chargées

---

[1] « Nous devons notre salut aux Thébains comme ils nous
doivent le leur... si nous entendions nos intérêts, nous nous
paierions réciproquement pour tenir des assemblées, puisque
le peuple qui s'assemble le plus souvent, travaille le mieux
pour l'avantage de l'autre. » Isocrate, *sur la paix.*

par le sort du soin de ces fêtes, plus dispendieuses qu'une expédition navale, et dont la somptuosité, l'appareil sont sans exemple partout ailleurs, tandis que vos flottes arrivent toujours trop tard? c'est que pour ces fêtes la loi a tout réglé. Chacun, longtemps d'avance, connaît le chorége, le gymnasiarque de sa tribu, ce qu'il doit faire, quand, de quelles mains, quelle somme il recevra ; là, rien n'est imprévu, indécis, négligé. Pour la guerre, au contraire, et les armements, nul ordre, nulle règle, nulle précision. A la première alarme, on nomme des triérarques, on procède aux échanges [1] ; on rêve aux ressources pécuniaires. Après cela, on décrète l'embarquement du métèque, puis de l'affranchi, puis du citoyen. Durant tous ces délais, les places vers lesquelles nous aurions dû cingler ont péri. Car le temps d'agir se consume à préparer ; l'occasion n'attend pas nos lenteurs, nos détours, et les forces ramassées dans l'intervalle, et sur lesquelles nous comptions, sont au moment décisif convaincues d'impuissance (*1re Philippique*).

Sans parler des vices de l'organisation militaire et financière, l'Athénien compte toujours sur le voisin ; il se fait traîner à l'action le plus tard possible, dans l'espoir secrètement caressé d'échapper à une nécessité pénible. Voilà comment à Pydna, Potidée, Méthone, Pagase, ils arrivent juste à temps pour être témoins des triomphes de Philippe et de leur propre confusion. « Le peuple saura-t-il conduire une affaire, connaître les lieux, les occasions, les moments, en profiter? non, il ne le saura pas (Montesquieu) ; » et l'Athénien moins

---

[1] Ἀντίδοσις. Tout citoyen qui se croyait imposé indûment ou à l'excès, avait le droit de demander qu'un plus riche fût chargé de sa *liturgie*. Si ce dernier s'y refusait sous prétexte que ses ressources ne lui permettaient pas de la supporter, la loi le contraignait à échanger ses biens avec ceux du demandeur : loi équitable en principe, mais source de délais et de débats très préjudiciables à la concorde de la cité et à la promptitude des opérations militaires.

que tout autre. Tout à Athènes est capricieux, tumul-
tueux; point d'impulsion décidée, de conseils suivis,
point d'autorité unique. Tout s'y fait par passion intermittente, par soubresauts et tiraillements. Quelle différence avec le despote envahisseur ! Ses finances sont
maintenues en bon état, ses soldats aguerris toujours
sous les armes. Ce qu'il juge à propos de faire, il le
fait aussitôt sans délibération publique ni proclamation
de décrets. Il n'est ni calomnié devant les tribunaux,
ni accusé comme infracteur des lois, ni justiciable de
personne, partout arbitre universel et maître absolu.
En face d'un tel adversaire, que voyons-nous? un
peuple aggravant par le gaspillage du temps un des
vices attachés à la constitution démocratique, une
multitude « aveuglée, ce semble, par un mauvais génie, » un « vieillard en délire ; » le mot est d'Eschine.

Chez Aristophane, les orateurs favoris du Peuple le
cajolent et le dupent; au temps de Philippe, ils le
flattent et le trahissent. L'esprit de vengeance avait
poussé Alcibiade à la désertion de sa patrie : l'ambitieux
transfuge avait voulu la punir de sa prétendue ingratitude, en employant contre elle les talents dont il
s'estimait mal payé. A l'époque macédonienne, les
forfaitures contre la patrie naissaient d'une source
plus impure que les blessures de l'orgueil, la vénalité.
« Une contagion, mal terrible et cruel, est venue s'a-
battre sur la Grèce. » Magistrats et particuliers, tous à
l'envi appellent l'or du Macédonien et la servitude.
L'épidémie a d'abord atteint la Thessalie, pénétré dans
le Péloponèse, « provoqué les massacres de l'Élide,
et enivré d'une folie furieuse des misérables qui, pour
s'élever les uns sur les autres, et de là tendre la main
à Philippe, se sont souillés du sang de leurs proches
et de leurs concitoyens. » Loin de s'arrêter là, le fléau

a gagné l'Arcadie, l'Argolide : le voici qui s'est glissé dans Athènes : « Tandis qu'il n'a pas éclaté, veillez sur vous, Athéniens, flétrissez ceux qui l'ont importé. Sinon craignez de reconnaître l'utilité de mes avis le jour où le remède sera devenu impossible *(Ambassade)*[1]. » La lèpre vainement signalée par Démosthène, en 342, continua de sévir; l'orateur du discours de la *Couronne* (330) devait en rappeler les tristes effets. Le Spartiate Pausanias avait sacrifié les intérêts de Lacédémone à la faveur de Xerxès. Convaincu par les éphores, il se réfugie dans le temple de Minerve; sa mère vient placer la première pierre pour en murer la porte. Athènes ne prenait pas les choses si au sérieux. Les amis de Philippe sont-ils bien des traîtres ? Quelques-uns les appellent « amis de la paix; conservateurs, champions des véritables intérêts de l'État, » comme le furent Fouché et les auxiliaires des Alliés en 1815. Les Athéniens oublient de distinguer le citoyen sincère qui se trompe de l'égoïste qui se préfère à la République. Autrefois, gardiens jaloux de la dignité et du salut de la Grèce, ils gravaient sur l'airain l'infamie des corrupteurs. Que les temps sont changés ! « Jalousie contre celui que l'or a séduit; rire badin, s'il l'avoue; pardon, s'il est convaincu; haine contre son accusateur; » tels sont les sentiments

---

[1] Le plus illustre de ces mercenaires fut Eschine. Gagné par le prince, ce député infidèle différa trois mois à Pella de recevoir les serments qui devaient obliger Philippe à respecter la paix jurée (347). Au retour de cette ambassade prévaricatrice, Démosthène se disposait, de concert avec Timarque, à accuser Eschine (346). Eschine prévint l'attaque en faisant condamner Timarque comme indigne. Démosthène reprit l'accusation en 342; Eschine fut acquitté à la majorité de trente voix seulement.

éveillés par le trafic de la patrie. Faut-il s'étonner
après cela que les Macédoniens du Pirée pullulent et
étalent, à l'abri du mépris, une simonie effrontée ?
Votes, décrets, administration, guerre, finances, ils
vendent tout « comme en plein marché; » surtout, ils
prêchent la paix à deniers comptants. Ils rivalisent
d'émulation à se faire acheter. « Philippe ne suffisait
pas à écouter les propositions des traîtres, et ne savait
quelle proie saisir d'abord. Il prit d'un coup cinq cents
cavaliers avec leurs armes, livrés par les chefs mêmes,
capture jusqu'alors sans exemple. Lumière du jour,
sol de la patrie que leurs pieds touchaient, temples,
tombeaux, les coupables ne révéraient rien, pas même
la renommée qui allait verser l'infamie sur de telles
actions; tant la vénalité, Athéniens, frappe les hommes
d'égarement et de délire ! *(Ambassade).* »

Philippe, il est vrai, ne négligeait aucune occasion,
comme il fit à Dium, après la prise d'Olynthe, d'étaler
une magnificence libérale dont la pauvreté avide des
Grecs était éblouie, alléchée. Athénée, *dans le Banquet
des sophistes*, nous a transmis la description d'un repas
de noces macédonien, plantureux et splendide à rendre
jaloux Trimalcion. Les convives de Karanos reviennent
du banquet non seulement repus délicieusement, mais
comblés de coupes, de vaisselle d'or et d'argent, enrichis pour la vie. Qu'un Athénien vienne maintenant
leur parler de la maigre chère de la fête des *Marmites !*
ils le renverront, en raillant, à sa roquette et à ses
oignons. Nous ignorons le menu des repas offerts par
Philippe à ses hôtes d'Athènes; ses libéralités nous
sont connues. Tel rapporte de Macédoine des bois
de construction dont il couvrira sa maison; tel des
brebis, des chevaux; aux ouvriers les plus utiles, les
plus riches salaires : Philocrate, principal auteur de

la paix funeste appelée de son nom (347), a reçu des
terres d'un talent de revenu, sans compter le blé et
l'or dont il fait ouvertement commerce sur la table des
banquiers de l'agora. Il a ramené d'Olynthe des femmes
libres, captives destinées à ses plaisirs; et avec cela,
on le voit faire le tour du marché, et, fin connaisseur,
« acheter filles et poissons. » Démosthène a nommé
plusieurs de ces trafiquants de la famille hellénique,
dont l'éloquence avait un tarif connu : « Le jour ne
me suffirait pas à dire leurs noms. » Il peint les moins
éhontés réalisant leur fortune immobilière et se reti-
rant en Macédoine; il montre en Macédoine même ces
impurs, qui ont mutilé leurs patries, assis à la table
de Philippe, et, la coupe en main, buvant la liberté
publique.

De telles mœurs justifiaient les mépris insultants du
prince acheteur de la Grèce. Voyez de quel ton il parle
des rares orateurs restés fidèles : « Il me serait facile
en jetant un peu d'or, d'arrêter leurs injures, de les
convertir en éloges. Mais je rougirais qu'on me vit
acheter l'amitié de pareils hommes. » De même elles
justifient ce cri de Démosthène : « C'est nous qui avons
aguerri un ennemi formidable contre nous-mêmes.
Quiconque le nie, qu'il paraisse et me dise où il a
puisé sa force, si ce n'est au sein d'Athènes, ce Philippe ! » En effet, n'est-ce pas Athènes qui lui envoyait
des députés empressés à dénigrer leur patrie auprès
de lui : « Le peuple, remuante multitude, est de toutes
choses la moins stable, la plus ondoyante. C'est le flot
qu'un souffle capricieux agite sur la mer. L'un vient,
l'autre s'en va; nul n'a souci ni mémoire des affaires
publiques. Il te faut donc avoir à Athènes des amis
qui feront, régleront tout à ton gré. Ménage-toi cet
appui, et parmi les Athéniens tu feras tout plier sous

3*

ton bon plaisir *(Ambassade).* » Les mêmes bouches ca-
lomnient Athènes auprès de lui et l'exaltent lui-même
auprès des Athéniens. Non, jamais on ne vit d'homme
« si gracieux, si aimable; » il est beau, il est éloquent,
il est « le plus Grec » de ceux qui ne le sont pas, et
quel buveur! Ils n'ajoutent pas que ce prince accompli
paie très bien, mais les Athéniens, avisés, le devinent.

Au sein d'Athènes, Philippe trouvait des complices,
toujours prêts à se faire l'écho de ses fallacieuses promesses, quelquefois même à les dépasser. On le vit
bien, après le traité de paix de 347, d'où Philocrate,
Eschine et leurs pareils avaient perfidement laissé
exclure les Phocidiens, contre la volonté d'Athènes.
Oui, disait Eschine, Philippe a franchi les Thermopyles, qu'importe? ne vous alarmez pas; tout ira selon
nos vœux; dans deux ou trois jours, vous apprendrez
qu'il est devenu l'ennemi de ceux dont il paraissait
l'ami, et l'ami de ceux dont il se disait l'ennemi. —
Athènes fut souvent abusée par ces fantasmagories de
ses orateurs; mais souvent aussi elle fut victime de
ses propres illusions, et de fautes imputables à elle
seule. Elle avait raison de crier à la trahison; mais,
tout le premier, le peuple entier, par ses faiblesses et
ses folies, ne se trahissait-il pas lui-même? « O dieux!
nous avons souffert toutes ces rapines; nous y avons,
si j'ose dire, travaillé avec lui, et nous chercherons
les auteurs de nos maux! car, je le sais trop, nous
n'aurons garde de nous avouer coupables. Dans les
périls de la guerre, nul fuyard ne s'accuse, mais bien
son général, son camarade; il accuse tout, plutôt que
lui-même. Cependant tous les fuyards ont fait la déroute. Cet accusateur d'autrui pouvait tenir ferme, et
si chacun avait tenu ferme, on aurait vaincu (*3ᵉ Olynthienne*). »

Jamais du moins Athènes n'accusa Démosthène :
c'était justice. Nul ne s'était dévoué plus passionnément à l'œuvre difficile du salut commun. Au temps
de Philippe, Athènes comptait autant de citoyens
(vingt mille environ) qu'aux jours où elle repoussait
les Barbares et disputait l'empire à Lacédémone. Elle
avait conservé ses forces numériques, non sa vertu.
Voyons de quelles ressources usa Démosthène citoyen, politique et orateur, pour essayer de la lui rendre et de sauver ainsi sa liberté.

CHAPITRE III

DÉMOSTHÈNE. — L'HOMME. — LE CITOYEN

Chez Démosthène, le citoyen, le politique, l'orateur
ont été à la hauteur de la tâche qu'il s'était imposée.
Avant d'entrer dans la carrière politique, le jeune fils
de l'armurier, menacé d'être spolié de ses biens, disait aux juges : « Vous ne m'avez pas encore mis à
l'épreuve, et ne savez pas ce que je puis être pour
l'État; mais, il convient de l'espérer, je ne lui serai
pas moins utile que mon père. » Cette modeste prévision du jeune homme de dix-neuf ans a été justifiée
et au delà. Quarante ans plus tard, le patriote exilé
avait le droit d'écrire à ses concitoyens, en leur demandant la revision de son procès : « Je ne le cède à
personne en affection pour le peuple. Nul de mes
contemporains n'a plus fait pour vous, ne vous a
donné plus de gages de son dévouement. »

· I. L'HOMME. — Démosthène avait, dès son adolescence, témoigné d'un caractère fait pour la lutte. L'athlète qui devait un jour se raidir de toute sa vigueur contre Philippe, avait fait d'abord sur lui-même l'essai de ses forces. Moins heureusement doué que tels de ses rivaux en éloquence, il avait résolu de réparer l'ouvrage de la nature et de se refaire lui-même. Son opiniâtreté demeura la maîtresse. Cette fermeté tenace, consacrée par la légende comme tout ce qui frappe l'imagination des hommes, a permis à Valère-Maxime de dire : « Si sa mère mit au jour un Démosthène, l'art en enfanta un autre avec effort. » Plusieurs fois Eschine a jeté, comme une injure, à Démosthène la qualification de Scythe. « Démosthène n'est ni de notre sol, ni de notre race... Par sa mère, c'est un Scythe, un barbare, Grec seulement de langage, cœur trop pervers pour être Athénien. » Son aïeule en effet était une femme du Bosphore. La raideur de son caractère, dépourvu des souplesses et de l'enjouement athéniens, est due peut-être à l'influence du sang maternel. En tout cas, sa jeunesse ne fut pas de tout point semblable à celle des fils de famille d'Athènes, mais digne plutôt, à certains égards, du jeune Anacharsis. Ses veilles sont demeurées célèbres. Qui les ignore? dit l'auteur des *Tusculanes* : « Il s'affligeait, s'il arrivait qu'un artisan se fût mis à l'ouvrage plus matin que lui. » Il est, selon son propre témoignage, devenu orateur en consumant plus d'huile que de vin. Cette huile n'était pas celle de la palestre. Eschine lui reproche de n'avoir pas dans les gymnases pris soin du bien-être de son corps. La chasse, cette école de toutes les vertus, selon Xénophon, était de même sans charme à ses yeux; il dédaignait les amusements recherchés de ses compagnons d'âge. Les orateurs d'Athènes ont plus d'une

fois tiré des présomptions défavorables de l'indifférence de leurs adversaires pour les divertissements
accoutumés des Athéniens. Passer doucement le temps
à deviser près des comptoirs des banquiers, dans la
boutique du parfumeur, du barbier, était un de leurs
goûts favoris. Démosthène ne le partageait pas et re-
cherchait l'isolement; à quelle fin? de se rompre à la
chicane, aux artifices d'une rhétorique avide du bien
d'autrui : ainsi parle l'accusateur de Ctésiphon. Plutarque donne des détails curieux, sinon authentiques,
sur les pratiques studieuses de l'opiniâtre lutteur. La
tête à demi rasée, le souterrain, le grand miroir devant lequel il déclamait, l'épée suspendue au-dessus
de l'épaule dont elle réprime le haussement disgracieux, les cailloux dans la bouche, enfin les divers
exercices pénibles ou bizarres destinés à corriger les
imperfections de sa voix, sont au moins des indices
de l'impression laissée aux anciens par une vigueur
de volonté devenue traditionnelle.

Divers plaidoyers de Démosthène peignent au vif
les mœurs de la jeunesse dorée d'Athènes. Peut-être
l'accusateur de Conon et celui de Nééra [1] ont-ils chargé
un peu les traits; les éloges décernés à la vie de famille
des Athéniens par l'adversaire d'Aristogiton ne peuvent
être suspects d'exagération :

Naturellement bons et indulgents les uns envers les autres,
vous vous comportez ensemble dans cette ville comme font les
familles dans leurs foyers. Telle maison compte un père, des
fils hommes faits, peut-être aussi des enfants de ces derniers.
Entre ces trois générations, il y a nécessairement de nombreuses et profondes différences de goûts : la jeunesse ne

---

[1] L'accusation publique (γραφή) *Contre Nééra*, rangée d'ordinaire parmi les œuvres de Démosthène, appartient, selon
toute vraisemblance, à un de ses contemporains anonyme.

parle ni n'agit comme la vieillesse. Cependant, si les jeunes
gens sont mesurés, ils avisent, quoi qu'ils fassent, à n'être pas
aperçus, ou du moins ils montrent clairement l'intention de
se cacher. De leur côté, si les vieillards reconnaissent que les
jeunes gens se livrent un peu trop à la dépense, au vin, aux
plaisirs de leur âge, ils le voient sans paraître le voir. Ainsi
chacun suit ses goûts, et tout va bien [1].

Démosthène, à l'exemple d'Hypéride et de bien
d'autres, semble avoir eu des mœurs faciles [2] et goûtait les divertissements sur lesquels les vieillards athéniens fermaient les yeux ; toutefois il en exceptait le
vin. S'en abstenait-il par goût ou par calcul, et cette
proscription du jus de la vigne doit-elle être ajoutée
aux épreuves volontaires que lui imposait son désir
d'atteindre à l'éloquence ? Au rebours d'Horace, l'eau

---

[1] *Contre Aristogiton*, Didot, p. 476, § 88 ; p. 410, § 51. Cf
Contre Timarque, Didot, p. 63, § 195.

[2] Avant que son âpreté à poursuivre ses tuteurs lui eût fait
donner le surnom d'*Argas* (sorte de serpent), son adolescence
avait reçu, non de sa nourrice, mais de la Renommée, déesse
qui, selon Eschine, ne saurait être accusée de faux témoignage,
celui de *Batalos*. — Les bustes de Démosthène ont la lèvre inférieure collée contre la gencive, disposition fréquente chez les
bègues. Il eut longtemps de la peine à prononcer la lettre R.
Sa nourrice aurait voulu désigner par ce sobriquet une sorte
de bégaiement efféminé, analogue à celui des *Incoyables*. Battos
(d'où βάτταλος), roi de Cyrène, était fameux pour son bégaiement. Naturellement Eschine adopte une interprétation moins
innocente (Didot, p. 80, § 99 ; p. 61, § 181 ; p. 52, § 131). Il y
voit une critique publique de ses mauvaises mœurs : — « Si
l'on t'enlevait ces fins vêtements, ces molles chemisettes dont
tu es paré quand tu écris des discours contre tes amis, et qu'on
les fît passer entre les mains des juges, ils ne sauraient trop, je
crois, à moins d'être prévenus, si ces vêtements appartiennent
à un homme ou à une femme. »

était peut-être son Hippocrène. — *Cléon*. « Veux-tu
que je te dise ce qui t'est arrivé ? tu as, comme tant
d'autres, gagné une petite cause contre un étranger.
L'as-tu assez marmottée toute la nuit, déclamée dans
les rues, récitée à tout venant ! As-tu bu assez *d'eau*
pour t'inspirer ! » *Le Charcutier* : « Et que bois-tu
donc, toi, pour être capable d'abasourdir ainsi de tes
clameurs la ville stupéfaite ? » *Cléon*. « J'arrose un
thon bien chaud d'un grand pot de vin pur (*Chevaliers*). » La méthode de Démosthène est différente. Il
a plus besoin de se calmer que de s'animer. Ératosthène nous parle de ses transports bachiques (παρά-
6αχχον), Démétrius de Phalère, de son « enthousiasme » à la tribune ; qu'aurait-ce été, s'il avait aimé
le vin ! Pythagore proscrivait la fève comme contraire
à la sérénité de la méditation philosophique. Notre
orateur de même se défie de la liqueur excitante de
Bacchus ; et sa bonne intention se retourne contre lui.
Les buveurs d'eau sont des méchants : Démosthène
s'entendra souvent appliquer cette épithète, à côté de
celle de morose, de revêche. Solon, jusque dans sa
vieillesse, avait goûté les doux présents des dieux en
souriant : Démosthène, voluptueux au front sévère,
semblait ne se dérider jamais. Pareil contraste a marqué sa vie : elle a témoigné, chez lui, d'une sensibilité accessible aux faiblesses humaines et d'une fermeté austère à se maîtriser, dès qu'un intérêt supérieur de son choix lui en imposait le devoir.

Cet homme, dur parfois à lui-même, le fut toujours
aux ennemis de sa patrie. L'humeur chagrine relevée
par ses adversaires politiques n'avait rien de surprenant chez un citoyen touché des périls d'Athènes et
des amertumes de la lutte inégale qu'il soutenait pour
elle. Les tristes pensées de son âme assombrissaient

ses traits. Cet orateur au visage soucieux, aux prédic-
tions sinistres, sera traité de *maudit,* après Chéronée.
Avant le désastre, Eschine s'était contenté de railler
son caractère farouche, ses façons grossières. Quelle
différence en effet entre ces deux conseillers du peuple ! L'un, enjoué, aimable, a les sourires et l'indulgence de Philinthe. Il a eu le bon goût (lui-même nous
l'apprend) de ne jamais chagriner aucun comptable ;
il n'a jamais fait exiler personne. Il est facile, coulant ;
il voit les choses par le côté agréable et s'accommode
aux temps ; il aime Athènes, la liberté d'Athènes,
comme Philinte aime la vérité et la vertu, un peu
moins que ses aises et à condition qu'il ne lui en coûtera rien. Démosthène n'est pas, comme lui, un galant homme. Il injurie les Macédoniens, pour se faire
croire leur ennemi ; il insulte Philippe, au risque de
compromettre la cité ; il est brutal, malavisé ; il ne
sait pas vivre. Il n'a pas d'entrailles : sa fille, celle qui
la première lui donna le doux nom de père, a expiré
il y a sept jours à peine ; Démosthène couronné de
fleurs, paré d'une robe blanche, célèbre la mort de
Philippe dans un sacrifice public [1] ! Il viole les lois les
plus sacrées de la nature et de la religion. Il ose dire
en public qu'il se croit plus lié par les devoirs du
patriotisme que par les droits de l'hospitalité. Il fait
mettre à la torture un Oritain, soupçonné de haute
trahison, qui l'avait jadis accueilli sous son toit. Il
accuse de prévarication ses collègues d'ambassade,
même après avoir pris part avec eux au repas du Prytanée. Ennemi aveugle d'Alexandre, il pousse, du fond

---

[1] Eschine réprouve en Démosthène ce que Rome exaltera
dans Paul-Émile triomphant de Persée, entre « les deux coups
de foudre » qui ont atteint ses deux enfants. T.-Live, XLV, 41.

de son exil, les Athéniens à la révolte ; son obstination est d'un forcené. — Ces traits envenimés d'Eschine prétendaient flétrir Démosthène, et de fait, ils
l'honorent.

L'éloquence était le grand ressort à Athènes, mais
l'or trop souvent le faisait mouvoir. Sans parler de la
corruption des magistrats et des juges (ainsi Charès
échappa à la mort, dont son collègue Lysiclès avait
été frappé, grâce à ses immenses richesses), les orateurs d'Athènes vendaient tour à tour leur parole et
leur silence. Ceux dont Alexandre demanda la tête
durent leur salut aux cinq talents acceptés de Démade
pour les dérober, par un habile expédient, à la vengeance du prince macédonien, son ami. Dans l'affaire
d'Harpale[1], ce même Démade raillait le rhume d'argent (*argyrancie*) imputé à Démosthène. On sait comment Philippe payait ses partisans pour parler ou pour
se taire. L'habitude des succès faciles auprès de ces
consciences vénales lui inspirait, à l'égard des conseillers intègres d'Athènes, des traits injurieux, visi-
blement mêlés de dépit : « ..... Je rougirais d'acheter
l'amitié de tels hommes. » Nous croyons peu à un
scrupule de délicatesse de la part de Philippe : s'il n'a
pas séduit Démosthène, ce n'a pas été dédain, mais
impuissance. Acheter Démosthène, c'eût été terminer
la guerre d'un seul coup. Mais si le zélé patriote acceptait l'or des Mèdes pour en tirer des armes contre les

---

[1] Harpale s'était enfui d'Asie à Athènes (327) dans l'espoir
d'y échapper à la colère d'Alexandre et d'y jouir en paix du
fruit de ses concussions. Il réussit à acheter quelques orateurs,
mais non la protection de la cité, et dut s'enfuir en Crète. —
Pour l'affaire d'Harpale, voir J. Girard, *Études sur l'éloquence
attique*.

Macédoniens, comme les puissances européennes recevaient sans scrupule de l'Angleterre l'or destiné à
combattre Napoléon, jamais il ne souilla ses mains de
dons ennemis. Dans le discours où il réussit, à force
de raison et de sentiments élevés, à calmer les Athéniens irrités contre lui, au milieu du double fléau de
la peste et de la guerre, Périclès rappelle ses principaux titres à leur confiance et notamment son intégrité, supérieure aux richesses, qualité rare, puisque
Thucydide (II, 60-65) croit devoir y insister, comme
sur l'une des causes de sa longue puissance. L'intégrité politique de Démosthène a été, de même, l'un
des secrets de sa force contre Philippe et de son
ascendant sur Athènes :

> Si, dans toutes ces occasions, il est constant que j'ai mieux
> que les autres prévu l'avenir, je n'en tire pas vanité et je ne
> me flatte pas pour cela d'une sagacité singulière. A deux cau-
> ses, Athéniens, j'attribuerai tout l'honneur de mes lumières,
> de mes pressentiments : la première est la fortune (εὐτυχία),
> que je vois plus forte que toute l'habileté et la sagesse humaine ;
> la seconde, le désintéressement avec lequel je juge et raisonne
> sur toute chose. Non, personne ne pourrait montrer un seul
> profit attaché à mes actions, à mes paroles dans le ministère
> (*Sur la paix*).

L'argent est l'arme offensive de l'ambitieux; tout usur-
pateur établit sa force sur la corruption. Tandis que
Philippe achetait la Grèce plutôt qu'il ne la vainquait,
l'intégrité de notre orateur demeura impénétrable à la
séduction.

> Si l'on demande par quels moyens Philippe a réussi dans
> toutes ses entreprises, chacun répondra : par son armée, par
> ses largesses, par la corruption de ceux qui étaient à la tête
> des affaires... En repoussant son or, j'ai vaincu Philippe ; car
> si l'acheteur triomphe du traître qui se vend, celui qui demeure
> incorruptible a triomphé du séducteur. Donc Athènes a été
> invaincue du côté de Démosthène (*Sur la Couronne*).

Chez Démosthène, le citoyen fut irréprochable, si l'homme ne l'était pas. Comme Mirabeau, il a aimé l'argent, et pour les mêmes raisons. L'auteur des *Vies des hommes illustres* exprime le regret que Démosthène n'ait pas été assez « franc du collier à la guerre, » ni « assez muni et fortifié contre les présents. » En effet, ces deux qualités auraient comblé sa gloire ; mais celle que ses faiblesses lui ont laissée est encore belle. S'il aimait le luxe et ses jouissances, le talent du logographe suffisait à y pourvoir : nul ne l'a jamais convaincu d'avoir manqué, pour y satisfaire, à ses devoirs de citoyen. Si Démosthène, à certains égards, n'échappa pas aux vices communs d'Athènes, il fut, tout compte fait, Plutarque le reconnaît, « l'orateur le plus honnête de son temps, après Phocion. » Ce n'était pas un petit mérite, durant la période macédonienne, d'être, nous ne dirons point parfait, mais même d'une vertu moyenne (μέτρων), la seule à laquelle Démosthène ait jamais prétendu.

Démosthène a fait allusion plusieurs fois au reproche de timidité qu'on lui adressait. « Il est mou, sans hardiesse ; il conseille la guerre, et il n'ose la proposer par décret ! » On sait, à ce propos, la fière réponse d'Hégésippe : « Mais c'est la guerre que tu proposes ! — oui, la guerre, et avec elle, les deuils, les funérailles publiques, les éloges funèbres, tout ce qui doit nous rendre libres, et repousser de nos têtes le joug macédonien. » Démosthène ne le prend pas de si haut ; s'il propose par décret la guerre, alors qu'il appartient au peuple seul de la décider, il ne dissimule pas son appréhension d'être « mis en pièces » par les stipendiés de Philippe (*4e Philippique*) et traité, en cas de revers, comme le seraient plus justement les traîtres. Dans la troisième *Philippique*, il se souvient d'Euphrée l'Oritain : « Plutôt mourir mille fois, que de complaire lâchement à Philippe, et de livrer quelques-uns de vos orateurs fidèles ! » Démosthène pressentait l'avenir : Eschine devait l'accuser d'avoir ruiné la Grèce, et Alexandre réclamer sa tête. Dès 352, dans la première *Philippique*, il se déclare résigné à tout souffrir, si le succès trompe son attente, et en même temps, il voudrait être assuré, dit-il, qu'il lui sera aussi avantageux de donner de bons conseils qu'aux·Athéniens de les recevoir. Malgré son incertitude, il les donne pourtant, car il les sait utiles [1].—Démosthène voit le péril ; sans fausse honte ni forfanterie, il s'en reconnaît touché, et froidement, il le brave. Dans ces conditions, la prudence circonspecte de certaines timidités apparentes relève, si l'on peut dire, le courage des principes et de la conduite générale.

Selon Eschine, Démosthène manquait d'assurance devant les multitudes (δειλὸν πρὸς τοὺς ὄχλους). « Pour le courage, je n'ai qu'un mot à dire : s'il ne convenait de sa lâcheté, et si vous n'en étiez convaincus comme lui, je m'arrêterais à vous en donner la preuve. Mais, puisqu'il la reconnaît lui-même dans nos assemblées, et que vous n'en doutez nullement, il me reste à vous rappeler les lois portées contre les lâches. » Ainsi devait parler un ennemi ; quelques lignes de la *Midienne* impliquent un aveu discret de sa facilité à se troubler.

Midias cherchait à obtenir de lui un désistement, à prix d'or. A la vue du banquier Blépéos s'approchant de Démosthène, la crainte de le voir accepter un ac-

---

[1] Souvent « l'audace naît de l'ignorance et l'hésitation de la considération réfléchie. L'âme vraiment forte est celle qui aperçoit très clairement où est le plaisir, où est la peine, et que cette vue ne détourne pas des dangers. » Thucydide, II, 40

commodement fit pousser au peuple de telles clameurs,
que l'orateur effrayé laissa là son manteau et précipita
sa fuite « presque nu, en simple chemisette, » devant
la poursuite du financier. Fuir devant de l'or et des
cris, est d'un homme très impressionnable assurément ;
Démosthène l'était, en effet, à un degré peu ordinaire.
Nature sensible et nerveuse, il n'avait pas toujours la
fermeté qui permet de regarder en face, sans broncher, les situations où le sang-froid est nécessaire.
Eschine le compare à une femme pour la vivacité des
ressentiments, et lui reproche de pleurer plus facilement que les autres ne rient. Il est, comme il arrive
souvent, très ferme, très décidé dans ses idées, timide
dans ses actes ; un rien suffit à le jeter hors de son
assiette.

Envoyé en ambassade à Alexandre, alors campé
sous les murs de Thèbes, il est pris de crainte en
route, et il revient avec la précipitation d'un « fugitif.»
Effrayés de la marche d'Alexandre sur Thèbes révoltée,
les Athéniens avaient chargé des députés d'annoncer
au fils de Philippe qu'ils reconnaissaient son hégémonie et lui décernaient les honneurs divins. L'auteur
des *Philippiques* n'eut pas le courage de dépasser le
Cithéron et d'aller déposer aux pieds d'un prince
moqué par lui, le témoignage de l'humiliation de sa
patrie et la sienne propre. Oserons-nous l'en blâmer ?
Si le sentiment qui inspira la retraite de Démosthène
est celui que nous croyons, la raillerie d'Eschine est
du nombre des reproches qui louent. Mais pourquoi
accepter librement une mission, si l'on n'est pas
assuré de son courage de l'accomplir jusqu'au bout ?
Démosthène craignait peut-être de se troubler devant
le jeune conquérant, comme il avait fait devant Philippe. En présence de la cour du Macédonien, et sans

l'excuse de l'appareil militaire qui devait un jour
paralyser l'éloquence, d'ordinaire facile, du défenseur
de Milon, le député d'Athènes avait perdu la mémoire
et balbutié.....

Sa timidité était trop manifeste pour qu'il songeât
à la nier; il pouvait seulement en essayer l'apologie :

> Hardi, effronté, impudent, je ne le suis point, et ne sou-
> haite pas de le devenir. Cependant je m'estime beaucoup
> plus courageux que ces intrépides hommes d'État sans vergo-
> gne. Juger, confisquer, faire largesses du bien d'autrui, accu-
> ser, sans égard aux intérêts de la patrie, cela ne demande
> aucun courage. Quand on a pour gage de son propre salut le
> mérite de parler, de gouverner pour vous plaire, la hardiesse
> est sans péril. Mais, pour votre bien, résister souvent à vos
> volontés, vous donner des conseils non agréables, mais tou-
> jours les plus utiles, suivre une politique où la fortune est plus
> souvent maîtresse que le calcul, et pourtant se déclarer res-
> ponsable devant vous et du calcul et de la fortune, voilà le fait
> de l'homme de cœur *(sur la Chersonèse)*.

Eschine le raille sur sa lâcheté. — Et toi, réplique
Démosthène, n'as-tu pas, durant les prospérités de la
patrie, « vécu la vie d'un lièvre? Craintif, tremblant,
tu t'attendais sans cesse à être frappé des châtiments
dus aux crimes que te reprochait ta conscience. Au
jour de nos malheurs, ton assurance a frappé tous les
yeux. » L'humeur craintive de Démosthène rehausse
le mérite du citoyen résolu à braver les périls attachés au rôle politique que l'honneur lui avait commandé de choisir. Était-il lâche l'orateur qui, assailli
de sarcasmes, de cris, de menaces, et au risque d'être
« déchiré, » repoussait, inébranlable dans ses vues et
dans son zèle patriotique, les assauts des « bêtes fau-
ves » déchaînées contre lui? Au lendemain d'Élatée,
loin de se ménager, il se donnait tout entier, sans
compter, à l'intérêt commun. Le courage civil a son

prix, alors que la patrie en danger nous appelle, et
que le sentiment du devoir engage un citoyen à braver, seul ou par-dessus tous les autres, les hasards et
les responsabilités de l'avenir. Cicéron, réconforté
par Caton, a eu ce courage contre Catilina; Démosthène l'a eu contre Philippe, sans autre inspirateur
que le Génie de l'Athènes du passé.

Le comique Timoclès peint Démosthène comme un
batailleur « au regard martial, » « Briarée, mangeur
de lances et de catapultes. » L'ironie est acérée, si
l'on songe que ce guerroyeur devait fuir à Chéronée.
C'est ici qu'il faudrait passer l'éponge, tirer le rideau.
Pourtant, si Bourdaloue a marqué les six circonstances atténuantes de « l'éclipse » de Louis de Bourbon,
à la tête de l'armée espagnole, il est équitable, non
de pallier la faute de Démosthène, mais de montrer
pourquoi ses compatriotes la lui ont pardonnée. Sur
ce point, Eschine, brave soldat, avait beau jeu contre
le belliqueux orateur, déserteur de son poste : — La
loi de Solon condamne à la dégradation civile le lâche
qui a jeté son bouclier; et lui, il réclame une couronne! — En vain Démosthène, afin d'échapper aux
coups de son adversaire, se retranche derrière sa
qualité d'orateur : à la tribune, dans les conseils publics, dans les ambassades, j'ai mieux que personne
servi l'État. Le ministre d'Athènes a toujours fait tout
son devoir; que le politique absolve le soldat! — Cette
apologie est plus adroite que solide; autant valait répondre aux sarcasmes d'Eschine par ce vers proverbial qu'Aulu-Gelle met dans la bouche de notre orateur : « Celui qui fuit peut de nouveau combattre, »
sentence agréée sans doute du poète Horace, au retour de Philippes. « Oui, mes amis, j'ai fui, mais avec
vous. » Ainsi répliquait, sans plus se troubler, Xéno-

crate, non simple soldat, mais stratège, à ses compagnons de déroute. De même, Démosthène a suivi la déroute générale; il a fui du champ de bataille, mais enfin il s'y est rendu. Tandis qu'il se dérobait, vaincu, aux traits des Macédoniens, que faisait Eschine? Eschine a négligé de nous le dire. Était-il derrière l'armée de Philippe, attendant l'issue du combat, espérant peut-être la défaite qui devait fortifier son parti? Lui-même a pris soin de nous donner en détail ses états de service dans les campagnes antérieures à l'année 350. Nulle part, le glorieux soldat de Thamines, couronné pour sa bravoure contre les Eubéens, n'a fait allusion à sa participation à la bataille de Chéronée. Il lui eût été très difficile de repousser de ses armes un ennemi dont sa politique complaisante avait aplani les voies. Démosthène est digne de blâme, mais nous ne voudrions pas qu'Eschine le lui adressât. Eschine n'avait rien fait pour conjurer le désastre, il ne fit rien pour le réparer. Même après Chéronée, Démosthène était citoyen meilleur et plus utile que lui. Le salut de Démosthène a mieux servi Athènes que n'eût fait un trépas courageux. C'est lui qui, avec Hypéride, organisa la résistance et força Philippe, par l'attitude résolue de la cité, à la traiter avec ménagement et respect.

Jamais Démosthène n'aurait fait l'aveu public de sa timidité, s'il n'avait su pouvoir le faire impunément; Athènes lui donna même plusieurs preuves éclatantes de pardon. Il n'eût pas été surprenant, aussitôt après le désastre, que le peuple le poursuivît de ses ressentiments comme auteur de la détresse publique. Au contraire, toute la cité se tourna vers lui; elle adopta ses décrets, elle repoussa les accusateurs qui l'assaillant « presque tous les jours, » voulaient profiter des

malheurs publics pour l'accabler : conduite également
honorable à Athènes et à l'orateur. Bientôt elle lui
confirmait son estime par un témoignage encore plus
frappant. Laissons ici la parole à Démosthène :

Quand, au lendemain de l'événement, le peuple dut choisir
l'orateur appelé à célébrer la mémoire des morts, ce ne fut
pas toi qu'il choisit, quoique proposé, et malgré ta belle voix ;
ce ne fut pas Démade qui venait d'obtenir la paix ; ni Hégémon,
ni aucun de vous : ce fut moi. Alors, Pythoclès et toi, vous
parûtes à la tribune pour me lancer, avec quelle cruauté et
quelle impudence, ô ciel ! les accusations et les invectives que
tu renouvelles aujourd'hui. Le peuple n'en fut que plus ardent
à confirmer son choix. La raison, tu ne l'ignores pas, je vais
pourtant te la dire : il connaissait mon dévouement, mon zèle
et votre perfidie ; car ce que vous avez nié avec serment durant nos prospérités, vous l'avez avoué au moment de nos revers. On vous tint donc pour d'anciens ennemis, à qui les
malheurs publics donnaient le courage de se déclarer. Ensuite, ils ne croyaient pas qu'il convînt de confier l'éloge de
nos braves à l'homme qui avait logé sous le même toit, parti-
cipé aux mêmes libations que ceux contre lesquels ils avaient
combattu ; que celui qui, en Macédoine, avait fait des orgies
et chanté des hymnes où les meurtriers de nos compatriotes
célébraient les désastres de la Grèce, à son retour dans Athènes,
reçût cette marque d'honneur : il fallait pour une telle infortune,
non une voix et des larmes de théâtre, mais une âme pénétrée de la douleur publique. Ce deuil, les Athéniens le trouvaient dans leur cœur, dans le mien, non dans le vôtre. Voilà
pourquoi ils me choisirent, et non pas vous ; et, non seulement le peuple, mais les pères, les frères chargés du soin des
funérailles, en jugèrent ainsi : le repas funèbre, qui, d'ordinaire, se donne chez le plus proche parent, ils le donnèrent
chez moi. Ils ne se trompaient point : car, si par le sang,
chacun d'eux tenait aux morts de plus près, je leur étais,
comme citoyen, plus uni que personne. Oui, le plus intéressé
à leur salut, à leur succès, devait, après leur malheur (plût
aux dieux qu'il ne fût jamais arrivé !) prendre la plus grande
part à la douleur de tous *(Sur la Couronne)*.

Bdélycléon, avocat de Labès, excuse en ces termes

4

le chien voleur : C'est un pauvre ignorant; « pardonne, il ne sait pas jouer de la lyre. » Le mot est comique et profond. Le vice a souvent d'autres racines
que l'ignorance, mais, souvent aussi, il naît d'elle.
Les platoniciens ont seulement péché par exagération
quand ils ont confondu la science et la sagesse (prévention moins dangereuse, d'ailleurs, que celle des
Cartésiens rattachant l'erreur à la volonté). L'ignorance n'est pas seule à atténuer la culpabilité. Tel
naît sot, tel autre le devient; ce dernier est coupable,
puisqu'il a perverti sa nature; le premier est innocent;
il est de naissance ce qu'il est; les dieux l'ont fait ainsi.
L'antiquité a été très indulgente pour les infirmités
morales imputables à la nature; le défaut de courage
était de ce nombre et cette considération tempérait
parfois la sévérité de la flétrissure. Isocrate n'a jamais
osé monter à la tribune, et il a passé dix années à
composer un discours. Évidemment il était intéressé
à mettre l'éloquence au-dessus de toutes choses; aussi
déclare-t-il qu'elle fait plus d'honneur à l'homme que
les richesses, *le courage* et les autres présents de la
fortune ou de la *nature*. — L'auteur du panégyrique
d'Athènes a ciselé des bijoux; c'est un orfèvre qui
plaide pour son art. — Soit, mais ce dédain du courage, pur don de la nature, est à remarquer; car il
implique l'indulgence à qui ne l'aura pas reçu. Cette
disposition des anciens à passer condamnation sur les
faiblesses de nature a inspiré à Démosthène une distinction dont les modernes s'étonnent d'abord. Midias,
dit-il, va se faire humble pour désarmer votre justice;
soyez-lui d'autant plus inexorables. « Car si, incapable
de courber son orgueil, il eût été, toute sa vie, aussi
hautain et violent par l'empire du naturel et de la fatalité, il serait juste de tempérer votre rigueur. Mais

si, habile à se plier, quand il le veut, à la modération, il a adopté un plan de vie contraire, il est bien évident qu'après vous avoir fait illusion aujourd'hui, il reviendra demain tel que vous le connaissez. »

Cela revient à dire : « frappez Midias sans pitié, il n'est pas incorrigible; » et s'il était manifestement incorrigible, faudrait-il donc lui faire remise de la peine? L'incorrigibilité constatée est un argument que font valoir, chez les modernes, les partisans de la peine de mort. Au contraire, elle commandait en certains cas la clémence aux anciens. « Il y a, dit Aristote, des emportements qui sont de nature. Ainsi, un fils comparaissant devant le tribunal pour avoir frappé son père, se défendit en disant : « Mais lui aussi, il a frappé son père! » et il fut absous; car il sembla aux juges que c'était là un délit naturel qui était dans le sang, φυσικὴν ἁμαρτίαν. » « L'intempérance semble être plus volontaire que *la lâcheté;* aussi nous attire-t-elle des reproches plus légitimes... La lâcheté ne semble pas être volontaire dans tous les cas, quand on les examine en détail...; quelquefois elle paraît être une véritable violence [1], » comme l'acte de frapper ses parents en vertu d'une disposition héréditaire. Il nous serait aisé de multiplier ces citations et d'établir que, dans la pensée du Stagirite, l'homme n'est pas responsable des émotions physiques qui l'ébranlent, ni des actes provoqués par ces émotions. Ce sont là autant de forces qui triomphent habituellement de la nature humaine, et dès lors les mouvements ou intempérances auxquels nous cédons, se dérobent aux jugements de la morale et de la justice humaine. De là le scrupule d'Eschine de reprocher à Démosthène

---

[1] *A Nicomaque,* III, 13; *Grande morale,* I, 15; II, 8.

une couardise dont la nature était seule responsable :
« On sera peut-être surpris, dit-il, qu'on fasse le procès à un vice qui tient à la nature (φύσεως γραφαί). »
Et en effet, si les dispositions naturelles sont souve-
raines, est-il logique de les poursuivre devant les tribunaux ?

Les anciens ont en général, sous le poids du dogme
de la fatalité, mal connu et mal défini la liberté humaine. Aristote l'a soumise, au delà de la vérité, à
l'influence des inclinations originelles ; sa théorie ouvre la porte à l'excuse commode de la nécessité. On
ne peut dire absolument avec Socrate que le courage,
non plus que la vertu, soit une science. Car le courage tient dans une grande mesure au tempérament ;
mais la chair et le sang sont-ils donc la partie maîtresse de l'homme ? La souveraineté de l'instinct interdit la perfectibilité aux animaux : jamais, quoiqu'il en
pense ou quoiqu'il fasse, le lièvre du fabuliste ne sera
foudre de guerre, même par comparaison. Mais la liberté donne à l'homme le pouvoir de maîtriser sa
complexion physique. Socrate justifiait de ses aveux
le Lavater de son temps, Zopyre ; mais sa vigueur
d'âme avait surmonté la nature. Qui naît sans le courage doit l'acquérir. Turenne sentait sa *carcasse* émue
sur le champ de bataille ; il la domptait en la jetant
au plus fort du danger. L'homme de cœur mène son
corps où il lui plaît, il le façonne à sa guise. Démosthène n'a-t-il pas vaincu des organes rebelles ; résisté,
à son gré, à l'entraînement du plaisir et conquis son
éloquence à force de volonté ? Une âme si fortement
trempée était digne de réparer de tout point l'ouvrage
de la nature ; il aurait mérité, dans une cité où les
poètes (Eschyle, Sophocle) maniaient tour à tour avec
éclat la lyre et l'épée, de réunir les deux qualités né-

cessaires à l'homme d'État grec; il le devait et il en
était capable. Sa vie entière, sauf Chéronée, et sa
mort le prouvent. Isocrate, selon la légende, se punit
de ses longues illusions en se laissant mourir de faim.
Euphrée, patriote clairvoyant, prophète bafoué « se
coupa la gorge » et témoigna par là de sa sincérité.
Démosthène a préféré la lutte amère à la soumission
fortunée. Il a bravé, ce timide, Philippe et Alexandre;
il a provoqué la colère meurtrière d'Antipater. Était-ce
le fait d'un homme sans cœur? Dans le silence de la
délibération morale, face à face avec l'honnête, son
âme, inaccessible à la crainte, cédait à l'élan du devoir. Au milieu du bruit inaccoutumé des armes, le
corps ressaisit son empire, et l'émotion troublante du
combat, qui parfois fait oublier leur peur aux timides,
lui enleva sa fermeté. Les Athéniens ont absous cette
surprise des sens; regrettons-la, sans la flétrir des
reproches injurieux que lui a prodigués l'inimitié.
Songeons plutôt à la douleur dont l'âme du patriote
était certainement pénétrée au moment où, déchu de
ses plus chères espérances, il quittait le champ de
bataille où était pour jamais ensevelie la liberté des
Hellènes.

A la piété envers la patrie s'associait naturellement,
chez Démosthène, la piété envers les dieux. D'abord
réfugié à Trézène, il quitte ce séjour pour un asile plus
sûr : le temple de Neptune à Calaurie. « Le respect du
dieu, je l'espère, me servira de sauvegarde. Cependant
que sais-je? Lorsqu'on est à la merci d'autrui, on vit
au jour le jour, sans jamais être assuré du lendemain. »
Ces pressentiments furent justifiés. Au moment où,
conduits par un ancien comédien, Archias, surnommé
le *traqueur des proscrits*, les soldats d'Antipater inves-
tissent le sanctuaire où Démosthène s'est réfugié, le

grand homme songe d'abord à ne pas souiller de son trépas l'autel du dieu. Il suce le stylet empoisonné qui va lui assurer une franchise plus certaine que celle du temple de Neptune, puis il se lève : « Tu peux, dit-il à Archias, jouer maintenant le rôle de Créon dans la tragédie et faire jeter ce corps où tu voudras, sans sépulture. Pour moi, ô Neptune, dieu ami, je sors encore vivant de ton temple ; mais il n'a pas tenu à Antipater et aux Macédoniens que ma mort ne profanât ton sanctuaire. » Démosthène succombe sous l'effort des ennemis de la Grèce, et il tombe en protégeant la religion de son pays.

La prévision de cette indigne fin d'une vie généreuse lui avait inspiré parfois des mouvements amers. Les jeunes gens accouraient le visiter dans son exil et lui demandaient des conseils ; mais lui les détournait des affaires publiques : « Si au début l'on m'eût proposé deux chemins, l'un conduisant à la tribune et aux assemblées, et l'autre droit à la mort, et que j'eusse pu prévoir les maux, les craintes, les jalousies, les calomnies et les combats inséparables de la vie publique, je me serais jeté dans le chemin de la mort. » Si le dévouement à la patrie était toujours récompensé, nul n'aurait mérité un trépas plus doux. Cicéron a tracé, d'après Platon, dans son traité *Des devoirs* (I, 25), le portrait du bon citoyen. Le dévouement désintéressé qui en est le trait principal, a été la vertu éminente de Démosthène.

Je passe ma vie à vous donner des conseils qui me font dans votre estime plus petit que beaucoup d'autres, mais qui vous feraient grands, vous, si vous les suiviez. Je puis sans doute parler ainsi sans éveiller l'envie ; non, je ne puis concilier le caractère du vrai patriote avec une politique qui placerait rapidement, moi au premier rang parmi vous, et vous au dernier rang dans la Grèce ; mais par l'administration des ora-

teurs fidèles la patrie doit grandir, et leur devoir à tous est
de proposer toujours non la mesure la plus facile, mais la
meilleure. Pour aller à la première l'instinct suffira ; vers la
seconde doivent nous conduire les sages discours d'un bon citoyen *(Sur la Chersonèse)*.

II. LE CITOYEN. — Le pouvoir est l'épreuve du caractère (mot de Bias) : Démosthène a soutenu cette
épreuve avec honneur. L'homme du peuple, comme
lui-même s'appelle dans un exorde, a été le plus utile
serviteur du peuple qu'il voulait sauver. Fidèle à une
promesse faite aux juges d'Aphobos, « à peine sorti
de l'enfance, » il contribue et supporte les charges
publiques. Homme fait, il n'aide pas seulement l'État
de ses conseils, mais encore de ses deniers. Il équipe
trois galères pour les expéditions de l'Eubée, de l'Hellespont et de Byzance; il verse au trésor public huit
talents; il rachète des prisonniers athéniens en Macédoine; il dote des filles pauvres et se porte caution de
citoyens insolvables. Après Chéronée, sur les dix talents consacrés à la réparation des murs, Démosthène
à lui seul en fournit trois; il prodigue sa fortune aux
particuliers et à l'État au point de ne pouvoir, à son
tour, payer l'amende à laquelle l'aréopage le condamne, dans l'affaire d'Harpale. Mais tels ne sont pas
les titres qu'il croit devoir invoquer auprès de ses concitoyens : il n'a pas imité les orateurs égoïstes qui
préfèrent leur intérêt auprès du peuple et de Philippe
au salut de l'État. Voilà ce dont il se glorifie. Il les a
toujours combattus, réfutés avec éclat, entre autres
Pithon de Byzance, ambassadeur ordinaire du Macédonien, et Pythéas d'Arcadie, le faux démocrate aux
gages de Philippe. Tandis que ces mercenaires attisent
les haines, sèment la discorde entre les cités, Démosthène travaille à effacer les ressentiments, fomente

des coalitions, ménage des alliances. La Grèce est
encore moins unie contre les Macédoniens qu'elle ne
l'a été contre les Barbares ; la devise *chacun chez soi,*
chacun pour soi, y est devenue générale. Aussi, au
lieu de combattre tout entière en même temps, elle
s'épuisera en efforts isolés et successifs. Athènes lutte
à Chéronée en 338, Thèbes se révolte en 335, Sparte
avec Agis tente la délivrance en 330. Chacune des cités
capitales agit à part et à son heure ; point de mouvement puissant d'ensemble.

Ces pratiques d'un individualisme fatal aux intérêts
helléniques étaient instinctives chez les Grecs. Les
cités tour à tour maîtresses de l'hégémonie avaient
contribué à les établir : « Il importe à notre ville que
Thèbes et Lacédémone ne soient pas trop puissantes ;
que la première ait à lutter contre la Phocide, la
seconde contre d'autres ennemis. Ce sont là les conditions de notre sécurité et de notre grandeur. » Démosthène, en 352, ne voyait pas encore que ces maximes
favorables à la prééminence de sa patrie préparaient la
défaite de la Grèce ; plus tard il travaillait à rapprocher ce que l'égoïsme politique s'était étudié à désunir.
Ce qu'Athènes avait fait pour son compte, Philippe le
faisait contre elle ; il s'attachait à diviser, Démosthène
à réconcilier. Au sentiment d'Aristote (*Politique* IV, 6),
la famille hellénique, race privilégiée, douée des qualités de l'Europe et de l'Asie, aurait été capable, réunie
en seul État, de commander à l'univers. Démosthène
n'en est pas à rêver pour elle la domination universelle ; heureuse si elle trouve la force de se dégager
de l'étreinte de Philippe. Sur le terrain de la réconciliation l'orateur, une fois, réussit à vaincre : il triom-
pha de l'antipathie mutuelle d'Athènes et de Thèbes et
les conjura contre l'envahisseur (339), succès inespéré

qui fit pâlir un moment l'étoile de Philippe, et dont l'orateur se glorifiait comme du plus beau triomphe de sa vie.

L'activité infatigable de Démosthène embrasse toutes les parties de l'État : marine, armée de terre, finances, administration. Il est toujours sur la brèche ; aux moindres tentatives de Philippe, il propose ou ambassades ou expéditions. Philippe députe des envoyés ? Démosthène les réfute. Philippe gagne les négociateurs d'Athènes ? Démosthène les démasque. Philippe envoie un émissaire, Antiphon, pour incendier les arsenaux du Pirée ? Démosthène toujours en éveil, le saisit et le fait condamner à mort. Patriote vigilant, il devine Philippe et le révèle ; il sait tout prévenir, tout prévoir. Il n'est pas un de ces habiles qui, tout en servant les affaires publiques, se ménagent des retraites et se fortifient d'avance contre les accidents de l'avenir. Lui, il se livre sans arrière-pensée ni calcul, il assume à la fois plusieurs responsabilités que les politiques d'Athènes séparaient volontiers ; il propose une résolution, rédige le décret, se charge de l'exécution. Il suit le Macédonien pas à pas, se jette à la traverse de tous ses desseins ; il l'arrête à Ambracie, à Byzance. C'est lui qui organise la victoire de Phocion dans l'Eubée. « Philippe a été chassé de l'Eubée par vos armes et aussi, dussent certains envieux en mourir de dépit, par ma politique et mes décrets. » C'est lui qui dans les crises est l'inspirateur et l'âme de tout l'Etat. « Qui préservera l'Hellespont d'une domination étrangère ? c'est vous, hommes d'Athènes. Quand je dis vous, je dis la République. Or qui consacrait à la République ses discours, ses conseils, ses actions ? Qui se dévouait entièrement pour elle ? moi ! » Après la chute d'Élatée (339-338), au milieu des angoisses de la cité, le héraut,

4*

voix de la patrie en détresse, appelle les bons citoyens
à la tribune : nul n'ose y monter. Qui saisit courageu-
sement le gouvernail, à l'approche de la tempête?
« Ce fut moi ! » C'est lui, toujours lui : il est partout.
D'où lui vient cette ardeur à se placer d'abord au
poste du péril? de la conviction que son dévouement
est nécessaire à l'État. « Je m'étais persuadé, peut-être
était-ce folie, mais enfin je m'étais persuadé que nul
ne proposerait rien de mieux que ce que je propo-
sais, ne ferait rien de mieux que ce que je faisais. »
Était-ce présomption de sa part? non ; la défaite même
de Chéronée lui a donné raison : il avait toujours parlé
aux Athéniens au nom de l'honneur ; grâce à lui, l'honneur du moins fut sauvé.

A la mort de Philippe, Démosthène, ennemi irréconciliable des Macédoniens, essaie de soulever la
Grèce contre eux. Alexandre « le jouvenceau » se révèle par le sac de Thèbes (335). La Grèce a seulement
changé de maître ; elle en subit un nouveau, plus terrible [1]. A la mort d'Alexandre, Démosthène, alors en
exil, accourt en Grèce et retrouve contre les conqué-
rants de sa patrie toute l'ardeur de sa jeunesse. Il encourage les ambassadeurs d'Athènes à former une ligue
nouvelle (guerre Lamiaque, 323), et lui-même il par-
court les cités, les appelant à la liberté. Il cherche partout des ennemis à la Macédoine, comme Annibal courait toute la terre pour en susciter aux Romains. Le
temps même de son bannissement ne fut point perdu

---

[1] Il fait périr 6000 Thébains, en vend 30,000 comme esclaves. De la ville ruinée de fond en comble, la maison de Pindare
resta seule debout : hommage rétrospectif qui nous touche moins
d'admiration que n'aurait fait un châtiment moins inhumain de
la patrie du poète.

pour la lutte devenue sa vie. Aux jeux Olympiques, Isocrate, puéril vieillard, prêchait la croisade contre les Perses et la paix avec les Macédoniens[1] ; Démosthène y faisait un autre emploi de son éloquence. Lamachos de Myrrhène récitait devant les Grecs assemblés un panégyrique de Philippe et d'Alexandre où Thèbes et Olynthe étaient déchirées. Démosthène se lève ; par des faits et des raisonnements, il met au grand jour les titres des deux cités à la reconnaissance des Hellènes et les calamités dues aux flatteurs des Macédoniens. Les auditeurs « retournés » acclament Démosthène avec enthousiasme. Le sophiste effrayé du tumulte s'esquive de l'assemblée : Démosthène se vengeait ainsi de l'ingratitude de ses concitoyens. Son exil était comme une continuation de son administration publique : « Il rôdait dans toutes les villes, dit Plutarque, appuyant les intérêts des Grecs, chassant les ambassadeurs des Macédoniens, et se montrant en cela beaucoup meilleur citoyen que Thémistocle et Alcibiade qui, dans les mêmes états de fortune, n'avaient pas témoigné la même vertu. Et après qu'il fut rappelé, il reprit ses premières brisées et continua

---

[1] Philippe a enlevé Amphipolis ; Isocrate l'excuse d'avoir pris ses précautions contre Athènes : « Si nous changeons de conduite et donnons meilleure opinion de nous, non seulement il ne touchera pas à notre territoire, mais il sera le premier à nous céder du sien, pour acquérir l'utile amitié d'Athènes » (*Sur la paix*). Plus loin : « Renonçons à l'hégémonie : touchés de ce désintéressement, les peuples d'eux-mêmes nous l'offriront. » Croirait-on qu'un Athénien, un rhéteur, pût être si naïf ? Isocrate se reconnaît de tous les Athéniens le plus impropre à la politique : « Je n'ai ni assez de voix, ni assez de hardiesse. » Il lui manquait encore autre chose (*Discours à Philippe,* Didot, p. 63, § 81).

son même train de gouvernement; car il ne cessa de faire la guerre à Antipater et à la Macédoine. »

Un adversaire de cette trempe n'était pas de ceux que l'on achète. Philippe n'avait pu le réduire par son or : Alexandre voulut venir à bout du séditieux incorrigible en exigeant sa tête. Phocion eut le triste courage de voter pour qu'on la livrât; un détour adroit de Démade épargna ce crime aux Athéniens. Plus tard, Antipater arrachait à leur impuissance la proscription de l'orateur toujours redouté au milieu même de l'asservissement des Hellènes (322).

CHAPITRE IV

DÉMOSTHÈNE. — LE POLITIQUE

Né en 385, Démosthène entre à l'âge de trente ans, par le discours contre la loi de Leptine (355) dans la carrière politique qui devait être pour lui glorieuse et amère. Lucien met ces paroles dans la bouche de Philippe : « Ce que furent autrefois pour les Athéniens Thémistocle et Périclès, Démosthène l'est aujourd'hui pour ses concitoyens. » Philippe entend par là que Démosthène est le rempart de sa patrie. A un point de vue plus particulier, la comparaison est encore juste : comme Thémistocle et Périclès, Démosthène a uni la parole et la pratique des affaires, alliance toujours utile, mais surtout à Athènes, où l'éloquence dégénérait vite en exercice artistique ou en instrument de popularité. Chez Démosthène, l'orateur est simplement l'auxiliaire de l'homme d'État. Il ne parle jamais pour remporter un succès de tribune, mais pour réformer, organiser, créer des ressources. A trente et un ans (354), il soumet au peuple un plan de réorganisation maritime (les *Symmories*), l'année suivante un projet de réorganisation de l'armée de terre. S'il conseille d'ouvrir les hostilités, du même coup il expose un plan de campagne. Il a réprimandé les Athéniens : « Que faut-il donc faire ? » lui demandent-ils : — « Le contraire de ce que vous faites maintenant. » A cette réplique excellente en soi, mais un peu sommaire, il ajoute aussitôt : « Néanmoins je vais entrer dans tous les détails, et puissiez-vous être aussi prompts à agir qu'à interroger ! » Il a établi la nécessité de levées : « Quelles seront ces troupes, leur nombre, les subsides destinés à les entretenir ? comment exécuter ces mesures ? je vais répondre à tout et avec ordre. »

I. La sagesse politique de Démosthène ne l'abandonne jamais ; Leptine veut, au nom de l'équité et des finances, réformer la loi des immunités : Démosthène lui démontre que son zèle se méprend sur les vrais intérêts de la République. Athènes est prospère, mais est-elle assurée de l'être toujours ? « Ceux qui ont livré à Philippe Pydna, Potidée et d'autres places, quel motif les poussait à nous nuire ? n'était-ce pas évidemment l'espoir des largesses du prince ? Eh bien, ne vaudrait-il pas mieux, Leptine, persuader à notre ennemi, si tu le pouvais, de ne pas récompenser les agents dévoués, instruments de ses injustices à notre égard, que de nous apporter une loi qui enlève une partie des dons acquis à nos bienfaiteurs ?... Athéniens, craignez de sanctionner une loi funeste. Heureuse, Athènes en serait flétrie ; malheureuse, elle se verrait dépourvue de défenseurs. » — Point de guerre ! s'écrie un politique, économiste à courte vue : la guerre, c'est le pillage de nos finances. — A nous de prévenir les concussions ou de les châtier. Ce n'est pas l'épuisement du trésor qui a perdu Orée, Olynthe; c'est la trahison, l'imprévoyance. — Mais la guerre coûte cher. — Il vous en coûtera bien plus de reculer devant les dépenses qu'elle exige; Athènes n'est-elle pas assez riche pour payer son salut[1]?

Une autre fois, c'est l'humeur belliqueuse qui souffle sur l'Assemblée. On décrète la guerre et dans des proportions gigantesques : on parle de dix mille, de vingt mille mercenaires, magnifiques armées sur le papier (ἐπιστολιμαίους δυνάμεις) : ce beau zèle inspire peu de confiance à Démosthène. Vous croyez ne pouvoir trop faire ? « Commencez par exécuter peu, et si cela ne suffit, ajoutez ce qui manque. » A quoi bon une armée trop forte ? vous ne pourrez la nourrir. Qu'Athènes proportionne son action au besoin et aux ressources. Faisons au premier jour la guerre de partisans (λῃστεύειν); des forces médiocres y suffisent; la Macédoine s'y prête merveilleusement; Philippe a l'avantage dans les batailles rangées. — L'histoire a été appelée la maîtresse de la vie, école suspecte, où l'on puise de bonnes et de mauvaises leçons. Machiavel a tiré des *Décades* de Tite-Live un bréviaire des princes tout différent du manuel des honnêtes gens. Le maître véritable de la vie humaine, c'est le bon sens. Le bon sens, allié à la force comique, a fait Molière (Scarron était plus gai que lui). Chez Démosthène, le bon sens pathé-

---

[1] *Discours de la Chersonèse.* — « Il est donc bien magnanime l'effort de donner une portion de son revenu pour sauver tout ce qu'on possède ! eh ! messieurs, ce n'est là que de la simple arithmétique; et celui qui hésitera ne peut désarmer l'indignation que par le mépris que doit inspirer sa stupidité.» Mirabeau, séance du 26 septembre 1789.

tique a fait l'orateur, et le bon sens politique, l'homme
d'État.

Démosthène a une haute raison, incapable de se
laisser troubler par la faveur ou le ressentiment. Il
voit l'utile, et il le dit avec la fermeté froide d'un
homme d'État qui subordonne la passion au bien public. Par là il résiste utilement à un peuple toujours
disposé à sacrifier la raison politique au sentiment.
Philippe médite le siège de Byzance, que sa révolte a
soustraite à la domination d'Athènes. Le peuple s'intéresse peu au sort de la cité rebelle : « Par le ciel! ces
gens-là, égarés par un funeste génie, poussent la dé-
mence au delà de toutes les bornes. — D'accord, mais
ces insensés, il faut les sauver : il y va du salut
d'Athènes. » Rhodes, dans la guerre sociale, s'est dérobée à l'autorité d'Athènes et a substitué le gouvernement oligarchique à la démocratie. Opprimés par
l'aristocratie, les Rhodiens implorent le secours d'A-
thènes. Athènes leur doit son appui : elle se conciliera
ainsi l'amitié de tous les États populaires et affermira
sa propre constitution, dont l'oligarchie est l'ennemie
implacable. Les Rhodiens ont failli, mais ils sont malheureux. « Vainement dira-t-on que les Rhodiens méritent leur infortune ; le moment serait mal choisi
pour nous réjouir : il faut dans la prospérité montrer
toujours une grande bienveillance aux malheureux ;
car l'avenir est voilé à tous les hommes. » Plus tard,
Démosthène engagera ses concitoyens à suivre à
l'égard de Thèbes cette politique de générosité intelli-
gente. Quand il émeut le sentiment, c'est pour en faire
l'allié de la raison pratique. L'intérêt bien entendu de
l'État est toujours la règle décisive de ses conseils.
Qu'il s'agisse de Mégalopolis, ennemie récente, de
l'Eubée « maudite, » de la Phocide « impie, » comme

Eschine les appelle, il importe peu à Démosthène de
considérer la « vertu » du peuple menacé, mais seulement le devoir d'Athènes de ne pas se trahir elle-
même en refusant son appui à des Grecs opprimés.

L'intelligence politique de Démosthène ignore les
préjugés candides ou intéressés des esprits étroits.
L'un des arguments spécieux des orateurs partisans
de Philippe était qu'il fallait s'aider de sa puissance
pour se venger des barbares. Démosthène plus sincère, plus judicieux, dissuadait les Athéniens de faire
la guerre au Grand Roi (354) :

> Au nom de notre intérêt, des troubles et des méfiances se-
> més dans la Grèce, ne l'attaquons pas. Si d'un accord unanime
> nous pouvions nous jeter tous sur lui seul, je vous dirais : atta-
> quez, c'est justice ; mais puisque ce concert n'existe point, évi-
> tons de fournir au Roi un prétexte de se faire l'arbitre des
> droits des autres Grecs. Tranquilles, nous le rendrons sus-
> pect, s'il tente rien de semblable ; agresseurs, nous l'autorise-
> rons à rechercher dans l'amitié des autres peuples un secours
> contre notre haine. *Ne découvrez point la plaie de la Grèce*
> par un appel aux armes qui ne serait pas écouté, ni par des
> hostilités impuissantes ; restez calmes, confiants et armés.
> Faites savoir au monarque non pas, grands dieux ! que les
> Hellènes et les Athéniens sont dans l'embarras, intimidés,
> alarmés ; certes, il s'en faut de beaucoup ; mais que si le men-
> songe, le parjure, n'était une honte aux yeux des Grecs,
> comme il est un titre d'honneur aux siens, depuis longtemps
> vous auriez marché contre lui ; et que, non disposés à l'atta-
> quer aujourd'hui par égard pour vous-mêmes, vous priez tous
> les dieux de le frapper du même vertige qu'autrefois ses ancê-
> tres. S'il s'avise d'y réfléchir, il reconnaîtra que votre résolu-
> tion ne manque pas de sagesse *(Symmories)*.

En conseillant cette attitude fière et prudente, Démosthène, à peine entré dans la carrière politique,
fait preuve d'une élévation de sentiments et d'une sagacité dont jamais il ne se départira.

Le cardinal de Richelieu s'alliait sans scrupule

aux protestants d'Allemagne ; François Iᵉʳ, au Turc. L'Athénien Démosthène engage la République à s'allier aux barbares.

Pour tous ces motifs, il faut envoyer une ambassade au Roi, nous concerter avec lui, dépouiller le sot préjugé, souvent funeste à notre cité : *C'est un barbare, c'est l'ennemi commun des Grecs*, et autres propos semblables. Pour moi, quand je vois redouter un prince résidant à Suze ou à Ecbatane, attribuer de mauvais desseins contre Athènes à celui qui nous aida jadis à relever nos affaires, et qui récemment encore nous offrait son appui (au lieu de l'accepter, vos décrets l'ont rejeté, refus dont il est innocent), tandis qu'on tient un autre langage d'un ennemi si voisin, à nos portes, grandissant au cœur même de la Grèce et pirate des Grecs, ma surprise est grande, et je crains un homme, quel qu'il soit, qui ne craint pas Philippe (*1ʳᵉ Philippique*).

Démosthène conséquent avec lui-même n'hésitait pas à employer l'or du Grand Roi à combattre l'or de Philippe, au risque de s'entendre accuser de s'en réserver une partie. Il se consolait de ces soupçons injurieux en voyant ses prévisions se réaliser et les satrapes de Perse aider les forces athéniennes à délivrer Périnthe.

Ce même bon sens, exempt de préjugés et de méticuleuse faiblesse, éclata encore à l'occasion de la mise en accusation de Diopithe. Ce général avait, de son autorité, mais au profit des Athéniens, attaqué les villes macédoniennes de l'Hellespont, pillé la Thrace maritime, imposé de fortes contributions aux colonies grecques d'Asie. Ces colonies se plaignent à Philippe irrité déjà de la dévastation de son territoire. Ce prince demande justice à Athènes. Les orateurs du parti macédonien accusent Diopithe de violer la paix et le droit des gens; Démosthène le défend. Les Athéniens sont seuls coupables des actes imputés au hardi stratège :

Nous n'avons ni la volonté de contribuer de nos biens, ni le courage de combattre en personne, ni la force de renoncer aux gratifications du trésor et de fournir à Diopithe les subventions consenties ; et, au lieu d'applaudir aux ressources qu'il s'est créées, nous le décrions par une inquisition jalouse des moyens qu'il emploiera, des opérations qu'il prépare, de tout enfin... S'il ne reçoit rien d'ici, s'il ne peut pas lui-même fournir la solde, d'où voulez-vous qu'il attende la nourriture de ses soldats ? du ciel ? impossible. Aussi vit-il de ce qu'il ramasse, ou mendie, ou emprunte... Si Diopithe commet des violences et enlève des vaisseaux, quelques lignes de vous, Athéniens, quelques lignes peuvent l'arrêter.

Les accusateurs de Diopithe demandent le rappel du général et le licenciement de son armée : le beau résultat ! Demandez à Philippe s'il en souhaite un autre ; exaucer ces vœux serait duperie :

Pourquoi donner à Philippe licence de tout faire, pourvu qu'il ne touche pas à l'Attique, s'il n'est même pas permis à Diopithe de secourir la Thrace sans être accusé de rallumer la guerre ? — Mais, par Jupiter, disent les accusateurs, nos mercenaires et Diopithe agissent en vrais pirates : notre devoir est de réprimer ces désordres. — Soit, j'y souscris, je veux que le seul intérêt de la justice ait dicté ce conseil ; mais voici ma pensée : vous poursuivez la dissolution d'une armée de la République, en diffamant le général qui trouve les moyens de l'entretenir. Eh bien ! prouvez que Philippe aussi congédiera ses troupes, si Athènes défère à votre avis... Athéniens, ne vous y trompez pas, tout ce qu'on vous dit n'est que verbiage et faux prétextes ; on trame, on machine une seule chose : vous retenir inactifs au dedans, désarmés au dehors, et permettre ainsi à Philippe d'exécuter en toute sécurité tous ses desseins.

Diopithe fut maintenu dans son commandement. Désarmer Diopithe devant Philippe, ç'aurait été s'allier aux Macédoniens. Démosthène ne poussait pas l'amour de l'équité absolue jusqu'à une candeur voisine de la désertion.

II. Théophraste a écrit un traité sur *La politique adaptée aux circonstances*. Cet ouvrage, inspiré peut-être au contemporain d'Isocrate et de Phocion par l'esprit qui engageait de fort honnêtes gens d'Athènes à se soumettre aux Macédoniens, était sans doute déjà perdu du temps de Cicéron. Sinon, l'auteur de la lettre à Lentulus *(Ad familiares,* I, 9) n'aurait pas manqué d'y puiser, en faveur de ses tergiversations politiques, des arguments plus spécieux que ceux qu'il emprunte, à l'aide d'interprétations forcées, à certaines maximes de Platon. Esprit indécis, versatile, Cicéron croit rester toujours fidèle à ses principes en changeant d'amitiés et de langage. Caractère faible, il se fait illusion sur les motifs véritables de ses évolutions politiques; il invoque la reconnaissance, le ressentiment, la nécessité, la convenance. Un repos honoré *(cum dignitate otium),* voilà le but que doivent poursuivre, selon lui, les personnages politiques (il ne l'a pas atteint : les satellites d'Antoine l'ont tué). Jamais Démosthène n'a songé à assurer à sa vieillesse ce repos honoré. Il a succombé, comme Cicéron, à la persécution des héros de ses *Philippiques,* mais il n'a pas eu, comme lui, à essayer l'apologie de rétractations intéressées.

Nous n'avons pas à examiner ici le long plaidoyer de l'inconstant ami de Pompée et de César. Détachons-en seulement quelques traits auxquels Démosthène aurait souscrit : « Voyez les hommes qui ont excellé dans l'art de gouverner : les loue-t-on d'avoir éternellement suivi la même ligne? Les navigateurs habiles cèdent quelquefois à la tempête, qui pourtant les éloigne du port. Lorsque, en changeant de voiles et en déviant, on peut arriver au but de sa course, il est insensé de persister avec danger dans la première direction prise. Ainsi, ce que nous devons nous proposer, nous hommes d'État, ce n'est pas l'unité du langage, mais l'unité du but. » Cette unité du but a été pour Démosthène l'indépendance des Hellènes; l'unité de langage lui a parfois manqué, notamment dans une circonstance mémorable.

Un usage fort ancien à Athènes avait été de consacrer l'excédent des recettes de l'État à donner aux citoyens présents aux cérémonies religieuses une gratification de deux oboles destinée à encourager l'assiduité. Le *diobole,* sorte de prime offerte à la dévotion, stimulait le zèle religieux des Athéniens, comme la redevance attachée aux prébendes récompensait jadis les chanoines de leur exactitude à l'office. Ces fonds spéciaux s'appelaient le *théoricon* (θεωρία, fête religieuse). Après la guerre de Thèbes, les Athéniens, se croyant à l'abri de tout péril, avaient appliqué les économies du trésor, non plus seulement à la distribution des droits de présence aux *théories,* mais encore à la célébration des jeux et à l'admission des petites gens aux fêtes publiques. De peur de se repentir un jour de ce virement, ils avaient, contre tout orateur qui proposerait de modifier ces dispositions favorables à leurs plaisirs, édicté la peine capitale, ou tout au moins une amende assez forte pour frapper le débiteur insolvable de mort civile. Les représentations théâtrales faisant partie du culte, aux grandes Dionysiaques, par exemple, le théoricon permettait aux indigents d'unir à la dévotion due à Bacchus, le plaisir d'entendre Sophocle et Aristophane; il garantissait aux pauvres leurs entrées au théâtre : le peuple d'Athènes avait ainsi rendu ses divertissements gratuits et sacrés.

Malgré les menaces de la loi, Démosthène, incapable d'un silence prévaricateur, avait souvent blâmé (on le verra plus loin), tantôt avec de grands ménage-

ments, tantôt avec une énergie déclarée, ce détestable
emploi des réserves financières de la République, et
il avait demandé qu'on les affectât aux besoins pres-
sants de la guerre. Cependant un jour l'orateur justifia
l'abus par lui-même attaqué. Comment expliquer cette
contradiction inattendue? par la raison déterminante
de tous les actes politiques de Démosthène, l'intérêt
de l'État. Cette question du théoricon est une source
de division entre les classes aisées dont les contributions nourrissent le Trésor et les pauvres qui jouissent
de l'impôt sans le payer. Isocrate s'est fait l'écho de
leurs doléances communes, surtout de celles des
riches, dont la condition « est rendue plus triste que
celle de l'indigence même *(Antidosis)*. » En effet, la
pauvreté était devenue à Athènes une profession lucrative, une sinécure enviable. Aristophane, dans le *Plutus*, a fait de la pauvreté, au point de vue moral, un éloge
qui semble le développement de la maxime d'Antisthène : La peine est un bien. Le Charmide du *Banquet*
de Xénophon en célèbre les plaisirs et les profits.
Jadis sa fortune l'obligeait à redouter les voleurs, les
sycophantes. Tous les jours quelque taxe nouvelle à
payer, et nulle liberté de quitter le territoire. Quel
heureux changement d'état depuis qu'il est ruiné ! « Je
dors, agréablement étendu ; la République a confiance
en moi ; je ne suis plus menacé, c'est moi qui menace
les autres. Homme libre, j'ai le droit de voyager ou de
rester ici. Je parais : les riches se lèvent de leurs
sièges ou me font place dans la rue ; aujourd'hui je
ressemble à un tyran, autrefois j'étais esclave. Jadis
je payais tribut à l'État, aujourd'hui la République est
ma tributaire et me nourrit. Je ne perds rien, puisque
je n'ai rien, et j'ai toujours l'espoir de gagner quelque
chose. »

En 341, alarmé plus que jamais du danger de dissensions intestines en face d'un ennemi tous les jours
grandissant, Démosthène, impuissant à concilier les
deux partis, se prononce en faveur du plus nombreux.

Je crains de traiter ce sujet; cependant je le ferai; car je
crois pouvoir dans l'intérêt de l'État, parler aux riches en
faveur des pauvres, et aux pauvres en faveur des riches; mais
bannissons les invectives provoquées par les distributions théâtrales, et dépouillons la crainte qu'elles ne puissent subsister
sans entraîner quelque grand malheur. Nous ne saurions rien
imaginer de plus utile au succès de nos affaires, de plus propre à fortifier tout l'État (4e *Philippique*).

A défaut d'accommodement parfaitement équitable,
Démosthène voit dans le maintien du théoricon une
des garanties de l'apaisement de la question sociale,
apaisement nécessaire : Philippe est aux portes.

Démosthène n'est pas de ces hommes tout d'une
pièce qui disent : « Périsse la République plutôt que
mes principes; » il sait faire des concessions aux nécessités du moment. Les anciens avaient fait de « l'à-
propos » une sorte de vertu; c'est du moins une qualité
nécessaire au politique. L'Eubéen Callias était, selon
Eschine, plus variable dans ses tours et retours que
l'Euripe, dont il habitait les bords. Cette versatilité
capricieuse est un grave défaut; mais on est louable
de savoir modifier sa marche selon les obstacles de la
voie. Ce mérite a été celui de Démosthène : au lieu de
l'inflexible raideur du théoricien, doctrinaire intransi-
geant, il a une souplesse rarement accordée aux génies
vigoureux et particulièrement remarquable en lui. Il
lutte contre Athènes et Philippe avec une ténacité de
conviction et une ardeur patriotique que rien ne déjoue, ni ne fatigue. Mais l'impétuosité de ses assauts
obstinés contre les ennemis publics, n'a rien de la
témérité aveugle. Il veut la guerre par raison autant

que par sentiment; aussi est-il le premier à conseiller
la paix, quand, d'accord avec l'honneur, l'intérêt de
la cité l'exige.

Philippe s'était fait adjuger les deux voix de la Phocide dans le conseil amphictyonique, et même nommer
président d'honneur des jeux Pythiens avec le privilège
de consulter le premier l'oracle (προμαντεία). Les Athéniens étaient humiliés d'une condescendance honteuse
à la Grèce entière, et inquiets personnellement des suites
probables de l'abaissement des Amphictyons aux pieds
du vainqueur de la guerre sacrée. Ils s'étaient donc
abstenus d'envoyer des députés à la solennité pythique.
Philippe les presse de sanctionner le décret des Amphictyons (346). L'assemblée est indécise; Démosthène
n'hésita pas. Il ne voulait pas essayer vainement de
disputer au Macédonien « une ombre de privilège »
au prix d'une croisade des Hellènes contre sa patrie.

A ces peuples qui composent le congrès, à ces soi-disant
Amphictyons (la composition du conseil amphictyonique avait
été altérée par les divisions des cités grecques, et l'institution
elle-même pervertie par la présidence d'un barbare) n'allez
pas, Athéniens, imposer la nécessité ou fournir le prétexte de
vous attaquer tous de concert... Car si Argos, Messène, Mégalopolis et d'autres États du Péloponèse ralliés à la politique de
ces cités, nous menacent de leur haine pour une négociation
entamée avec Lacédémone, et parce que nous semblons vouloir les supplanter ; si Thèbes qui, vous le savez, nous hait
déjà, doit nous haïr encore plus de ce que nous recueillons ses
bannis et lui donnons de toute manière des preuves de notre
malveillance ; la Thessalie, de ce que nous veillons au salut
des Phocidiens proscrits ; Philippe, de ce qu'Athènes lui refuse une place dans le conseil général de la Grèce ; je tremble
que toutes ces puissances animées de ressentiments particuliers
et s'autorisant des décrets amphictyoniques, ne concentrent
sur nous l'effort d'une guerre fédérale et que chaque peuple...
ne coure aux armes sur une nouvelle Phocide... Éviter la
guerre sans rien faire d'indigne d'Athènes, montrer à tous

notre prudence et l'équité de notre réponse, voilà, je pense, notre devoir (*Sur la paix*).

La politique de Démosthène avait toujours été de coaliser la Grèce contre Philippe. N'eût-ce pas été folie d'armer, par des protestations intempestives et impuissantes, la Grèce et Philippe contre Athènes violatrice de la paix jurée? Philippe ne pouvait faire longtemps attendre des motifs légitimes de rupture. Deux ans après, protecteur et arbitre des droits des cités auprès du temple de Delphes, il recommence ses machinations envahissantes contre Lacédémone. Démosthène cette fois ne parle plus de paix : Philippe, en la violant, a justifié une fois de plus les convictions belliqueuses de l'orateur.

Aux mains des hommes, les plus saines doctrines peuvent se corrompre ; celle de l'opportunisme a ses dangers ; elle peut offrir une excuse commode à l'injustice et à la défection. « De tout temps, les juges sérieux et éclairés ont considéré dans leurs décisions l'utilité de la cité... et *les circonstances*[1]. » La justice ne manque-t-elle pas à son premier devoir, quand elle détache le bandeau de ses yeux pour consulter l'aspect du ciel et regarder d'où vient le vent? Accusateur du concussionnaire Verrès et défenseur du concussionnaire Fontéius dès l'année suivante ; ennemi acharné de Vatinius, puis tout à coup son ami, Cicéron invoquait la maxime de l'à-propos pour justifier ses volte-face. Au nom de l'intérêt public, les politiques d'Athènes, Démade, Eschine, en ont abusé avec leur sans-façon accoutumé. Mélanopos, adversaire de

---

[1] *Pro Flacco*, 39. Les souplesses de Cicéron ne l'ont pas sauvé de cet humble aveu : « scio me *asinum* germanum fuisse » (*Ad Atticum*, IV, 5), ni plus tard de la proscription.

Callistrate dans le gouvernement, commença en ces termes plus d'une harangue : « Citoyens, Callistrate demeure mon ennemi ; mais aujourd'hui que le bien de l'État l'emporte ! » L'argent de Callistrate était la règle modératrice de cette inimitié intermittente. Nicodème de Messène était plus franc : J'ai changé de parti, non de sentiments ; je crois toujours utile de me soumettre aux puissants. » Eschine a cru atteindre Démosthène en lui appliquant l'épithète de caméléon (παλίμβολον). Théopompe s'est fait l'écho de cette injure, au grand étonnement de Plutarque. Ce reproche surprend, en effet, adressé à un homme qui a vécu et péri l'âme occupée d'une passion unique, la haine des Macédoniens, et d'une conviction inébranlable, l'obligation d'honneur de les combattre. Quelques variations passagères, loin d'infirmer sa constance, la confirment. L'homme d'État est louable de paraître contraire à lui-même, quand cette apparence établit sa fidélité désintéressée au bien de la patrie. Mais il faut que le désintéressement défie l'injure même du soupçon.

Telle ne fut pas toujours la politique du patriciat romain. Porsenna, allié aux Tarquins, marchait sur Rome. Jamais une aussi vive « terreur » ne s'était emparée du Sénat. Le peuple pouvait recevoir les rois dans la ville, et préférer la paix à l'indépendance nominale dont le leurrait la domination des usuriers, ses maîtres : il fallait le séduire à la cause de la liberté publique. Tant que dura la crise, le Sénat lui prodigua les caresses, et d'abord on avisa au moyen de le nourrir. On alla jusqu'à Cannes acheter du blé. Le monopole du sel, vendu à un taux excessif, fut retiré aux particuliers et réservé à l'État. Les petites gens furent exemptés de tout impôt : « Les pauvres payaient

un tribut assez fort en élevant leurs enfants. » Cette
bonté du Sénat porta ses fruits ; la plèbe justifia l'observation d'Aristote : « Le peuple se bat bien, quand
on le nourrit. » Les horreurs du siège, de la famine,
n'altérèrent pas un moment la concorde entre les
premiers et les derniers de la cité, et Porsenna impuissant contre cette union dut se retirer avec ses
clients royaux. Bossuet a loué « ces sages sénateurs »
de leur « juste condescendance ; » il a négligé d'ajouter que, le péril passé, ils se vengèrent de leur peur
et de l'abaissement forcé de leur orgueil devant les
exigences des intérêts aristocratiques. Les nobles
avaient tout à perdre au rétablissement des Tarquins ;
les plébéiens auraient seulement changé de joug, et
le second n'eût pas été le plus lourd. La mort de Tarquin rendit le Sénat à son naturel. « La joie des patriciens ne connut pas de bornes, et le peuple, jusqu'alors ménagé, flatté avec le plus grand soin, se vit
dès ce moment en butte à l'oppression des grands. »
Le Sénat avait consenti à être juste « dans une extrême nécessité, » comme en d'autres circonstances
il renchérissait de libéralisme sur les plus libéraux ;
artifice non particulier à la politique romaine, si l'on
en juge par cette allusion de Camille Desmoulins : Le
Jacobin C. Gracchus proposait-il le partage de deux ou
trois villes conquises, le *ci-devant feuillant* Drusus
proposait d'en partager douze. Gracchus mettait-il le
pain à seize sous, Drusus mettait à huit le maximum.
Le procédé réussit si bien, que le peuple se refroidit
pour son véritable défenseur qui, une fois dépopula-
risé, « fut assommé d'un coup de chaise par l'aristocrate Scipion Nasica » à la première insurrection [1].

<hr>

[1] Tite-Live, II, 9, 21 ; LX, 70. — *Le vieux Cordelier*, n° 2.

Un tel opportunisme n'est plus que faiblesse et mensonge.

III. L'orateur ministre, à Athènes, n'avait pas à sa disposition les ressources des chefs de la Rome républicaine, ni celles des ministres d'État modernes. Cicéron consul était investi du pouvoir le plus étendu que la loi conférât, après la dictature. Chef du Sénat, arbitre et modérateur des assemblées populaires, il donne des ordres à la force publique et fait à son gré marcher les légions ; il est dans une république le roi de la cité. Rien de semblable à Athènes : la puissance véritable y est le partage de l'orateur guide et maître de la multitude ; mais cette puissance, attachée au crédit personnel du citoyen, et non consacrée ni soutenue par la loi, l'homme d'État est obligé de la défendre tous les jours ; elle est son ouvrage, elle ne subsiste que par lui. Ses adversaires politiques ont autant de droits à la renverser que lui-même à la maintenir. Nul terme légal ne la limite, mais aussi ne la prolonge. Périclès gouverne Athènes quarante ans ; tel politique régnera sur elle une année, un jour. Durant seize années (354-338), Démosthène a combattu pour la liberté d'Athènes sans autre appui que son patriotisme et son génie. Durant ce long ministère, où l'opposition était représentée par la cité presque entière, quels autres alliés a-t-il eus que Lycurgue et Hypéride, contre Philippe et ses complices ? Quels moyens d'action efficaces, en dehors de ses efforts personnels, pouvait-il opposer à leur coalition ? L'éloquence est de nos jours aussi un moyen de gouverne-

C. Desmoulins attribue par méprise le trépas de Tibérius Gracchus à son frère Caius, collègue de Drusus et qui, d'ailleurs, périt aussi de mort violente.

ment ; mais les discours persuasifs de la tribune con-
courent-ils toujours seuls à obtenir les votes salutaires au cabinet ? Les adversaires de Démosthène allè-
chent le peuple aux jouissances de la paix, Démosthène met devant ses yeux la guerre ; ils flattent ses
vices, Démosthène les met à nu et les manie rude-
ment pour les guérir ; il a contre lui les pensionnaires de Philippe et les indifférents, les mauvais citoyens
et même quelques honnêtes gens.

Philippe comptait peut-être parmi ses adversaires
plus d'un impur Timarque ; mais au nombre de ses
auxiliaires, volontaires ou non, il avait le droit de
placer aussi Phocion. Ce général pacifique était le
seul allié gratuit du Macédonien, mais non le moins
précieux [1]. En effet, était-ce aider les Athéniens au
succès de la lutte, que le déclarer hautement impossible ? La *hache* des discours de Démosthène était celle
aussi qui tranchait le nerf de la résistance chez les
indécis. L'attitude de Phocion encourageait la mauvaise foi, inquiétait le patriotisme sincère. Des hostilités condamnées par Phocion étaient-elles vraiment
légitimes et sages ? S'il se trompait, il n'y avait pas
de honte à se tromper avec lui, ni de risques ; au contraire, on y trouvait son intérêt. Tandis que Démosthène essayait d'allumer l'héroïsme national, un des
personnages les plus autorisés de la cité, guerroyant
par ordre et non par conviction, contribuait à l'éteindre. Si le premier capitaine de la République, élu

---

[1] On annonce à Phocion un succès de l'armée athénienne :
« Quand donc cesserons-nous de vaincre ? » Sa maxime était :
« Sois le plus fort, ou l'ami du plus fort. » L'orateur Eubule
soutenait avec lui le parti de la paix. Dans la péroraison de
son discours sur *L'ambassade,* Eschine en appelle à l'interces-
sion de Phocion et d'Eubule.

quarante-cinq fois stratège, entrave la politique de Démosthène et aggrave pour lui le poids des affaires, que dire des généraux incapables ou infidèles, d'un Charès, d'un Charidème? Démosthène est l'instigateur de la guerre : toute la responsabilité en est rejetée sur lui ; on lui en impute les difficultés, les excès, les revers ; au dedans comme au dehors, mille obstacles surgissent autour de lui et lui font une âpre voie.

Une des causes les plus fréquentes de désordres dans la cité, était le vice de la répartition de l'impôt, vice d'autant plus pernicieux que l'organisation financière était la base de tout le système de l'administration militaire. Les *liturgies*, ou services publics, étaient réparties selon la fortune des citoyens ; mais comment apprécier exactement les ressources de chacun? et combien de moyens pour les intéressés de se dérober à leurs obligations ! La loi de *l'échange* (v. p. 53) et surtout l'emploi des deniers publics provoquaient des troubles graves. Sur les questions d'impôts, pauvres et riches s'accordent malaisément. La nécessité imposée aux riches Athéniens de se substituer au trésor pour subvenir aux charges civiles ou militaires, les blessait. De leur côté, les pauvres réclamaient le maintien des contributions forcées des riches, afin d'alléger d'autant les finances de l'État, dont une partie soutenait leur misère ou payait leurs plaisirs : indigents et opulents se disputaient, en quelque sorte, les deniers de la République. Démosthène, au milieu du conflit de passions difficiles à concilier, avait beaucoup à faire : que d'abus à réformer dans les lois antérieures ou dans l'application de ces lois ! Les riches pouvaient jadis s'associer jusqu'à seize pour acquitter leur taxe ; chacun d'eux ne donnait ainsi presque rien, soit le seizième seulement de

l'argent nécessaire à l'équipement d'*un* vaisseau. Si peu grevé que fût ce contribuable, armateur associé (συντελής), il cherchait encore à esquiver l'impôt en se réfugiant dans le temple de Diane. Les triérarques moins agiles à fuir aux pieds des autels étaient jetés en prison. Mais, en attendant, la galère n'était pas armée. Cependant les citoyens peu aisés, écrasés par les mêmes obligations, y perdaient leurs faibles ressources, et parfois même ils étaient impuissants à satisfaire à la loi. Des navires déjà en mer étaient abandonnés; d'autres restaient au port attendant leurs agrès.

Démosthène fit adopter un système d'impôt proportionnel qui contraignit les riches à fournir chacun, sans associés, jusqu'à trois vaisseaux et une chaloupe. Les citoyens dont la fortune était inférieure à dix talents (environ cinquante-cinq mille francs), conservaient le droit de s'associer jusqu'à concurrence de cette somme. Grâce à cette réforme, la marine athénienne cessa de dépérir, et les armements purent enfin être prêts à temps. Démosthène avait gagné la cause de la patrie au mépris des résistances des classes privilégiées : « La somme qu'ils m'offraient pour ne pas proposer ma loi, ou du moins pour l'ajourner, je n'ose vous la dire. » Après la séduction, les armateurs essayèrent des menaces. Démosthène fut poursuivi comme infracteur des lois; mais l'accusateur n'obtint pas la cinquième partie des suffrages. En dépit des égoïsmes intéressés, le courageux ministre d'Athènes réussit à soulager les pauvres, à réduire les riches à leur devoir, et « dès lors tout se passa dans l'ordre, » mais bien tard, en 340, deux ans seulement avant Chéronée.

Démosthène avait réussi à réformer la triérarchie;

il ne put détruire l'abus du théoricon, ni même l'atténuer. Il aurait voulu que les allocations du trésor ne
fussent pas un encouragement à l'oisiveté, mais la ré-
munération d'un service public :

Si du moins aujourd'hui vous vouliez vous affranchir de ces
habitudes et user des ressources que vous donnent vos richesses au dedans pour reconquérir vos possessions du dehors,
vous seriez délivrés de ces aumônes semblables aux aliments
donnés par les médecins aux malades ; ils ne leur rendent pas
la vigueur et les empêchent seulement de mourir. De même
les gratifications qui vous nourrissent aujourd'hui ne sont ni
assez abondantes pour suffire à tous vos besoins, ni assez faibles pour être dédaignées et vous obliger à recourir à des
travaux utiles ; elle sont l'aliment dont se fortifie votre indolence. — Tu veux donc, me dira-t-on, les transformer en
solde[1] ? — Je veux sur-le-champ une règle commune à tous,
afin que tout citoyen, recevant sa part des deniers publics,
soit prêt à pourvoir aux divers besoins de l'État. La paix auto-
rise-t-elle le repos? tu jouis dans tes foyers d'une condition
meilleure, à l'abri des bassesses qu'impose l'indigence. Une
alarme survient-elle comme aujourd'hui? la gratification te
fait soldat et t'oblige, comme il est juste, à combattre pour la
patrie. L'un de vous a-t-il passé l'âge du service? ce qu'il
recevait indûment et sans l'avoir gagné, qu'il le reçoive, au
nom de la loi commune, pour surveiller et administrer les affaires de la République. En un mot, sans presque rien retrancher ni ajouter, je supprime le désordre, j'établis l'ordre dans
l'État en soumettant à une règle uniforme tous ceux que paie
le trésor, soldats, juges, citoyens employés selon leur âge et
selon les circonstances. Je ne dis pas : « Il faut distribuer à
l'oisif le salaire du travailleur ; restez vous-mêmes désœuvrés
au sein des loisirs et de l'irrésolution, sans autre office que
de vous transmettre la nouvelle : *Les mercenaires d'un tel ont
vaincu.* » Car telle est aujourd'hui votre vie. Je ne blâme pas
ceux qui accomplissent à votre place une partie de vos de-

---

[1] Le Sénat romain dut imposer à l'armée de Véies la solde
qui l'obligeait à un service annuel : « Annua æra habes, an-
nuam operam ede. » Tite-Live, V, 3.

voirs, mais je vous demande, à vous aussi, de faire pour vous-
mêmes ce que vous récompensez chez d'autres, et de ne pas
vous retirer du poste d'honneur où vos ancêtres vous ont laissés au prix de tant de périls glorieux (*3me Olynthienne*).

L'établissement d'une rétribution unique, non plus
à titre de secours, mais d'indemnité légitime, rendra
possible l'organisation d'une armée permanente. Celle
de Philippe est toujours sur pied; Athènes ne lui oppose que des milices levées à la hâte et presque toujours trop tard. Il lui faut une armée organisée de
façon à être toujours prête à marcher. « Aujourd'hui
vous demandez : que fait Philippe? sur quel point
marche-t-il? Peut-être alors, Athéniens, on se souciera
de demander : où est allée l'armée d'Athènes? où
va-t-elle se montrer? » Mais sera-ce vraiment l'armée
d'Athènes, si des mercenaires étrangers seuls la composent? Démosthène veut que des Athéniens y soient
enrôlés, ne fût-ce que pour surveiller les troupes sou-
doyées. Il se souvient que, grâce à ce mélange de
l'élément national à des forces étrangères, Athènes a
jadis vaincu Lacédémone.

Mais, depuis que les mercenaires combattent seuls pour
vous, c'est de vos amis et de vos alliés qu'ils triomphent, et
cependant l'ennemi va toujours grandissant. Ils jettent un regard en passant sur la guerre où Athènes les envoie, puis ils
s'en vont avec la flotte chez Artabaze ou ailleurs. Le général
les suit : il le faut bien; ne pouvant les payer, il ne peut se
faire obéir... Ne choisissez-vous pas parmi vous dix taxiarques,
dix stratèges, autant de phylarques et deux hipparques? Que
font tous ces chefs? hors un seul destiné à faire campagne,
les autres décorent vos processions à la suite des sacrificateurs.
Semblables aux mouleurs en argile, vous fabriquez des taxiarques et des hipparques pour l'étalage et non pour la guerre.
Si vous voulez une armée vraiment athénienne, ne serait-il
pas nécessaire que le commandant de l'infanterie fût Athénien,
le commandant de la cavalerie Athénien? et faut-il que l'hip-

parque d'Athènes aille secourir Lemnos et qu'un étranger, Ménélas, soit le chef de la cavalerie chargée de défendre vos possessions? Je ne blâme pas l'homme, je dis seulement que le chef, quel qu'il soit, doit être élu parmi vous [1].

Les plaintes de l'orateur sont trop justifiées. Charès avait laissé là la guerre sociale pour aller aider Arta-baze dans sa révolte contre le roi de Perse. Iphicrate, devenu gendre du Thrace Cotys, l'avait secondé dans des expéditions hostiles à Athènes. Ce même Iphicrate venait de recevoir des otages d'Amphipolis; la ville allait se rendre. Un mercenaire lui succède, restitue les otages, passe au service du roi de Thrace et Amphipolis est perdue.

Que dire des mœurs contractées par les chefs des mercenaires au sein de l'opulence et de la licence asiatiques? Charès avait volé le trésor; il achète les orateurs et le peuple l'acquitte. Iphicrate, accusé de trahison, sauve sa tête en montrant son épée et les poignards de ses partisans répandus dans l'assemblée. Quand le service militaire est devenu un métier, le soldat n'est plus même soldat solide contre l'étranger, et les chefs d'une armée non vraiment nationale cessent bientôt d'être des citoyens. La suppression, ou du moins la transformation du théoricon aurait atténué les maux attachés à l'emploi des troupes mercenaires. Ni le zèle de Démosthène pour le bien public ni son éloquence ne purent arracher cet effort à un peuple oublieux des vertus qui sont l'instrument et la sauve-garde de la liberté.

---

[1] 1re *Philippique*. — Hipparque, *général* de cavalerie; phy-larque, *colonel* de cavalerie; taxiarque, *colonel* d'infanterie; stratège ici équivaut à *général* d'infanterie. Remarquons ces ménagements de l'orateur à l'égard des mercenaires : Athènes est à leur discrétion.

Sans se prononcer absolument en faveur de la forme
démocratique, Aristote en a marqué l'essence et les
avantages avec précision : « La forme démocratique
est la plus solide de toutes, parce que la majorité y
domine et que l'égalité dont on y jouit fait chérir la
constitution qui la donne... » Aristote recommande
l'équité, la douceur à l'égard des pauvres. Mais, dit-il,
ce double but n'est pas atteint communément. « Il
n'arrive pas toujours que les chefs du gouvernement
soient les plus agréables (χαρίεντας) des hommes. »
Pourtant l'intérêt de l'État est de ménager les classes
peu aisées : « A Carthage le gouvernement a toujours
su gagner l'affection du peuple, en l'envoyant tour à
tour s'enrichir dans les colonies. Les classes élevées, si
elles sont intelligentes, auront soin d'aider les pauvres
et de les tourner vers le travail... Presque tous les
législateurs qui ont voulu fonder des gouvernements
aristocratiques ont commis deux erreurs à peu près
égales : d'abord en accordant trop aux riches, puis en
trompant les classes inférieures. Avec le temps, il sort
toujours nécessairement d'un faux bien un mal véritable. L'ambition des riches a ruiné plus d'États que
l'ambition des pauvres. » Au sentiment des philosophes
et des législateurs, le point capital et le plus ardu est
l'organisation de la propriété, « source unique, à leurs
yeux, des révolutions. » Platon, dans sa *République*,
résolvait le problème en supprimant la propriété : cela
s'appelle couper le mal à la racine. Phaléas de Chalcédoine avait essayé d'obtenir l'égalité des biens, en
prescrivant aux riches de donner des dots sans jamais
en recevoir, et aux pauvres d'en recevoir sans en
donner. L'auteur de la *Politique* compte peu sur ces
expédients destinés à maintenir entre les fortunes une
sorte de niveau chimérique, d'équilibre instable par

nécessité : « *L'important, c'est de niveler les passions bien plutôt que les propriétés, et cette égalité-là ne résulte que de l'éducation réglée par de bonnes lois.* » Phaléas croit supprimer par décret les voleurs et les brigands : il se fait illusion. C'est le superflu et non l'indigence qui fait commettre les grands crimes : « On n'usurpe pas la tyrannie pour se garantir de l'intempérie de l'air. » Les convoitises, voilà ce qu'il faut maîtriser. Les démagogues (et c'est ici l'écueil du gouvernement populaire) les flattent par ambition personnelle, au détriment du bien public. Alors les hautes classes s'indignent d'être accablées de toutes les dépenses publiques ; elles se soulèvent contre l'injustice, et parfois la liberté périt [1]. Le politique sage se gardera donc de rien outrer. Seul un mauvais citoyen peut songer à imposer l'égalité des biens, « le pire des fléaux, » selon l'auteur du *De officiis ;* il suffit d'atténuer les inégalités en imposant surtout les riches et en soulageant la multitude [2]. — Ce principe raisonnable, emprunté par Montesquieu au Stagirite, a été celui de Démosthène :

Nous devons payer avec joie à nos parents la dette justement imposée par la nature et par la loi ; or, ce que chacun de nous doit à son père, la République le doit à tous les citoyens, pères communs de l'État. Ainsi, loin de retrancher rien à ce que l'État leur donne, il faudrait, à défaut de cette ressource, en chercher d'autres pour qu'ils n'étalent pas à tous les yeux leur indigence. Les riches en s'inspirant de cette pensée feront, à mon avis, une chose juste et en même temps utile ; car priver du nécessaire une partie des citoyens, c'est susciter de nombreux ennemis à la République. Quant aux pauvres, je leur conseillerai d'ôter aux possesseurs de domaines tout sujet légitime d'irritation et

[1] *Politique*, II, 4 ; VI, 10, 3 ; VII, 1, 4 ; VIII, 4, 6.
[2] *Esprit des Lois*, V, 5.

de plaintes ; car je continuerai de parler avec impartialité, sans reculer devant des vérités favorables aux riches... Il faut que chacun jouisse des droits fondés sur l'égalité démocratique ; que les riches regardent comme assurée la possession de leur fortune et en usent sans crainte, toujours prêts à la consacrer au salut de la patrie en danger ; que les pauvres ne réputent biens communs que les biens communs, et que, satisfaits d'en recevoir leur part, ils sachent que le bien d'un particulier est à lui seul. Ainsi les petits États s'agrandissent et les grands se maintiennent (4ᵐᵉ *Philippique*).

Démosthène rappelle aux pauvres leurs devoirs, mais il maintient leur droit à l'indulgence des riches [1], à la bienfaisance de l'État. Par là, il voulait fortifier Athènes à l'intérieur, dans l'espoir de la faire agir plus vigoureusement au dehors. Lui-même a d'un mot caractérisé, résumé toute sa politique : « Dans les affaires de la Grèce et dans celles de la République, vous me verrez toujours animé du même esprit. Ici j'ai estimé les droits du peuple au-dessus de la faveur des riches ; là, j'ai préféré aux dons et à l'amitié de Philippe les intérêts communs des Hellènes. »

IV. Dès le début, la clairvoyance de Démosthène a pénétré les desseins les plus lointains de l'ennemi : « Je vois les attentats de Philippe vous causer dans l'avenir de plus vives alarmes qu'aujourd'hui ; oui, les progrès du mal frappent ma vue (344). Puissent mes conjectures être fausses ! mais je tremble que déjà nous ne touchions au terme fatal. » Le soin de Démosthène à tenir ses yeux ouverts sur les allures tortueuses de Philippe l'a habitué à la défiance. Athènes au contraire, si prompte au soupçon à l'égard de ses

---

[1] Voir Bossuet, *Sermon pour le dimanche de la septuagésime*, février 1659 : « Quelle injustice, mes frères..., etc. » Cf. Labruyère, *Les esprits forts*, fin.

citoyens éminents, devient confiante et crédule, dès que ses courtisans lui célèbrent la bonne foi royale du Macédonien. Pourtant, si toute oligarchie doit être justement suspecte à un gouvernement démocratique, comme son ennemie naturelle et implacable[1], à combien plus forte raison Athènes doit-elle se tenir en garde contre un roi.

Pour la garde et le salut des villes l'art a multiplié les moyens de défense, palissades, murailles, fossés, fortifications de toute espèce ; tant de travaux exigent la main des hommes et des frais considérables. (Que dirait Démosthène de nos budgets de la guerre)? Dans le cœur des hommes sensés la nature élève d'elle-même un rempart unique ; utile, salutaire à tous, il l'est surtout aux États libres contre les tyrans. Quel est-il ? la défiance. Qu'elle soit votre compagne, votre égide ; tant que vous la conserverez, le mal sera loin de vous. Que désirez-vous ? la liberté. Eh ! ne voyez-vous pas que les titres mêmes de Philippe la combattent ? Oui, tout roi, tout despote est hostile à la liberté, ennemi des lois (2me *Philippique*).

Cette défiance est particulièrement imposée à Athènes ; car c'est elle que Philippe hait et redoute le plus.

Avant tout, Athéniens, gravez profondément ces vérités dans vos esprits : Philippe nous fait la guerre ; il a rompu la paix, il est l'ennemi acharné d'Athènes entière, du sol d'Athènes, j'ajouterai même des dieux d'Athènes ; puissent-ils l'anéantir ! Mais c'est principalement à notre démocratie qu'il a déclaré la guerre ; c'est à la détruire que tendent surtout ses pièges et ses projets, et une sorte de nécessité l'y pousse. Raisonnez en effet : il veut dominer ; or seuls, il le sait, vous lui faites obstacle. Depuis longtemps il vous outrage et il en a parfaitement conscience ; car ce qu'il vous a pris lui sert à protéger toutes ses autres possessions. En effet, s'il perdait Amphipolis et Potidée, il ne se croirait plus en sûreté même

---

[1] Dans quelques États, les oligarques prêtaient ce serment : « Je serai l'ennemi constant du peuple ; je lui ferai tout le mal que je pourrai. » *Politique* d'Aristote, VIII, 7.

dans ses États. Il sait donc ces deux choses, qu'il veut votre mal et que vous le sentez. Or, vous supposant hommes de sens, il présume que vous lui faites la justice de le haïr. Outre ces puissantes raisons, il est convaincu que, fût-il maître de tout le reste, il ne pourra compter sur rien de stable, tant que votre démocratie sera debout. A son premier revers, et l'homme doit toujours en redouter mille, tous les peuples asservis aujourd'hui par la violence viendront se réfugier auprès de vous. Aussi ne veut-il pas que votre liberté épie ses jours mauvais, et ses réflexions sont d'un homme avisé et vigilant. Vous devez donc, d'abord, voir en lui l'adversaire irréconciliable de notre démocratie, ensuite tenir pour certain que tout ce qu'il entreprend et médite, il le médite contre vous (4ᵐᵉ *Philippique*).

Les Athéniens sont incapables de subir volontairement le joug et de déserter la cause de la liberté hellénique. « Comme il rapporte toutes ses vues, non à la paix ni à la tranquillité ni à la justice, mais à l'ambition et à la passion de tout subjuguer, Philippe a parfaitement compris, d'après la politique d'Athènes et son caractère, que jamais ni promesses ni bienfaits ne vous entraîneraient à lui sacrifier par égoïsme aucun des peuples de la Grèce; mais que, s'il osait entreprendre sur elle, le zèle de la justice, la crainte du déshonneur, et la prévision de tous les résultats, vous opposeraient à lui comme si la guerre était rallumée. » Thessaliens, Thébains, Argiens, Messéniens sont traités en amis : il sait qu'au premier signe ces peuples iront grossir son armée; vous, il vous maltraite. « C'est là votre plus bel éloge, Athéniens; de tels faits vous proclament seuls, de tous les peuples, incapables de trahir les droits généraux de la Grèce, et d'échanger, contre aucune faveur et aucun avantage, votre dévoûment à la cause des Hellènes. » Ces considérations font honneur à la magnanimité d'Athènes et à la perspicacité de son homme d'État.

Chacun des pas en avant du Macédonien fortifie le zèle de Démosthène à secouer la torpeur des Athéniens :

Sans doute un dieu honteux pour Athènes d'une telle condition a inspiré à Philippe cette activité inquiète ; car si, satisfait des conquêtes qu'il a faites en vous devançant toujours, il voulait s'arrêter, ne plus rien entreprendre, je crois voir plus d'un citoyen se résigner à des spoliations, l'opprobre d'Athènes, la preuve de sa lâcheté, le comble de l'ignominie ; mais, comme il continue d'envahir et d'être insatiable, peut-être vous réveillera-t-il à la fin, si vous n'avez complètement désespéré de vous-mêmes (*1re Philippique*).

L'avidité de Philippe semble être un aiguillon dont les dieux veulent presser Athènes ; mais l'aiguillon véritable, c'est Démosthène ; sans cesse il pique Athènes endormie de la léthargie dont elle sortira seulement pour mourir.

Un homme d'État si vigilant, puissant par la hauteur de l'âme et du génie, était le plus redoutable adversaire de Philippe. Philippe l'avait senti et lui rendait justice. Après la seconde *Philippique* (344), le roi de Macédoine, frappé de la justesse de ses vues, disait : « J'aurais donné ma voix à Démosthène pour me déclarer la guerre, et je l'aurais nommé général.... Je céderais volontiers Amphipolis aux Athéniens, en échange du génie de Démosthène. » Lucien, dans la *Vie de Démosthène*, se fait l'interprète fidèle des sentiments du prince, quand il lui prête ces paroles : « Démosthène réveille malgré eux ses concitoyens assoupis comme par la mandragore. Peu soucieux de leur être agréable, sa franchise est le fer qui coupe et brûle leur indolence... Si le seul Démosthène n'était pas dans Athènes, je subjuguerais cette ville avec plus de facilité que je n'ai fait les Thessaliens et les Thébains.... Mais seul il veille pour sa patrie, il épie

toutes les occasions, il suit nos démarches, il fait face
à mes armées. Rien ne lui échappe, ni mes ruses, ni
mes entreprises, ni mes desseins... S'ils faisaient un
pareil homme maître absolu des munitions, des vaisseaux, des armées, des circonstances et de l'argent,
je craindrais d'avoir bientôt à lui disputer la Macédoine, lui qui, armé de seuls décrets, m'enveloppe de
toutes parts, me surprend, trouve des ressources,
rassemble des forces, lance à la mer des flottes redoutables, met des armées en ligne et me tient tête
partout. » Philippe, à Chéronée, a combattu contre
Démosthène en combattant contre Athènes, et la défaite de la République a été celle de son homme
d'État. Sur le champ de bataille, dans l'ivresse de
la victoire, c'est à Démosthène qu'il pense d'abord :
« *Démosthène, fils de Démosthène de Péanée, a dit...* »
Il récite en cadence le début d'un décret du patriote
et il danse auprès des cadavres qui jonchent la plaine ;
puis, revenu de son premier transport, « il frissonne
d'effroi à la pensée que la puissante éloquence de Démosthène l'avait contraint de jouer en quelques heures son empire et sa vie[1]. »

La pénétration politique de Démosthène a semblé
quelquefois en défaut ; ses sentiments sur la personne
de Philippe et sur la faiblesse de son empire n'ont
pas toujours paru dignes d'un véritable homme d'État.
En effet, Démosthène ne ménage pas l'outrage à ce
« barbare, digne de tous les noms qu'on voudra
lui donner. » Il flétrit volontiers sa jalousie envieuse,

---

[1] Plutarque, *Vie de Démosthène*, chap. 20. Diodore de Sicile
(XVI, 87) attribue à Démade ce mot : « Quand la Fortune t'a
donné le personnage d'Agamemnon, ne rougis-tu pas de jouer
le rôle de Thersite ? » *Oratores attici*, Didot, II, p. 444, § 29.

ses débauches; il le peint entouré, dans sa cour de
Pella, d'un ramas de bouffons, de bandits, de gens
impurs, « s'abandonnant dans leurs orgies à des dan-
ses que je rougirais de nommer devant vous. » Cette
satire des mœurs de Philippe est mesquine, dit-on;
Eschine a eu raison de la lui reprocher. A quel propos ouvrir les yeux sur la débauche et les fermer sur
le génie? On insiste : Démosthène a commis une
faute plus grave : il a ignoré le secret de la force de
Philippe. L'édifice de la puissance macédonienne est,
à ses yeux, plus fastueux que solide et repose sur des
fondements ruineux :

Quand les alliances sont cimentées par la bienveillance et la
communauté des intérêts, les coalisés conspirent à travailler,
à souffrir, à persévérer ensemble ; mais lorsqu'un homme doit
sa force comme lui à la rapine, à la perversité, tout, au moindre prétexte, au plus léger choc est culbuté et se dissout...
Aujourd'hui, Athéniens, les succès de Philippe laissent tous ces
vices dans l'obscurité, car la prospérité est ingénieuse à voi-
ler les fautes des hommes et à leur faire ombre ; mais le
moindre échec les mettra toutes au grand jour. Dans le corps
humain, la source des souffrances passées semble tarie dès
qu'on jouit de la santé ; survient-il une maladie? fractures,
luxations, infirmités de toutes sortes se réveillent. Ainsi, tant
que les armes prospèrent, les maux d'une monarchie ou d'un
Etat quelconque échappent au vulgaire ; mais au premier revers ils frappent tous les yeux. Or, telle s'annonce la fortune
de cet homme trop faible pour le fardeau qu'il veut porter...
Et moi aussi, Athéniens, je croirais Philippe fait pour commander la crainte et l'admiration, si je le voyais s'élever par des
voies légitimes... Mais il n'est pas possible, Athéniens, il
n'est pas possible que l'iniquité, le parjure, le mensonge fondent un pouvoir durable. De tels moyens, d'aventure, se sou-
tiendront une fois, un moment ; ils promettront même l'avenir
le plus florissant ; mais le temps les démasque et ils s'écrou-
lent sur eux-mêmes. Dans une maison, un vaisseau, ou tout
autre édifice, la base doit être la partie la plus solide : de
même il convient de donner aux actions le principe, le fonde-

ment de la justice et de la vérité; or, c'est là ce qui manque aujourd'hui aux entreprises de Philippe.

Le politique, dit-on, est ici la dupe du moraliste; le patriote prend ses vœux pour des réalités; il se trompe, et se tromper est plus qu'un crime chez un homme d'État. Eschine alléguait que les promesses de Philippe avaient surpris sa bonne foi; Démosthène n'acceptait pas cette excuse : « Elle n'est admissible ni en politique, ni en bonne justice; en effet vous n'excitez, ne contraignez personne à se mêler des affaires publiques; seulement, quand un homme persuadé de sa capacité se présente, vous l'accueillez avec la bienveillance d'un peuple bon et confiant, et sans prévention jalouse. Il devient votre élu, vous remettez vos intérêts en ses mains. S'il réussit, il sera honoré et s'élèvera au-dessus de la foule; mais s'il échoue, en sera-t-il quitte pour des excuses et des défaites? cela ne serait pas juste. Les alliés qui ont péri, et leurs femmes et leurs enfants, et tant d'autres malheureux seront-ils dédommagés de leur désastre par la pensée qu'il est l'ouvrage de ma sottise, pour ne pas dire de celle d'Eschine? il s'en faut de beaucoup (*Ambassade*). » A-t-on le droit de retourner ces paroles contre leur auteur et de faire peser sur lui les responsabilités d'une méprise?

Il nous semble aisé de justifier Démosthène. Les faiblesses de Philippe signalées par lui n'étaient pas une chimère; les dissensions domestiques ou nationales qu'il relève, existaient en effet; la mort même du conquérant succombant à une intrigue de cour en est la preuve; et si Démosthène, plus confiant que Phocion dans l'équité de la Providence et la fortune d'Athènes, a conservé quelque espoir jusqu'à la fin, les péripéties de la bataille de Chéronée dont la perte a tenu à la seule témérité de Lysiclès, puis l'écroulement soudain de l'empire d'Alexandre, ont prouvé que tout n'était pas illusion dans les espérances de l'orateur. « Si chaque cité avait eu un seul citoyen semblable à moi, au poste que j'occupais, que dis-je ? si un seul homme en Thessalie, un seul homme en Arcadie eussent pensé comme moi, aucun des Grecs, ni en deçà ni au delà des Thermopyles n'aurait été atteint des maux présents, mais tous libres et autonomes, sans péril et sans crainte, ils vivraient heureux dans leurs patries, redevables de tant de biens à vous, à Athènes entière, grâce à moi. » La haine de la Macédoine n'a pas aveuglé Démosthène au point de lui faire croire et souhaiter l'impossible. Ce qu'il a vu n'était pas une apparence vaine, et quand parfois il a feint de ne pas voir, il avait pour dissimuler auprès du peuple des raisons faciles à concevoir.

Il répugne en effet d'admettre que l'état vrai des choses ait échappé à un esprit si perspicace. Démosthène est la raison, la réflexion même; il a passé sa vie à étudier Philippe, à épier dans tous leurs incidents les affaires helléniques et étrangères, et Philippe par ses plus grands côtés lui aurait échappé ! Nous ne saurions admettre une contradiction si étrange. Qui donc a donné de Philippe capitaine et politique le portrait le plus vrai, sinon l'orateur des *Philippiques* ? Démosthène a-t-il ignoré les avantages qu'assuraient à Philippe les défauts des Athéniens et ceux de leur constitution démocratique? non, il les a vus nettement ; mais il n'a pas cru devoir mettre sous les yeux de ses auditeurs la réalité tout entière. Il flétrit les mœurs de Philippe et ses nuits peu attiques auprès d'histrions, rebut du Pirée ; d'un Callias, esclave public rejeté par Athènes avec dégoût et devenu le fa-

vori du roi. Il en appelle au témoignage d'une personne qui a été, dans le pays, témoin indigné des
turpitudes de Philippe, comme Voltaire rapporte parfois le sentiment d'un de ses amis, homme de goût. Il
traite le conquérant d'ivrogne, à quel dessein? de
dissimuler par ces injures son dévouement secret
de salarié? Laissons cette interprétation facétieuse à
Eschine. Il use par là du droit reconnu à l'orateur
d'amoindrir ou d'agrandir les objets selon les besoins
de la cause. Un Pierre de Russie peut aimer le vin,
comme Henri IV et Louis XIV ont aimé d'autres plaisirs, sans être pour cela moins digne du nom de
Grand. Démosthène ne s'est pas exagéré à lui-même
plus que de raison la portée des vices de Philippe, et
certainement il n'y eût pas cherché des arguments,
s'il n'avait eu d'autres auditeurs que des Lycurgue,
des Hypéride et des Eubule. Mais, si spirituels que
fussent les citoyens d'Athènes, cette ville où il n'y
avait point de sots, les assemblées n'y étaient pas
moins des assemblées populaires. L'éloquence devant
l'Aréopage ou sur le Pnyx, sur le Forum ou au Sénat,
se trouve dans des conditions différentes. P. Scipion
n'aurait jamais osé, en présence des Pères Conscrits,
faire de l'armée d'Annibal descendue des Alpes la ca-
ricature qu'il en offre à son armée (Tite-Live, XXI,
40). Il aurait songé seulement à éclairer la sage compagnie. Mais il lui faut fortifier le courage de soldats
alarmés : or, quel moyen plus sûr que de leur inspirer le mépris de l'ennemi? De même Démosthène
s'attache à rassurer les Athéniens : rapetisser Philippe à leurs yeux, c'est l'affaiblir, puisque c'est
augmenter la confiante hardiesse de ceux qu'il combat. En général, Démosthène rend hommage à Philippe quand il veut piquer les Athéniens d'émulation ;

il l'invective et justifie le mot de P.-L. Courier l'appelant *le grand pamphlétaire de la Grèce*, quand il veut leur donner du cœur ; or, c'est là surtout ce qui leur manque.

L'orateur n'a même pas songé à dissimuler sa tactique : « Énumérer les éléments de la force de Philippe et, par cet examen, vous exciter à faire votre devoir, cela ne me semble pas à propos, Athéniens. Pourquoi ? c'est que tout ce qu'on pourrait dire à cet égard ne serait pas sans gloire pour lui et ne ferait pas l'éloge de notre conduite... Mais ce qui devant un juge impartial le couvrira d'opprobre, voilà ce que j'essaierai de vous dire. » En même temps qu'il avilit leur adversaire, il s'efforce de les grandir eux-mêmes dans leurs propres sentiments, de les hausser au niveau des ancêtres. Quelquefois il usera sur eux du ressort de la peur : « Philippe ne veut pas seulement subjuguer Athènes, il veut l'anéantir, » exagération accommodée au dessein de l'orateur. Quelquefois, au lieu de grossir le péril, il l'atténuera. Démosthène appelle « vaine ombre » le titre d'amphictyon décerné à Philippe. Osera-t-on en conclure qu'il ne prévoyait pas l'usage qu'en ferait l'adroit Macédonien ? Il ne le pressentait que trop ; mais, dans l'impuissance où il voyait Athènes d'enlever cette arme sacrée des mains d'un prince devenu, de l'aveu de tous, le protecteur de Delphes et de sa Pythie, Démosthène était louable de parler avec dédain d'un titre dont le refus aurait provoqué une levée de boucliers formidable contre sa patrie. Persistons donc à rendre hommage à la sagesse de ses desseins ; n'imputons pas à l'aveuglement du politique ce dont il convient plutôt de louer le moraliste et l'orateur.

Des juges éclairés ont estimé Démosthène l'un des

plus grands hommes d'État de l'antiquité ; d'autres
l'ont accusé d'avoir poussé sa patrie au précipice :
Démosthène a-t-il eu tort ou raison de prêcher la
guerre contre les Macédoniens ? Polybe (XVII, 13, 14)
le lui a reproché : « La lutte des Athéniens contre
Philippe aboutit à les faire tomber dans les plus grands
malheurs ; et sans la magnanimité du roi et son
amour de la gloire, la politique de Démosthène leur
eût valu des infortunes plus graves encore, etc... »
Mably [1] cite Polybe et l'approuve : « Pourquoi Démosthène se croyait-il en droit d'exiger que les Thessaliens, placés sur la frontière de la Macédoine et
que Philippe avait délivrés de leurs tyrans, fussent
ingrats et s'exposassent les premiers à tous les maux
de la guerre, pour donner *inutilement* à la Grèce un
exemple de courage et paraître attachés à des principes d'union qui ne subsistaient plus ?... Si les Thébains se lièrent avec Philippe, c'est qu'ils virent que
les Grecs ne voulaient plus être libres, et qu'*ils cru-
rent prudent de ne pas offenser l'ennemi le plus puissant
de la liberté publique*... Après avoir connu par expérience l'inutilité des ambassades dont il (Démosthène)
fatiguait la Grèce, que ne changeait-il de vues ? et
peut-on ne le pas *mépriser comme politique et comme
citoyen* dans le moment même qu'on l'admire comme
orateur ? » Mably accepterait volontiers le mot des
sceptiques d'Athènes : « Démosthène ne connaît pas
sa patrie, il est fou. » En retour il exalte « le sens
admirable de Phocion qui, aussi grand capitaine que
Démosthène était mauvais soldat, » savait en conseillant la soumission se mettre à la portée de ses concitoyens.

[1] *Observations sur l'histoire de la Grèce* (édit. de 1791), t. V,
p. 157.

Nous laisserons à Mably le soin de se réfuter lui-même. N'est-ce pas, en effet, se réfuter que de rendre hommage à Démosthène en des termes qui lui assurent notre sympathie, au détriment du prince son adversaire ? « Philippe craignait cette éloquence impétueuse qui le représentait comme un tyran ; il ne voulait pas qu'on entretînt l'orgueil des Grecs en leur rappelant le souvenir des grandes actions de leurs pères. Jusqu'alors il n'y avait eu dans la Grèce que cet orateur qui, démêlant les projets ambitieux de la Macédoine, aperçût les dangers dont la liberté de sa patrie était menacée. Si un homme eût été capable de retirer les Athéniens de l'avilissement où le goût des plaisirs les avait jetés, de rendre aux Grecs leur ancien courage, c'eût été Démosthène dont les discours embrasés échauffent encore aujourd'hui le lecteur. Mais il parlait à des sourds. » Il en appelait « à l'amour de la gloire, à l'amour de la patrie, à l'amour de la liberté, et ces vertus n'existaient plus dans la Grèce ; les pensionnaires de Philippe remuaient au contraire et intéressaient en sa faveur la paresse et l'avarice...» Une victoire due à de tels moyens est peu honorable, surtout si l'on songe au mauvais usage qu'en a fait un prince digne seulement d'être loué « d'avoir eu l'art d'avilir les Grecs et de détruire ce reste de courage qu'ils devaient à leur liberté... Ne travaillant qu'à satisfaire son ambition, il ne s'est servi des plus grands talents et des ressources les plus rares du génie que pour élever un édifice qui devait s'écrouler bientôt après lui. » Pourquoi donc faire le procès à Démosthène, adversaire d'un conquérant privé même de l'excuse d'avoir rendu meilleur ce qu'il a conquis ?

Enfin, Mably a écrit dans un autre ouvrage : «Avec quelle noble et fière constance les États libres ne dé-

fendent-ils pas leur liberté! La Macédoine a eu plus
de peine à soumettre quelques villes de la Grèce que
l'Asie entière. L'Asie, une fois vaincue, a été soumise
pour toujours; la Grèce vaincue ne s'est point laissée
accabler par ses disgrâces;... Le désir d'être libre
subsiste quand la liberté paraît perdue sans retour,
et il produit encore la confédération des Achéens qui
ne peut être détruite que par une autre République
destinée à tout vaincre[1]. » Il est malaisé de comprendre comment l'auteur de ces lignes sur la vertu de la
liberté a pu désavouer l'orateur dont la passion était
d'en réveiller le désir. Les pensées de Mably et ses
sentiments se contredisent. C'est la lutte éternelle de
la froide raison touchée surtout de l'intérêt, avec
l'inspiration généreuse et l'entraînement de l'honneur. La gloire de Démosthène est d'avoir ignoré ces
combats intérieurs et tout fait pour que la dignité
d'Athènes en sortît victorieuse. Défiez-vous du premier mouvement, disait un politique : il est toujours
le meilleur. Le premier mouvement de Démosthène a
été celui de toute sa vie. Mably l'a condamné, mais
au prix de contradictions qui réfutent l'iniquité de
son arrêt.

M. Cousin a jugé Démosthène dans une de ses leçons les plus magnifiques[2]; ce passage, qui surprend
de la part de l'auteur Du Vrai, du Beau et du Bien,
nous semble devoir être cité : « Démosthène, après
tout, n'est qu'un grand orateur. Démosthène dans son
temps représente le passé de la Grèce, l'esprit des

---

[1] De l'étude de l'histoire, chap. 7, fin. L'un des déserteurs
de la ligue Achéenne fut précisément l'historien Polybe dont
Mably répète les blâmes à l'adresse de Démosthène.

[2] Introduction à l'histoire de la philosophie, 10ᵐᵉ leçon.

petites villes et des petites républiques, une démocratie usée et corrompue, un passé qui ne pouvait plus être et qui déjà n'était plus. Or, pour ranimer un passé détruit sans retour, il fallait faire une vraie gageure contre le possible; il fallait tenter un déploiement de force et d'énergie dont les autres étaient incapables, et lui comme les autres; car enfin on est toujours un peu comme les autres; on est de son temps. Aussi Démosthène a-t-il échoué; j'ajoute avec l'histoire qu'*il a échoué honteusement...* Il en est un peu de l'éloquence de Démosthène comme de sa vie : elle est convulsive, démagogique, très peu politique; de l'invective, assez de dialectique, un emploi habile et savant de la langue. Mais prenez les discours de Périclès un peu arrangés par Thucydide; comparez-les avec ceux de Démosthène, et vous verrez quelle différence il y a entre l'éloquence du chef d'un grand peuple et celle d'un chef de parti. Si la lutte des peuples est triste, si le vaincu excite notre pitié, il faut réserver notre plus grande sympathie pour le vainqueur (pour César apparemment et non Vercingétorix), puisque toute victoire entraîne infailliblement un progrès de l'humanité... Le parti du vainqueur est toujours celui de la meilleure cause, celui de la civilisation et de l'humanité, celui du présent et de l'avenir, tandis que celui du vaincu est toujours celui du passé. Le grand homme vaincu est un grand homme déplacé dans son temps; son triomphe eût arrêté la marche du monde; il faut donc applaudir à sa défaite, puisqu'elle a été utile, puisque avec ses grandes qualités, ses vertus et son génie, il marchait au rebours de l'humanité et du temps. »

Ainsi Démosthène est coupable d'avoir cédé aux entraînements du patriotisme, car il a « marché au

rebours de l'humanité et du temps. » Le triomphe de
la Grèce eût arrêté la marche du monde! Ce sont là
de grandes paroles; mais il est plus aisé que juste,
alors que le temps nous a seul révélé ce qui était en-
veloppé pour Démosthène des ombres de l'avenir, de
tirer, aux dépens du généreux citoyen, ces pompeu-
ses conclusions d'une philosophie transcendante. Au
penseur trop profond qui eût prétendu dessiller ses
yeux, Démosthène aurait répondu :

Je ne sais point prévoir les malheurs de si loin.

Sa maxime était celle de Périclès, de ne pas chercher, au profit de nos défaillances, à sonder les événements futurs. « Jamais, disait M. Ch. de Rémusat,
les prophètes ne doivent siéger dans les conseils de
la politique. » Ce que l'on attribue à la force des
choses est dû souvent à la seule faiblesse des hommes. Le devoir le moins contestable est donc ici le
devoir prochain : la morale du présent, dans les âmes
droites, prévaudra toujours contre la philosophie de
l'avenir. Démosthène, dira-t-on, parlait au nom de
vertus éteintes; soit, mais il parlait au nom de la
vertu. Aussi intelligent que Thémistocle, il n'ignorait
pas son impuissance à réparer de fond en comble
l'édifice délabré par le temps. Chez Aristophane, *Ago-*
racrite fait passer Peuple à la poêle et lui rend ses antiques vertus avec la jeunesse. Le conseiller d'Athènes ne pouvait opérer cette magique métamorphose;
mais il était louable de chercher à tirer d'un vieillard
émoussé un dernier effort de fierté juvénile. Assez
d'autres autour de Démosthène conseillaient l'utile,
l'utilité présente. Il était bon, dans l'intérêt le plus
élevé d'Athènes, que la voix des ancêtres retentit une
dernière fois à la tribune, et que l'émulation du passé

fût proposée comme le gage sinon d'un salut certain, au moins de l'estime de la postérité. Démosthène, digne élève de Périclès, disait aux Athéniens : « Dans les délibérations d'intérêt public la gloire des aïeux est l'unique loi à consulter. Chaque citoyen, s'il ne veut rien faire qu'elle n'avoue, doit, en montant au tribunal pour juger une cause publique, songer qu'avec les insignes de sa magistrature il va revêtir la dignité d'Athènes. » Lui-même a donné l'exemple ; il a lutté, au nom de l'honneur national, contre l'égoïsme bourgeois et les intérêts mesquins de cette classe toujours abondante de gens attachés exclusivement à la prospérité de leurs petites affaires, à l'inviolabilité de leur bien-être : Chrysales du patriotisme, dont l'horizon est une bonne soupe et un rôt cuit à point. Ces citoyens-là n'ont pas manqué à Athènes[1]. Aristophane les conviait aux grasses plaisanteries de ses *Acharniens* et prodiguait sa verve comique à augmenter leur nombre : vivent ramiers et grives, tripes au miel, anguilles du lac Copaïs, galettes, friandises, belles danseuses et vin frais ! Fi de la guerre et de ses disgrâces ! En vérité Lamachos est bien avancé d'être allé rompre sa lance contre les ennemis ! Regardez : le voici qui revient, au milieu des risées du théâtre, avec un coup de lance ailleurs que dans la poitrine, gémissant, boitant, la cheville luxée, la tête à demi fendue et sans panache !

Voilà le fond de la morale politique de *Dicéopolis*. Cet homme *juste* et ses pareils voient dans un bouclier l'image d'un fromage ; dans une pique, une broche.

---

[1] « On meurt de politique, on vit d'affaires, » est leur devise. Nous les soupçonnons de traduire couramment *beneficium* par *bénéfice*.

Ils jugent tout au point de vue de la bonne chère et de la jouissance. Tels étaient trop souvent les Athéniens de Démosthène, alors que l'amour de la paix à tout prix était beaucoup moins excusable que du temps de la guerre du Péloponèse. Les contemporains d'Aristophane pouvaient douter qu'il fût de leur devoir de disputer la prééminence à Sparte, ou d'aller chercher l'agrandissement d'Athènes dans la conquête de la Sicile. Les auditeurs de Démosthène ne pouvaient récuser l'obligation de chasser de la Grèce le Macédonien. Ainsi l'orateur, en attaquant Philippe sans subtiliser avec sa conscience, n'a pu faillir, et s'il a failli, sa faute a été heureuse et plus digne d'envie que la froide sagesse des partisans de l'étranger. On a tort parfois d'avoir trop raison. Il est des situations où l'honneur commande de combattre, le combat dût-il ne pas donner le succès. Si le ciel a ses desseins, il aura toujours la force de les accomplir, et les hommes auront du moins obéi à la voix intime qui inspirait à un héros de Corneille cette honnête maxime :

> Faites votre devoir et laissez faire aux dieux !

Or, le devoir d'Athènes était manifestement de reculer le plus possible par des efforts virils l'heure de la servitude, et non de l'avancer par une lâche soumission. Se piquer de deviner les hommes providentiels et d'aider, en se ralliant à eux, aux évolutions de l'humanité, c'est s'engager dans une voie périlleuse; le patriotisme peut aisément s'y égarer. En 1841, en réponse à l'auteur du *Rhin allemand*, un grand poète, qui fut à son heure un grand citoyen, de Lamartine, chantait ces vers en l'honneur de la confraternité universelle :

Et pourquoi nous haïr et mettre entre les races
Ces bornes ou ces eaux qu'abhorre l'œil de Dieu?
De frontières au ciel voyons-nous quelques traces?
Sa voûte a-t-elle un mur, une borne, un milieu?
Nations! mot pompeux pour dire : Barbarie!
L'amour s'arrête-t-il où s'arrêtent vos pas?
Déchirez ces drapeaux! Une autre voix vous crie :
L'égoïsme et la haine ont seuls une patrie,
    La fraternité n'en a pas.

. . . .

Le monde en s'éclairant s'élève à l'unité.
Ma patrie est partout où rayonne la France,
Où son génie éclate aux regards éblouis!
Chacun est du climat de son intelligence;
Je suis concitoyen de toute âme qui pense :
    La vérité, c'est mon pays.

Vivent les nobles fils de la grave Allemagne!
Le sang-froid de leurs fronts couve un foyer ardent;
Chevaliers tombés rois des mains de Charlemagne,
Leurs chefs sont les Nestors des conseils d'Occident[1].

Qu'aurait pensé de ces *Élévations* le lecteur français durant l'Année terrible, et ne court-on pas quelque risque à se faire ainsi le champion de la Providence; à ne plus distinguer sa patrie, perdue dans le vaste sein de l'humanité? Plus encore qu'Alceste à Philinte, la Patrie aurait le droit de dire à ces cosmopolites imprudents :

    Je veux qu'on me distingue, et, s'il faut parler net,
    L'ami du genre humain n'est point du tout mon fait.

Démosthène, condamné ici par la philosophie et la

[1] Il n'est pas sans intérêt, même aujourd'hui, de comparer la *Marseillaise de la paix* à la chanson toute gauloise d'Alfred de Musset sur le même sujet (1841).

poésie spéculatives, nous semble absous par le bon sens et le sens moral. Fénelon, dans son 33ᵉ *Dialogue*, déclare Atticus « plus sage » que Cicéron et Caton même. Démosthène, à ses yeux, a eu tort de lutter contre Philippe : il lui était impossible de redresser sa République et de l'empêcher de périr. A ce propos, le précepteur du duc de Bourgogne distingue le devoir des particuliers de celui du prince : « Un simple particulier ne doit songer qu'à se régler lui-même et à gouverner sa famille; il ne doit jamais désirer les charges publiques, encore moins les rechercher. » Dieu a pourvu à cette abstention en confiant la mission de gouverner l'État à un prince qui, lui, ne sera pas libre de l'abandonner « en quelque mauvais état qu'il se trouve. » Sans y songer, Fénelon fait implicitement l'éloge de la constitution républicaine : là où il n'y a point de monarque, les citoyens héritent de ses devoirs et doivent en son lieu et place ne jamais, si désespéré qu'il paraisse, abandonner l'État. La République n'est plus confiée à la garde d'un seul, mais au dévouement de chacun de ses enfants.

« Voyant que la Grèce entière était humiliée, flétrie et corrompue par ceux qui recevaient les présents de Philippe et d'Alexandre pour la ruine de leur patrie, que notre ville avait besoin d'un homme et la Grèce entière d'une ville qui pût se mettre à sa tête, il se donna lui-même à sa patrie et donna la ville à la Grèce pour la liberté. » Cet hommage, rendu par Hypéride à Léosthène, le héros de la guerre Lamiaque (323), semble s'adresser à l'orateur des *Philippiques*. Démosthène avait conscience d'avoir bien servi son pays, « récompense auguste et sainte aux yeux de qui estime la vertu et l'honneur. » Il en a goûté encore une autre : excitée par Eschine à se venger de sa défaite sur son conseiller, Athènes reconnaissante et respectueuse en Démosthène des vertus dont elle avait manqué, lui a décerné une couronne d'or, moins brillante pourtant que celle dont il a ceint le front de sa patrie. Grâce à Démosthène, n'en déplaise aux critiques chagrins de sa politique, Athènes s'est fait pardonner une partie de ses trop longues faiblesses; sa vigueur tardive, mais digne de son passé, a mérité et conservera les éloges de l'avenir.

CHAPITRE V

ANALYSE DES ÉLÉMENTS ET DES CARACTÈRES PRINCIPAUX DE L'ÉLOQUENCE DE DÉMOSTHÈNE

I. L'homme d'État chez Démosthène se reflète dans l'orateur; son éloquence est pratique, positive, née des affaires et faite pour elles. Un discours dans la manière de Démosthène, prononcé de nos jours au Parlement anglais ou au Congrès des États-Unis, y produirait plus d'effet que les harangues les plus magnifiques du consul romain. Cicéron parlait devant des auditeurs touchés de tout ce qui étalait une pompe théâtrale. La majesté de Rome s'imprimait dans son éloquence drapée comme la toge du patricien. Le génie attique, simple et précis comme le pallium, n'était pas épris de ces ampleurs magistrales. Aussi Démosthène s'attache-t-il avant tout à éclairer, à convaincre; et, en traitant des affaires publiques sans trace apparente de souci littéraire, il réalise l'éloquence effective, seule goûtée des assemblées politiques modernes. Il a enlevé les votes les plus difficiles à obtenir sans avoir, non plus que Voltaire, jamais fait une phrase. Chez lui, rien pour la montre et l'apparat, point de grands mots ni de périodes à effet. « C'est le bon sens qui parle sans autre ornement que sa force. Il rend la vérité sensible à tout le peuple; il le réveille, il le pique, il lui montre l'abîme ouvert. Tout est dit pour le salut commun, aucun mot n'est pour l'orateur[1]. Tout instruit et touche, rien ne brille. »

Démosthène poursuit son but constamment, fortement, sans jamais rien donner à l'amplification : clarté, précision lumineuse, tel est l'un des secrets de sa force.

Athéniens, fournissez d'abord les subsides que je viens de dire, puis disposez le reste, infanterie, cavalerie, vaisseaux ; obligez par une loi toutes vos troupes à demeurer sous les armes... ainsi vous enlèverez à Philippe la plus grande de ses ressources. Quelle est-elle? de se servir de vos alliés pour vous faire la guerre, en courant la mer et en capturant leurs navires. Qu'y gagnerez-vous encore? vous-mêmes serez à l'abri de ses pirateries ; vous ne le verrez plus, comme naguère, se jeter sur Lemnos, Imbros, emmener vos citoyens prisonniers, s'emparer à Gerestos de vos transports et faire un immense butin ; enfin opérer une descente à Marathon, comme en dernier lieu, et enlever la galère sacrée, sans que vous ayez pu empêcher ces brigandages, ni même envoyer des secours au moment voulu » (*1re Philippique*). — « Récemment j'entendais dire à l'un de vous : *Démosthène parle toujours fort bien* [2], *mais de lui la patrie n'a que des paroles;*

---

[1] Fénelon, *Lettre à l'Académie*. Les discours de Cicéron sont pleins de Cicéron (voir *Annales Ciceroniani* du Dr Suringar ; Leyde, 1854). Les biographes de Démosthène ne peuvent, à leur vif regret, presque rien puiser dans les harangues de Démosthène.

[2] Λέγειν τὰ ἄριστα, dire ce qu'il y a de mieux à dire dans l'intérêt du peuple, est le terme même de la loi, L'orateur qui

ce sont des actes qu'il lui faut. A cette objection je répondrai
sans détour : les actes de l'orateur, ce sont de bons conseils,
et le prouver m'est, je crois, facile. Vous vous souvenez sans
doute qu'autrefois Timothée, ce grand citoyen, harangua le
peuple sur la nécessité de secourir, de sauver l'Eubée déjà
tombée sous le joug thébain. « Hé quoi ! dit-il à peu près, les
Thébains sont dans l'île et vous délibérez ! Vous ne couvrez
point la mer de vos galères, vous ne volez pas de cette place
au Pirée ? vous ne lancez pas tous les vaisseaux ? » Ainsi Timothée parla ; vous, vous agîtes, et par ce concours de la parole et de l'action l'œuvre fut consommée. Mais si, tandis que
Timothée parlait admirablement, l'indolence eût fermé vos
oreilles, Athènes aurait-elle obtenu aucun des résultats qui
l'honorèrent alors ? non, pas un. Eh bien ! il en est ainsi de
mes discours aujourd'hui et des discours de tout autre. Le talent des bons conseils, demandez-le à l'orateur ; l'exécution,
ne la demandez qu'à vous-mêmes. Je me résume et descends
de la tribune... Si vous restez ici tranquillement assis, bornant
votre zèle à de bruyants applaudissements et vous dérobant
quand il faut agir, je ne connais pas de discours qui ait la
vertu de sauver une cité où nul ne voudrait faire son devoir
(*Sur la Chersonèse*).

Voilà qui est d'une évidence invincible et force l'assentiment comme le résultat d'une opération arithmétique, selon la comparaison d'Eschine.

Démosthène ignore les « longueries d'apprêt, » jamais il ne « tourne autour du pot, » il va droit au fait.
« Bref et sans feinte sera mon début, Athéniens. A
mes yeux l'orateur sincère doit, dès les premiers mots,
exposer nettement son avis. Son opinion connue, voulez-vous continuer de l'entendre ? il s'explique, il développe ses plans et ses moyens. Rejetez-vous son

manque à ce devoir est passible de la dénonciation appelée
εἰσαγγελία. Démosthène use volontiers de cette formule, afin
de rappeler aux Athéniens son dévouement à la loi supérieure
du patriotisme. *Oratores attici,* Didot, p. 376, § 7 ; Hypéride,
Contre Polyeucte.

6*

sentiment? il descend de la tribune sans fatiguer en
vain votre patience et sa voix. Voici donc tout de suite
ma pensée : la démocratie est maltraitée à Mitylène,
vous devez venger cette injure. Par quels moyens? je
puis le dire, quand j'aurai établi la réalité de cette
oppression et votre devoir d'y mettre un terme. »
L'exorde est surtout nécessaire à l'avocat qui soutient
ou paraît soutenir une mauvaise cause : « Il lui est plus
avantageux, dit Aristote, de s'arrêter à des digressions
de toutes sortes, que d'en venir à sa propre affaire.
Ainsi les esclaves ne répondent jamais directement à
ce qu'on leur demande; ils usent de détours, de préam-
bules. » L'exorde dans le genre délibératif est court
généralement, parfois même inutile. Tout le monde
connaît le sujet dont on va s'occuper; l'exorde alors
n'a d'autre objet que d'éveiller vivement l'attention de
l'auditoire sur la gravité du débat et de lui inspirer
des dispositions favorables à la personne ou à la thèse
de l'orateur. Démosthène et ses principes sont assez
connus des Athéniens; il n'a que faire d'user auprès
d'eux des ressources du barreau; deux mots de préam-
bule lui suffisent comme dans la *Leptinienne.* Court et
plein de sens, voilà ce qu'il veut être; il s'en tient aux
faits les plus connus et sous la main de tous (μάλιστα
πρόχειρον). Il ne s'écoute jamais parler : il n'en a pas
le loisir; il n'est pas monté à la tribune pour parler,
si l'on peut dire, mais pour agir. Cette brièveté, toujours louable, était particulièrement nécessaire à un
orateur dont les réprimandes n'avaient rien de flatteur
pour la mollesse athénienne. Quelquefois on refuse de
l'entendre; les uns crient : *Parlez!* les autres : *Ne
parlez pas!* Une autre fois, postés près de lui, l'un à
droite, l'autre à gauche, Eschine et Philocrate l'inter-
rompent, lui décochent des sarcasmes qui font rire

l'assemblée. Si l'orateur a pu triompher du tumulte, il n'a pas encore vaincu les dispositions rebelles ; il se hâte donc : il sent que l'on est impatient de se défaire de lui.

De même, chez Démosthène la péroraison est d'une simplicité remarquable. C'est la formule familière aux Attiques : « Je ne vois rien de plus à dire, et toutes mes paroles, je crois, ont été comprises ; » ou une indication rapide des arguments développés. A la fin du discours la lumière est faite ; le sentiment voulu par l'orateur est inspiré, ou il ne le sera jamais. Tel orateur, aussitôt après l'exorde, prépare sa péroraison : il craint que le souffle lui manque à la fin. Démosthène ne redoute pas ces défaillances : il se sent fort et sûr de lui ; il n'a pas de troupes faibles à encadrer de soldats d'élite ; chez lui tout est solide et ardent. Une chaleur intense anime ses harangues d'un bout à l'autre ; la vie, l'âme y circule du premier mot au dernier, *spiritus intus alit*... A quoi bon ajuster une péroraison particulièrement soignée à un discours où la péroraison est partout ? L'orateur termine par quelques mots graves et simples, sans déploiement de gestes pathétiques et d'efforts oratoires ; il descend de la tribune du même pas et du même air qu'il y est monté [1].

Démosthène réussissait peu dans l'improvisation ;

---

[1] Les modernes, en général, se croient obligés au grand coup ou au mot de la fin ; le goût antique est différent. Une ode toute pindarique d'Horace (Lebrun l'a jugée digne d'être traduite de sa main) se termine par ces mots : « Le jeune veau qui doit acquitter ma dette a le front marqué d'une tache de neige ; le reste du corps est fauve (IV, 2). » Pindare finit en ces termes sa 4e *Olympique* : « Souvent les cheveux même des jeunes hommes blanchissent avant l'âge. »

mais quand il était contraint de parler à l'impromptu,
c'était avec une énergie supérieure à celle de ses discours écrits. L'obligation de se faire violence pour
sortir en quelque façon de son naturel, imprimait à
son esprit une secousse dont une vigueur singulière
de langage était le contre-coup. Alors, sans doute, lui
échappaient ces hardiesses de termes ou d'images que
lui reproche Eschine. Dépourvu du don des productions faciles, il se défiait aussi de la vivacité quelquefois indiscrète de son imagination et de ses sentiments.
Il était parfois, dans ses discours, comme « transporté
d'un enthousiasme divin. » Il était de sa nature iras-
cible et violent; d'autre part, il inclinait à l'abus des
raisonnements subtils : de tout point, il avait donc
besoin de se régler, de s'imposer le frein d'une préparation sévère. L'improvisation lui aurait lâché la
bride, la plume le contenait. Ainsi calmé, châtié, il
était non seulement à couvert des railleries des comiques, mais incomparable de beauté. Le priait-on
de monter à la tribune à l'improviste : « Je ne suis pas
préparé » était son excuse. Il connaissait les exigences
d'un peuple artiste dont la délicatesse avait plus d'une
fois chagriné ses débuts. Il jugeait prudent de méditer,
d'écrire soigneusement ses harangues, afin de le contenter et de se contenter lui-même, dût la malignité le
forcer à se justifier, comme dans la *Midienne,* d'une
habitude dont les Athéniens étaient les premiers à
profiter.

Démosthène avait l'imagination plus vigoureuse que
prompte; avec cela, il était timide. Un exercice opiniâtre avait donné à sa voix la force de triompher du
bruit des vagues ; peut-être eut-il toujours de la peine
à vaincre l'émotion que lui donnaient les tempêtes de
l'assemblée populaire. C'est sans doute à la préoccu-

pation d'un orateur facile à troubler, et obligé de confier à un souvenir attentif ses fortes réflexions, que Démosthène devait l'attitude méditative et soucieuse raillée par Eschine [1]. Une éloquence facile et spontanée lui aurait laissé plus d'aise et d'abandon. Elle aurait doublé ses forces : la soudaineté de l'inspiration est un des instruments les plus puissants de la parole et la source d'effets irrésistibles. Telle est, dans le *De oratore* (II, 55), l'apostrophe foudroyante de Crassus contre un indigne descendant des Brutus, au moment où passe sur le forum le convoi funèbre de Junia, son aïeule.

Quels avantages l'éloquence instantanée n'a-t-elle pas sur le discours prémédité ! Au lieu d'être réduite au silence par un adversaire peut-être indigne, elle est toujours à ses ordres, jamais à sa merci; elle le suit sur son terrain; à ses moyens préparés elle en oppose qui jaillissent d'une conception subite, et sont marqués au plus haut degré de la beauté expressive de la nature vivante. L'auditeur, qui les voit naître, assiste à l'acte créateur du génie; il l'admire, et cette admiration le dispose à se laisser persuader. Un trait pénétrant de présence d'esprit confond, châtie un interrupteur; une saillie heureuse peut rétablir une bataille à demi perdue. A quoi sert d'avoir raison, si l'on ne peut le prouver aussitôt, alors que la réfutation doit, sans délai, détruire l'effet du discours de l'adversaire? Sans l'improvisation, l'orateur au fort de la

---

[1] A la tribune, avant de parler, « il se frotte le front ; » il prend « une attitude de charlatan qui veut en imposer, » c'est-à-dire, sans doute, grave et recueillie. Eschine, *Ambassade*, Didot, p. 72, § 49. Quand il compose, il tient son stylet près de sa bouche et le mord. Plutarque, *Vie de Démosthène*, 29.

mêlée est désarmé, dès qu'il a épuisé les traits apportés
du logis : l'improvisation lui en assure une provision
toujours nouvelle. Grâce à elle, voyez comme Cicéron
a terrassé Clodius dans cette altercation passionnée
au Sénat, dont une de ses lettres retrace la peinture
(*Ad Atticum*, I, 16). Un débat improvisé est un duel
où l'attaque et la réplique se croisent avec la rapidité
de deux épées ; la victoire y est quelquefois le prix de
la dextérité la plus agile.

Se dérober à l'improvisation est donc un défaut chez
un homme d'État, surtout à Athènes, où les citoyens
du Pnyx, tenus journellement au courant des affaires
publiques, représentaient comme un parlement en
permanence. Les ministres-orateurs de la cité étaient
aussi appelés à être ses ambassadeurs. Or, que penser
d'un député athénien capable de défaillances oratoires?
Démosthène put souffrir cruellement, devant Philippe,
d'avoir manqué de la promptitude d'éloquence dont
se piquaient la plupart des orateurs de son temps.
Python de Byzance se flattait de bien écrire, mais il
savait improviser aussi. Démade avait la conception
prompte et la parole alerte : souvent, parlant à l'imprévu, il renversait sens dessus dessous toutes les
raisons que Démosthène avait étudiées et préméditées
de longue main. Quelquefois aussi, le voyant troublé,
il venait à son secours et l'aidait à ressaisir son auditoire. Que dire d'Eschine, dont l'éloquence, au témoignage de son rival, coulait d'abondance, à flots rapides comme un torrent? Démosthène pouvait être
touché de son infériorité à cet égard ; les modernes
s'en félicitent. Les paroles sont ailées et s'envolent,
les écrits demeurent. Que reste-t-il des brillantes im-
provisations de Démade, et quel dommage n'a pas
infligé aux lettres grecques la fécondité fluide de l'é-

mule de notre orateur ! Les *trois Grâces*[1] dues au ciseau
d'Eschine, avivent nos regrets d'être privés des œuvres
primesautières, nées au jour le jour de dessins inspi-
rés, mais fragiles.

Démosthène ne craignait pas les redites. Quand une
période, une comparaison, un développement entier
soigneusement élaborés, lui paraissaient aussi voisins
que possible de l'idéal poursuivi, et dignes d'être con-
servés comme définitifs, il ne se faisait pas scrupule
d'en réitérer l'emploi. Socrate[2] s'excusait de dire toujours, sur le même objet, la même chose aux sophistes,
penseurs en effet très variés; Démosthène concentrait
ses attaques sur les mêmes points faibles des Athéniens. Peut-être sont-ils blessés de ces redites : à qui
les imputer? n'en sont-ils pas les premiers auteurs?
« Changez de conduite, je changerai de langage. »

Des pensées vraies et belles, une fois jetées dans un
moule digne d'elles, sont toujours bonnes à entendre
au goût des attiques. S'appliquent-elles à propos? il
est superflu d'en rechercher la première origine et la
date de leur naissance. A deux années d'intervalle
(355-353), à la fin du plaidoyer *Contre Timocrate*, Démosthène reproduit une invective déjà dirigée contre
Androtion : « J'ai déjà eu l'occasion de prononcer les
paroles que je vais dire; mais ceux-là seuls d'entre vous
les ont entendues, qui ont assisté aux débats soulevés
par Euctémon. » Les tribunaux changeaient de juges
tous les ans; l'auditoire étant presque entièrement

---

[1] Les critiques anciens désignent ainsi l'œuvre d'Eschine :
Contre Timarque, discours de *l'Ambassade*, *Contre Ctésiphon*.

[2] Le Pierrot du *Festin de Pierre* (le *Convive de pierre*) est
socratique sur ce point. A Charlotte : « Je te dis toujours la
même chose, parce que c'est toujours la même chose; et si ce
n'était pas toujours la même chose, je ne te dirais pas toujours
la même chose. »

renouvelé, l'orateur se dispensait de se renouveler lui-même. Ailleurs Démosthène allègue qu'il revient sur des faits déjà signalés, et dans les mêmes termes, pour l'instruction des jeunes gens qui n'en ont été ni témoins ni auditeurs. Dans la seconde *Philippique* il reproduit une petite harangue déjà prononcée à Messène et dont la « vérité judicieuse » avait (lui-même a soin de nous l'apprendre) excité « les bruyantes acclamations » des Messéniens.

A la nouvelle de la prise d'Élatée, dit le défenseur de Ctésiphon, « Je montai à la tribune, et je vous tins des discours que vous devez encore une fois écouter attentivement, pour deux raisons. D'abord, vous verrez que seul des orateurs et des politiques je ne désertai pas, au jour du péril, le poste du bon citoyen ; au contraire, mes discours, mes décrets, au plus fort de la crise, tendaient à vous sauver. Ensuite, les courts instants que vous consacrerez à m'entendre, vous donneront pour l'avenir de grandes lumières sur la suite de vos affaires [1]. » Démosthène omet une troisième raison : c'est qu'il aura autant de plaisir à redire ces discours, que ses concitoyens à les entendre. Homère ne manque jamais de répéter textuellement les messages ou les discours de ses personnages. C'est chez lui commodité, simplicité naïve. Les orateurs attiques suivent cet exemple par scrupule artistique. Ceci est bien, tenons-nous-y : le mieux est quelquefois l'ennemi du bien. Ainsi en usent nos virtuoses : s'ils excellent à certains morceaux où leur talent donne toute sa mesure, ils s'y attachent et ils vont en faire admirer l'exécution par toute la France [1].

Il *nous* faut du nouveau, n'en fût-il plus au monde :

[1] Eschine a reproduit tel de ses discours jusqu'à trois fois; Didot, p. 68, § 25. Quelquefois, les orateurs athéniens copient

Sur ce point, les Français sont plus Athéniens que les Athéniens mêmes. Les Grecs aimaient la nouveauté (Aristophane n'oublie pas de relever auprès d'eux son mérite de les égayer d'inventions nouvelles), mais le beau les séduisait plus encore. Aussi pouvait-on impunément chez eux ne pas courir après l'originalité. Il y aurait eu même une sorte de péril, surtout pour un accusé, à le faire avec éclat : « Maintenant, si je vous fais entendre un genre de discours bien différent de ceux qu'on tient habituellement devant vous, veuillez ne point vous en fâcher ; mais pardonnez-moi, réfléchissant que la nature toute particulière des attaques dont je suis l'objet rend nécessaires ces explications d'un genre nouveau » (*Antidosis*). Isocrate s'excusait d'être original : l'accusateur d'Aristogiton s'en défend : « Je ne dirai rien de nouveau, qui me soit propre, rien de particulièrement remarquable (περιττόν). » La supériorité, voilà l'écueil à éviter ; aussi Périclès dans l'Oraison funèbre, dissimule-t-il la sienne : « Je vais m'efforcer, docile à la loi, de rencontrer le mieux

leurs rivaux comme ils se copient eux-mêmes. Démosthène et Isée établissent dans les mêmes termes l'utilité de la torture (cf. M. R. Dareste, *Plaidoyers civils de Démosthène,* I, 84). La publicité relativement restreinte des œuvres oratoires favorisait des redites et des plagiats que l'imprimerie rendrait aujourd'hui impossibles. — « Ayant à rendre les mêmes pensées, je n'ai pas cru devoir me tourmenter pour exprimer d'autre manière ce qui avait été présenté heureusement... Je serais déraisonnable si, voyant les autres faire leur profit de ce qui est à moi, j'étais le seul à n'oser me servir de ce que j'ai moi-même composé. » Isocrate, *Lettre à Philippe.* — Chez Lucien, *Jupiter le tragique,* devant la Cour céleste, ne sait comment commencer son discours. — «Imitez les orateurs » lui dit le dieu de l'éloquence et de la fraude ; et Jupiter dérobe à Démosthène l'exorde célèbre de la 1re *Olynthienne.*

possible les désirs et les pensées de chacun de vous.»
Il se contente de l'honneur de se mettre à l'unisson de
la cité, et d'être, seul, l'interprète de tous. On ménage
ainsi la susceptibilité d'auditeurs qui seraient blessés
d'une richesse et d'une élévation de pensées dont ils
se sentiraient peut-être humiliés. Le peuple aime que
l'on soit peuple : Néron était devenu l'idole de la plèbe
en partageant ses goûts publiquement. Sous les Cali-
gula et les Domitien, la vertu était une offense à l'empereur. Le peuple athénien est tyran, lui aussi ; son
humeur jalouse impose l'égalité impérieusement et à
tous les égards ; tout mérite éminent lui fait ombrage,
même dans l'éloquence.

La nouveauté des pensées pique moins d'émulation
l'orateur athénien que le mérite de l'expression. Le
témoignage d'Isocrate est significatif à cet égard :
« Les événements passés sont un domaine commun,
abandonné à tous les hommes. En user à propos, en
tirer des réflexions convenables, les relever des
charmes de l'expression, c'est le propre des habiles.
Le plus sûr moyen, selon moi, de faire progresser
tous les arts et l'art supérieur de la parole, ce serait
d'honorer, d'admirer, non ceux qui les premiers saisissent un sujet, mais ceux qui le mettent le mieux en
œuvre ; non pas l'auteur jaloux de parler de choses
non touchées avant lui, mais le talent capable de traiter une matière connue, de façon à ne pouvoir être
égalé (*Panégyrique d'Athènes*). » Ainsi, au sentiment
d'Isocrate, l'écrivain inventeur doit céder le 'pas à
l'écrivain artiste ; le véritable mérite réside, non dans
la nouveauté des idées, mais dans leur forme. De
même, aux yeux de Buffon, le style constitue la per-
sonnalité vraie, parce qu'« il est l'homme même. »

Fénelon, dans son troisième *Dialogue sur l'élo-*

quence, demande que le prédicateur parle d'effusion, verse son âme dans une homélie familière et touchante. Ces exhortations pastorales sont capables de puissants effets, mais elles ont aussi leurs périls : il est dangereux d'improviser au pied des autels. La méthode de Bossuet est plus sûre : Bossuet remaniait ses sermons sans reculer devant de patientes ratures. Ce que Bossuet, et avec lui Bourdaloue, Massillon se sont permis dans la chaire chrétienne toute dévouée au salut des âmes, les orateurs politiques d'Athènes ne pouvaient le refuser à leur amour de l'art et de l'État. Ce n'était pourtant pas sans donner prise quelquefois à la critique. Démosthène a cru devoir se disculper d'avoir écrit la *Midienne* avant de paraître au tribunal.

Peut-être Midias ajoutera-t-il que j'ai médité et préparé tout ce que je dis en ce moment. Oui, Athéniens, je l'ai médité ; pourquoi le nierais-je ? je l'ai pesé avec tout le soin dont j'étais capable. En effet, je serais dépourvu de sens si, après les avanies que j'ai reçues et reçois encore, j'avais négligé l'accusation que je devais vous présenter. Mais mon discours, Midias lui-même l'a écrit ; car l'auteur d'un plaidoyer est à juste titre celui dont les actes en ont fourni le sujet, non celui qui a eu souci d'élaborer les arguments dont mon bon droit s'autorise aujourd'hui devant vous. Telle est donc ma coutume, Athéniens ; j'en conviens avec Midias. Mais lui, sans doute, il n'a jamais fait une sage méditation de toute sa vie. Car si peu qu'il y eût réfléchi, il n'aurait pas agi avec tant d'extravagance.

Isocrate, artiste écrivain, fait lui aussi son apologie, mais sur un autre ton. Oronte réclame l'indulgence en faveur de son sonnet : il a mis si peu de temps à le faire ! L'auteur du *Panégyrique,* plus sincère, fait aux détracteurs des discours travaillés cet aveu d'une candeur confiante : « La plupart des orateurs, dans leurs exordes, adoucissent d'avance l'auditoire ; ils allèguent, les uns, le peu de loisir qu'ils ont eu de se préparer ; les autres, la difficulté d'égaler les expressions à la grandeur des choses. Moi, si je ne parle pas d'une manière digne et du sujet et de ma réputation et du temps consacré à la composition de ce discours (près de dix ans, la durée du siége de Troie!), enfin de la longue expérience de toute ma vie, je ne demande aucune grâce; je consens au rire et au mépris. » Renommée et longueur de temps obligent. « Un discours écrit, selon Aristote, tire son mérite des expressions plutôt que des pensées. » Si l'auteur a voulu le façonner de la plume, c'était apparemment dans l'espoir de le faire admirer de la postérité. Or, comment lui assurer l'avantage de parvenir à son adresse, sinon par la beauté impérissable, inaliénable de la diction? « Les ouvrages bien écrits, a dit Buffon, seront les seuls qui passeront à la postérité. » La loi moderne protège la propriété littéraire; le génie de l'écrivain en la poinçonnant d'un cachet inimitable, la protège aussi sûrement. Les Pascal, les Bossuet, les Démosthène sont encore moins « volables » qu'Harpagon.

« Les harangues les plus belles à la tribune semblent ordinaires quand on les a entre les mains. La cause en est que, faites pour l'action, si on les réduit à ne plus agir, elles ne produisent plus leur effet et paraissent insipides » (Aristote). L'action était leur vertu « dominante, » et c'est là précisément la force dont on les dépouille. Ainsi les harangues de Démosthène même, si puissantes par l'action, s'affaiblissaient à passer de l'ardente tribune sur le papier; c'était la statue aux yeux éteints substituée à l'athlète vivant. Jamais sans doute, même sans retouches, elles n'auraient semblé languissantes et froides; cependant, en dépit de leur vigueur intime, elles ne pouvaient que gagner à être revues pour la lecture. Dans le cabinet, l'écrivain ranime son œuvre d'une vie nouvelle; à la pureté des lignes, à la perfection du dessin, il unit tout à loisir l'énergie pathétique de l'expression, le coloris du pinceau; il use enfin de tous les secrets d'un art capable de faire respirer le marbre et de donner, à force d'illusion, la chaleur de la vie et le mouvement à la toile immobile.

Quant aux preuves des retouches, elles abondent dans les discours de Démosthène et des orateurs de son temps. Ainsi, l'on ne retrouve plus aujourd'hui dans le plaidoyer de l'*Ambassade* plusieurs expressions ou traits relevés par Eschine. Démosthène, en les supprimant, a profité des critiques de son ennemi. Les harangues des deux émules renferment maint passage ainsi conçu : « J'apprends que mon adversaire s'excusera de la sorte... Il me fera, je le sais, cette objection... Il me donnera cette réplique... Quand il vous dira... ne l'écoutez pas; s'il insiste, répondez-lui..., » ou d'autres formules analogues. Évidemment les discours où ces anticipations se rencontrent, ne nous sont pas parvenus sous leur forme primitive. Peut-être, dans les causes civiles, les logographes commettaient-ils parfois l'infidélité de se communiquer leurs arguments : le client seul était exposé à en souffrir; mais dans des débats politiques passionnés, cette supposition est inadmissible. Jamais Eschine et Démosthène n'ont poussé l'amour désintéressé de l'art au point de s'avertir des coups dont leur inimitié cherchait à se frapper.

II. Ces préoccupations littéraires semblent s'accorder assez mal avec l'éloge, cité plus haut, de Fénelon : chez Démosthène « aucun mot n'est pour l'ora-

teur... » A ce même Démosthène, Pythéas reprochait
de composer laborieusement des discours qui sentaient l'huile; Eschine, d'employer des expressions
« travaillées à l'excès. » A l'exemple de Thucydide,
selon la remarque de Denys d'Halicarnasse, Démosthène a préféré au langage ordinaire et naturel une
diction recherchée, visant à l'originalité de l'attitude
et du relief. — Comment concilier cette contradiction
apparente? Il est vrai, Démosthène ne poursuit pas la
beauté du discours pour faire penser à soi; il sort de
lui-même et ne voit que la patrie; mais le salut même
de la patrie l'oblige à être artiste excellent. « Démosthène ne cherche point le beau, il le fait sans y penser.
Il se sert de la parole comme un homme modeste de
son habit pour se couvrir. » N'en déplaise à l'auteur
de la *Lettre à l'Académie*, Démosthène s'attachait, non
pas seulement à habiller ses pensées décemment,
mais à les présenter sous un costume qui prévint en
leur faveur des yeux habitués à rechercher partout
les perfections exquises de la forme. Démosthène a
cherché le beau, il y a pensé constamment, mais il a
su le réaliser avec un art imperceptible; il a travaillé
assidûment son éloquence, mais ce travail ne lui a
jamais rien ôté de son naturel, de sa sincérité. L'orateur, même après ses veilles studieuses, a toujours
conservé le droit d'appliquer à ses harangues politiques le mot qui termine la quatrième *Philippique:*
« Voilà la vérité, Athéniens, dite en toute franchise,
avec simplicité et dévouement. Je ne sache rien de
meilleur à dire. » Il aurait pu ajouter, s'il avait été de
l'humeur d'Isocrate : je ne saurais non plus le dire en
meilleurs termes ni avec un talent plus persuasif.

L'auditoire fait l'orateur. L'Aréopage absolvait une
courtisane accusée d'impiété, parce qu'elle était belle ;

de même, le peuple athénien regardait avec indulgence Eschine, l'ami de Philippe, parce qu'il était éloquent et beau. Pour maîtriser une telle cité, Démosthène devait puiser sa force dans l'union de l'éloquence pratique des premiers âges avec l'éloquence savante exigée de ses contemporains. Il lui fallait mériter l'éloge décerné par l'auteur du *De oratore* à Périclès : « Les grâces reposaient sur ses lèvres ; quand, en s'opposant à la volonté des Athéniens, sa voix, animée par l'intérêt de la patrie, prenait le ton sévère de la réprimande, elle savait rendre agréables et populaires les traits qu'elle lançait contre des hommes environnés de la faveur du peuple. » Si Démosthène, orateur-ministre, devait être artiste à la tribune, à plus forte raison l'orateur-écrivain avait-il le droit de l'être dans son cabinet : là, il ne s'adresse plus aux hommes d'Athènes ; il plaide en quelque façon sa cause devant la postérité. Il veut nous subjuguer nous aussi par la hauteur de la raison, l'élévation des sentiments, la perfection du langage. S'il nous traite en Athéniens, ne nous en plaignons pas.

Nous avons loué la brièveté de Démosthène, son dédain de tout ornement qui n'est qu'ornement. Cet éloge convient, sans restriction, aux *Philippiques*, aux harangues exclusivement politiques et toutes d'action. Ses autres discours renferment quelquefois des morceaux de pur agrément, que le plaisir de les lire empêche seul de qualifier de longueurs. Peut-être ces développements de luxe n'ont-ils pas été prononcés. Le papyrus est patient ; le juge athénien, qui ne partageait pas avec Philocléon le privilège aristophanesque de manger sa purée à l'audience, ne l'eût peut-être pas toujours été au même degré. Et pourtant l'esprit grec est indulgent en général aux discours prononcés à seule fin de plaire. La tragédie se les permettait quelquefois : telles sont les longues tirades géographiques du *Prométhée* d'Eschyle. Le récit de la mort d'Hippolyte, reproché par Fénelon à Racine, aurait certainement trouvé grâce devant des Athéniens. Même dans les plaidoyers civils, où la clepsydre dispensait le temps avec mesure, la sobriété attique ne s'est pas toujours interdit les amplifications agréables. L'auteur du discours *Contre Nééra* remonte jusqu'à Thésée pour faire l'historique du droit de cité à Athènes, digression sans doute bien accueillie de l'auditoire, mais non indispensable au débat. Le plaidoyer *Contre Lacritos* renferme une énumération instructive pour nous, mais inutile à la cause, des tribunaux athéniens et de leurs attributions respectives. Les dicastes trouvaient-ils un plaisir particulier à ce dénombrement des guêpiers où ils allaient toucher les trois oboles ? On serait tenté de le croire en voyant Démosthène renouveler cet étalage de science juridique dans le plaidoyer *Contre Androtion*, et Hypéride en orner le début de son discours *Pour Euxénippe*. Le plaidoyer de Démosthène sur les prévarications de l'*Ambassade* contient deux hors-d'œuvre splendides, dignes de la gravité du débat et de l'orateur, mais ce sont des hors-d'œuvre (*purpureus pannus*). Le premier est la peinture justement admirée de Pline le jeune (*Lettres* IX, 26), de la lèpre contagieuse de vénalité qui a perdu la Grèce. Le second est une récapitulation saisissante des envahissements de Philippe, page éloquente d'histoire politique, mais étrangère à la démonstration de la culpabilité d'Eschine.

Aristote dans sa *Rhétorique* (I, 1 ; III, 17), a nettement marqué les conditions diverses, à cet égard, de la tribune et du barreau : « Le genre délibératif n'ad-

met guère les digressions reçues au barreau, où l'on
peut invectiver contre son adversaire, parler de soi-
même, émouvoir les passions. Les discussions délibé-
ratives se rapportent à un intérêt général. Là, l'auditeur est juge en sa propre cause, et l'orateur doit se
contenter de montrer que ce qu'il soutient est véritablement tel qu'il le dit. Au barreau, cela ne suffit point ;
il est encore utile de s'emparer de l'esprit de l'auditeur.
En effet, comme il s'y agit de l'intérêt d'autrui, les juges,
ne recherchant que leur propre satisfaction, écoutent
pour leur plaisir, accordent tout à l'orateur et oublient
leur devoir de juges. Aussi dans plusieurs endroits, la
loi défend de se jeter en des digressions étrangères au
sujet. Mais, dans les assemblées publiques, ceux qui
délibèrent veillent suffisamment eux-mêmes à l'observation de cette règle. » Ceux des plaidoyers de Démosthène qui sont à la fois politiques et judiciaires parti-
cipent des qualités attribuées à l'éloquence de la tribune et à celle du barreau. L'orateur, tout ensemble
avocat et conseiller du peuple, s'y donne libre carrière
et il y réalise, grâce à la variété des tons et des
moyens, l'idéal de l'éloquence, triomphe réservé,
selon Cicéron, aux causes judiciaires et, à plus forte
raison, aux œuvres où les deux genres ont mis en
commun leurs ressources et beautés propres.

Quand Démosthène remanie ses discours, il en supprime les pièces justificatives, les lettres, traités,
textes de lois, décrets ou projets de décrets, et témoignages. Quelques-uns de ces documents le plus souvent
nécessaires à la cause, quelquefois inutiles à demi,
avaient servi à reposer l'orateur, sinon les juges, comme
dans le plaidoyer de Lysias *Contre Eratosthène*. Le
tribunal n'était pas seulement délassé, mais charmé,
quand les témoins étaient des poètes tels que Solon,

Homère, Hésiode, Euripide. L'auteur reproduit fidèlement ces dépositions, à la grande satisfaction du lecteur; il supprime les autres. Celles-ci avaient pu donner quelque répit à l'auditoire, comme ferait une courte suspension d'audience : Démosthène les épargne, comme insipides, au lecteur. La plupart des pièces officielles transcrites dans le discours de la *Couronne* sont apocryphes. Notre orateur en a, de son fait, conservé quelques-unes manifestement authentiques : le décret des Byzantins, celui des Chersonésiens, et le décret de Démosthène. Les deux premiers, témoignages de la reconnaissance des peuples qu'Athènes a sauvés, étaient trop honorables au ministre d'Athènes pour qu'il en frustrât son apologie; le troisième est une sorte de plaidoyer pathétique plaidé devant les Thébains contre Philippe : on y sent la main et l'âme de l'orateur. Tite-Live résume volontiers les sénatus-consultes mêmes les plus importants, au lieu de les transcrire : par exemple celui des Bacchanales. En général, dans la rédaction dernière, Démosthène néglige les documents techniques où il n'a pas fait œuvre d'orateur ; il sacrifie les parties ingrates qu'il désespère de traiter avec éclat :

Quæ desperat tractata nitescere posse, relinquit.

Il semble craindre que la postérité ne s'intéresse pas à certaines particularités topiques ; il veut lui offrir des discours embellis de développements propres à exciter l'admiration en tout pays et en tout temps [1].

---

[1] Démosthène (le fait est digne de remarque) ne nous a transmis aucune harangue se rapportant à l'une des deux années qui précèdent Chéronée. Et cependant, après la 4me *Philippique* (qui déjà renferme des redites), de 340 à 338, il

De là, la suppression de maintes circonstances
locales ou temporaires, rappelées sans doute à l'esprit
des auditeurs, passées sous silence auprès du lecteur.
A ces détails exprès Démosthène préfère des thèses
politiques, administratives, morales, où l'éloquence se
déploie avec tous ses avantages ; et cela au grand
déplaisir de la critique moderne. Pourquoi est-il si
difficile de marquer exactement les dates des *Olynthiennes* ? (Déjà Denys d'Halicarnasse les donnait dans
un ordre contraire à celui des manuscrits et des com-
mentateurs les plus anciens) ; c'est qu'elles ne renferment pas assez d'indications précises sur les circonstances qui ont précédé ou provoqué le discours de
l'orateur. Les œuvres de Démosthène seraient aisées à
replacer au point précis des événements, si l'histoire
s'y retrouvait reproduite au jour le jour. Ces détails
éclaireraient pour nous la harangue, comme l'enca-
drement de la narration historique éclaire celles de
Thucydide. Mais Démosthène semble avoir écrit moins
pour les critiques ou les historiens de l'avenir que
pour les lettrés. Ses harangues politiques ne reflètent
pas comme les discours de nos assemblées modernes,
les incidents de la vie politique quotidienne ; elles ont
comme un air de famille, elles sont nées des mêmes
nécessités et portent l'empreinte d'un fond commun
d'idées et de sentiments.

dut monter souvent à la tribune. — A l'approche de la crise
décisive, l'orateur artiste avait cédé la place à l'homme d'action, négociateur, organisateur. La période de prédication
morale et patriotique était passée ; dans ce domaine, Démosthène n'avait plus rien de nouveau à dire aux Athéniens.
Ministre d'affaires, chargé de tout le gouvernement, il ne prononçait plus que des discours d'affaires qu'il estimait sans
doute de peu d'intérêt pour nous.

L'éloquence attique ne hait pas le lieu commun, à
prendre ce mot dans son acception la plus haute ; elle
efface volontiers les réalités du moment pour élever le
discours à des considérations supérieures aux points
de vue de pure actualité. Ainsi le statuaire effaçait les
traits personnels du vainqueur des jeux, pour y substituer une beauté anonyme, impersonnelle, mais d'un
effet sûr et universel. C'est là, dans l'éloquence, une
trace de l'esprit philosophique qui s'attache moins aux
accidents particuliers, lesquels se modifient à l'infini
et passent, qu'à l'élément général et immuable. L'auteur de l'*Antidosis* a fait l'éloge des développements
généraux et il y appliquait son talent avec succès ; par
là, mais par là seulement, il justifiait la louange complaisante que lui donne Socrate dans le *Phèdre* : en ce
jeune homme « il y a de la philosophie. » A cette influence de l'esprit de généralisation se rattachent les
théories politiques ou morales, les exposés de principes, les définitions oratoires et les portraits (le vrai
démocrate, le fidèle ambassadeur, le sycophante, etc.)
répandus dans les œuvres des maîtres de la parole.
Leur style était redevable à cette manière d'une gravité majestueuse qui, même au temps où la tribune
était le plus passionnée et militante, rappelait l'étroite
union de l'éloquence moins agitée des premiers âges
avec la philosophie morale : au témoignage d'Hérodote
(VIII, 83), la harangue de Thémistocle à la flotte
grecque de Salamine avait roulé tout entière sur l'opposition entre le bien et le mal.

Le peuple athénien, léger, ailé comme le poète, était
très capable aussi de méditation abstraite. Ses philosophes, Platon, même Aristote, dont Cicéron a loué
l'éloquence aux flots d'or (*flumen aureum orationis*),
étaient des orateurs artistes consommés ; de même

ses orateurs aimaient à s'entretenir de considérations philosophiques. Le premier plaidoyer contre Aristogiton en offre une preuve remarquable. Lycurgue, dit le défenseur d'Ariston, a déjà traité le fond de la cause ; « moi, je veux vous entretenir des pensées qui doivent diriger toute délibération sur les intérêts de l'État et les lois. Au nom de Jupiter, permettez ici l'emploi de la méthode qui m'est naturelle et a ma préférence : je n'en saurais pratiquer d'autre. » Et aussitôt il entre dans des réflexions générales sur les mœurs, les lois, l'ordre public. « Je ne dirai rien de nouveau ni de saillant, ni de spécial ou d'original (ἴδιον), mais ce que tous vous savez comme moi. » On ne peut annoncer de meilleure grâce les lieux communs qui suivent cet aveu. L'orateur s'incline devant Adrastia ou Némésis ; il rappelle l'universalité du sentiment religieux : « Toutes les nations ont dressé des autels à la Justice, à la Loi, à la Pudeur ; et bien que le cœur de l'honnête homme soit le sanctuaire le plus beau, le plus saint, ceux que sa main élève n'en sont pas moins dignes de la vénération publique. Mais quels sacrifices y furent jamais offerts à l'Impudence, à la Calomnie, au Parjure, à l'Ingratitude, vices qui habitent le cœur d'Aristogiton ? » Plus loin il trace *à priori* le portrait du partisan de cet aboyeur public ; et à la fin, dans une tirade pathétique, il demande aux juges de quel front ils oseront jamais se prosterner devant Cybèle, si, parjures à leurs serments, ils violent les lois commises à leur défense.

Il importe de marquer avec netteté dans quel sens et dans quelle mesure Démosthène aime les développements généraux : même dans ces morceaux il reste lui-même, c'est-à-dire sobre et rigoureux. « Les personnes dépourvues d'instruction, dit Aristote, per-

suadent la multitude plus facilement que les savants :
en effet, ceux-ci ont recours aux lieux communs, aux
considérations générales ; les autres, aux choses qu'ils
savent et qui tiennent de près au sujet. » A cet égard,
l'éloquence de Démosthène est à la fois savante et populaire. Toujours et partout, il serre de près le sujet
et demeure logicien précis. Néanmoins, s'il n'est pas
de l'école de Buffon, qui recherche les termes généraux comme plus nobles, il aime les thèmes généraux
comme plus propres à l'éloquence. Ainsi, étant donné
un thème général, Démosthène le développe avec des
raisons et non avec des phrases, en éveillant les sentiments appropriés, en alléguant des faits. Ces développements sont tout autre chose que des lieux communs en l'air ou des conceptions abstraites, sans
application directe, ni preuves à l'appui ; mais, avec
cela, ils sont tels qu'il pourrait les répéter à peu près
indifféremment toutes les fois qu'il monte à la tribune.

Ces réflexions sur les développements généraux
s'appliquent surtout aux discours de Démosthène ap-
partenant au genre délibératif pur ; dans ceux qui se
rattachent par quelque côté au genre judiciaire, l'orateur aborde sans hésiter les discussions ardues de
faits et de dates. De détails minutieux, il tire des indices ou des preuves avec la sagacité merveilleuse de
ses plaidoyers civils, où il lui faut à tout moment com-
menter de près les lois. Ainsi le discours sur l'*Ambassade* est, notamment dans la première partie, une con-
troverse serrée où Démosthène saisit son adversaire
corps à corps et l'étreint de toutes les façons. Il le
tient constamment à la pointe de son épée et déjoue
toutes ses feintes et souplesses pour se dégager. Eschine est un Protée, mais Démosthène sait le captiver
si étroitement dans les mailles drues et inflexibles de

son argumentation, qu'il ne peut lui échapper. S'il ne succombe pas sous les coups de l'adversaire, au moins il les reçoit tous ; il sort de la lutte tout meurtri, sinon terrassé.

Dans la seconde partie de la harangue, les thèmes généraux trouvent place : c'est que le discours de l'*Ambassade* appartient à la fois à la tribune et au barreau. De même, le discours sur la *Chersonèse* renferme un débat relatif à Diopithe et des considérations de politique générale. Une seule des harangues exclusivement politiques de Démosthène est franchement technique et toute d'affaires, les *Symmories : « Vos préparatifs,* leur meilleure forme, leur plus grande célérité, tel est l'objet difficile que j'ai pris la peine d'approfondir. » Démosthène l'a prise d'autant plus volontiers, qu'il ne devait peut-être pas permettre à ce discours austère d'affronter la tribune. Il eût fallu sans doute, pour faire agréer d'un auditoire de dilettanti ce travail aride, une autorité dont manquait, même après le succès de la harangue contre Leptine, un orateur politique de trente et un ans. Nous doutons, avec de sages critiques, que le discours des *Symmories* ait été prononcé.

Le genre judiciaire s'exerce sur le passé, le délibératif sur l'avenir. Le délibératif est donc plus difficile, mais en retour il est plus beau, car il s'alimente de plus nobles matières. L'éloquence s'y dégage des passions mesquines de la vie de tous les jours ; par delà les intérêts et le salut des particuliers, elle voit l'intérêt, le salut de l'État. Elle ne s'arrête pas à torturer un texte juridique laissé en proie à l'éternelle chicane ; à l'exemple du préteur, elle n'a cure des petites choses. Elle s'autorise du devoir public, de la justice politique et sociale, de l'honneur national, de celles des lois humaines et divines qui sont les interprètes immuables de la conscience de tous les temps. L'âme du citoyen, chez Démosthène, est à la hauteur d'objets si relevés, et son éloquence s'y égale sans effort; elle doit cette dignité éminente au goût de l'orateur pour les développements généraux, et au talent supérieur avec lequel il donne une expression achevée à la conception et au sentiment du vrai, du beau absolus.

CHAPITRE VI

ANALYSE DES ÉLÉMENTS ET DES CARACTÈRES PRINCIPAUX DE L'ÉLOQUENCE DE DÉMOSTHÈNE

(Suite).

I. — Le mouvement et la vie de l'éloquence de Démosthène naissent en grande partie de la nature de son raisonnement. Chez lui, point de longues déductions logiques, mais une série d'observations frappantes, de souvenirs, d'exemples, de tableaux probants. Démosthène prouve souvent sans raisonner; il dit, il peint la vérité, il en frappe l'auditeur à coups redoublés; il le presse, l'entraîne, l'oblige à marcher avec lui : sa force est invincible. Obligé de se rendre à l'évidence, l'Athénien pouvait s'écrier comme le maréchal de Gramont au pied de la chaire de Bourdaloue : « Mordieu, il a raison ! »

> L'ennemi de Philippe est semblable au tonnerre ;
> Il frappe, il surprend, il atterre ;
> Cet homme et la raison, à mon sens, ne font qu'un.
>
> (La Fontaine.)

Avec lui, point de mots, mais des faits (οὐ λόγος, ἀλλ' ἔργον) : telle est sa devise. — Vous avez manqué l'occasion d'Hérée, Athéniens : ne manquez pas celle d'Olynthe. Voyez les fautes qui vous ont fait perdre Amphipolis; évitez d'y retomber. Philippe proteste de ses desseins pacifiques? Considérez la trame perfidement suivie de ses usurpations, — et Démosthène la déroule aux yeux de l'assemblée. La vivacité de son argumentation ajoute encore à la force naturelle des leçons du passé. « C'est folie et lâcheté, en présence de pareils exemples, de toujours reculer devant le devoir... de s'imaginer, sur la foi des orateurs de l'ennemi, qu'Athènes, par sa grandeur, est à l'abri de tous les revers. Quelle honte de dire un jour, après l'événement : *Mais aussi, justes dieux ! qui pouvait s'y attendre? il fallait faire ceci, ne pas faire cela.* » Tous les peuples qui ont péri auraient aujourd'hui à faire beaucoup de ces réflexions tardives. « A quoi serviraient-elles? Tant que l'embarcation petite ou grande peut être sauvée, matelots, pilote, passagers, tous doivent rivaliser d'ardeur et veiller à ce que nul ne la fasse sombrer à dessein ou par imprudence; quand les flots l'ont surmontée, le zèle est inutile » (3ᵐᵉ *Philippique*). Pour Démosthène l'histoire est, à la lettre, « le flambeau de la vérité, la maîtresse de la vie » (*De oratore*, II, 9). Sa maxime est que « les événements passés doivent toujours être présents à l'esprit des sages. » Il a conformé sa conduite à ce précepte. « Observer les affaires dès leur principe, en prévoir les suites, les annoncer au peuple, c'est ce que j'ai fait. » Une éloquence nourrie ainsi de réflexions suivies et de souvenirs pratiques n'a pas de peine à être riche de démonstrations par les faits. Ce n'est pas Démosthène qui convainc les Athéniens et les confond, c'est la réalité même mise par lui sous leurs yeux. Zénon comparait l'éloquence à la main ouverte, la dialectique au poing fermé. La dialectique éloquente de Démosthène réunit les avantages des deux procédés : la vérité s'y développe avec un éclat irrésistible et elle assène au contradicteur des coups dont il ne peut se relever.

L'orateur politique chez Démosthène a dû beaucoup au logographe. Auprès d'Isée, son maître, il apprit à couper de trop longues périodes, à éclaircir son style, à en adoucir la dureté rocailleuse; surtout il se rompit à la dialectique au milieu des discussions ardues de causes aussi hérissées d'épines que le *hérisson* (sac à procès), où étaient enfermées les pièces du dossier. Démosthène eût été moins fort contre Philippe, si la gymnastique du barreau n'avait délié sa langue et son esprit. On retrouve les traces de ces études fortifiantes dans l'art de l'orateur à rechercher la raison des choses et les motifs des actions. « Faites encore cette réflexion, Athéniens : vous avez souvent fait la guerre à des démocraties et à des oligarchies; vous le savez comme moi. Mais les motifs qui vous ont armés dans l'un et l'autre cas, nul peut-être d'entre vous ne cherche à les approfondir. Quels sont donc ces motifs ? » et l'orateur les indique avec sagacité. Il excelle de même à analyser le cœur humain. Veut-il se disculper des sentiments divers auxquels l'inimitié pourrait attribuer son action contre Eschine ? il passe en revue toutes les suppositions de la malveillance et il en montre la vanité en logicien et en moraliste exercé. Il fouille dans l'âme du roi de Macédoine et découvre ses calculs les plus secrets avec une perspicacité aiguisée depuis longtemps à ces divinations par l'habitude de démêler, sous les faux-fuyants de l'intérêt et du mensonge, les mobiles véritables des plaideurs. Ainsi la pratique du barreau avait développé la pénétration d'un génie naturellement observateur.

Une des formes les plus puissantes de l'argumentation de Démosthène est le dilemme. Nous ne voyons guère ce qu'Eschine aurait pu répondre à celui-ci :

Or, examinez la solidité du raisonnement qui va le convaincre. S'il ne s'est pas vendu, s'il vous a trompés involontairement, il faut de toute nécessité qu'Eschine vous ait débité ses discours au sujet de la Phocide, de Thespies, de l'Eubée, pour l'une ou l'autre de ces deux raisons : ou il a entendu de la bouche même de Philippe la promesse formelle de ce qu'il devait faire et exécuter en leur faveur; ou bien abusé, fasciné par la bonté habituelle du prince, il s'attendait à le voir agir ainsi. En dehors de ces deux suppositions, nulle autre n'est possible. Or, dans l'un et l'autre cas, il doit porter à Philippe la haine la plus vive. Pourquoi? c'est qu'autant qu'il a dépendu de ce prince, il se trouve dans la situation la plus cruelle, la plus humiliante : il vous a trompés; il est déshonoré; on le juge digne de mort; et si l'on eût fait ce qui convient, il y a longtemps qu'on l'eût accusé comme criminel d'État. Mais aujourd'hui, grâce à votre mansuétude, à votre bonace, il en est quitte pour rendre ses comptes, et encore au moment où il lui plaît. Est-il donc personne qui l'ait entendu élever la voix contre Philippe, flétrir ou rappeler seulement sa perfidie d'un mot? non, personne, et même dans Athènes entière le premier venu accusera plus volontiers le Macédonien, sans avoir reçu de lui aucune offense personnelle. Pour moi, je voudrais qu'Eschine vous dît, s'il ne s'est pas vendu : Athéniens, faites de moi ce que vous voudrez; j'ai cru, j'ai été abusé, j'ai failli, je l'avoue. Mais, ô mes concitoyens, gardez-vous de cet homme : c'est un perfide, un imposteur, un méchant. Ne voyez-vous pas ce qu'il a fait de moi et comme il m'a joué? » Je n'entends aucune de ces paroles, ni vous non plus. Pourquoi? c'est que sa foi n'a pas été surprise; c'est qu'il s'était mis aux gages de Philippe et a été payé de ses mensonges. Il lui a tout livré; il est devenu pour lui un bon, un honnête, un fidèle mercenaire; pour Athènes un député, un citoyen félon, digne de mille morts (*Ambassade*).

Où trouver une alliance plus étroite de la logique et de la passion?

Sans avoir l'imagination prompte à la tribune, Démosthène trouvait parfois, sur-le-champ, d'heureuses répliques. « Démosthène, tes discours sentent l'huile, — En effet, Pythéas, ta lampe et la mienne n'éclairent pas les mêmes travaux. » Ce même Pythéas dissuadait ses concitoyens de s'allier à Athènes : « On peut juger qu'il y a des malades dans une maison où l'on porte le lait d'ânesse (Pythéas était d'Arcadie); de même, on peut assurer qu'une ville où l'on voit arriver les ambassadeurs d'Athènes, est malade et en danger. » Démosthène acceptait l'analogie : « Comme on porte du lait d'ânesse dans une maison à seule fin de rétablir la santé des malades, ainsi nos députés n'entrent jamais dans une ville que pour son salut. » Eschine lui reprochait son action trop vive à la tribune : « Ce n'est pas à l'orateur, Eschine, c'est à l'ambassadeur à tenir la main sous le manteau. »

Les réfutations en forme, chez Démosthène, ont une vigueur au moins égale aux saillies de ses ripostes. En voici une où se mêlent la logique et l'esprit :

Eschine, je le sais, évitera de répondre à mes accusations; et pour vous entraîner le plus loin possible des faits, il dira quels biens la paix, quels maux la guerre assure aux hommes; il fera l'éloge de la paix : ce sera là toute son apologie. Mais cet éloge même le condamne. Car si la paix, source de bonheur pour les autres, est devenue pour nous la cause de tant de troubles et de dangers, qu'en conclure, sinon que, gagnés par des présents, ces hommes ont vicié une chose bonne dans son essence? « Mais, dira-t-il peut-être, la paix ne vous a-t-elle pas laissé et assuré trois cents trirèmes avec leurs agrès, et de l'argent dans le Trésor? » A cela répondez que cette même paix a fortifié considérablement Philippe, et augmenté de beaucoup ses munitions, ses domaines, ses finances.......

(D'ailleurs la paix même, Eschine a-t-il le droit de s'en déclarer l'auteur ?) Ce que je vais dire, Athéniens, est étrange et
cependant de toute vérité. Si cette paix fait la joie de l'un de
vous, qu'il en rende grâce aux généraux, que tous accusent.
Oui, s'ils avaient fait la guerre comme vous la vouliez, le mot
même de paix vous serait insupportable. Ainsi la paix, voilà
l'œuvre des généraux ; les dangers d'une paix fallacieuse et
perfide, voilà l'œuvre de ces salariés. Écartez donc, écartez
Eschine de ces dissertations sur la paix ; enfermez-le dans la
justification de ses actes personnels (*Ambassade*).

L'étude comparée des discours d'Eschine et de Démosthène suggère tout d'abord une remarque, l'iden-
tité de leurs moyens ; leurs armes semblent avoir été
choisies exactement pareilles comme pour un duel.
Les deux orateurs tirent de puissants effets de décrets mis en contraste, font l'éloge de Solon et des
ancêtres, parlent avec la même révérence de la majesté des lois, gardiennes de la cité ; l'un et l'autre ils
protestent de leur franchise, de leur dévouement désintéressé à la chose publique et blâment l'indulgence
des Athéniens pour les démagogues flatteurs. S'ils se
recommandent par les mêmes mœurs oratoires, ils
se noircissent l'un l'autre des mêmes flétrissures ; ils
se renvoient le reproche de complicité avec l'ennemi. Démosthène seul a tout ruiné : il était maudit.
Eschine seul a tout perdu : il était le chef des traîtres.
Les deux adversaires suivent docilement les mêmes
voies :

Quant à ses larmes, à sa voix lamentable, lorsqu'il s'écriera :
*Où me réfugier, Athéniens? exilé d'Athènes, je n'ai plus
d'asile ;* répondez-lui : « Et les Athéniens, Démosthène, où se
réfugieront-ils? où trouveront-ils de l'argent et des alliés?
quelles ressources ton ministère a-t-il assurées à la République ? » — Il (Eschine) pleurera sur lui-même, ce député si
coupable ; il présentera peut-être ses petits enfants, il les fera
monter devant le tribunal. Aux enfants de cet homme, juges,

opposez par la pensée les enfants de tant d'alliés et d'amis,
dispersés, errants et misérables, affligés de maux cruels à
cause de lui et bien plus dignes de compassion que les fils
d'un père si criminel et d'un traître. Songez à vos propres
enfants à qui Philocrate et lui ont par ces mots « et à leurs
descendants » (allusion à la paix *perpétuelle*) ravi jusqu'à l'espérance.

Les deux discours *Sur la Couronne* et ceux de l'*Ambassade* pourraient s'écrire en regard : on serait frappé
de leurs rapports constants, de leur exact parallé-
lisme. Les deux antagonistes s'appliquent l'un à l'autre comme deux athlètes de vigueur, de taille à peu
près égales ; toutes les parties de leur corps se tiennent adhérentes et pressées étroitement : *hæret pede
pes, densusque viro vir.*

Ces similitudes tiennent à deux causes principales :
les discours des deux rivaux ont été retouchés avec
soin, après les débats, de façon à ne laisser aucune
partie faible à découvert, nul avantage non compen-
sé ; ils se sont ajustés l'un à l'autre tout à loisir.
De plus, au barreau et à la tribune d'Athènes, certains arguments ou procédés oratoires étaient employés par une sorte de respect de la tradition. L'orateur n'en tirait peut-être pas de grands avantages
effectifs, mais il courait le risque, en les négligeant,
de paraître trop confiant dans ses forces et dédaigneux
des habitudes consacrées, double défaut périlleux auprès d'un auditoire ombrageux et formaliste.

Ainsi les plaideurs par bravade offrent de céder la
parole à l'adversaire : « Qu'il parle sur mon eau, j'y
consens ! » Ils se lancent des défis (πρόκλησις) intré-
pides, assurés de n'être pas pris au mot. « Il affirme
que les délégués de la Grèce étaient alors parmi
nous... Eh bien, Démosthène, monte à cette tribune :
je te la cède... Si tu prouves que leur présentation au

Conseil et les décrets sont de la date que tu leur assignes, je descends et je me condamne moi-même à mort! » Ces sommations sont de simples façons de parler, à telle enseigne que parfois l'auteur de l'interpellation passe outre aussitôt sans attendre, même pour la forme, la réponse de l'adversaire. Ils défèrent la torture avec autant d'aisance que le simple serment. « Nous produisons aussi nos esclaves et les livrons à la question; je vais m'interrompre, si l'accusateur y consent; le bourreau va venir sur-le-champ et les appliquer à la torture, devant vous, si vous l'ordonnez. » La partie adverse récuse la question, comme l'on pense, et l'orateur de triompher : « Puisque Démosthène repousse mon défi, et récuse le témoignage d'esclaves mis à la torture, prends la lettre de Philippe. » A lire les Attiques, on pourrait soupçonner les Athéniens de s'accommoder du spectacle de la torture aussi bonnement que Perrin Dandin; et pourtant, jamais l'humaine cité de Minerve ne vit se produire cet incident d'audience.

L'accusateur oublie rarement de demander au tribunal de refuser la parole au défenseur. Dans le procès de *la Couronne*, Eschine n'a pas manqué à la tradition. Laharpe s'indigne de cette prétention « révoltante » d'Eschine; il eût été mieux inspiré de ne pas la prendre au sérieux. Les Grecs, sans doute, n'avaient pas de la justice ni de la légalité la haute idée et le respect qu'elles inspirent aux modernes; et, même réduite à sa vraie valeur, cette coutume de réclamer l'exclusion du défenseur contraste fortement avec l'institution de nos avocats d'office. Néanmoins les Athéniens n'étaient pas dépourvus de sens moral ni de bon sens au point d'y voir autre chose qu'une suggestion consacrée, presque obligée de l'inimi-

tié[1]. — Les procédés consacrés de l'éloquence grecque
font de chacun des deux discours sur la *Couronne* la
contre-partie de l'autre. Jamais harangues ne se sont
ressemblées davantage pour les formes extérieures;
jamais harangues n'ont été plus dissemblables. Les
deux corps sont à peu près pareils, mais pour le génie
intime et l'âme, quelle profonde différence!

La forme du discours de Démosthène est très souvent dramatique : tantôt c'est un dialogue entre l'auditeur et lui, ou entre Athéniens, ou entre les Athéniens et Philippe; tantôt c'est un monologue du prince
avisant au moyen le plus sûr d'accomplir en toute
sécurité ses projets, Démosthène use sobrement de
l'apostrophe, la *mitraille de l'éloquence*, selon P.-L.
Courier, mais toujours avec à-propos et vigueur.

Je vois que certains orateurs ne s'appliquent pas à eux-
mêmes les conseils qu'ils vous donnent : ils vous exhortent à
demeurer en repos, même si l'on vous attaque ; eux ne peuvent
s'y tenir au milieu de vous, quand on ne les attaque point. En
effet, Aristodème, si, toute invective à part, on te disait : « Tu
sais, car personne ne l'ignore, combien la vie privée est sûre,
tranquille, à l'abri du danger ; la vie publique, tourmentée, as-
saillie d'accusations : c'est un combat, une souffrance de tous
les jours. Pourquoi donc à la douce sécurité de l'une préfères-
tu les tribulations de l'autre ? » que répondrais-tu ? Diras-tu
(ce serait, en effet, la meilleure réponse, et nous voulons admettre que tu la fais avec sincérité) que c'est l'amour de l'honneur, la gloire qui t'anime? alors, je t'admire. Hé quoi! tant
de travaux, de fatigues, de périls, tu crois devoir les affronter
pour la gloire, et tu conseilles aux Athéniens de renoncer à la
gloire par nonchalance! Car tu ne diras pas sans doute que tu
dois être, toi, un personnage dans Athènes, mais qu'Athènes
doit se passer d'occuper un rang dans la Grèce. Je ne vois pas
non plus que, pour sa sûreté, la République doive se renfer-
mer dans ses propres affaires, et que la tienne t'oblige à t'in-

[1] Voir Hypéride, *Pour Euxénippe* ; Didot, p. 376, § 10.

gérer dans les affaires d'autrui. Au contraire, tu cours à ta perte pour en faire trop, et la République pour n'en faire pas assez. Par Jupiter! diras-tu enfin que tu as reçu de tes aïeux, de ton père une gloire qu'il serait honteux de laisser éteindre en toi, tandis que les titres des ancêtres d'Athènes sont obscurs et sans grandeur? C'est encore là une méprise, Aristodème, car ton père était un fripon, s'il te ressemblait; et les aïeux de la cité? ils sont tels que le savent tous les Grecs, sauvés deux fois par eux des plus grands périls. Plusieurs de nos politiques, Athéniens, voient d'un autre œil leurs intérêts et les vôtres; ils ne sont à cet égard ni bons citoyens ni justes. Est-il juste, en effet, que des échappés de prison se méconnaissent à ce point, et qu'une République demeurée jusqu'ici au premier rang, à la tête de la Grèce entière, soit aujourd'hui plongée dans l'obscurité et l'abaissement? (4ᵐᵉ *Philippique*).

Démosthène s'est nourri à l'école de Thucydide, et en imitant ce maître comme orateur, il l'a surpassé. Bossuet avouait avoir peu lu Démosthène : « Il est d'une étude trop forte pour ceux qui sont occupés d'autres pensées. » En effet, substantiel et serré, il donne beaucoup à méditer; il attache le lecteur et le veut tout à lui; mais sa profondeur reste lumineuse. Il est tout ensemble concentré et limpide. Parfois le raisonnement étouffe la passion chez l'austère historien; ses fortes conceptions logiques s'adressent à des intelligences plutôt qu'à des auditoires véritables. Démosthène laisse assez souvent l'idée générale se mêler à l'impression de la réalité actuelle; les mots *raisonner, considérer, réfléchir*, se rencontrent à tout moment chez lui; il écrit ses harangues pour les Athéniens et pour les penseurs de l'avenir. Mais l'argumentation s'y allie toujours à une passion intense, d'un effet direct. A côté de faits qui d'eux-mêmes parlent et « crient » (αὐτὰ βοᾷ), on y entend des exhortations chaleureuses qui en sont la conclusion entraînante. Mouvement et démonstration, raison et passion, telle est son éloquence.

II. A Athènes, la loi des tribunaux interdisait le pathétique, indice frappant de l'extrême sensibilité des Hellènes. On a reproché à Énée de pleurer plus abondamment qu'il ne convient à un fondateur d'empire. Tour à tour attendris et féroces, les héros d'Homère ne sont pas moins prompts à « se rassasier de larmes. » Au rapport d'Hérodote (VI, 21), les Athéniens punirent d'une amende le poète Phrynichos pour les avoir fait pleurer, au théâtre, sur *La prise de Milet,* et ils proscrivirent par décret la représentation du drame coupable d'avoir réveillé trop vivement le souvenir d'infortunes patriotiques. Au tribunal, défense était faite à l'orateur de les attendrir sur les infortunes d'autrui; mais ici encore les mœurs étaient plus fortes que les lois. L'accusateur employait les ressources les moins avouables de l'art et de la haine pour passionner les juges contre l'adversaire : il eût été rigoureux de retirer à l'accusé le droit naturel de la prière. Démosthène redoute l'effet que produiront sur les juges les lamentations de Midias. « Que reste-t-il donc? hé! par Jupiter! la compassion. Car Midias présentera ses jeunes enfants, il versera des larmes, il vous suppliera de lui faire grâce à leur considération : c'est sa dernière ressource. Mais, vous ne l'ignorez pas, la pitié est due à l'innocente victime de rigueurs intolérables, non au coupable puni justement. Hé! qui pourrait avoir pitié des enfants de Midias, alors que lui n'a pas eu pitié des enfants de Straton? » Plus loin, l'orateur redouble, tant il voudrait prévenir l'attendrissement du tribunal : « Il viendra, je le sais, se lamenter avec ses enfants; il prodiguera les discours les plus humbles, il pleurera, il se fera le plus

misérable possible... Moi, je n'ai pas d'enfants, et je
ne pourrais, en les produisant ici [1], gémir et pleurer sur
les outrages que j'ai reçus. Est-ce donc une raison de
traiter la victime moins favorablement que le persécuteur ? »

L'impression de miséricorde était d'autant plus
puissante, quand l'orateur était l'accusé lui-même et
unissait le pathétique du discours à celui du spectacle
de sa famille éplorée. Eschine présente ainsi toute
sa famille au tribunal dans le plaidoyer de l'*Ambassade*. Parfois l'avocat, respectueux de la loi, confiait à
son client le soin d'exciter la commisération : « Euxénippe, autant que je l'ai pu, je te suis venu en aide ;
il ne te reste plus qu'à supplier tes juges, à implorer
le secours de tes amis et à faire monter ici tes enfants. » Cette conclusion d'Hypéride est conforme à la
tradition attique et concilie tout. Le même dessein
d'accorder la loi et l'intérêt des plaideurs engageait
parfois l'orateur à dissimuler dans le corps du discours les morceaux propres à exciter la pitié. Démosthène, dans le deuxième plaidoyer *Contre Aphobos*,
peint aux yeux des juges la douleur de sa mère, an-
xieuse de l'issue d'un procès qui peut la priver de ses
dernières ressources et l'empêcher de marier sa fille
unique ; il les conjure, au nom de leurs femmes, de
leurs enfants, de tous les biens qu'ils possèdent ; puis
il termine par une conclusion phlegmatique, comme
s'il voulait se faire pardonner d'avoir fait couler des
larmes.

Nul à Rome n'a jamais songé à reprocher à Cicéron
sa sensibilité pathétique ; Eschine fait à Démosthène

---

[1] Le poète des *Guêpes* n'a pas oublié ce trait de mœurs dans
le procès du chien Labès. Cf. Racine, *Plaideurs*, III, 3.

un grief de la sienne : il relève le ton lamentable de
sa voix, les éclats d'une douleur à ses yeux hypocrite, en tout cas illégale. Eschine n'eût pas été chagrin de voir la loi rester ici maîtresse et contraindre
le défenseur de Ctésiphon à briser l'un des ressorts de
son éloquence. Démosthène, loin d'abdiquer, a usé
contre Eschine de tout son droit au pathétique, mais
avec une véhémence d'émotion d'un caractère particulier. Eschine est émouvant à la manière de Racine,
Démosthène à la façon de Corneille. Le pathétique,
d'ordinaire, naît chez lui de l'élévation des sentiments; il enlève l'âme par une sorte d'exaltation de
l'esprit, il transporte à force de générosité morale et
de raison; il est très rarement attendrissant. Donnez
à Eschine cette matière : tableau de la désolation de
la Phocide ruinée. Il sera capable, s'il le veut, de verser dans cette peinture tous les mouvements de la
sensibilité la plus touchante. L'accent de l'âme de Démosthène est autre; il découvre aux Athéniens la
source de la catastrophe de la Phocide livrée à Philippe « pieds et poings liés, » et il interrompt son exposition par ce cri :

Spectacle cruel et pitoyable dont récemment nos yeux
furent les témoins forcés, dans notre voyage à Delphes : maisons détruites, remparts rasés, contrée dépeuplée de ses jeunes
hommes; de pauvres femmes, de faibles enfants en petit
nombre, des vieillards qui font pitié ! Nul langage ne saurait
égaler les maux qui affligent aujourd'hui ce pays; et cependant je vous entends dire à tous que jadis le vote de ce peuple
sur la réduction des Athéniens en esclavage fut opposé à celui
des Thébains. Si donc vos ancêtres, Athéniens, revenaient à
la vie, quel serait leur vote, leur sentiment sur les auteurs de
la ruine de la Phocide? Je n'en doute pas, après les avoir la-
pidés de leurs mains, ils croiraient ces mains pures encore.
N'est-il pas honteux, en effet, n'est-ce pas le comble de la
honte, qu'un peuple dont le vote protecteur jadis nous sauva

ait subi, par la faute de nos députés, un sort tout contraire, et ait éprouvé sous nos yeux indifférents des douleurs que ne connurent jamais les autres Hellènes? Qui donc est la cause de ces maux? qui fut l'artisan de ces impostures? n'est-ce pas lui (*Ambassade*) !

Sentiment de la dignité nationale, flétrissure de l'ingratitude, haine du traître Eschine, voilà les vraies sources ici du pathétique de Démosthène, bien plutôt que la peinture des infortunes de la Phocide, ou tel autre objet propre à l'excitation de la pitié.

La nature de la lutte qu'il soutient, car la vie publique est pour lui « pleine de combats et de souffrances de tous les jours, » et sa nature propre le veulent ainsi. L'éloquence de Démosthène est l'image de son caractère; elle a quelque chose d'âpre. Denys d'Halicarnasse attribue cette sorte de raideur à une imitation scrupuleuse de la manière de Thucydide. Il en faut voir plutôt la source dans une âme dont la fermeté confine à la dureté. Démosthène n'aurait pu s'appliquer le mot d'Antigone : « Je suis faite pour aimer, non pour haïr. » Sa parole incisive sait mieux accuser que défendre; Hermogène en relève l'âcreté acerbe (δριμότης); Eschine, l'amertume mordante (πικρῶν); au goût de l'accusateur de Ctésiphon, Léodamas l'Acharnien, n'a pas moins de force que Démosthène et il a plus d'agrément (ἡδίων).

Ce défaut d'agrément n'excluait pas l'esprit chez notre orateur : aurait-il été Athénien s'il n'en avait eu? « Un jour qu'il voulait haranguer en pleine assemblée de ville, le peuple ne le voulait point ouïr, n'eût été qu'il dit que ce n'était qu'un conte qu'il leur voulait faire; ce qu'entendant le peuple lui donna audience, et il commença de telle sorte : « Il y eut, dit-il, un homme qui loua un âne pour aller de cette ville

à Mégare. Quand ce vint sur le midi, que le soleil
était fort ardent, l'un et l'autre voulaient se mettre à
l'ombre de l'âne, et s'entr'empêchaient l'un l'autre;
disant, le propriétaire, qu'il avait loué son âne, mais
pas son ombre; le locataire, à l'opposite, soutenait
que tout l'âne était en sa puissance. » Ayant ainsi
commencé son conte, il s'en alla. Le peuple le rappela
et le pria d'achever. Hé! comment, leur dit-il, vous
me voulez bien ouïr conter une fable de l'ombre d'un
âne, et vous ne voulez pas entendre parler de vos affaires d'importance![1] »

On trouve des marques de l'esprit ingénieux de Démosthène, en plusieurs passages de ses écrits, dans
certaines délicatesses de style intraduisibles où l'on
surprend l'art des Attiques à se jouer, si l'on peut
dire, des nuances diverses des mots, à passer du propre au figuré, à régaler l'esprit de finesses de pensées
et de langage, avec un mélange d'ironie délicate et de
subtilité piquante[2]. Parfois même le goût athénien n'a
pas reculé devant le calembour, s'il faut l'appeler par
son nom. Aristophane le prodigue; les orateurs d'A-
thènes le risquaient avec grande circonspection; ils
voulaient que le jeu de mot, l'équivoque (ὁμωνυμία)

---

[1] Amyot, *Vie des dix orateurs*. Cf. La Fontaine, *Fables*.
VIII, 4. Apologue de Démade: *Cérès, l'anguille et l'hirondelle*.

[2] Aristote (*Rhéthorique*, III, 11, 3) cite ce mot d'Isocrate:
τὴν τῆς θαλαττής ἀρχὴν (empire) ἀρχὴν (principium) εἶναι τῶν
κακῶν. Cf. *Discours sur la Chersonèse*: ὑμῶν ὑγιαινόντων (sains
de corps), εἰ δὴ τοὺς τὰ τοιαῦτα ποιοῦντας ὑγιαίνειν (sains d'esprit),
φήσαιεν. Plus loin: ἔχοντ᾽ ἀφελέσθαι (détruire les tyrans) δεινοί,
καὶ πάντας ἀνθρώπους εἰς ἐλευθερίαν ἀφελέσθαι (ravir, entraîner à la
liberté) ἕτοιμοι. Le sévère Aristote lui-même a dit qu'il fallait
user des épithètes comme d'assaisonnement, ἡδύσματι, non
comme de nourriture, ἐδέσματι.

respectât toujours la loi de l'urbanité (ἀστεῖον). D'ordinaire ils dédaignaient ces agréments suspects et les évitaient, là même où ils se présentaient le plus naturellement. Eschine, dit Démosthène, donnerait de son *sang* plutôt que de son *discours*; et, à son tour, l'accusateur de Ctésiphon : « Cet homme a sur les épaules non une *tête*, mais une source de *revenus*. » une métairie (il cherche à tirer profit des soufflets qu'il a reçus). Plus d'un moderne aurait cédé à la tentation de remplacer les mots des deux orateurs par ceux-ci : il donnerait de son *sang* plutôt que de son *eau* (par allusion à la clepsydre); il n'a pas une *tête*, mais un *capital*. Un commentateur, chagrin de voir Eschine manquer cette occasion d'avoir de l'esprit à la française, efface le mot *revenu* (πρόσοδον) et y substitue capital (κεφάλαιον) : c'est trop de bonté. A ces gentillesses douteuses les Attiques préfèrent les traits dans le goût de celui de Gorgias : « Une arondelle avait jetté de son émeût sur lui; » le sophiste lève les yeux et dit : « Cela n'est pas honnête, ô Philomèle; » comme s'il eût dit : « Cela n'est pas bien, princesse. »

Malgré la finesse parfois ingénieuse de son esprit, Démosthène avait peu de succès dans la plaisanterie. Il est, au jugement de Cicéron, un modèle accompli d'urbanité; mais il semble avoir ignoré l'enjouement piquant (*facetus*) connu de Lysias et d'Hypéride. Ses bons mots, selon l'auteur de la cinquième des lettres attribuées à Eschine [1], n'ont jamais fait rire que Ctési-

---

[1] Le plaidoyer *Contre Calliclès*, un procès de gouttière, renferme ce trait que Démosthène met dans la bouche de son client : « Tout écoulement m'étant enlevé, l'eau restera chez moi. Par Jupiter, que ferai-je de cette eau? Calliclès me forcera-t-il à la boire? » Un filou (ταχωρύχος, perceur de murs),

phon. Quintillien (VI, 3) serait assez disposé à les
juger de même : « Ils montrent clairement que ce genre
d'esprit ne lui a pas déplu, mais que la nature le lui
avait refusé. » L'auteur de l'*Institution oratoire* a le droit
de triompher ici, et de dire que Rome l'emporte sur
Athènes dans la plaisanterie comme dans le pathétique
attendrissant (*miseratione et salibus vincimus*). Les
Grecs peuvent se consoler de cette infériorité : il vaut
mieux manquer du talent de faire rire que d'en abuser,
à l'exemple du consul romain ; et puis le rire, à la tribune d'Athènes, était-il de si haut prix ? Les Athéniens
n'avaient nul besoin qu'on les y excitât.

Les plaisanteries de Démosthène ont quelque chose
de bourru (comme les boutades d'Alceste sur la chute
du sonnet d'Oronte et le cabinet dont il est digne), ou
même l'âpreté du sarcasme. — Eschine est un ingrat
d'attaquer Démosthène, car Démosthène le fait vivre.
Sans les citoyens dévoués qui combattent le Macédonien, que deviendraient les revenus des orateurs ses
pensionnaires ? — « Démosthène me reprendre ! lui
dit un jour Démade : c'est le porc qui régente Minerve.
— Cette Minerve, l'autre jour, dans le bourg de Co-
lyttos, a été surprise en adultère. » Démosthène a défié
les complices de Philocrate de venir se justifier à la
tribune ; nul n'y a paru, sous divers prétextes. Quel
est celui de Phrynon ? « Il a un gendre en Macédoine. »
Ce Phrynon avait envoyé à Philippe son fils, bel adolescent. Les Athéniens usaient volontiers d'euphé-

nommé *Chalcous* le raillait sur ses travaux nocturnes : « Je
comprends ; ma lampe allumée cause ton chagrin. Mais vous,
Athéniens, ne soyez pas surpris de tous les vols qui se com-
mettent : nos voleurs sont d'airain (χαλκοῦς) et nos murs
d'argile. »

mismes. Un jurisconsulte précieux, Tourreil, appelait un exploit un *compliment timbré*; un salaire, une *reconnaissance monnayée*. Ainsi les salariés de Philippe étaient à Athènes ses *hôtes*, ses *amis*. Les flatteurs, familiers de Denys (Διονυσοκόλακες), vivant de sa table, quand ils ne mouraient pas de ses fantaisies, s'appelaient *artistes*, habiles gens (τεχνίτας). Les sycophantes étaient des « curateurs des affaires publiques et privées. » Les voleurs, les brigands et pirates, se déclaraient doucement des « hommes qui travaillent à acquérir » (ποριστάς); il faut bien que tout le monde vive, et la pauvreté est une circonstance atténuante : « L'impérieux besoin confond toutes les idées de ce qui est permis et défendu ; » cette indulgence témoignée par Démosthène au besoigneux Charidème est une concession oratoire. D'ordinaire il voit les choses et les hommes tels qu'ils sont ; il appelle un chat un chat, et Philocrate un...

Même ses éloges sont mêlés de rudesse. Un de ses collègues d'ambassade en Macédoine a exalté, à la tribune d'Athènes, les qualités merveilleuses de Philippe. Démosthène devant Philippe raille ces traits de sotte flatterie : « Je n'ai pas vanté votre beauté : le plus beau des êtres, c'est la femme ; votre talent de buveur : c'est l'éloge d'une éponge ; ni votre mémoire : c'est le mérite d'un sophiste, trafiquant de paroles. » Sa franchise peu apprêtée est un des griefs d'Eschine contre lui ; il a la rusticité d'un *barbare*, celle du Grand-Roi, écrivant aux Athéniens avec la délicatesse d'un Turcaret couronné : « Je ne vous donnerai point d'or ; ne m'en demandez pas ; vous n'en aurez point. » Ses brusqueries provoquent « devant les députés de toute la Grèce une explosion de rires peu commune. » Il interrompt les gens à grands cris ; c'est un Béotien

8

(βοιωτιάζει) digne de sympathiser avec ce peuple grossier. Faut-il s'en étonner ? il est Scythe (paysan du
Danube) par sa mère, non Athénien.

Rarement l'ironie de Démosthène est assez libre de
passion pour être enjouée ; ses sourires ne sont pas
malicieux, mais contractés et à demi grimaçants. Un
autre que lui aurait châtié d'une main légère la suffi-
sance poltronne de Midias et son beau zèle toujours
intempestif. Le péril est sur mer ? Midias s'y fait suppléer par l'Égyptien Pamphile. La lutte va-t-elle s'engager sur terre ? Midias promet bruyamment de fréter
une trirème : il est toujours où le danger n'est pas. Il
s'est fait nommer hipparque, et il ne peut assister à
une procession, à cheval, sans perdre l'étrier ; et
encore sa monture est d'emprunt. — Au lieu de s'égayer
agréablement aux dépens de ce brouillon vantard,
Démosthène sème le récit de ses subterfuges des épithètes de *lâche*, d'homme *exécrable* ; au badinage il
substitue l'invective. L'auteur de la *Morale à Nicomaque*
permet au magnanime l'ironie méprisante. Tel est, le
plus souvent, celle de Démosthène. Horace se jouait
autour du cœur humain en raillant doucement ses faiblesses ; Juvénal flétrit ses vices avec vigueur : la
même différence sépare notre orateur des autres Attiques, dans l'emploi de l'ironie. Celle de Démosthène
est surtout indignée et virulente.

Évidemment, Eschine, ces malheurs te touchent, et les
Thébains t'inspirent de la pitié, toi qui as des terres en Béotie
et qui laboures les champs dont ils furent dépouillés ; et je
m'en réjouis, moi dont la tête fut, aussitôt après, réclamée
par l'auteur de ces désastres » (*Ambassade*). — « Ô tête criminelle ! tu as, par tes discours, déchiré, outragé les hauts
faits de nos aïeux, ruiné toutes nos affaires, et ces mêmes discours t'ont fait riche et personnage arrogant. Avant d'avoir
accablé de maux la République, il avouait son métier de greffier

et l'obligation qu'il en avait à vos suffrages, et ses façons
étaient modestes. Mais depuis ses innombrables crimes, il
fronce des sourcils hautains, et si l'on dit : *Voilà Eschine,
l'ancien greffier*, aussitôt sa haine s'allume, il se dit offensé ;
il s'avance sur la place publique le manteau traînant jusqu'à la
cheville ; il enfle ses joues ; il marche du pas majestueux de
Pythoclès. Le voilà devenu l'un de ces hôtes et amis de Philippe, qui veulent se débarrasser de la démocratie et traitent
notre constitution de mer follement orageuse, lui qui naguère
saluait si humblement la table des pensionnaires du peuple au
Prytanée (*Sur la Couronne*).

L'ironie est un ressort manié volontiers par les tragiques. Chez eux, elle est tantôt dédaigneuse, dans la
bouche du Nicomède de Corneille ; tantôt amère, dans
celle de l'Oreste de Racine. Démosthène donne à la
sienne une sorte d'âcreté douloureuse. L'ancien comédien Archias, celui même qui, un mois auparavant,
avait saisi Hypéride à Hermione, dans le temple de
Neptune, pour le livrer au supplice (322), alléchait
Démosthène par de douces paroles : Quitte ton asile,
je te conduirai à Antipater, il ne te fera aucun mal. —
De la place où il était assis, Démosthène le regarde :
« Archias, tu ne m'as jamais touché sur la scène ; tes
belles promesses ne me toucheront pas davantage aujourd'hui. » Archias irrité menace : « Maintenant tu
parles comme un inspiré, sur le trépied macédonien
(le Macédonien est son oracle) ; tout à l'heure tu jouais
la comédie. » Comédie tragique, digne d'un Collot-
d'Herbois ou d'un Saint-Just (le nom même de ce personnage n'est-il pas une cruelle ironie ?). Camille
Desmoulins avait dit de ce jeune sectaire aux allures
recueillies : « Il porte sa tête comme un Saint-Sacre-
ment. » — « Je lui ferai porter la sienne comme un
saint Denis, » mot froid comme le tranchant de la
hache et que la hache justifia.

III. Qui voudrait relever chez Démosthène les expressions énergiques dont l'effet est de mettre l'objet sous les yeux, aurait à le transcrire presque en entier. La vigueur naît souvent chez lui de la concision : « En cinq jours seulement, Eschine a débité ses mensonges, vous y avez cru, la Phocide les a connus, elle s'est livrée, elle a péri. » Elle naît aussi de l'image « agissante » qui peint et communique le mouvement et la vie. Dans le plaidoyer *Contre Macartatos*, il dit avoir d'abord songé à offrir aux regards des juges un tableau généalogique des descendants d'Agnias; « mais comme tous, surtout les plus éloignés de moi, n'auraient pu le voir distinctement, je suis obligé de le tracer de vive voix et de m'adresser ainsi à tout le tribunal à la fois. » Les discours de Démosthène sont autant de tableaux parlants; les peintures vives, les reliefs frappants y abondent. Au reste, l'énergie semble avoir été la qualité commune des Attiques de la période macédonienne. « Les figures hardies, dit Aristote, conviennent à la jeunesse, à la colère; les orateurs d'Athènes en usent très fréquemment. » Déjà un pur Attique, Lysias, n'avait pas craint d'écrire dans une oraison funèbre : « Il est juste que la Grèce *soit tondue* (χείρασθαι) sur le tombeau des braves qui ont péri à Salamine. » Un contemporain de Démosthène pouvait se permettre ce trait : Les Athéniens ont « versé leur ville dans la Sicile. » Hégésippe leur conseillait d'exterminer les partisans de Philippe, « si vous avez la cervelle dans la tête et non foulée sous vos talons. » Démosthène disait de Phocion : « Voici le couperet (κοπίς) de mes discours qui se lève. » La nouvelle de la mort du Conquérant a mis Athènes en émoi : « Athéniens, Alexandre n'est pas mort; car le monde serait rempli de l'odeur de son cadavre » (Démade). Après la mort du Conquérant, « son armée ressemble au Cyclope aveuglé. » On reprochait à ce même Démade une motion illégale : « Ce n'est pas moi qui ai rédigé ce décret; c'est la guerre qui l'a écrit de la pointe du javelot d'Alexandre. » Démosthène « est composé de mots,... arrachez-lui la langue; ce n'est plus qu'une flûte sans bec » (Eschine).

Cicéron permet à l'orateur des expressions presque poétiques (*verba prope poetarum*). Aristote, moins indulgent, ne veut pas que l'on dise : « La philosophie est le rempart des lois; » « Tu avais semé la honte, tu as moissonné le malheur. » Ainsi Voltaire, dans un mouvement d'humeur contre J.-J. Rousseau, voyait un exemple des « excès d'extravagance » où tombent les « demi-beaux esprits » touchés de « la manie de se singulariser, » dans cette image : « Je cultivais l'espérance et je la vois se flétrir tous les jours. » L'auteur du *Dictionnaire philosophique* est plus attique ici que les attiques eux-mêmes. Démade n'a-t-il pas dit : « La pudeur est la citadelle de la beauté ? » Les figures poétiques sont nombreuses chez Démosthène, et il les emprunte surtout aux scènes de la nature. — Sans le réveil des Thébains, l'effort de la guerre serait tombé sur Athènes « comme un torrent d'hiver. » Un revers frappe-t-il la cité ? aussitôt Eschine sort de son repos, « comme s'élève un coup de vent soudain. » L'attaque de Philippe est « une grêle qui ruine les moissons. » Démosthène doit le relief pittoresque de son style à la vivacité de son imagination, et aussi au génie même de sa langue maternelle, colorée et expressive [1]. Les

---

[1] L'insouciance des Athéniens sera pour eux un *casse-cou* (ἐκτραχηλισθῆναι). Les Byzantins auraient tout subi, *avalé* (εἰσφρήσεσθαι) plutôt que de tomber aux mains de Philippe. Ce

Grecs l'avaient faite à leur image et la maniaient comme un pinceau.

La hardiesse des images de Démosthène n'a pas toujours trouvé grâce devant Eschine; il en relève plusieurs que la vivacité de l'improvisation pouvait seule justifier[1]. « Ne vous rappelez-vous pas ses paroles odieuses, incroyables? Comment avez-vous jamais pu les subir patiemment, ô hommes de fer? Il vous disait à la tribune : *On ébourgeonne la République; on a taillé les sarments de la démocratie; on a tranché les nerfs des affaires; nous sommes empaquetés, cousus dans des nattes d'osier; on nous perce le derrière comme avec des lardoires.* De qui sont ces expressions, affreuse bête, ou plutôt ces monstres de langage? » Cicéron a blâmé des images moins osées : « La mort de l'Africain a dépouillé la République de sa virilité (*castratam*); Glaucia, l'excrément du Sénat (*stercus Curiæ*), » et cependant il a plaidé en faveur de Démosthène les circonstances atténuantes. Il est aisé, dit-il, de reprendre à froid un mot de feu et de le tourner en dérision, quand les âmes enflammées des auditeurs ont eu le temps de s'éteindre; mais ces témérités de langage ne

prince sondait les Hellènes avec une sonde d'or, διεχώδώνιζε. Ce verbe signifie proprement : éprouver un cheval ombrageux par le son des clochettes, et il éveille l'idée de faire tinter les pièces d'or aux oreilles des Grecs. Le moindre revers suffit à tout renverser, ἀνεχαίτισε : se dit d'un cheval qui se cabre et renverse le cavalier en secouant sa crinière, χαίτη. Il serait aisé de multiplier ces exemples. — Gorgias donnait au flatteur l'épithète de πτωχόμουσος (artiste-mendiant).

[1] Pour les diverses critiques du style de Démosthène par Eschine, voir Denys d'Halicarnasse, *De l'excellence de l'élocution de Démosthène*, chap. 35, 55, 56, 57. Cf. *Contre Ctésiphon*, Didot, p. 127, § 166.

trouvent-elles pas leur excuse dans la chaleur passionnée du débat [1] ?

Nos grands écrivains français n'ont jamais laissé échapper de saillies semblables à la comparaison évidemment peu attique des lardoires ; cependant ils ne péchaient point par excès de pruderie. Eux aussi, ils sentaient la force des comparaisons familières : « La nature, qui seule est bonne, est toute familière et commune » (Pascal). Bossuet ne parle-t-il pas de la complaisance de certains docteurs « qui leur a fait porter des *coussins* sous les coudes des pécheurs, chercher des *couvertures* à leurs passions... » Dans une de ses lettres (1697), il dit des pères jésuites d'abord sympathiques au quiétisme de Fénelon, que, du jour où Louis XIV se prononça contre lui, « ils firent le plongeon » et l'attaquèrent. Ses premières œuvres portent la marque de la liberté énergique de son éloquence (laissez *débonder* votre douleur...), et les *Oraisons funèbres* elles-mêmes renferment des expressions d'une familiarité très expressive. Le cardinal de Bausset a supprimé les *coussins*. On sait comment les audaces compromettantes des *Pensées* de Pascal ont été adoucies (*castratam*) ; les scrupules de Port-Royal ont atteint même les pures hardiesses du style. Le conseil de « s'abêtir » devait faire ombrage ; mais ne pouvait-on laisser passer « des figures tirées par les cheveux ; » on « s'entête » d'une chose songée longtemps, « on s'en coiffe ; » l'homme, « cloaque d'incertitude et d'erreur ; » et même ces « trognes armées » dont les hallebardes rehaussent la majesté royale ? La vigueur de l'imagination et la passion seront toujours la source et l'excuse des traits en apparence les plus risqués.

---

[1] *De oratore*, III, 44 ; *Orator*, 8 ; cf. Pline, *Lettres*, IX, 26.

L'antithèse est assez souvent employée dans les plaidoyers de Démosthène; elle y concourt à la brièveté en mettant rapidement face à face deux idées que la clepsydre ne permettait point toujours de développer. L'antithèse de choses ou le contraste est un de ses procédés favoris. Un parallèle presque continuel est établi, dans les discours de l'*Ambassade* et de la *Couronne*, entre la naissance, l'éducation, la famille, la vie privée et publique des deux adversaires. La lumière vive et nette de l'Attique avait donné aux Athéniens le goût du relief lumineux. Démosthène savait, à cet égard, la force des contrastes (παράλληλα) et ne dissimulait pas son dessein d'en profiter : « A ma conduite comparez la leur; la lumière jaillira de ce parallèle. »

Nous terminerons ces remarques sur l'élocution de Démosthène par la citation de fragments où se retrouvent quelques-uns des traits de la physionomie expressive de son éloquence.—Qu'importe, dites-vous, la perte de Serrhium, de Dorisque? Vous croyez faire un bon marché en achetant la paix au prix de telles concessions ?

Je crains qu'un jour, semblables aux emprunteurs imprudents qui se procurent à gros intérêts une aisance passagère, et ensuite se voient dépouillés même de leur patrimoine, nous aussi, nous ne payions cher notre indolence ; et que, pour avoir tout rapporté au plaisir, nous ne subissions plus tard la nécessité d'exécuter beaucoup de choses dures auxquelles nous nous refusions jadis, et de trembler pour le sol même de la patrie (1re *Olynthienne*)... Il vous faut, Athéniens, secouer cette mollesse dès aujourd'hui. Voyez, en effet, jusqu'où cet homme a poussé l'arrogance : il ne vous laisse même plus le choix entre l'action et le repos ; il menace ; il profère, dit-on, des paroles insolentes. Incapable de se contenter de ce qu'il a pris, il s'environne chaque jour du rempart de nouvelles conquêtes, et tandis que nous temporisons immobiles, il nous cerne, il nous investit de toutes parts.

Quand donc, Athéniens, quand ferez-vous votre devoir ?
Qu'attendez-vous ? un événement ? la nécessité ? Mais quelle
autre idée se faire de ce qui se passe sous nos yeux ? Moi, je
ne connais point, pour des hommes libres, de nécessité plus
pressante que le déshonneur. Voulez-vous toujours, dites-moi,
aller de çà de là sur la place publique, vous demandant les
uns aux autres : « Que dit-on de nouveau ? » Hé ! qu'y aurait-
il de plus nouveau qu'un Macédonien vainqueur d'Athènes et
dominateur de la Grèce ? « Philippe est-il mort ? — non, il
est malade. » Mort ou malade, que vous importe ? S'il lui arrivait malheur, vous vous feriez bientôt un autre Philippe,
avec la vigilance que vous apportez aujourd'hui à vos affaires
(1re *Philippique*).

Complice de Philippe, Eschine a été l'instigateur de
la guerre sacrée, origine de la ruine d'Athènes.

La république pouvait encore, ce semble, supporter ses autres
perfidies et lui, réussir à les dissimuler. Mais une de ses machinations a mis le comble à toutes celles qui l'avaient précé-
dée. C'est à ce sujet qu'il vous a débité le plus de paroles, en
dissertant sur les décrets des Locriens d'Amphissa et dans
l'espoir de travestir la vérité ; mais il n'y a point réussi, il s'en
faut de beaucoup. Jamais, Eschine, tu ne te laveras du crime
par toi commis à cette occasion ; ta faconde n'y pourra suffire.
J'invoque devant vous, hommes d'Athènes, tous les dieux
et toutes les déesses qui habitent l'Attique, et Apollon Pythien
révéré par la cité comme un ancêtre. Je les prie tous, si je
vous dis la vérité, si je l'ai dite au peuple dès que je vis ce
misérable mettre la main à cette affaire (car je la pénétrai,
oui, je la pénétrai aussitôt), je les prie de m'accorder bonheur
et salut ; mais, si par haine ou animosité personnelle je lui
intente une accusation mensongère, qu'ils me privent de tous
biens. Pourquoi cette imprécation et ces violents efforts ? c'est
que, malgré les registres publics à l'aide desquels je vais le
convaincre, malgré vos propres souvenirs, Athéniens, je crains
que vous ne jugiez encore Eschine incapable de tout le mal
dont il est l'auteur, comme il arriva quand, par ses rapports
menteurs, il causa la ruine de la malheureuse Phocide.
Cette guerre d'Amphissa qui ouvrit à Philippe les portes
d'Elatée, le mit à la tête des Amphictyons, précipita la chute

de toute la Grèce, c'est lui qui a aidé Philippe à la susciter,
lui, l'unique auteur de tous nos plus grands désastres. Aussitôt je protestai et m'écriai dans l'assemblée : « C'est la guerre,
Eschine, que tu apportes en Attique, une guerre amphictyonique ! » Mais les uns, convoqués pour le soutenir, ne me
laissaient point parler ; les autres, dans leur surprise, me soup-
çonnaient de lui intenter, par inimitié personnelle, une accusation chimérique. Apprenez donc aujourd'hui, Athéniens,
puisqu'alors vous en fûtes empêchés, la nature, le but de ces
intrigues et la manière dont elles ont été consommées. Vous y
verrez un plan bien concerté, vous en tirerez de grandes
lumières sur l'histoire de ces temps-là, et vous connaîtrez toute
l'habileté politique de Philippe.

Il ne pouvait se tirer de la guerre qu'il avait avec vous
qu'en faisant des Thébains et des Thessaliens les ennemis
d'Athènes. Malgré ses succès sur vos généraux aussi malheureux que malhabiles, la guerre même et les pirates lui faisaient
souffrir mille maux. Il ne pouvait ni exporter les productions
de son pays, ni importer celles dont il avait besoin. Sur mer,
il n'était pas alors plus fort que vous, et il ne pouvait pénétrer
en Attique si les Thessaliens ne le suivaient, si les Thébains
ne lui livraient passage. Ainsi, quoique vainqueur des généraux
envoyés contre lui (leur mérite, je ne veux pas l'apprécier ici),
la nature des lieux et la situation respective des deux partis
le tenaient en échec. Il voyait, d'ailleurs, que s'il conseillait
aux Thébains ou aux Thessaliens de marcher contre vous pour
servir sa propre haine, nul ne l'écouterait ; mais, s'il se faisait
élire général sous prétexte de la cause commune, il espérait
plus facilement tromper et persuader. Que fait-il donc ? admi-
rez son adresse. Il entreprend de susciter une guerre aux
Amphictyons, de semer le trouble dans leurs assemblées,
présumant que bientôt ils auront besoin de lui. Il sentait encore
que si un hiéromnémon [1] député par lui ou par l'un de ses

---

[1] Le conseil amphictyonique se composait de trois sortes
de députés : 1º les *pylagores*, ou orateurs de l'assemblée de
Pyles (les amphictyons se réunissaient aux Thermopyles en
automne et à Delphes au printemps). 2º Les *hiéromnémons* ou
gardiens des archives sacrées. Le conseil était présidé par un
hiéromnémon. Chaque peuple amphictyonique envoyant un

alliés proposait la guerre, les Thébains et les Thessaliens
entreverraient le piège et tous se tiendraient sur leurs gardes.
Mais si un Athénien, député par vous ses ennemis, se chargeait
de l'affaire, il cacherait aisément ses desseins : ce qui arriva.
Comment donc y parvint-il ? Il achète cet homme. Comme nul
parmi vous, je pense, ne se défiait de rien, ne prévoyait rien,
selon votre habitude, Eschine est proposé pour pylagore ;
trois ou quatre assistants lèvent la main ; il est proclamé.

Investi de l'autorité d'Athènes, il se rend auprès des Amphictyons et laissant là, négligeant tout le reste, il consomme
l'œuvre pour laquelle il est payé. Ses discours spécieux (εὐπροσ-
ώπους), les fables qu'il arrange sur la consécration de la
plaine de Cirrha, persuadent aux hiéromnémons, gens simples
peu habitués aux beaux discours et d'ailleurs ne se défiant de
rien, de décréter la visite du canton. Les Amphissiens le cultivaient comme leur propriété ; lui, en faisait une partie du
terrain sacré. Les Locriens, du reste, ne nous avaient intenté
aucun procès, ni rien fait de ce qu'il prétexte aujourd'hui, au
mépris de la vérité [1]. En voici la preuve : Les Locriens,
j'imagine, ne pouvaient faire condamner la république sans la
citer en justice ; qui donc vous a cités ? sous quel archonte ?
nomme-nous un citoyen qui le sache, Eschine. Mais tu ne le
pourrais. Tu as donc allégué des prétextes faux et des mensonges.

A son instigation, les Amphictyons visitent la contrée ; les
Locriens fondent sur eux, les percent presque tous de leurs
traits et se saisissent même de quelques hiéromnémons. De là
trouble, plaintes et guerre contre Amphissa ; Cottyphos est
d'abord mis à la tête de l'armée amphictyonique ; mais les uns
n'arrivent pas au rendez-vous, les autres arrivent et ne font
rien. A la session suivante, les affidés de Thessalie et des
autres républiques, pervers dressés de longue main, poussent

hiéromnémon à la diète, avait, à son tour, l'honneur de la
présidence. 3° Les *théores* ou cosacrifiants. Les théores étaient
députés à Delphes pour consulter l'oracle.

[1] Allusion à une amende de 50 talents proposée, selon
Eschine, contre Athènes au sujet de boucliers votifs. Voir, au
chap. XI, le récit par Eschine de cette séance du conseil
amphictyonique.

à l'élection immédiate de Philippe comme général. Ils avaient saisi des prétextes plausibles : il fallait, disaient-ils, ou contribuer en commun, entretenir des troupes étrangères, punir les cités qui n'obéiraient pas, ou nommer Philippe. A quoi bon plus de paroles ? Ces intrigues le font élire général. Aussitôt il assemble des forces, simule une marche sur Cirrha, laisse là Cirrhéens et Locriens et s'empare d'Elatée. Si, à cette vue, les Thébains aussitôt désabusés ne s'étaient réunis à nous, tout l'effort de la guerre, comme un torrent, fondait sur Athènes. Mais ils l'arrêtèrent soudain, grâce surtout, Athéniens, à la bienveillance de quelque dieu, mais aussi, autant qu'il dépendait d'un seul homme, grâce à moi.

Greffier, donne-moi les décrets des Amphictyons et les dates des événements, je veux vous faire voir quels malheurs a provoqués cette tête impure, sans être punie (*Sur la Couronne*).

IV. La lumière manque parfois, à demi, à la disposition des plans de Démosthène. Quel est, par exemple, dans le détail, le plan du discours de la *Couronne*, celui de l'*Ambassade* surtout? Les critiques se sont livré bataille sur cette question; à l'examen des opinions diverses émises dans ce débat, nous substituerons quelques observations incontestables, suggérées par une lecture assidue de l'orateur.

Démosthène, artiste accompli, aurait-il de gaieté de cœur privé des chefs-d'œuvre travaillés avec un soin jaloux [1] de l'une des formes essentielles de la beauté littéraire, celle de l'ordonnance? on ne peut l'admettre, surtout quand on le voit si attentif à donner le mérite

---

[1] Il est instructif d'étudier à ce point de vue cette page du *Discours de la Chersonèse*: Didot, p. 53, § 39-47, en remarquant les mots : πρῶτον γνῶναι, ... δεύτερον εἰδέναι, puis εἰδότας ... ἐγνωκότας. Démosthène sait toujours où il va : « Mais j'omets ces détails pour ne pas m'écarter de mon sujet en passant ainsi d'un propos à un autre. » — Voir l'excellente édition des *Plaidoyers politiques* de Démosthène par M. Weil.

de l'agencement à de simples périodes. Chacune des pierres dont la réunion constituera l'édifice oratoire est taillée par Démosthène avec un art admirable; chaque développement partiel figure lui-même une petite harangue qui a son commencement, son milieu et sa fin : c'est un corps organisé et complet. D'où vient que l'organisme de l'œuvre totale frappe moins vivement et qu'il est assez malaisé de la désarticuler ? c'est qu'ici la méthode ordinaire cède le pas à un art supérieur, qui sort des règles convenues pour atteindre à des effets que la règle n'enseignera jamais. Les modernes cherchent dans le *Pro Corona* un plan dessiné selon les prescriptions des rhéteurs ou les conseils de Buffon, et ils ne l'y trouvent pas : à qui la faute? Parfois, au rebours, ils découvrent entre certaines parties de l'œuvre des liens mystérieux qui n'existent pas : l'orateur est-il responsable de leurs fantaisies? Il ne leur a pas toujours livré son secret; c'était à eux de le surprendre. Il n'y a pas toujours chez Démosthène de plan régulier : il y a toujours une disposition savante, justifiée par un dessein arrêté et calculé, non sur l'observation des pratiques ordinaires, mais sur l'effet à produire. Ainsi, les artistes à qui est due la merveille du Parthénon, permettaient aux colonnes de dévier de la perpendiculaire; ils rétrécissaient certaines parties de l'ornementation du monument; ils diminuaient progressivement les intervalles, altéraient la droiture rectiligne des surfaces, afin d'atteindre à certaines illusions de perspective : la ligne droite n'est pas toujours le plus court chemin pour conduire au terme de l'art. Démosthène, comme les architectes athéniens, a usé des plans obliques et des courbures; il en avait le droit. Un boulanger demandait s'il fallait faire la pâte dure ou molle : « Ne peut-on la faire bonne ? » (Aristote).

— « Démosthène, dit Ulpien, ne suit pas la méthode, mais il va selon ce qui est avantageux. » Si, sans méthode rigoureuse, il enlève les suffrages, qu'exiger de plus? Tout est bien qui finit bien.

A les entendre, Eschine et Démosthène tiennent parfois des discours « confus, embrouillés ; » les deux orateurs adressent cette critique précisément aux passages de leurs harangues où ils sont le plus clairs, trop clairs sans doute au gré de l'adversaire. C'est une tactique à l'adresse des juges : on veut leur persuader qu'ils n'ont pas bien entendu l'orateur, alors qu'ils l'ont parfaitement compris. Ne croyons donc pas nos plaideurs sur parole. Eschine (et sur ce point il se rend justice) ne manque pas d'opposer l'ordre, la clarté de son discours à la confusion préméditée et artificieuse de Démosthène. Il annonce une exposition « toute lumineuse » des iniquités de son ennemi; il veut qu'on n'ait « aucune peine à le suivre. » En effet, le plan du discours *Contre Ctésiphon* est nettement tracé et suivi fidèlement. Celui du plaidoyer *Contre Aristocrate*, un des plus remarquables plaidoyers politiques de Démosthène, est également irréprochable à cet égard. D'ordinaire pourtant, son allure est moins méthodique que celle d'Eschine, d'Hypéride ou d'Isocrate : il indique une idée et la laisse de côté; plus loin il y revient et la développe; il annonce une preuve et il diffère de la donner; il signale lui-même le plan qu'il dit vouloir suivre, et il ne le suit pas (*Contre Timocrate*, deuxième partie). Démosthène trace de fortes lignes générales qui découpent le sujet en ses parties essentielles, mais ce qui remplit les intervalles est disposé sans ordre rigoureux. A l'occasion, il récapitule les griefs énoncés, les faits démontrés. Ces points de repère, jalons indicateurs de la route déjà

faite et de celle qui reste à parcourir, ne sont pas
superflus. L'orateur quitte assez souvent sa voie pour
s'engager à droite et à gauche dans des sentiers où il
ne perd ni son temps ni sa peine, car ils l'acheminent
au but; mais, au lieu de la ligne droite, ce sont des
détours et des mouvements de va-et-vient, semblables
à ceux d'une libre improvisation : « Mais parlons du
décret d'invitation (au repas du Prytanée); j'ai failli
oublier ce point, l'un des plus importants de ma cause.»

S'il est parfois malaisé de suivre Démosthène dans
les sinuosités de son plan, il ne l'est jamais de marquer l'idée maîtresse de ses discours. Chacun d'eux
est inspiré par une pensée dominante, âme de la composition entière. Ainsi le discours de la *Couronne* est
tout entier dans les lignes qui serviront d'épigraphe
au chapitre XI. Cette unité de la pensée capitale et de
l'impression communiquée fait la véritable unité du
discours. Démosthène, orateur obstiné, tenace, s'attache à ne pas le paraître. Il insiste sur les preuves
déterminantes, mais non de suite; il les quitte et les
reprend. Une fois l'auditeur mis au point qui lui agrée,
il sait l'y maintenir sans le fatiguer de redites mono-
tones; au contraire, il s'applique à dissimuler la per-
sistance de ses moyens sous la variété des formes et
l'habileté des entrecroisements. Ses plans ne figurent
pas une chaîne, mais un filet que n'aurait pas désavoué Vulcain.

La composition de Démosthène ressemble à l'ordre
dispersé de la tactique militaire. Ce n'est pas la disposition régulière du régiment au défilé, marchant
avec ensemble et symétrie, avec toutes ses parties à
leur place réglementaire. Ses exordes, on l'a vu, n'ont
jamais le panache dont se parent volontiers les discours d'apparat. Narration, confirmation, réfutation,

prennent part à la mêlée en irréguliers, sans méthode précise; la péroraison est partout à la fois, comme un bon général anime tout de sa présence. La harangue entière est une légion éparpillée en tirailleurs avançant, reculant, obliquant à droite, à gauche, selon les accidents du terrain et les nécessités de la lutte. Tous les arguments, soldats disséminés, concourent à la même action, frappent le même ennemi, obéissent à une même pensée directrice; mais qu'il y a loin de cet ordre à celui de la parade! L'observation scrupuleuse des règles de l'art est subordonnée ici aux besoins de l'action. L'art vrai, le seul nécessaire, c'est l'art de vaincre.

La liberté des plans de Démosthène tient à une cause personnelle, le génie de l'orateur; et à des causes générales, les habitudes traditionnelles de l'éloquence des Attiques. Les diversions leur étaient familières (en dépit de la loi qui défendait de s'écarter du sujet), mais surtout les réfutations anticipées, écrites après coup. La composition du discours d'Eschine *Contre Ctésiphon* nous semble irréprochable, sauf quelques longueurs dues, dans la seconde partie, à ce procédé des prolepses. En général, les harangues échangées entre Eschine et Démosthène sont, tout ensemble, des attaques et des répliques, ou des répliques et des dupliques à la fois. Ils les ont remaniées après le débat, selon les moyens employés par l'adversaire. Ces additions, pièces de rapport souvent considérables, sont autant de surcharges encombrantes; elles troublent l'économie du discours primitif et nuisent à la simplicité et à la netteté de la composition. Deux œuvres pétries ensemble ne peuvent guère avoir l'homogénéité harmonieuse d'un ouvrage fondu d'un seul jet.

V. On demandait à Démosthène : quelle est la pre-

mière qualité de l'orateur? l'action. — Et la seconde?
l'action. — Et la troisième? encore l'action. — Ce
trait semble prouver surtout que Démosthène avait
beaucoup souffert des imperfections de la sienne. Chez
lui, l'action, « l'éloquence du corps » selon Cicéron,
avait été assez longtemps défectueuse; de là des
échecs qui l'avaient découragé d'abord : « Je suis de
tous les orateurs celui qui se donne le plus de peine;
j'ai presque épuisé mes forces à me former à l'éloquence, et avec cela, je ne puis me rendre agréable
au peuple. Des matelots ignorants (allusion à Démade),
des ivrognes occupent la tribune, ils sont écoutés, et
moi l'on me dédaigne. » Le comédien Satyros connaissait la cause du mal et lui enseigna le remède. Il
lui fit réciter, puis récita lui-même des vers d'Euripide. Démosthène fut frappé de la différence de l'effet
qu'ils produisaient dans sa bouche et dans celle de
son ami; il vit la puissance de l'art de la déclamation,
et au prix d'une lutte opiniâtre, il réussit à l'acquérir,
sans corriger toutefois son action d'une certaine impétuosité, objet des critiques d'Eschine.

A Rome, un orateur se permet les gestes les plus
véhéments; il peut « toucher la terre » comme Antoine, sans blesser le goût des connaisseurs. L'Attique
Eschine, hôte assidu de la palestre, reproche à son
rival de ne l'avoir pas fréquentée : Démosthène y eût
contracté la souplesse mesurée, la proportion harmonieuse des mouvements, cette grâce et dignité des
attitudes si goûtée des Grecs. Au lieu de cela, il a
conservé l'habitude des allures brusques et empor-
tées : il ne monte pas à la tribune, il y « bondit; » il
ne se présente pas à l'*ecclesia*, il s'y élance. N'attendez pas de lui qu'il tienne la main sous son manteau,
à l'exemple de Périclès, calme à la tribune et droit

comme la statue d'Athéné. Il laisse à Solon ce maintien, image de la modération des anciens orateurs; il
préfère des gestes déréglés comme sa conduite. A la
tribune, il se jette à droite, à gauche (κύκλῳ περιδινῶν
σεαυτόν); il se démène comme « une bête fauve. »

Dans son *Discours de réception* à l'Académie française, Buffon a peint de vives couleurs l'éloquence
d'action qui « parle au corps, » et celle qui, née de la
pensée et de l'âme, parle à l'âme et à l'esprit. Démosthène, maître de ces deux éloquences, a uni l'entraînement de l'action à celui de la conviction raison-
née et de la passion. Qu'on se le figure à la tribune,
animé d'indignation contre un misérable accusateur,
tout plein des hautes pensées et des sentiments généreux dus au souvenir des ancêtres, tout entier enfin
au double pathétique des gestes et du discours, et l'on
pourra se faire une idée des transports que provoquaient sur des Athéniens des morceaux semblables
à celui-ci :

Tel fut le principe, le premier fondement de la réconciliation d'Athènes et de Thèbes, cités que, jusqu'alors, ces
hommes avaient poussées à l'inimitié, à la haine, à la défiance...
Pour moi, je porte la confiance jusqu'à dire : si l'on peut aujourd'hui indiquer un parti meilleur ou même autre que celui
que j'embrassai, je m'avoue coupable. Oui, si l'on découvre
aujourd'hui une mesure dont l'exécution eût été alors plus
avantageuse, mon devoir, j'en conviens, était de ne pas l'ignorer. Mais s'il n'en est pas, s'il n'en fut jamais, si à présent
même on n'en peut révéler aucune, que devait faire le conseiller de la cité ? Entre les projets praticables qui s'offraient,
n'était-ce pas de choisir le meilleur ? C'est ce que j'ai fait,
Eschine, quand le héraut demandait : « *Qui veut conseiller le
peuple?* » et non : « *Qui veut censurer le passé,* » ou « *Qui
veut garantir l'avenir ?* » Dans un pareil moment, tu restais
assis et muet dans nos assemblées ; moi, je montais à la tribune, j'y parlais. Mais si tu n'as rien dit alors, aujourd'hui du
moins dis-nous quel autre langage je devais trouver, quelle

occasion favorable j'ai négligé de saisir, à quelle alliance, à quelle démarche je devais plutôt engager les Athéniens.

Mais que dis-je ? on abandonne toujours le passé, personne n'en fait nulle part un sujet de délibération ; l'avenir seul ou le présent appelle les conseils d'un ministre. Alors des périls menaçaient la patrie; d'autres déjà fondaient sur elle; examine ma conduite au milieu de cette crise, et ne calomnie pas l'événement. Car, si la Divinité décide du succès des entreprises, la sagesse du conseiller se manifeste par le conseil même. Ne me fais donc pas un crime de ce que Philippe a vaincu ; l'issue du combat dépendait des dieux, non de moi. Mais que je n'aie pas pris toutes les mesures que pouvait suggérer la prudence humaine, que je n'aie pas mis dans l'exécution droiture, zèle, ardeur au-dessus de mes forces ; que mes entreprises n'aient pas été glorieuses, dignes d'Athènes et nécessaires, montre-le-moi et viens ensuite m'accuser. Si le coup de foudre a éclaté plus fort que nous, que tous les Hellènes, que pouvais-je faire ? Un armateur a tout fait pour la sûreté de son vaisseau ; il l'a muni de tout ce qui semblait devoir le préserver ; mais une tempête vient fatiguer, briser complètement les agrès : accusera-t-on cet homme du naufrage ? Je ne gouvernais pas le navire, dirait-il ; et moi je ne commandais pas l'armée, je n'étais pas maître de la Fortune ; au contraire, la Fortune est maîtresse de toutes choses.

Raisonne donc, Eschine, et ouvre les yeux. Si tel a été notre destin, quand les Thébains combattaient avec nous, à quoi fallait-il nous attendre s'ils n'avaient pas été nos alliés, mais les auxiliaires de Philippe, résultat pour lequel cet orateur avait épuisé toute son éloquence? La bataille livrée à trois journées de l'Attique jeta la cité dans un péril, une consternation extrêmes ; si elle avait été perdue sur notre territoire, que n'avions-nous pas à redouter ! Pensez-vous que nous pussions encore subsister, nous réunir, respirer? Mais un jour, puis deux, puis trois nous offrirent bien des moyens de salut. Sans ce délai... Mais il ne convient pas de parler des malheurs dont nous ont préservés quelque divinité tutélaire et cette alliance qui fut le rempart d'Athènes et dont tu es, toi, l'accusateur.

Tous ces détails s'adressent à vous, juges, et à ceux qui, hors de cette enceinte, nous entourent et m'écoutent. Car pour ce misérable quelques paroles nettes et précises suffisaient.

Si, lorsque Athènes délibérait, l'avenir, Eschine, se dévoilait à toi seul entre tous, tu devais dès lors le révéler. Si tu ne le prévoyais pas, tu es comptable de la même ignorance que les autres. Pourquoi donc m'accuser, quand je ne t'accuse pas ? Dans cette circonstance (je ne dis rien encore des autres), je fus citoyen meilleur que toi ; car je me livrai à ce qui semblait être l'intérêt commun, sans reculer devant aucun péril personnel, sans même y songer ; et toi, tu n'as donné aucun avis meilleur : autrement on n'aurait pas suivi le mien, et tu ne rendis en cette occasion aucun service. Au contraire, ce qu'aurait fait l'homme le plus dépravé, le plus hostile à sa patrie, tu l'as fait après l'événement. En même temps qu'Aristrate à Naxos, Aristolaos à Thasos, ces implacables ennemis de notre République, citent en jugement les amis des Athéniens, dans Athènes Eschine accuse Démosthène. Cependant celui qui épiait les infortunes de la Grèce pour en tirer gloire, mérite de périr et n'a le droit d'accuser personne ; et l'homme qui profite des mêmes circonstances que les ennemis de l'Etat, ne saurait aimer sa patrie. Tout le prouve en toi : ta vie, tes actes, tes discours, ton silence. S'occupe-t-on d'une affaire qui importe à la cité ? Eschine est muet ; survient-il un revers, une disgrâce ? Eschine parle. Ainsi, dans un corps atteint de quelque mal les fractures et les luxations se réveillent.

Mais puisqu'il insiste si fort sur l'événement, je vais avancer une chose qui peut-être semblera étrange (παράδοξον). Au nom de Jupiter et des dieux, que nul ne s'étonne de ma hardiesse, mais considérez avec bienveillance ce que je dis. Quand l'avenir se serait révélé à tous, quand tous l'auraient prévu, quand toi, Eschine, tu l'aurais attesté, publié de tes cris et de tes vociférations, toi qui n'as pas ouvert la bouche, même alors Athènes ne devait pas se désister de la voie qu'elle a suivie, pour peu qu'elle tînt compte de sa gloire, de ses ancêtres, de la postérité. Aujourd'hui, en effet, elle paraît avoir échoué dans une entreprise, sort commun à tous les hommes, lorsque la Divinité l'ordonne ainsi. Mais alors, si après s'être estimée digne de commander aux autres, elle eût abdiqué cet honneur, on l'aurait accusée d'avoir livré toute la Grèce à Philippe. Si elle avait abandonné sans combat ce que nos aïeux ont acheté au prix de tant de périls, qui ne t'aurait conspué, Eschine ? Car le mépris ne serait retombé ni sur la République ni sur moi. Et de quels yeux, par Jupiter, regar-

derions-nous les étrangers qui se rendent à Athènes, aujour-
d'hui que les choses en sont au point où nous les voyons, et
que Philippe a été nommé chef et maître absolu, si d'autres
avaient combattu sans nous pour empêcher cette honte, et cela
quand jamais, dans le passé, Athènes n'a préféré une sûreté
sans gloire à d'honorables dangers ! Qui des Hellènes, qui des
Barbares ignore que les Thébains, et les Lacédémoniens avant
eux, au fort de leur puissance, et le roi de Perse lui-même
auraient permis avec joie, avec gratitude à notre République
de conserver ses possessions, de les accroître à son gré,
pourvu qu'elle consentît à obéir, à laisser à un autre l'empire
de la Grèce ? Mais apparemment les traditions nationales et le
génie propre des Athéniens d'alors leur faisaient repousser
une telle conduite comme intolérable, et nul, en aucun temps,
n'a jamais pu persuader à Athènes de s'unir à la puissance
injuste, de se faire esclave pour être en sûreté. Mais combattre
pour la prééminence et l'honneur et la gloire au mépris du
danger, voilà ce que dans tous les âges elle a persévéré de
faire ; et ces maximes sont à vos yeux si belles, si conformes à
votre caractère, que vous réservez vos plus magnifiques éloges
à ceux de vos ancêtres qui les ont pratiquées, et c'est à bon
droit. Qui n'admirerait, en effet, la vertu de ces hommes capables d'abandonner ville et patrie, de se retirer sur leurs
galères plutôt que de recevoir la loi ? L'auteur de ce conseil,
Thémistocle, ils l'élurent général ; Cyrsilos avait proposé de
se soumettre : ils le lapidèrent ; et vos femmes, la sienne.
Car les Athéniens d'alors ne cherchaient ni un orateur, ni un
général qui leur assurât une servitude heureuse ; ils ne voulaient pas de la vie, s'ils ne pouvaient vivre en liberté. En
effet, chacun d'eux se croyait né non seulement pour son
père et pour sa mère, mais encore pour la patrie. Où est la
différence ? l'homme qui se croit né pour ses seuls parents
attendra la mort du destin, de la nature ; le citoyen qui se
croit né aussi pour la patrie mourra volontiers plutôt que de la
voir esclave, et les insultes et les outrages imposés par la nécessité à une ville asservie lui seront plus affreux que le
trépas.

Si donc j'osais dire que c'est moi qui vous ai engagés à
avoir des sentiments dignes de vos ancêtres, il n'est personne
qui n'eût le droit de me reprendre. Mais je déclare que ces
belles résolutions vous appartiennent, et je montre qu'avant

moi la République était animée de ces pensées généreuses ; seulement j'ajoute que, dans tout ce qu'elle a fait, une part aussi revient à mes services. Cependant Eschine accuse mon administration tout entière ; il vous irrite contre moi, il me signale comme l'auteur de vos périls, de vos alarmes ; il veut me priver d'une couronne, honneur d'un moment, mais c'est vous ravir à vous les éloges de tout l'avenir. Oui, si condamnant Ctésiphon, vous déclarez par là que ma politique n'a pas été la meilleure, vous paraîtrez avoir failli et non pas avoir succombé à l'aveugle malignité du sort. Mais non, Athéniens, non, vous n'avez pu faillir en bravant les dangers pour la liberté et le salut de tous : j'en jure par ceux de nos ancêtres qui, les premiers, affrontèrent les hasards à Marathon, par ceux qui se sont rangés en bataille à Platée, par ceux qui ont combattu sur mer à Salamine, à Artémisium, et par beaucoup d'autres vaillants hommes couchés dans les monuments publics. La ville, les jugeant dignes du même honneur, les a tous ensevelis de la même manière, et non pas seulement les heureux et les vainqueurs. Ce fut justice, car l'œuvre des hommes de cœur, tous l'avaient accomplie ; mais leur sort fut celui que la divinité avait assigné à chacun.

Et après cela, homme exécrable, misérable scribe, afin de me ravir l'estime et la bienveillance des Athéniens, tu as parlé, toi, de trophées, de combats, d'exploits anciens, souvenirs dont la cause n'avait nul besoin. Mais moi, qui venais exhorter la République à se maintenir au premier rang, quels sentiments, histrion de troisième ordre, devais-je apporter à la tribune ? Ceux d'un conseiller de bassesses ? la mort eût été mon juste partage. Vous non plus, Athéniens, vous ne devez pas juger dans le même esprit les causes privées et les causes publiques. Dans les affaires qu'amène la vie de chaque jour, considérez les lois et les faits particuliers ; s'agit-il d'une décision d'Etat ? ayez devant les yeux les principes de vos ancêtres, et qu'en entrant au tribunal pour juger d'un intérêt public, chacun, avec le bâton et la tessère, (symboles de sa charge) croie prendre le génie d'Athènes, s'il pense que son devoir est de faire des choses dignes d'elle. Mais cet hommage rendu incidemment (ἐμπεσών) aux exploits de vos aïeux, m'a fait omettre quelques décrets et quelques faits ; je reprends donc mon récit où je l'avais laissé (Discours de la Couronne).

Tel est le développement que Démosthène appelle

le *paradoxe* de son discours. Deux raisons nous ont
engagé à ne pas le détacher du cadre qne lui a donné
l'auteur. Ce serment immortel plus honorable à Démosthène, selon le cardinal Duperron, que si l'orateur
eût ressuscité les guerriers dont il évoque le souvenir,
n'est pas un morceau éloquent mis en lumière à la fin
du discours, comme la prosopopée d'Eschine. C'est une
digression, une sorte de parenthèse non préméditée
en apparence, et qui semble jaillir spontanément de
l'âme de l'orateur. Cicéron, Mirabeau l'auraient sans
doute réservé pour la péroraison ; Démosthène, artiste
profond, s'en est gardé. Ce trait donne une idée de la
savante économie de ses grands discours. De plus,
isoler l'apostrophe aux héros de Marathon, c'est l'affaiblir. Il faut l'amener, comme a fait l'orateur lui-
même, et marquer la progression du *crescendo* sublime
dont le coup de tonnerre : Οὒ μὰ τοὺς ἐν Μαραθῶνι... est
le point culminant. Après cet éclat de foudre, l'orateur
par degrés s'apaise. Démosthène semble obéir à l'inspiration qui le gouverne, comme les flots de la mer
obéissent à la force qui les soulève et les aplanit. En
réalité, il demeure en pleine possession de son génie ;
tout en paraissant suivre docilement les mouvements
de son âme, il les dirige. Jupiter éclaircit le ciel et
tonne à son gré : il en est de même de Démosthène,
olympien lui aussi, mais non plus à la façon de Périclès ; car il laisse éclater une véhémence de passions,
de paroles et d'action que Périclès a ignorée. Il a les
élans du lion qui bondit sous le fer qui l'a percé ; il
appelle à lui tous les dieux, toutes les déesses de l'Attique, et Apollon Pythien contre le dévot impur qui
ose le traiter de sacrilège. Il interrompt une citation
pour lui lancer une imprécation fulminante ; il l'écrase
avec mépris : « Que les dieux, que les Athéniens ici

présents te perdent misérablement, misérable, méchant
citoyen, méchant acteur ! »

Quand Denys d'Halicarnasse lisait une page d'Isocrate, il sentait comme l'impression d'une huile limpide coulant doucement à travers son oreille. Il croyait
entendre, impassible, l'harmonie calme d'un chant
spondaïque sur le mode dorien. Prend-il un discours
de Démosthène ? l'enthousiasme le saisit. Il est agité,
en tout sens, des passions diverses qui maîtrisent le
cœur humain ; « il ressent les transports des prêtres
de Cybèle. » Du temps de Plutarque, on voyait au
Prytanée, « à droite, en entrant, » un portrait de Démosthène l'épée à la ceinture. Cette épée est flam-
boyante aux mains de Démosthène à la tribune ; elle
est l'attribut du roi de l'éloquence, comme au premier
cercle de l'*Enfer* du Dante, elle consacre le commandement d'Homère, « le poëte souverain. »

VI. La modestie est une pudeur que les anciens ont
en général peu connue. « Je suis le pieux Énée dont
la renommée a publié la gloire par delà les astres. »
A qui lui demande son nom et sa race, le fils de
Vénus, inconnu en Libye, est obligé de redire les
échos de cette renommée supra-sidérale. Par sa vanité ingénue, Cicéron était digne de vivre aux temps
héroïques. Justement fier d'un consulat d'où son enthousiasme poétique datait la renaissance de Rome,
le vainqueur de Catilina veut chanter ses propres louan-
ges sur tous les tons, en prose et en vers (*Ad Atticum*, I, 19). Isocrate, timide rhéteur, se louait lui-
même avec une assurance intrépide ; il se vantait
d'avoir, dans le *Panégyrique,* éclipsé ses devanciers,
vaincu et découragé d'avance tous ses rivaux. L'auteur de l'*Antidosis* pouvait impunément faire au lecteur les confidences de son orgueil ; bon gré mal gré,

il lui aurait fallu, à la tribune, imiter la discrétion de
Démosthène.

Le discours de la *Couronne* est une apologie ; l'orateur en sent les périls et dans l'examen, si honorable
pour lui, de son administration, il s'efface le plus possible ; s'il désire être couronné au théâtre, c'est dans
l'intérêt même d'Athènes : « La proclamation au théâtre ne sert-elle pas les intérêts de ceux qui l'accordent? Tous les témoins de cette récompense se tournent
au service de la patrie, et louent moins le mérite qui
la reçoit que la gratitude qui la donne. » A mesure
que l'orateur avance dans la justification de son ministère et qu'il se rend maître de la sympathie de
l'auditoire, il ose être moins réservé ; mais que de
circonspection encore ! Au moment où les juges vont
prononcer la sentence, l'orateur veut faire oublier les
mouvements de fierté même légitime qui ont pu lui
échapper, il ne se prévaut plus que du mérite d'avoir
été « honnête citoyen. » Voisine de l'émulation,
l'envie devait se produire aisément dans une cité passionnée pour l'égalité, où tous avaient les mêmes
droits, les mêmes ambitions, et où nul n'était ni assez
haut ni assez bas pour ne pas être susceptible d'éveiller des sentiments jaloux. Le citoyen désigné à l'envie
par l'éclat d'une gloire singulière avait un seul moyen
de se la faire pardonner de ses compatriotes : c'était
de les y associer. L'orateur du discours de la *Couronne*
a usé de cet artifice et il a été absous.

La tâche de l'orateur était difficile à Athènes : tous
y avaient leur franc-parler, excepté le conseiller sincère. « La franchise est un droit commun dans notre
cité, à ce point que vous l'avez étendu aux étrangers
et aux esclaves. L'on voit ici l'esclave plus libre dans
son langage que le citoyen dans quelques autres répu-

bliques ; mais cette liberté vous l'avez complètement
bannie de la tribune. » Aussi les démagogues s'abais-
sent-ils devant la multitude, dispensatrice des grâces,
pour la maîtriser et jouir.

Que désirez-vous? quel décret proposer ? que faire afin de
vous complaire[1]?... Pour vous désabuser, Athéniens, n'en croyez
pas mes paroles, mais faites ce simple raisonnement : Est-il
un seul orateur qui, montant à la tribune, ait jamais dit : « Je
me présente, citoyens, avec l'intention de me saisir d'une
partie de vos finances et non de servir vos intérêts. » Non,
assurément ; mais tous protestent de leur désintéressement, de
leur patriotisme et se parent de nobles motifs. D'où vient donc,
je vous le demande, que le Peuple qu'ils chérissent tous ten-
drement, n'est pas plus heureux aujourd'hui qu'autrefois,
tandis que ces hommes qui ont toujours parlé pour vous et
jamais pour eux, ont passé de l'indigence à la richesse ? c'est,
Athéniens, qu'ils disent vous aimer, alors qu'ils n'aiment
qu'eux-mêmes (*53ᶜ Exorde*).

Dans telle circonstance[2], Démosthène a usé du détour familier aux sermonnaires de la Cour de Louis
XIV; il a félicité les Athéniens de qualités dont il les
sait dépourvus, afin de les encourager à les acquérir.
Mais, d'ordinaire, loin de flatter, il réprimande en
ami véritable. — Le peuple d'Athènes, « jadis tuteur
de la liberté commune, » est tombé bien bas. A la
merci de sa mollesse, il juge de sa force par son embonpoint, de la vigueur de la République par l'abondance des marchés. Les places regorgent de provisions de toute espèce ; tout ce qui flatte les sens s'y

____

[1] Aristophane, *Chevaliers*. — *Cléon* : « Cher Peuple, juge
une seule cause par jour, c'est assez ; puis va au bain, mange,
avale, dévore; voilà les trois oboles. Veux-tu que je te serve
un bon plat?... Quand tu te moucheras, Peuple, essuie tes
doigts à ma tête. — Le *Charcutier* : Non, à la mienne ! »
[2] *Contre Leptine;* Didot, p. 260, § 139 et suiv.

donne rendez-vous des divers points de la Grèce ;
mais pour les provisions essentielles, finances de
l'État, dévouement des alliés, désintéressement dans
les charges publiques, courage à la guerre, « c'est
une indigence digne de risée. »

— Oui, mon ami, les affaires extérieures vont mal, mais à
l'intérieur, quelle prospérité ! — Qu'a-t-on à me montrer à
l'appui? des créneaux reblanchis, des chemins réparés, des
routes, des bagatelles ! Mais jetez donc les yeux sur les admi-
nistrateurs de ces futilités : les uns ont passé de la misère à
l'opulence, les autres de l'obscurité à la splendeur ; quelques-
uns se sont bâti des maisons plus magnifiques que les édifices
publics. Enfin, plus la fortune de l'État s'est abaissée, plus
celle de ces hommes a grandi. Où est la cause de ces désordres?
Jadis le peuple, osant aller à la guerre en personne, était le
maître de ses gouvernants, le dispensateur de tous les biens.
Chaque citoyen s'estimait heureux de recevoir de sa main un
honneur, une magistrature, quelque avantage. Aujourd'hui,
c'est le contraire. Les gouvernants sont les maîtres des biens,
tout se fait par eux ; et vous, peuple, on vous coupe les nerfs,
on vous mutile dans vos richesses, dans vos alliés ; vous voilà
devenus des comparses, bons seulement à faire nombre : trop
heureux si ces hommes vous distribuent l'obole du théâtre, ou
vous amusent de processions religieuses avec banquets sacrés ;
et, pour comble de lâcheté, quand ils vous donnent votre bien,
vous les en remerciez comme d'une grâce. Ils vous tiennent
emprisonnés dans vos murs, ils vous amorcent, vous appri-
voisent et vous manient à leur gré. Or, jamais fierté juvénile
et généreuse hardiesse animèrent-elles des hommes façonnés à
une vie mesquine et humiliée ? (*3e Olynthienne*).

Le poète des *Chevaliers* avait déjà exprimé les mêmes pensées avec une vigueur encore plus hardie. Le
général Démosthène annonce au marchand de boudins
Agoracrite l'oracle qui l'appelle à supplanter Cléon
dans la faveur du peuple. — *Démosthène* : « Félicité,
richesse, puissance, aujourd'hui tu n'as rien, demain
tu auras tout, chef de l'heureuse Athènes. — *Agora-*

crite : Que ne me laisses-tu laver mes tripes et vendre mes boudins, au lieu de te moquer de moi ? — *Dé.* : O l'imbécile ! tes tripes ! Vois-tu ces gradins chargés de peuple ? — *Ag.* : Oui — *Dé.* : Tu seras leur maître à tous, le maître du marché, des ports, du Pnyx ; tu fouleras aux pieds le Sénat, tu pourras casser les généraux, les charger de chaînes, les jeter en prison, et tu feras la débauche au Prytanée. — *Ag.* : Moi ? — *Dé.* : Oui, toi. Mais tu ne vois pas tout encore ; monte sur ton éventaire et regarde toutes ces îles qui entourent Athènes — *Ag.* : Je les vois. Eh bien ? — *Dé.* : Ces entrepôts, ces navires marchands ? — *Ag.* : Oui, sans doute. — *Dé.* : Est-il un mortel plus heureux que toi ? Tourne encore l'œil droit vers la Carie, et le gauche vers Chalcédoine. — *Ag.* : C'est donc un bonheur de loucher ? — *Dé.* : Non, mais c'est toi qui vas trafiquer de tout cela. » — Aristophane revient à la charge dans les *Guêpes* contre les grugeurs du bon peuple, leur dupe. « Ces gens-là extorquent aux alliés des cinquantaines de talents par la menace et l'intimidation. Et toi, tu te contentes de grignoter les miettes de ta propre puissance... Pour prix de tant de fatigues et sur terre et sur mer, on ne te donne pas même une gousse d'ail pour manger avec tes petits poissons ; et pourtant tu es leur maître. »

La comparaison de Démosthène et d'Aristophane est ici tout à la louange de l'orateur. Démosthène ouvre les yeux du peuple sur les malversations et les procédés de corruption de ses gouvernants : son but est de leur ôter tout crédit, de rétablir l'ordre dans l'administration et les vertus civiques dans les cœurs. Aristophane ameute le menu populaire contre les détenteurs de la puissance publique, sans essayer de le rendre meilleur. Il veut faire rendre gorge aux concussionnaires, intrigants repus des deniers de l'État, à seule fin de gorger le peuple à son tour. Demande-t-il en effet à voir la richesse publique tourner à la prospérité d'Athènes? non, mais à la jouissance universelle : « S'ils voulaient assurer le bien-être du peuple, rien ne leur serait plus facile. Nous avons mille cités qui nous paient maintenant tribut ; qu'ils ordonnent à chacune d'elles de nourrir vingt Athéniens, et nos vingt mille citoyens ne mangeront que du lièvre, ne boiront que le lait le plus pur ; et sans cesse couronnés de guirlandes, — au milieu de parfums suaves comme l'exemption du service militaire, — ils jouiront des délices auxquelles leur donnent droit et le grand nom de leur patrie et les trophées de Marathon » (*Guêpes*). Démosthène n'entend pas ainsi le rôle de censeur public ; libre de passion de parti, il ne flagelle pas telle catégorie de citoyens au profit d'une autre ; il fait le procès à la cité entière. Il n'excite pas de basses convoitises, mais des sentiments généreux. Les audaces d'Aristophane étaient sans péril : il perce les démagogues de ses traits en s'abritant derrière l'avidité envieuse de la multitude ; il tient le langage qui fera plus tard le crédit des amis de Philippe : vive la paix à tout prix et la bonne chère à bon marché ! Démosthène brave le ressentiment des Athéniens ; il se désigne lui-même à leurs coups, quand il les blesse pour les guérir. La Fontaine conseille à celui qui fréquente la Cour du lion de n'être

Ni fade adulateur ni parleur trop sincère,

et de répondre quelquefois « en Normand. » Avec le lion populaire Démosthène, au besoin, dédaignait les biais, il n'avait rien du courtisan. On n'ose pas toujours dire la vérité aux princes : parfois ils ne la mé-

ritent guère. Les bons citoyens la disent aux peuples ;
mais veulent-ils toujours en profiter ?

VII. Eschine exaltait les ancêtres pour mieux dénigrer Démosthène ; Démosthène célébrait l'Athènes de
Thémistocle et de Miltiade afin d'élever l'Athènes de
son siècle à leur hauteur : « Toute harangue adressée à
une illustre République doit paraître au-dessus de
l'orateur et se mesurer, non à l'importance d'un seul
citoyen, mais à la majesté d'Athènes. » Fidèle à sa
maxime, Démosthène a toujours soutenu la cause de
l'honneur de sa patrie. Adversaire des politiques
« faux monnayeurs » dont les conseils tendaient à altérer le caractère national, il a travaillé à lui conserver sa pureté, depuis le discours contre Leptine (355)
jusqu'après le jour de Chéronée, où « le soleil de la
Grèce s'est éteint. » Il ne parle pas à des Siphniens,
à des Cythniens ou à des gens de cette espèce, mais
à un peuple que sa gloire oblige à de hautes prétentions, à de mâles desseins. Céder à Philippe, quand la
dignité des ancêtres se dresse aux yeux des Athéniens
pour les obliger à l'émulation de leurs vertus, plutôt
mourir que de donner un tel conseil ! La haute opinion qu'un peuple a de lui-même est un des éléments
de sa force. Démosthène entretient ces sentiments
fiers au cœur de ses contemporains ; il veut les maintenir à leur propre niveau en les élevant au-dessus
des autres hommes : ils étaient dignes jadis de commander ; qu'ils se montrent dignes aujourd'hui de ne
pas servir !

Athènes comptait plus d'un citoyen frappé surtout
des imperfections de sa constitution et disposé à
louer à son détriment celle de Sparte, prévention assez commune : on est blessé des défauts de son gouvernement ; on n'aperçoit que les qualités des gouver-

nements voisins. Leptine, hostile aux immunités, alléguait que Lacédémone ne donnait point de récompense pareille. C'est l'occasion pour Démosthène de
judicieuses réflexions sur l'imitation des coutumes
étrangères. En effet, chaque peuple a son génie, partant ses mœurs, ses lois. Chaque système politique a
ses avantages, à la condition que tous les règlements
y concourent au même but et s'inspirent du même esprit. Telle loi bonne dans un pays devient mauvaise
dans un autre, si au lieu d'y trouver des lois alliées et
sympathiques, elle s'y voit dépaysée comme parmi
des étrangères. Moins imitateurs de leurs voisins
qu'imités par eux, les Athéniens étaient fiers de l'originalité de leur constitution, image de l'originalité de
leur génie. Aussi avaient-ils raison de maintenir entre
leur génie et leurs lois l'accord qui en facilite l'exécution et en garantit la durée [1].

Démosthène ne ferme pas les yeux sur les défauts
de la constitution démocratique, mais il ne veut pas
qu'on invoque l'abus pour proscrire l'usage. Quelle
institution humaine ne donne accès aux abus? Il est
aisé de tromper le peuple (*Contre Leptine*) : est-ce
une raison de le déclarer incapable? Au géomètre de
choisir le géomètre, au pilote d'élire le pilote : telle
était l'une des maximes favorites de Platon, insinuant
qu'aux philosophes seuls il appartient de gouverner
les hommes. Aristote goûte peu cette opinion ; — si les
individus isolés ne valent pas le savant spécialiste,
tous réunis vaudront mieux ou, au moins, autant que
lui. (Nul n'a jamais eu plus d'esprit que M. de Voltaire,
si ce n'est M. tout le monde) ; et puis, dans bien des

---

[1] *Contre Leptine*, Didot, p. 254, § 105 et sq. — Thucydide,
II, 37 ; *Esprit des lois*, V, 1 ; XIX, 5.

cas, l'artiste n'est pas le meilleur appréciateur de son
œuvre. L'architecte sera content de la maison qu'il a
bâtie ; le père de famille qui l'habite pourra l'être
moins. « Le meilleur juge d'un festin n'est pas le cui-
sinier, mais le convive[1]. » Reconnaissons donc la
compétence des majorités, « si une multitude dégra-
dée ne les compose. » L'un des avantages du
pouvoir du plus grand nombre, c'est qu'on ne le
verra jamais sciemment agir contre son intérêt. Au
contraire, l'intérêt du monarque et celui des sujets
sont différents (2e *Olynthienne*).

Démosthène n'a pas, sur tous les points, jugé ses
concitoyens avec impartialité : « Votre bon naturel
vous engage à ne pas vous agrandir, à ne point usur-
per la domination ; mais vous empêchez tout autre de
la saisir ; s'il l'a surprise, vous la lui ravissez. Enfin
vous êtes ardents à faire obstacle à l'ambitieux qui convoite l'empire, et à entraîner tous les peuples à la liberté. » Athènes appelait les peuples à la liberté parce qu'elle se fortifiait elle-même en se faisant des
alliés des gouvernements populaires. Mais n'a-t-elle
jamais abusé de l'hégémonie, et la dureté même de
son autorité n'a-t-elle pas été une des causes de sa
défaite par Lysandre ? Ce ne sont pas les arts d'Athènes, ni même ses plaisirs, qui l'ont perdue dans sa
lutte avec Sparte, mais le poids d'une tyrannie intolé-

---

[1] *Politique*, III, 6. La multitude est meilleure, en général,
que les individus ; « un repas à frais communs (ἔρανος) est toujours plus splendide que celui dont un seul fait la dépense.....
L'eau est d'autant plus incorruptible qu'elle est en plus grande
masse. » Dans la *Morale à Nicomaque*, X, 10, § 4, Aristote
déclare la foule incapable de raison, de vertu ; il la frappe de
déchéance. Le politique a cassé la sentence du moraliste.

rable à ses alliés, et la hauteur de prétentions que ne
justifiaient pas toujours sa sagesse politique ou ses
vertus. Athènes a régné sur la Grèce durant soixante
et treize ans, Lacédémone pendant vingt-neuf. Thèbes,
après Leuctres, recueillit leur héritage. Aucune des
trois cités ne sut mériter de le conserver. Les Thébains s'étaient rendus insupportables par leur orgueil
de parvenus. Maître de l'Acropole d'Athènes, Lysandre, vêtu en sacrificateur comme le ministre des vengeances divines, avait immolé de sa main le général
athénien Philoclès, signal de l'égorgement des trois
mille prisonniers. Athènes fut plus humaine relativement dans l'usage des droits de la guerre, mais que
de crimes encore à lui reprocher! En se décimant
tour à tour, les cités prépondérantes avaient préparé
les voies au Macédonien. Sous prétexte de veiller
avec un soin jaloux au maintien d'une sorte d'équilibre hellénique, elles avaient sacrifié la concorde,
c'est-à-dire la force nationale, à la passion de
l'égalité.

Nul n'a jamais souffert, disait Démosthène, que la
cité investie de l'hégémonie abusât de son pouvoir, et
tous aujourd'hui laissent Philippe piller et mutiler la
Grèce à son gré.

Les Hellènes ont pu souffrir de la domination de Sparte et de
la nôtre; mais du moins leurs injustes maîtres étaient des enfants de la Grèce. Nos fautes pourraient se comparer aux dis-
sipations d'un fils légitime d'opulente maison : on le blâme, on
l'accuse, mais on ne saurait méconnaître sa qualité de fils, ni
ses droits à l'héritage dont il abuse. Mais qu'un esclave ou un
enfant supposé perde et dissipe une fortune étrangère, combien plus révoltante, ô Hercule, et digne de colère serait une
telle conduite aux yeux de tous! Et ces sentiments ne sont
pas les nôtres à l'égard de Philippe et des spoliations de cet
homme qui n'est pas Grec, qu'aucun lien n'unit aux Grecs,
qui n'est même pas un barbare d'illustre origine, mais de cette

misérable Macédoine où l'on ne pouvait pas même jadis acheter un bon esclave ! (3ᵐᵉ *Philippique*).

Oui, la Macédoine était dédaignée avant Philippe ;
Philippe était faible et petit au début ; mais il est
devenu grand à la faveur des divisions où la famille
hellénique a gaspillé ses forces, et grâce aux inimitiés
défiantes de cités opprimées plus longtemps et plus
impérieusement par Athènes que par toute autre. Le
joug de Philippe, adroit politique, n'effrayait pas des
villes fatiguées de dominations tyranniques, d'autant
plus insupportables que la communauté d'origine et
l'égalité des droits excitaient dans le cœur des sujets
une jalousie plus envenimée. Démosthène s'indigne de
voir un barbare user impunément de licences refusées
en Grèce à des Grecs ; il ne peut souffrir l'idée qu'Athènes
soit jamais capable, après une longue et glorieuse su-
zeraineté, d'abdiquer le protectorat des Hellènes. Ces
sentiments du patriote se comprennent, mais a-t-il au
même titre le droit de s'étonner de la demi-indifférence
des peuples témoins d'un conflit entre deux maîtres dont
le plus redouté n'était pas l'étranger ? Aux plus belles
époques de l'histoire grecque, le sentiment national
n'avait pas été unanime. Que devait-ce être après plus
d'un siècle de luttes intestines, de blessures réciproques,
de lassitude et de dépérissement moral ? Athènes avait
sauvé la Grèce des Barbares : elle en fut récompensée
par la royauté consentie du monde héllénique ; mais
elle abusa de son pouvoir, et le jour où elle se vit en
face de Philippe, elle se trouva seule. Son héroïsme
dans le présent, son despotisme dans le passé concou-
raient à faire le vide autour d'elle. A l'heure dernière
Thèbes lui tendit la main, mais il était trop tard. Le
reste de la Grèce ou avait été forcé de subir la loi macédonienne, ou l'avait acceptée doucement. Rarement

les peuples ont un sort différent de celui qu'ils méritent, et, en dépit de la fatalité, excuse facile, ils sont, comme les individus, les premiers artisans de leur fortune.

CHAPITRE VII

LES JOUTES ORATOIRES DANS LES DÉBATS POLITIQUES D'ATHÈNES

I. Observer la physionomie propre à chaque race et replacer les œuvres littéraires dans le milieu qui les a vues naître, tel est le principe de la critique historique. Trop négligé par les anciens et leurs scrupuleux imitateurs du dix-septième siècle, ce principe s'est imposé, depuis le dix-huitième, au critique soucieux de la justice, et de la vérité. Hors de là on peut « vétiller, » selon l'expression de Pope, mais non critiquer vraiment. Fidèles à cette méthode, cherchons dans l'esprit artistique et dans certaines dispositions morales des Grecs l'intelligence exacte de leur éloquence.

Dans les plaidoyers de l'*Ambassade* et de la *Couronne*, la lutte de Démosthène contre Eschine se confond, à certains égards, avec sa lutte contre Philippe. Ici l'orateur s'attache à démasquer le député prévaricateur ; là, vaincu par Philippe et ses alliés de l'agora, désigné à la haine publique comme auteur de désastres irréparables, il se glorifie d'avoir été l'âme de la lutte où la patrie a succombé ; et tandis que son adversaire, justifié en apparence par Chéronée, veut humilier et perdre un rival, celui-ci, confondant sa cause avec celle de la cité, établit entre le ministre d'Athènes,

Athènes même et les aïeux une solidarité qui force les Athéniens à opter entre la justification de Démosthène ou la condamnation des héros de Marathon. Démosthène plaide si bien sa cause et celle de l'honneur national, que le peuple proclame, à la confusion d'Eschine, que l'inspirateur de Chéronée a bien mérité de la patrie. Jamais spectacle fut-il plus imposant que celui d'un peuple se vengeant de ses vainqueurs par une protestation magnifique du droit contre la force, du devoir contre l'intérêt? Jamais aussi plus belle œuvre oratoire n'honora la tribune politique. Voilà le grand côté de la lutte de Démosthène contre Eschine et des deux discours où elle s'est manifestée avec le plus d'éclat. Mais, sans donner prise au reproche de rabaisser de si hautes œuvres et de rapetisser des colosses, il est permis de les considérer sous tous leurs aspects. Démosthène n'est pas seulement un conseiller public animé contre Eschine d'une haine patriotique ; il est aussi son rival en éloquence. Chez lui, l'artiste s'unit au citoyen ; et dans cette grave et généreuse figure, des passions et certains traits particuliers permettent de reconnaître, à côté du ministre d'État, l'homme et l'Athénien. A plus forte raison voit-on l'émule et l'artiste paraître au premier plan dans Eschine, qui fut toujours orateur beaucoup plus que citoyen.

Les auditeurs de Démosthène sont des artistes épris du beau langage ; ils l'ont en si haute estime que, pour les engager à se donner à Philippe, Eschine n'oublie pas de louer l'éloquence du Macédonien. Ils écoutent leurs orateurs comme des virtuoses ; ils assistent aux débats de la tribune comme on ferait à un spectacle-concert propre à enchanter également l'esprit et les oreilles. Les discours panégyriques, dit Isocrate, où se discutent les intérêts des cités ou ceux de la Grèce entière ont, de l'aveu de tous, une grande analogie avec les compositions rythmiques et musicales, et donnent le même plaisir à l'auditeur (*Antidosis*). Le peuple, dit l'auteur de l'*Orator* (54,63), est très sensible à l'harmonie. « Que dans un vers, une longue ou une brève échappe au poète mal à propos, tout le théâtre se récrie. » Au contraire, au forum, l'assemblée acclame avec ravissement la chute heureuse d'un *dichorée* (*comprobavit*). La cité de Minerve était plus délicate encore à cet endroit. Les Athéniens détournaient leur attention des raisons les plus solides pour bafouer une formule de serment inusitée, ou une faute de prononciation dans l'accent. Un mouvement d'épaules disgracieux, un geste brusque ou mal ajusté aux paroles, une expression insolite excitait les rumeurs du Pnyx ; il n'en fallait pas davantage pour être poursuivi des traits des comiques. A la tribune, et même devant un modeste tribunal, l'orateur athénien est comme en scène : il y doit satisfaire de tout point aux exigences artistiques de l'auditoire. La vertu plaît davantage relevée par la beauté du corps. Au même titre les imperfections physiques, à Athènes, déprécient l'éloquence et en compromettent le succès. Pélisson abusait, disait-on, de la permission accordée aux hommes d'être laids : Paris était plus indulgent qu'Athènes. Socrate est peut-être le seul Hellène à qui les Athéniens aient pardonné sa laideur ; encore est-il possible qu'il eût échappé à la ciguë, s'il avait eu la beauté d'Alcibiade.

Les plaideurs des causes civiles de Démosthène manquent parfois des avantages séduisants prodigués à ce favori des Athéniens ; ils s'en excusent de leur mieux. Si l'extérieur laisse à désirer chez eux, ils n'en

demeurent pas moins de braves gens : Ma figure, » dit
Apollodore, « est peu agréable ; ma démarche, préci-
pitée ; ma voix, rauque ; je le sais, Athéniens. Je ne
suis pas de ceux que la nature a favorisés. Ces défauts
qui choquent m'ont plus d'une fois fait tort, mais..... »
cela ne l'empêche pas de valoir mieux que son adversaire Stéphanos et d'avoir raison contre lui. Nicobule
réclame de Pantœnétos une somme d'argent prêtée ;
le débiteur essayait de le payer de railleries : il le
traitait de grand trotteur (ταχὺ βαδίζων), comme si le
bon droit se mesurait à la longueur des enjambées.
« Quant à ma démarche, à ma manière de parler,
juges, je vous en parlerai en toute franchise ; je me
connais, je sais mes défauts ;... le seul profit qu'ils me
rapportent, c'est de déplaire à quelques citoyens.
N'est-ce pas un malheur pour moi ? Mais qu'y faire, et
si je prête de l'argent, est-ce une raison pour ne pas
me le rendre et me faire payer encore une amende ?
non assurément... Chacun, il me semble, est tel que
la nature l'a fait. Détruire son ouvrage est impossible ;
sans cela nous nous ressemblerions tous les uns aux
autres. » Ma partie adverse est laide, donc elle a tort.
Mon créancier bredouille, donc nous sommes quittes.
Ces déductions abusives sont redoutées des plaignants
disgraciés de la nature et les obligent à des excuses
candides.

II. Au nombre des vertus les plus souhaitables, les
Grecs plaçaient la vertu *agonistique*, précieux composé
de la taille, de la vitesse et de la force. Cette vertu,
un des éléments du bonheur, faisait l'admiration des
Hellènes aux grands jeux de la Grèce. Pindare célébrait, comme les plus glorieux des mortels, les cou-
reurs et les pugilistes couronnés à Olympie. Elle
faisait leurs délices au théâtre, où les poètes comiques

et tragiques leur offraient deux spectacles également
goûtés, celui de combats de passions et de combats de
raisonnements. La vertu agonistique brillait de même
devant les tribunaux, témoins de luttes d'escrime où
l'on rivalisait de vigueur et d'agilité d'esprit. Eschine
et Démosthène usent parfois de comparaisons qui
assimilent leurs débats aux luttes gymniques. Visconti
mentionne deux statues de Lysias et d'Isocrate représentés en athlètes, emblème de l'analogie des luttes
de l'arène avec celles de la tribune et du barreau.
L'idée de concours, de lutte (ἀγών), est une des idées
essentielles de l'esprit des Grecs ; on la rencontre dans
leurs écrits à tout moment. Les idées d'un peuple
sont un reflet naturel de ses mœurs. Chez les Grecs,
si épris de gloire que c'était là, au jugement indulgent
d'Horace, leur seule avidité : *præter laudem nullius
avaris*, la vie était un exercice d'émulation perpétuel.
Athènes avait des concours de force, de vitesse, de
beauté ; des récompenses y étaient offertes à l'excellence de tous les talents.

Mais, parmi les spectacles qui faisaient de la cité de
Minerve un séjour enchanté, il n'en était pas de plus
recherché que les luttes d'éloquence, vraies fêtes de
l'esprit, où le sentiment de l'art effaçait trop aisément
celui du juste. Les Athéniens goûtaient ce divertissement en fins connaisseurs, sans grand souci de la
cause même. Eschine regrette le bon vieux temps,
loué par son père Atrométos, vieillard de quatre-vingt-
quinze ans, où les juges étaient plus attentifs qu'aujour-
d'hui. « Rien de si ridicule au contraire que ce qui se
pratique de nos jours. Le greffier lit le décret de l'accusé ; les juges inattentifs et distraits, écoutent cette
lecture comme un détail étranger, comme une chanson. » Les auditeurs d'Eschine et de Démosthène sont

friands surtout des beaux morceaux d'éloquence qui
font violence à la distraction. Quant au sujet même du
procès, il est souvent laissé dans l'ombre. L'accusé
est intéressé à flatter cette disposition du tribunal ; il
détourne l'attention du point capital, il se jette volontiers sur des digressions agréables. Tout doucement la
clepsydre s'épuise, le jour s'écoule et, au mépris du
serment des héliastes : « Je porterai une sentence sur
l'objet du débat, » on lève la séance sans avoir statué.

Devant un auditoire ainsi disposé, il n'est pas surprenant de voir les débats politiques se transformer
parfois en joutes oratoires. Aux yeux de Démosthène,
l'accusateur de Ctésiphon ne songe pas sérieusement à
obtenir justice de prétendus délits, mais seulement à
« faire parade de son talent. » En effet, dans leurs
duels les plus acharnés en apparence, parfois les Grecs
poursuivent, à côté d'une vengeance personnelle, un
succès littéraire. Ardents à une lutte passionnée,
Eschine et Démosthène cherchent à s'écraser l'un
l'autre sous le poids de la réprobation de la cité, mais
aussi à s'accabler, à la face de toute la Grèce, de leur
supériorité oratoire. Aussi prennent-ils leur temps
pour se livrer à ces passes académiques. En 344, Démosthène laisse pressentir la mise en accusation
d'Eschine député prévaricateur, mais l'attaque directe
et formelle est intentée seulement en 342, près de cinq
ans après l'ambassade incriminée. Démosthène, il est
vrai, attribue ce délai à un motif honorable, le désir
de ne pas troubler par des débats intempestifs la République aux prises avec Philippe : « J'en ai dit assez
pour réveiller vos souvenirs. Épargnez-nous, grands
dieux, l'examen rigoureux de ces perfidies ! Contre
aucun coupable, méritât-il la mort, je ne voudrais pro-
voquer un châtiment acheté au prix du péril et du

malheur de tous [1]. » A son tour, Eschine prononce sa
harangue contre Ctésiphon en 330 seulement. Sans
doute, il avait, dès 338, au lendemain de Chéronée,
attaqué la motion de l'ami de Démosthène, mais les
plaidoiries avaient été remises à huitaine... d'années.
Pourquoi cet ajournement si considérable?

C'est là une des objections favorites de Démosthène;
il y revient sans cesse, afin d'édifier les juges sur la
bonne foi de son ennemi. — Si j'étais coupable, pourquoi ne pas me dénoncer au moment même du délit,
ne pas me convaincre, pris sur le fait? « Que penser
d'un médecin qui, n'ayant rien ordonné à son malade
pendant toute la maladie, viendrait, après la mort, aux
cérémonies du neuvième jour, faire aux parents le
détail des remèdes qui l'auraient guéri? » Au milieu
même des événements, tu n'aurais pas osé me traduire;
l'évidence des faits, l'indignation publique t'auraient
aussitôt confondu. Aujourd'hui, le moment te paraît
favorable de m'insulter « comme du haut d'un tombereau, » et de faire ta cour à Alexandre. — Aux reproches embarrassants de Démosthène, Eschine réplique par l'étalage de beaux sentiments et surtout par
des injures :

Après la bataille, nous n'avons pas eu le loisir de songer à
ton châtiment ; envoyés en ambassade, nous travaillions au salut de la patrie. Mais, non content de l'impunité, tu sollicites
des récompenses, tu livres Athènes à la risée de la Grèce !

[1] Bien précieuses seraient ici des confidences analogues à
celles de la correspondance de Cicéron ; l'orateur romain y fait
parfois des aveux très instructifs. Avec Démosthène, qui n'a
pas laissé de lettres *Ad familiares*, le critique n'a pas la ressource, là où l'histoire est muette, de pénétrer dans l'intimité
de l'arrière-scène et d'y prendre sur le fait les sentiments et
les motifs.

Alors je me lève, et je t'accuse... Mon silence, Démosthène, était dû à la simplicité de ma vie. Content de peu, je ne désire pas m'enrichir par des voies honteuses. Aussi je parle, je me tais d'après une volonté réfléchie, et non au gré de profusions ruineuses. Mais toi ! payé, tu deviens muet ! l'or dépensé, tu cries ! Tu ne parles ni à ton heure, ni selon tes convictions, mais à l'ordre de qui te soudoie.

A côté de ces motifs oratoires ou sincères, il en est un autre, non avoué, mais puissant. Si, en dehors des considérations politiques qui ont pu favoriser l'ajournement, l'adversaire diffère volontiers les hostilités durant de longues années, c'est afin de s'assurer de plus grandes chances de victoire ; il n'y a pour lui nul péril en la demeure. Aussi, au lieu de dénoncer l'ennemi le jour où le crime est commis, on épie patiemment le moment le plus favorable à l'humiliation d'un rival : c'est affaire d'à-propos ; l'opportunité devient ici l'auxiliaire de l'artiste. Démosthène livrait le secret de son adversaire en disant : Eschine a voulu m'accuser à son heure, à son aise ; « Aujourd'hui seulement il entre en lice ; il s'imagine, ce semble, que vous êtes venus assister à un combat d'orateurs (ῥητόρων ἀγῶνα) et non examiner la conduite d'un ministre ; juger les beautés d'un discours, et non peser les intérêts de l'État. »

Parfois l'émulation des deux adversaires est voisine de la jalousie ; celle de Démosthène paraît « hyperbolique » à Eschine. Peut-être, en effet, n'en fut-il pas exempt. Tantôt il peint son adversaire orateur incomparable, homme d'État prodigieux, se rengorgeant au milieu des applaudissements de l'assemblée, et descendant de la tribune « avec une majesté grande » (μάλα σεμνῶς) ; tantôt ce sont des allusions malignes aux avantages physiques et à certaines supériorités de son rival. Démosthène se refusait à improviser : Eschine

était toujours prêt. Démosthène ne laissait jamais
éteindre sa lampe ; il creusait laborieusement son
sillon : Eschine semblait ignorer le travail de la lime
et était éloquent d'abondance. Démosthène félicite
Eschine de son excellente mémoire : lui-même en a
manqué dans une circonstance cruelle. Eschine sait
débiter de longues tirades « tout d'une haleine ; » il a
la prononciation claire, la voix harmonieuse et sonore :
Démosthène relève, à plusieurs reprises, ces qualités
d'Eschine sur un ton ironique, imprégné d'envie : —
Eschine est heureusement doué pour le métier d'acteur
tragique ; il sait poser avec dignité, se draper à la
Solon. C'est « une belle statue, » et quels poumons !
Jamais crieur public n'en eut de plus retentissants.
Ses deux frères, les greffiers, sont aussi des porte-voix
émérites (μεγαλόφωνοι) ; c'est un talent de famille.

La puissance de la voix était un avantage particulièrement goûté des anciens. Cicéron en appréciait la
valeur, à en juger par ce trait des *Verrines* : « Quelle
voix, quels poumons, quelle vigueur pourraient soutenir l'effort nécessaire à l'accusation de ce seul attentat ! »
Des poumons de fer (*ferrea vox*) étaient des auxiliaires
indispensables devant les multitudes tumultueuses du
Forum ou du Pnyx. Le jour où il harangua les *Dix-
Mille* en Arcadie, Eschine dut se trouver bien de la
solidité des siens. Même dans les salles de nos assemblées modernes, une voix frêle peut compromettre,
aux jours d'orage, la victoire de l'orateur. Il lui faut
un organe capable de maîtriser le tumulte et l'oreille.
Mirabeau avait une voix caressante dans le diapason
de la séduction, « horriblement résonnante dans les
accents de la fureur. » Aurait-il été, au même degré et
aussi constamment, le dominateur de la Constituante,
sans l'appoint de ce formidable tonnerre ? « Dans les

exercices publics, dit Aristote, celui qui possède ces trois avantages, la force de la voix, l'harmonie, le rythme, enlève le prix. Au théâtre, les comédiens aujourd'hui l'emportent sur les poètes ; de même dans les joutes politiques (πολιτικοὺς ἀγῶνας), l'orateur doué d'une belle action emporte les suffrages. »

Le charme de la voix, élément principal de l'action, devait exercer une séduction bien forte sur l'organisation musicale et artistique des Athéniens, pour que Démosthène poursuivît celle d'Eschine de sarcasmes si opiniâtres. Il la raille à toute occasion ; nous pourrions dire qu'il la réfute, tant elle semble être un argument en faveur de son rival et, chez lui, un instrument naturel de victoire. Démosthène, dit Eschine, a la voix « aiguë, aigre ; » il est obligé de la « tendre avec effort. » Celle d'Eschine, véritable voix de « sirène, » mérite que l'orateur de l'*Ambassade* plaide contre elle :

Si vous le serrez de près, il ne saura que dire ; il ne lui servira de rien de faire éclater sa voix et de l'avoir exercée. La voix, il semble nécessaire de toucher aussi ce sujet. Eschine, me dit-on, tout fier de la sienne, se flatte de vous subjuguer par une illusion théâtrale. Or ce serait, à mes yeux, Athéniens, l'inconséquence la plus étrange. Quand il jouait les malheurs de Thyeste et des Troyens, vous l'avez sifflé, chassé de la scène, presque lapidé, réduit enfin à renoncer même aux troisièmes rôles ; et quand, non plus comédien sur la scène, mais politique chargé des plus graves intérêts de la patrie, il a causé d'innombrables calamités, vous laisseriez sa belle voix vous captiver ! Non, loin de vous une si sotte contradiction. Songez qu'il faut considérer la beauté de la voix, s'il s'agit d'éprouver un crieur public, mais que le mérite d'un député, d'un citoyen qui a prétendu se mêler au gouvernement, se mesure à l'intégrité, à la grandeur des sentiments, quand il agit en votre nom ; à l'amour de l'égalité, au milieu de vous... L'éloquence, la voix ou tel autre avantage semblable, joint à la probité et à l'émulation dans la vertu, doit être pour vous

tous une cause de joie, un motif d'encouragement ; car ce bien
devient commun au peuple entier. Mais ces talents se rencon-
trent-ils chez un méchant, vénal, incapable de résister à un
peu d'or ? fermez-lui la tribune ; ne l'écoutez qu'avec des sentiments amers et hostiles. En effet, la perversité, devenue
puissance auprès de vous, se tourne contre l'Etat. Voyez combien ce qui fait l'orgueil d'Eschine a suscité de périls à la République ! (*Ambassade*).

Le dépit mal dissimulé que ces qualités d'Eschine
l'enchanteur inspiraient à Démosthène, fut vraisem-
blablement avivé le jour où un tournoi oratoire
solennel parut tourner à sa confusion, en présence du
roi de Macédoine. La malveillance d'Eschine, peintre
de cette scène, est évidente ; elle laisse cependant
entrevoir la vérité. Les députés délibéraient sur le
langage à tenir devant le prince ; Démosthène promet
« d'ouvrir des sources d'éloquence intarissables, de
coudre la bouche » du roi de Macédoine. L'audience
est donnée. Démosthène, le plus jeune des ambassadeurs, « à ce qu'il nous dit, » est invité à parler le
dernier.

Tous étaient attentifs, on comptait sur des paroles d'une
puissance irrésistible ; car ses magnifiques promesses (je l'ai
su depuis) étaient parvenues jusqu'à Philippe et à ses courtisans. Dans cette disposition de tous les auditeurs, ce lion de
la tribune bégaie, mort de peur, un exorde ténébreux, fait
quelques pas dans son sujet, puis tout à coup se tait, se dé-
concerte, et finalement ne peut plus retrouver la parole. Philippe voyant son embarras, l'encourage [1], lui dit qu'il ne doit
pas s'imaginer avoir éprouvé la disgrâce d'un acteur sur le
théâtre ; il l'invite à rappeler peu à peu et tranquillement sa
mémoire et à continuer. Mais une fois troublé et le fil de son

---

[1] Ainsi Louis XIV dut un jour réconforter Massillon. —
« C'est le plus petit inconvénient du monde que de demeurer
court dans un sermon ou dans une harangue » (*Caractères*).
Labruyère en parlait à son aise.

écrit perdu, il ne put se remettre et ne fit de nouveaux efforts
que pour retomber. Comme on ne disait plus rien, l'introduc-
teur nous fit retirer... Les officiers de Philippe nous rappellent.
Lorsque nous sommes rentrés et assis, le prince se met à répondre brièvement et par ordre à chacun de nos discours. Il
s'arrêtait surtout au mien, et avec raison, puisque je n'avais,
à mon sens, rien omis de ce qui était à dire, et plusieurs fois
il prononça mon nom. Pour Démosthène, dont le rôle avait été
si ridicule, il ne lui adressa pas un mot, que je sache ; aussi
cet homme suffoquait de dépit (*Ambassade*).

Démosthène ne voulait pas rester sur cette défaite ;
une seconde journée lui laissait espérer une revanche ;
cette fois il demanda à parler le premier, mais sans
beaucoup plus de succès, selon Eschine : — Ce fécond,
cet habile orateur oublia tous les points importants, il
dit ce qu'il aurait dû taire et omit ce qu'il convenait
de dire. Heureusement Eschine était là ; il combla les
lacunes de la harangue plate et ridicule de Démosthène
et fit oublier ses impertinences.

III. Ainsi, en présence même de l'envahisseur, les
ministres d'Athènes investis de ses pouvoirs, responsables de son salut, se souviennent de leurs rivalités
oratoires ; ils s'obstinent à leurs petites passions
d'émules en beau langage. Faut-il s'étonner de les
retrouver artistes rivaux dans leurs débats privés ? Ils
sont presque aussi attentifs à apprécier leurs paroles
que leurs actes. Une fois Démosthène louera la brièveté d'Eschine, plus souvent il critiquera ses longueurs.
Eschine tournera en ridicule l'action véhémente de
Démosthène, contrefera son attitude, quand, au moment de prendre la parole, il se gratte le front (τρίψας
τὴν κεφαλήν) ; il raillera tel de ses gestes, « comme si
le salut de la Grèce dépendait d'un mot, d'un mouvement de la main. » Il épilogue sur une expression,
sur une métaphore ; il s'amuse à faire le maître de

rhétorique dans le procès de la *Couronne*, au milieu de la discussion la plus grave qui fut jamais soutenue devant un peuple dont l'honneur même est en cause. Qu'est-ce que « arracher » l'alliance de la paix, pour dire « séparer ? » N'est-ce pas là un terme aussi déplaisant que l'homme qui se le permet ? Démosthène se vante d'avoir « muni notre ville de murs d'airain et d'acier. » Quel orgueil et quel langage prétentieux ! Est-il de bon goût de dire : « La Pythie philippise ? » Ces façons de parler irrévérencieuses sont d'un mal-appris.

Eschine a son tour : — Il use de grands mots, d'apostrophes emphatiques qui sentent le théâtre : « O terre, ô soleil, ô vertu ! » Il se souvient, il est vrai, de son métier d'acteur tragique, mais le prendre sur le ton majestueux d'un Rhadamante, quand on s'appelle Eschine, quelle impertinence (*Sur la Couronne*) ! Ailleurs, Démosthène écrit une page de critique littéraire, artistique et même théâtrale, à propos d'ïambes du *Phénix* d'Euripide et d'une statue de Solon. Par moments, le procès de l'*Ambassade* tourne à un assaut d'érudition poétique. Eschine a déclamé des vers de Solon et essayé d'en tirer des arguments contre Démosthène. Démosthène lui renvoie le coup, et en cite du même Solon sur l'amour de l'or et la vénalité ; à un fragment d'Euripide réplique un fragment de Sophocle ; à lettré, lettré et demi. Eschine veut détruire par avance l'effet d'une citation d'Homère à laquelle doit recourir un stratège, défenseur de Timarque : « Vous devez nous parler d'Achille, de Patrocle, d'Homère et d'autres poètes, comme si nos juges étaient des ignorants ; vous faites les importants, vous affectez une érudition vaniteuse qui prétend à humilier le peuple. Nous allons montrer que, nous aussi, nous

ne sommes pas dépourvus de lettres et de connais-
sances. Puisqu'ils citent les sages et recourent aux
sentences exprimées dans leurs vers, jetez avec moi
les yeux, Athéniens, sur des poètes philosophes qui,
de l'aveu de tous, réunissaient le génie à la vertu.
Voyez comme ils distinguent une affection modeste et
bien assortie de l'intempérance d'un libertinage injurieux » (*Ambassade*). Et Eschine fait lire par le greffier
(sûr cette fois d'être écouté), puis il commente lui-
même des tirades de l'Iliade et d'Euripide, « poète très
moral [1]. »

Les soucis artistiques qui presque jamais n'aban-
donnent les orateurs grecs, se concilient mal avec les
cris de mort dont leurs invectives retentissent. Ils
réclament avec passion la tête de leur adversaire ; ne
les prenez pas au mot. Ils s'exercent à des diatribes
dont l'éloquence a hérité de la poésie ïambique. Le
poëte ïambique mord, le pamphlétaire déchire, comme
le *lackiste* gémit : c'est un genre. L'un n'est pas aussi
mélancolique, ni l'autre aussi méchant qu'on pourrait
croire. Le respect de la lettre de la loi a pu dicter à
un conseil de guerre cet arrêt : l'accusé est condamné
1° à mort ; 2° à cinq francs d'amende. — D'ordinaire
l'accusateur attique réclame d'abord le supplice de
son adversaire, mais il ne lui tient pas longtemps

---

[1] Cicéron, brillant imitatenr des orateurs grecs, est, lui
aussi, pamphlétaire et artiste dans sa deuxième action *Contre
Verrès*. Telle partie du *De Signis* est comme un amalgame
de réquisitoire politique et de fragments d'une Revue sur le
Musée des Antiques ou sur le Salon. De même dans la *Pisonienne* (18, 20, 41), l'orateur oublie ses diatribes violentes
contre un ennemi traité de « furie, monstre, bête brute, pour-
ceau châtré, » pour faire œuvre de philosophe érudit et de
lettré délicat.

rigueur, et se contente d'une amende. Car il n'a rien
de sanguinaire ; il est d'Athènes, la cité humaine par
excellence, qui rejetait de ses frontières le fer, les
pierres, le bois coupables d'homicides inconscients,
et punissait un aréopagite pour avoir tué un moineau
réfugié dans son sein [1]. Les auditeurs aussi étaient
trop artistes pour être des juges sévères. Le procès de
l'*Ambassade* ne reçut pas de sanction. Les deux adversaires s'étaient l'un l'autre douloureusement blessés :
les Athéniens les estimaient quittes. Les juges, réjouis
de cet échange d'invectives et charmés des beautés de
leur éloquence, s'étaient retirés satisfaits sans songer
à punir. Le dénouement du procès de la *Couronne* ne
fut guère plus rigoureux. Démosthène s'était attaché à
exagérer, Eschine à atténuer les conséquences d'une
condamnation pour l'ami de Ctésiphon. « Ne craignez
rien pour Démosthène : s'il est privé d'une couronne,
prix de ses héroïques vertus, cet Ajax magnanime
ne se tuera pas de désespoir. » Nous ne savons ce
qu'eût fait Démosthène répudié par les Athéniens :
Eschine désavoué ne songea pas à se pendre. Battu
dans une joute oratoire où la vertu avait été moins en
cause, à ses yeux, que l'éloquence, il prend doucement
son parti de cet échec et se retire à Rhodes, cédant la
place à son rival. A l'âge de quarante-huit ans, dit un
écrivain du dix-septième siècle, Mme de Montbazon
était encore si belle qu'elle effaçait Mme de Roquelaure,
la plus belle personne de la cour et âgée seulement de
vingt-deux ans. Un jour elles se trouvèrent ensemble

---

[1] *Esprit des lois*, V, 19. L'aréopage, à son tour, fit mourir
un enfant qui avait crevé les yeux à un oiseau. Pour la philanthropie d'Athènes, cf. E. Havet, *Origines du Christianisme*,
I, 185 et suiv.

dans une assemblée ; Mme de Roquelaure fut obligée
de se retirer. Les grandes dames du siècle de Louis XIV
se soumettaient à l'empire de la beauté ; celui de la
beauté de l'esprit fut, de même, reconnu et respecté
par l'adversaire de Démosthène.

Milon, condamné à aller savourer les figues de
Provence et les poissons de Marseille, pouvait empor-
ter dans son exil de cruels ressentiments et nourrir
des projets de vengeance. Eschine n'y songeait pas ; il
ne rongea pas son cœur à digérer un affront sanglant.
Sans doute, l'orateur bel esprit avait été piqué de sa
défaite, mais l'objet de son culte, l'éloquence, lui demeurait. L'exilé volontaire, sans payer les mille
drachmes auxquels la loi le condamnait, continua de
vivre dans la jouissance de son art ; il ouvrit, dit-on,
une école où il goûtait, plus vivement que jamais peut-
être, les délicatesses du beau langage en les enseignant.
Il réjouissait ses disciples et lui-même de la lecture de
ses harangues, même de celle sous l'effort de laquelle
il avait succombé. Après avoir entendu l'accusation
d'Eschine, les auditeurs se récriaient : « Hé ! comment,
avec un tel discours, avez-vous pu ne pas triompher ! »
— « Attendez, » reprend le maître, et il leur lit la
réplique de Démosthène. L'admiration des auditeurs
éclate : « Hé ! que serait-ce, si vous aviez entendu la
bête elle-même ! »

Au lieu de rougir de l'écrasante réfutation de Démosthène, il la déclame en public, il la loue d'un cœur
léger. Artiste avant tout, il y trouve la réalisation d'un
art parfait ; il l'apprécie en dilettante désintéressé.
Clésidès est connu par un tableau injurieux pour la
reine Stratonice. Cette princesse ne lui ayant pas fait
une réception honorable, il la peignit se roulant (*volu-
tantem*) avec un pêcheur que l'on disait fort avant dans

ses bonnes grâces. Il exposa son tableau dans le port d'Éphèse et s'enfuit à toutes voiles. La reine, selon Pline l'ancien (XXXV, 40), défendit qu'on enlevât le tableau « à cause de la ressemblance extrême des portraits. » Le détachement de cette reine artiste est celui d'Eschine roulé dans la fange par Démosthène et lui applaudissant. Cette façon galante de faire valoir lui-même une œuvre qui le flétrit, inspirait à Laharpe un profond étonnement : « Je ne conçois pas, je l'avoue, comment il eut le courage de lire à ses disciples la harangue de Démosthène. On peut, sans crime, être moins éloquent qu'un autre ; mais comment avouer sans rougir qu'on a été si évidemment convaincu d'être un calomniateur et un mauvais citoyen ? » L'un des avantages de la critique historique est de prévenir ou d'atténuer ces sortes de surprises. On ne partage pas celle de l'auteur du *Lycée*, quand on a considéré dans les œuvres des deux émules, à côté de l'inimitié politique et privée, l'influence des préoccupations artistiques et les caractères d'une joute oratoire.

CHAPITRE VIII

L'INVECTIVE DANS L'ÉLOQUENCE GRECQUE

I. Les anciens ignoraient la liberté de la presse, mais ils pratiquaient la liberté de l'injure. Pour les orateurs, les saturnales et leur licence de langage duraient toute l'année. La liberté de la tribune grecque a égalé celle du théâtre comique ; elle a même duré plus longtemps. Le législateur contraignit la comédie

à modérer ses audaces (*Ad Pisones*, 281); celles de
l'éloquence n'ont jamais été contenues. Les déborde-
ments de la comédie ancienne n'avaient que trop
mérité d'être réprimés par la loi. Jamais les *Iambes*
d'Archiloque n'ont eu plus de fiel et d'emportement
que les pamphlets d'Aristophane contre Hyperbolos et
Cléon; c'est une débauche d'outrages, un flot d'insultes,
l'ivresse de la colère. Les *Chevaliers* nous offrent plus
d'une fois le spectacle, moins réjouissant pour nous
que pour le peuple d'Athènes, de duos d'injures qui
rappellent les hardiesses des fêtes de Priape et de
Bacchus. Le tombereau de Thespis y déverse sur la
vie publique et privée du personnage des ordures flé-
trissantes qui sentent peu l'atticisme. De même sur le
Pnyx et devant le tribunal, les orateurs vomissent
l'un contre l'autre la calomnie et l'outrage, sans goût
ni mesure. Des deux parts même acharnement, même
violence. C'est la lanière de cuir cinglant sans relâche
le sabot flagellé, c'est l'eau bouillonnante faisant gronder
le vase d'airain impuissant à la contenir. *Le Chœur :*
« Notre homme (Cléon) est en ébullition. Assez! assez!
il déborde; retire un peu de bois et écume ses menaces. »

Au lieu de calmer la fureur de la dispute, le chœur
l'excite; il irrite Cléon et Agoracrite l'un contre l'autre
comme deux coqs. *Le Chœur :* « Mords, déchire ton
ennemi, arrache-lui la crête, ne reviens qu'après lui
avoir dévoré le jabot... Frappe, frappe le scélérat qui
a jeté la confusion dans les rangs des chevaliers, ce
voleur public, ce gouffre de rapines, ce charybde dé-
vorant, ce scélérat, ce scélérat! Je ne peux assez répéter ce nom, car il est scélérat mille fois par jour.
Allons, frappe, pousse, renverse, écrase, hais-le comme
nous le haïssons, étourdis-le de tes coups et de tes

cris... Frappe-le de tout cœur, meurtris-lui le ventre à coups de tripes et de boyaux, châtie-le à tour
de bras. — O vigoureux lutteur ! O cœur intrépide, tu
es le sauveur de la cité, de nous tous ! L'as-tu assez
battu à plate couture dans cet assaut d'injures ! Comment t'exprimer ma joie et te louer dignement ? »
Aristophane est ici un commentateur cruel de l'éloquence athénienne. Agoracrite et Cléon, nous le re-
grettons pour la tribune grecque, font songer parfois à
Démosthène et à Eschine. Cette assimilation est justifiée par l'étude de leurs plaidoyers considérés comme
pamphlets. Signalons d'abord les causes qui ont rendu
la ressemblance possible.

La première est l'infériorité de la délicatesse morale
des anciens. Les orateurs d'Athènes et de Rome s'inspiraient peu de la grandeur d'âme du Juste de Platon.
« Laisse les gens te mépriser, si bon leur semble, et
même, par Jupiter ! souffre patiemment qu'ils te frappent
de cette façon ignominieuse que tu as dite (sur la joue) ;
car ce mal n'est rien, si tu es vraiment honnête homme
et si tu pratiques la vertu » (*Gorgias*). Au pardon des
injures, vertu recommandée par les païens mêmes,
notamment dans le *De officiis* (I, 11, 25) et difficile en
tout temps, les anciens d'ordinaire préféraient la vengeance. « Je sais, dit le religieux Pindare, aimer un
ami, mais rendre haine pour haine. Je courrai sus à
mon ennemi à l'improviste, en suivant les détours de
sentiers obliques » (2ᵐᵉ *Pythique*). *Il a fait beaucoup de
bien à ses amis, de mal à ses ennemis ;* telle est l'épitaphe
la plus honorable des grands personnages, tel est
l'éloge envié des cités. Périclès le décerne aux ancêtres des guerriers dont il prononce l'oraison funèbre.

Dans la République romaine, où longtemps l'aristocratie fut maîtresse, la liberté satirique était tempérée

par la crainte de périr sous le bâton, *formidine fustis*, disait Horace.

Dabunt Metelli malum Nævio poetæ.

Les Métellus donneront du bâton à Névius le poète.
(Ce même bâton tombait plus tard, à Paris, en attendant l'abri de la Bastille, sur les épaules d'un autre poète, Arouet, de la main non du Métellus-chevalier de Rohan, mais de ses laquais : c'est déroger de bâtonner les gens en personne). Les héros d'Homère ne dérogeaient pas en échangeant des injures grossières. Dépouillé de sa captive, Achille traite Agamemnon d'impudent, de chien ; il va tirer du fourreau « sa grande épée ; » Minerve aux yeux bleus l'arrête : — Point de violences, Achille, mais d'outrages en paroles, tu peux en rassasier ton cœur. Achille, avec l'agrément de la sage déesse, reprend de plus belle : « Ivrogne, qui as l'effronterie d'un chien et le cœur d'un cerf, roi mangeur de peuple (δημοϐόρος), etc.. » Entre rois ces familiarités étaient permises. Mais un vilain, Thersite, s'avisait-il de leur dire des vérités blessantes, de vigoureux coups de sceptre (le bâton héroïque), appliqués sur ses épaules jusqu'au sang, rappelaient l'insolent au respect des puissances.

Sceptre et bâton furent ignorés de la démocratie d'Athènes. Le droit de diffamation y était illimité. Une loi de Solon, citée avec éloge dans la *Leptinienne*, protégeait les morts contre la médisance, mais non les vivants. Fermer la bouche à qui insulte, ç'aurait été porter atteinte à l'une des prérogatives de la constitution démocratique. L'auteur de l'*Éloge funèbre* attribué à Démosthène relève dans les démocraties l'avantage de favoriser ce que nous appelons les enquêtes parlementaires. L'oligarchie, le despotisme surtout les goûte peu, ou les rend inutiles. Le coupable s'accommode avec le maître, et sa faute demeure ignorée du public ou impunie. « Mais dans une démocratie, une des choses belles et justes auxquelles le sage doit fermement s'attacher, est la liberté de publier la vérité avec franchise et sans obstacle. L'auteur d'une action honteuse ne peut séduire tout un peuple ; il est humilié par celui qui révèle la vérité ignominieuse, humilié par le plaisir que les témoins goûtent à écouter l'accusateur. » Ce privilège du gouvernement populaire est encore relevé dans le plaidoyer *Contre Androtion* : « Solon savait, oui, il savait que le gouvernement le plus hostile aux citoyens impurs est celui où il est permis à tous de leur reprocher leurs infamies. Ce gouvernement quel est-il ? le démocratique...; car dans une oligarchie, il est défendu de médire des chefs, leur vie dépassât-elle en turpitudes celle d'Androtion. » La morale publique ne gagnait pas toujours à cette « franchise » autant que les démocrates athéniens semblaient le croire. Mais, remarque Montesquieu, c'est là « le génie de la République, où le peuple aime à voir les Grands humiliés. »

Nausicaa accuse les Phéaciens d'aimer la « médisance amère » et « les propos insolents [1]. » L'Athénien, né malin et gouailleur, mérite le même reproche. Le spectacle d'une dispute mêlée d'invective lui plaisait à l'égal d'un combat de cailles, surtout si le scandale l'assaisonnait. Jeunes et vieux étaient accourus au

---

[1] *Odyssée*, VI, 273. Les sobriquets étaient à la mode à Athènes. Démosthène avait reçu ceux d'*Argas*, de *Battalos;* la mère d'Eschine, celui d'*Empuse ;* Lycurgue, celui d'*Ibis;* Aristophon, celui d'*Ardette* (Hypéride, Didot, t. II, p. 388) ; Hégésippe, celui de *Crobylos;* Hégésippe *à la houppe.*

procès de Timarque, comme un certain public convoite
aujourd'hui les audiences à huis-clos. Le peuple
d'Athènes est de ceux qui préfèrent un bon mot, même
injurieux, à un ami. Démosthène lui est tout dévoué ;
cependant il permet à Eschine de l'insulter, comme
Philippe, dit notre orateur, ne permettrait pas à Démosthène d'insulter Eschine en sa présence. Les tragiques n'oubliaient pas de satisfaire à ce goût du
public athénien. L'*Ajax* de Sophocle se termine par
une longue dispute (ἔριδός τις ἀγών) souvent injurieuse.
Teucer y traite Ménélas de « fou, » de « voleur de
suffrages. » Agamemnon survient : la scène se prolonge
et s'aigrit. Teucer, piqué des qualifications de « gros
bœuf, » d' « esclave, » de « barbare, » humilie Agamemnon en lui rappelant ses titres de famille. — Ton
père Atrée a servi à son frère Thyeste l'abominable
festin où il a mangé ses propres enfants ; ta mère, une
Crétoise, fut surprise en adultère et jetée dans les flots,
en pâture aux poissons muets, etc... Devant Ulysse,
qui enfin est venu apaiser la querelle, Agamemnon
s'excuse d'avoir refusé d'abord la sépulture à Ajax :
« Il n'est pas facile à un roi d'être juste. » Il ne songe
pas à s'excuser de ses violences de langage. Les spectateurs, loin d'en être surpris, lui en avaient su gré.

A ces causes générales, ajoutons-en de particulières
aux mœurs de l'éloquence et à l'organisation judiciaire
d'Athènes. En transformant leurs harangues en pamphlets, les orateurs athéniens faisaient des diversions
utiles à leur cause : ils détournaient l'attention du juge
du point capital, quelquefois difficile à établir [1], et du

___
[1] Voir p. 145. — Les Romains usèrent de ce même procédé
de digression (παρέκβασις; Quintilien, IV, 3). L'indignation, la
pitié, l'envie haineuse, l'invective (*convicium*) sont autant de

même coup, ils se ménageaient sa complaisance en
flattant un de ses goûts les plus prononcés. Aristophane,
dans l'espoir de flétrir un ennemi détesté, versait à
pleines mains le gros sel sur un auditoire mêlé, où
toutes les conditions, tous les rangs étaient confondus
dans un théâtre unique. Sa muse, sublime et bouffonne,
tantôt agite avec Iacchos le flambeau sacré des initiés ;
tantôt auprès de Xanthias (*Grenouilles*), elle souille
volontairement son aile de la fange des carrefours [1].
De même, l'orateur athénien, parlant devant une assemblée non d'élite, mais fort mêlée, oubliait souvent
la dignité d'un art empreint jadis de la gravité de la
philosophie morale ; il se souvenait des instincts d'un
peuple jaloux, ami de l'outrage, disposé à se venger
par là des talents supérieurs et des puissants. A côté
des mouvements de la plus haute éloquence, il ne craignait pas de s'échapper en invectives railleuses ou
effrontées. A défaut d'argument, il employait l'insulte,
et le procédé réussissait souvent. Hypéride, Dinarque,
Stratoclès, accusateurs de Démosthène dans l'affaire
d'Harpale, poursuivent le « patient [2] » de charges
étrangères et d'outrages de toute sorte ; mais des faits
précis, des preuves concluantes, point. Ils se dispen-
sent de ce qui peut opérer la conviction : il semble

moyens « de reposer le juge » et de l'assouplir. Parfois l'invective est le fond même du discours, par exemple dans la
Pisonienne.

[1] « Tels sont les hymnes que les Muses à la belle chevelure
inspirent au poète habile et qui ravissent le peuple assemblé,
alors que l'hirondelle printanière gazouille sous le feuillage...
Muse divine, conspue Morsimos et Mélanthios d'un épais et
large crachat, et partage avec moi l'allégresse de cette fête »
(*La Paix*).

[2] J. Girard, *Études sur l'éloquence attique*.

que l'accusé soit convaincu d'avance. Pour entraîner
un tribunal populaire, que faut-il le plus souvent? des
passions ou des raisonnements passionnés dont le pathétique dissimule la faiblesse ou l'absence des preuves.
Les démonstrations rigoureuses n'étaient pas plus nécessaires aux orateurs athéniens qu'à Swift, quand il
voulait soulever les Irlandais contre M. Wood et sa
petite monnaie de cuivre, dans un pamphlet mal fondé
en raison, mais où la passion et l'art triomphent de la
vérité et du droit [1].

A Athènes, le droit d'initiative du ministère public
est étendu au public entier ; tout citoyen peut intenter
à un autre citoyen une action criminelle. Cette disposition de la loi favorisait la délation, encourageait
l'inimitié. Les sycophantes, aboyeurs du peuple cupides
ou haineux, espéraient obtenir une partie de la fortune
du condamné ; en tout cas, ils satisfaisaient leur haine.
De plus, la décision du procès n'était pas confiée à
quelques juges graves et pénétrés de la sainteté de
leurs fonctions, ni même à un jury peu nombreux et
choisi, mais à une multitude (quelquefois quinze cents
personnes) ignorante des lois et accessible à toutes
les passions populaires. Cette race de juges, irritable
et rancunière, est armée d'un dard cuisant, toujours
prêt à percer. Chercher à l'attendrir, c'est vouloir
« cuire un caillou » (Aristophane). Aussi, comme l'accusé caresse ce maître redouté ! Les plus grands se
prosternent devant lui, « lui chassent les mouches,
prennent l'éponge dans le pot et cirent ses chaussures »
(Guêpes). Les plus puissants mendient sa clémence, et
malheur à qui jadis l'a blessé !

Figurez-vous un percepteur tombant dans ce guêpier :

---

[1] Taine, *Histoire de la littérature anglaise*, t. III.

quelle revanche le menu peuple va prendre! Tel est,
dans le plaidoyer *Contre Eubulide,* le cas du pauvre
Euxithée; tel et pire encore est celui d'Androtion dont
l'accusateur est Démosthène. Androtion, abusant lâchement de leur condition précaire, a molesté deux
courtisanes, Sinope et Phanostrate; il a saisi leur
mobilier; prétend-il se venger sur elles des outrages
des libertins, qui, au lieu de le payer de ses complai-
sances, l'ont battu? Androtion, persécuteur impitoyable,
réduit les pauvres à se cacher sous leur lit, à passer
par-dessus le toit chez le voisin; tyran plus insupportable que ne furent jamais les Trente, il force le domi-
cile des citoyens, ou le transforme en prison! Voilà,
sous les yeux du peuple souverain, les agissements
d'un magistrat indigne, ardent à poursuivre les innocents, alors que ses infamies le déclarent incapable de
fonction publique; car on le sait « souillé des excès
les plus révoltants, impudent, audacieux, orgueilleux,
voleur, bon à tout plutôt qu'à exercer une charge dans
une démocratie (*Contre Androtion*). » Nous en passons, et de plus sévères. Auprès d'un monarque de
faubourg, nécessiteux [1] et vindicatif, l'invective ne pouvait manquer d'être bien accueillie et la diffamation
efficace.

La loi athénienne oblige tout citoyen à se défendre
en personne devant les tribunaux. Souvent le plaignant, inhabile à l'éloquence, va demander un plaidoyer au logographe; mais l'un et l'autre ont grand
soin de dissimuler ce recours étranger. L'auteur de la

---

[1] Il attend le triobole pour acheter son dîner (*Guêpes,* vers
300 et suiv.). Les confiscations, dont il espère avoir sa part,
allument sa convoitise. Lysias, *Contre Épicrate; Oratores attici,*
Didot, p. 212, § 1.

plaidoirie l'a empreinte de l'esprit et de la passion du client ; le client la prononce avec l'accent sincère d'un ressentiment propre, et réclame vengeance avec l'ardeur de l'outragé. Le plaideur ou le prévenu, chez les modernes, ne prend pas la parole lui-même à l'audience. Le désirât-il, il n'a pas le loisir d'invectiver contre le magistrat, auteur du réquisitoire. Le plaideur et l'accusé grecs cherchent à se justifier eux-mêmes en attaquant la partie adverse ou l'accusateur. Si le logographe, se substituant au client, paraît à la barre et attaque directement l'adversaire, il s'attache à prouver par l'animosité de son attaque qu'il poursuit en lui un ennemi privé. Plus son discours sera violent, moins on sera tenté de croire qu'il a pris la défense d'autrui pour de l'argent. L'avocat moderne proteste de son impartialité désintéressée ; le logographe, de son inimitié personnelle ou parfois de sentiments tout contraires : Hypéride croit utile de s'avouer, devant l'aréopage, l'amant de Phryné, sa cliente. — A plus forte raison le plaignant lui-même ne se contraint-il pas, à l'occasion, pour exhaler ses affections propres.

Le logographe fouille la vie entière de l'adversaire et l'outrage sans pitié. Ces outrages sont l'exception dans la bouche de nos avocats. Scapin engage Argante à se dérober aux risques fâcheux des plaidoiries : « Quand il n'y aurait à essuyer que les sottises que disent devant tout le monde de méchants plaisants d'avocats, j'aimerais mieux donner trois cents pistoles que de plaider. » Ces sottises ne sont rien auprès des invectives grecques. Le logographe a d'autant moins de vergogne, que le plus souvent son discours est mis dans la bouche d'autrui. Il reculerait peut-être devant certaines calomnies articulées à visage découvert ; des injures anonymes méprisent toute pudeur. C'est ainsi qu'on le verra s'associer à l'infamie d'un fils outrageant publiquement l'honneur de sa mère, dans l'espoir d'infirmer le témoignage d'un frère dont il trouve à propos de faire un bâtard (*Contre Stéphanos*).

Les logographes athéniens distinguent avec soin la *conviction* (ἔλεγχος) de l'*invective* (λοιδορία). C'est la théorie ; dans la pratique ils les confondent, sauf les cas où, dans le partage d'une même cause entre deux orateurs, l'invective était plus spécialement réservée à l'un d'eux, comme dans le discours *Contre Androtion* ou *Contre Aristogiton*. Parfois l'invective était comme imposée à l'orateur, quand il avait à établir l'indignité de l'auteur d'un projet de loi. En effet, une loi de Solon interdisait la tribune et, par suite, le droit de soumettre au peuple une proposition même régulière, aux citoyens de mœurs infâmes et aux dissipateurs de leur patrimoine. Un tribunal moderne verrait dans la diffamation de l'accusé une manœuvre étrangère à la cause. Dans certains cas, à Athènes, flétrir c'était argumenter ; le pamphlet était une démonstration qui désarmait, en l'avilissant, l'adversaire à qui ses mœurs défendaient même d'avoir raison. La loi sur l'indignité ou la flétrissure légale (ἀτιμία) était donc très favorable à l'invective : il était toujours aisé, dans une cité de mœurs relâchées, d'attaquer la vie privée d'un adversaire politique : c'est un sophisme d'amour-propre si ordinaire de déclarer méchant celui dont les actes blessent nos passions ou nos intérêts !

Les modernes considèrent la valeur d'une motion, non les mœurs de celui qui la fait ; ils regardent, non d'où elle vient, mais quelle elle est. Parfois les Grecs se sont refusés à distinguer le personnage politique de l'homme privé, comme si un citoyen de mauvaises mœurs ne pouvait ouvrir un avis utile. Socrate décla-

rait incapable de bien administrer l'État l'homme incapable de bien gouverner sa maison (*Mémorables*,
III, 4). « Les affaires d'un particulier sont moins nombreuses que les affaires publiques ; voilà toute la différence. » Ce préjugé socratique semble être un écho de
la loi de Solon, qu'Eschine commente en ces termes
contre Timarque : « Dans la pensée du législateur,
celui qui a mal administré sa famille ne traitera pas
mieux la chose publique ; il est impossible que le même
homme soit particulier vicieux et bon magistrat, et il
ne convient pas de laisser monter à la tribune un orateur plus soucieux de mettre de l'ordre dans ses harangues que dans sa vie. » — « *Qui transgresse les lois par
ses mauvaises mœurs, détruit la démocratie* » (Hypéride).
Ainsi, attaquer la vie privée n'est pas seulement un
droit, mais encore un devoir ; c'est une épreuve éli-
minatoire salutaire à la cité. Par là, « les inimitiés per-
sonnelles tournent au bien du gouvernement, » selon
le mot consacré à Athènes. Malheureusement les orateurs, en abusant de la loi de l'indignité, en altéraient
la vertu bienfaisante ; trop souvent l'éloquence pamphlétaire et les ressentiments privés en profitaient
plus que l'État.

II. Les outrages des orateurs grecs provoque-
raient aujourd'hui des conflits sanglants ; à Athènes,
on les subissait avec une sorte de résignation philosophique ; les grands hommes préféraient encore l'humiliation passagère de l'insulte à l'ostracisme. D'ailleurs
les coups reçus n'étaient jamais mortels, et l'on était
réconforté de l'espoir de les rendre à l'occasion. Mordant, mordus, outrageant, outragés : telle était la condition commune, adoucie par la facilité des revanches
et le sentiment de l'égalité. Ainsi Glaucète, Ménalopos,
Androtion, Timocrate furent-ils moins émus sans doute

que le lecteur moderne des injures mises par Démosthène (*Contre Timocrate*) dans la bouche de son client Diodore. De même, Aristogiton, un de ces impassibles dont le front ne rougit jamais, pouvait recevoir, sans en être accablé, l'assaut de son accusateur. De deux choses l'une : ou Aristogiton a commis les méfaits imputés, et dans ce cas l'auteur de tels actes était capable d'en soutenir la peinture ; ou il est innocent, et alors l'odieuse exagération de son ennemi reste sans effet sur un auditoire incrédule. Aristogiton a laissé son père en prison ; le vieillard meurt : son excellent fils néglige de l'ensevelir, et même il intente un procès à ceux qui se sont, à leurs frais, acquittés de son devoir ; il bat sa mère ; sa sœur, il l'a vendue « pour l'exportation [1]. » Une femme, Zobia, l'avait recueilli : il traîne devant les magistrats et essaie de vendre sa bienfaitrice. Jeté en prison, il vole à un codétenu un billet de valeur (γραμματεῖον, une lettre de change ?) et avec cela il lui mange le nez !

---

[1] Ἐπ' ἐξαγωγῇ ἀπέδοτο. Cette façon d'établir ses parents est aussi reprochée à Timocrate : « Un député, hôte de Timocrate et habitant de Corcyre, cité ennemie d'Athènes, voulait avoir cette sœur (passons sur le motif). Combien ? — Tant. — Prends-la... Et maintenant elle est à Corcyre. » Et voilà comme on fait les bonnes maisons ! — Satyros déclare à Philippe qu'il ne tirera aucun profit (κερδανῶ οὐδέν) des filles de son ami Apollophane, quand il prie ce prince de les lui donner (*Ambassade*). Le Mégarien des *Acharniens*, d'Aristophane, eût été moins désintéressé. Il vend ses deux petites filles pour une botte d'ail et un litre de sel. « Mercure, dieu du commerce, puissé-je vendre de même et ma mère et ma femme ! » Avec de tels hommes, Philippe trouvait aisément à s'accommoder. — Andocide avait vendu, à deniers comptants, au roi Évagoras, son ami, une *petite-fille d'Aristide*, sa propre cousine et pupille. C'était sa manière de la doter.

D'après l'homme privé, jugez le citoyen :

Nul dans Athènes n'est souillé de vices plus nombreux ni plus grands. Pourquoi donc le conserver? C'est le *chien du peuple*, disent quelques-uns ; oui, mais un de ces mâtins qui, au lieu de mordre ceux qu'ils appellent des loups, mangent les brebis dont ils se prétendent les gardiens. Quel orateur a-t-il cité en justice depuis qu'il a reparu à la tribune? aucun, mais beaucoup de simples particuliers. Il faut tuer, dit-on, le chien qui a une fois goûté de la chair des moutons. Tuez-donc au plus tôt Aristogiton ; il ne vous rend, Athéniens, aucun des services dont il se vante ; il est dans ses desseins tout criminel et impudent... Il s'avance sur la place publique comme une vipère ou un scorpion, le dard dressé ; il s'élance d'un côté, de l'autre, épiant une malheureuse victime à percer de ses calomnies ou à affliger de quelque mal, ou à intimider pour la rançonner.,. Voilà le méchant que les dieux infernaux, loin de lui être miséricordieux, relègueraient parmi les impies ; et vous, non contents de pardonner à ce coupable livré à votre justice, vous lui accorderiez, avec l'impunité, des faveurs refusées aux bienfaiteurs de l'État !

Si un cancer, un ulcère rongeur ou quelque autre mal a triomphé des remèdes, les médecins le brûlent ou l'extirpent avec le fer. De même bannissez tous, enlevez d'Athènes cette bête incorrigible, exterminez-la de la cité, sans attendre qu'elle vous ait blessés. Nul de vous peut-être ne fut jamais mordu par une vipère ou une tarentule, et je vous souhaite de ne jamais l'être. Cependant, à la vue de l'un de ces animaux, vous vous hâtez de le tuer ; de même, Athéniens, dès que vous apercevez le reptile plein de fiel et de venin appelé sycophante, n'attendez pas qu'il morde chacun de vous, mais que toujours le premier menacé le frappe [1]!

Eschine n'a pas mieux traité Timarque ; et pourtant il déclare user envers lui d'une modération clémente. Il pourrait livrer son enfance à l'opprobre ; il y renonce

---

[1] La comparaison des orateurs avec les vipères semblait consacrée à Athènes. C'est comme destructeur de ces reptiles que Lycurgue, magistrat intègre, accusateur redouté, avait été surnommé l'*Ibis*.

généreusement : il y a prescription ; il la veut oublier comme les actes des Trente, antérieurs à l'archontat d'Euclide. Mais avec quelle verve le pamphlétaire se dédommage sur l'adolescence et l'âge viril de l'accusé ! Nous ne citerons rien de ce réquisitoire, dont le cynisme égale celui de la vie du personnage. La *Midienne* est plus abordable ; elle offre le caractère particulier d'un pamphlet tribunitien, et rappelle les harangues des plébéiens soulevant la colère populaire contre l'insolence des Appius. Cicéron enseigne à son disciple à exciter la passion de l'envie, « la plus pénétrante de toutes. » Les orateurs séditieux de Tite-Live (VI, 39 et suiv.) n'ont jamais manié ce ressort avec plus d'art et de puissance que l'auteur de la *Midienne*.

Le dirai-je, Athéniens ? entre les riches et nous, masse du peuple, il n'existe ni égalité, ni droit commun ; non, il n'en existe pas. Ils obtiennent, eux, tous les délais qu'ils désirent, avant de comparaître, et leurs crimes arrivent au tribunal surannés et refroidis. Mais parmi nous autres, l'auteur d'une faute légère est jugé sur-le-champ. Ils ont des témoins empressés à venir se prostituer à leurs ordres, et tous les synagores volent au-devant d'eux pour nous accuser ; et moi, vous le voyez, des citoyens m'ont refusé même une déposition véridique... Voilà pourquoi vous vous réunissez. Trop faibles isolément contre des citoyens fiers de leurs amis, de leurs richesses, de mille ressources, vous puisez dans votre union une force supérieure à chacun d'eux et vous réfrénez leur insolence.

Où donc est sa magnificence ? où sont ses magistratures onéreuses et ses glorieuses largesses ? je ne le vois pas, à moins que l'on ne qualifie ainsi son palais d'Éleusis, qui offusque toutes les maisons d'alentour ; les deux chevaux blancs de Sycione, avec lesquels il conduit sa femme aux mystères de Cérès ou partout ailleurs, selon son caprice ; les trois ou quatre esclaves dont il se fait suivre quand il se pavane sur la place publique, en parlant de ses coupes précieuses, de ses vases, de ses riches flacons, assez haut pour être entendu des passants[1]. Quels avantages retirez-vous, citoyens, de l'opu-

---

[1] Midias étale sa richesse : donc, il insulte au pauvre peu-

lence de Midias, de son luxe fastueux? je l'ignore, mais je vois les outrages que, fier de son or, il fait rejaillir sur la multitude et sur les premiers qu'il rencontre...

Seul riche, seul éloquent, cet ennemi des dieux ne voit dans les autres que des êtres impurs, des mendiants, des gens de rien (τοὺς οὐδέν). Que ne fera-t-il, ce contempteur superbe, s'il est absous!... Depuis le jour où une première sentence l'a condamné, Midias déclame, invective, crie. S'agit-il d'une élection? Midias d'Anagyronte se met en avant; il est l'homme d'affaires de Plutarque; il est dans la confidence des secrets; Athènes ne peut le contenir. Or, dans tous ces mouvements il n'a évidemment d'autre but que de montrer que la sentence du peuple ne l'a pas atteint; il ne la craint pas, il ne redoute pas le procès qui la suivra. Penser s'avilir en semblant vous craindre, faire parade de vous braver, n'est-ce pas, Athéniens, mériter dix fois la mort? Oui, il s'imagine que vous serez impuissants à prononcer sur son sort. Riche, audacieux, altier dans ses sentiments, altier dans son langage, violent, effronté, quand le saisirez-vous, s'il vous échappe aujourd'hui?

Fût-il innocent sur le reste, les discours dont il vous poursuit, les circonstances où il les prononce mériteraient, à mon sens, le châtiment le plus rigoureux. Vous le savez: annonce-t-on une nouvelle heureuse pour la patrie et propre à nous réjouir tous, on ne voit jamais Midias au nombre de ceux qui félicitent le peuple et partagent sa joie. Mais survient-il un de ces revers que tous auraient voulu détourner? le premier il se lève, il monte aussitôt à la tribune, il insulte au malheur

---

ple. S'il était simple dans son train de vie et réservé dans ses manières, échapperait-il à la médisance? pas davantage. Stéphanos a la figure austère, il marche le long des murs : il veut passer pour humble et n'est qu'un avare égoïste qui songe à protéger sa bourse; un visage renfrogné, un extérieur glacial lui serviront de barrière contre les solliciteurs et les mendiants (*Contre Stéphanos,* Didot, p. 588, § 68). Il est difficile de contenter tout le monde et le sycophante athénien. Nicias, brave à la guerre, vivait à Athènes le cœur toujours transi, à la seule pensée des délateurs. Il sortait peu, marchait très discrètement sur la voie publique et toujours la monnaie à la main (Plutarque, *Vie de Nicias,* et *Fragments* des poètes comiques).

des temps, et, triomphant du silence auquel la tristesse et
l'infortune vous réduisent : « Mais aussi, Athéniens, vous
êtes des gens étranges ; vous ne partez pas pour la guerre,
vous refusez de contribuer, et puis vous êtes surpris de vos
mauvais succès ! Vous imaginez-vous que je contribuerai pour
vous et que vous jouirez de mes largesses ? Me croyez-vous
disposé à équiper des vaisseaux pour que vous ne les montiez
pas ? » Voilà comme il vous outrage et, à l'occasion, dévoile en
tous lieux l'aigreur et la malveillance que son cœur nourrit
secrètement contre le peuple. Eh bien ! Athéniens, quand,
pour vous abuser et vous séduire, il emploiera les gémisse-
ments, les larmes, les prières, répondez-lui à votre tour :
« Mais aussi, Midias, tu es un homme étrange. Tu prodigues
l'insulte, tu refuses de réprimer les violences de tes mains, et
et puis tu es surpris d'être victime de ta méchanceté ! T'imagi-
nes-tu que nous nous courberons sous tes coups et que tu
nous frapperas impunément ? que nos suffrages te feront
grâce et que tu persisteras dans tes violences ?

Supposez, ô juges, nos vœux repoussent cette prévision et
elle ne se réalisera pas, mais supposez ces hommes maîtres
de la République avec Midias et ses pareils. Un simple citoyen pris dans les rangs du peuple, coupable envers l'un
d'eux d'une offense quelconque, beaucoup moins grave que
celle de Midias envers moi, comparaît devant un tribunal composé de tels juges : pensez-vous qu'il y obtiendra pardon ou le
droit de se défendre ? Aussitôt ils lui feront grâce, n'est-ce
pas ? ils écouteront la prière d'un homme du peuple ? Ne s'em-
presseront-ils pas plutôt de s'écrier : « L'envieux, le misérab-
ble ! il fait l'insolent, lui qui devrait s'estimer heureux qu'on
lui permette de vivre ! » Traitez-les donc, Athéniens, comme
ils vous traiteraient eux-mêmes ; ne soyez pas éblouis de leurs
richesses, de leur crédit ; mais considérez ce que vous êtes.
Ils ont de grands biens dans la possession desquels personne
ne les trouble ; qu'à leur tour ils ne vous troublent pas dans
la sécurité dont la loi assure la jouissance à tous les citoyens.

En d'autres termes : soyez pour ce riche ce que les
riches seraient pour vous, sans pitié, sans justice. —
Voilà une façon singulière de défendre les droits du
peuple et de plaider pour l'égalité. L'orateur ici pousse

à la haine des citoyens les uns contre les autres, à l'iniquité de représailles préventives ; il attise le feu des rancunes et des jalousies populaires, et quand il voit l'auditoire monté au diapason où sa passion personnelle l'a voulu mettre, il n'oublie pas de lui dire, au moment où la sentence va être prononcée : « Persistez dans les sentiments dont vous êtes animés en ce moment, » tant il craint que la haine allumée ne se refroidisse et que la vengeance ne lui échappe !

Démosthène, homme d'État, s'efforçait de tenir la balance égale entre les diverses classes de la cité. Il leur parlait avec une autorité que justifiait un dévouement impartial. Un ressentiment personnel a inspiré à l'homme privé des récriminations dignes d'un démagogue séditieux. Quoi d'étonnant que les sycophantes eussent souvent gain de cause devant un tribunal préparé de cette façon, si Démosthène s'abaisse à manier comme eux les passions les plus basses ; s'il ameute les pauvres contre les riches, les petits contre les grands? La *Midienne* n'a pas été prononcée (l'accusateur se désista et accepta un accommodement); elle aurait dû, à cet égard, n'être pas même écrite.

Eschine, selon Démosthène, n'a soulevé le débat de la *Couronne* que pour avoir une occasion illustre de le traîner dans la boue. La violence et l'acharnement du pamphlétaire semblent justifier ce soupçon. Le regret d'Eschine est de ne pas voir sa vertueuse indignation partagée par les Athéniens : « Telle est votre disposition à l'égard de Démosthène : l'habitude vous a blasés sur le récit de ses crimes. Il faut changer, Athéniens ; il faut vous indigner et punir, si vous voulez sauver les débris de la République [1]. » L'orateur va les aider

---

[1] Ici nous faisons allusion indistinctement aux invectives dirigées contre Démosthène dans les harangues de l'*Ambassade*, de la *Couronne*, et dans le plaidoyer *Contre Timarque*.

de son mieux à s'inspirer des sentiments convenables :
« S'il est dans un coin du monde un genre de perversité dans lequel je ne prouve pas que Démosthène ait
excellé, je demande la mort. » Voilà des déclarations
riches de promesses, et si l'insulteur ne les tient pas,
ce n'est pas faute de bonne volonté. S'attaque-t-il à
l'homme ? il note ses mœurs dissolues, son mépris de
toutes les affections de la famille. Sa fille, on sait
comment il l'a pleurée ; sa femme, allez demander à
Cnosion le cas que ce digne époux fait d'elle. Un vice,
dit-on, coûte plus à entretenir que deux enfants. Démosthène qui n'a pas d'enfants (légitimes), travaille à
nourrir ses vices. Bientôt ruiné, il se vend à des clients,
logographe infidèle, salarié et dupeur des deux parties.
Cet ennemi des tyrans (ὁ μισοτύραννος), il s'est vendu
à Philippe, à Alexandre, tout en les insultant pour
mieux cacher son jeu, comme chacun sait ; pas une
seule partie de son corps, y compris la langue, qu'il
n'ait vendue, et il fait l'Aristide ! Midias le soufflette en
public : heureuse rencontre ! Démosthène escomptera
ces « coups de poing. » L'argent ne sent jamais mauvais, même celui qu'on espère extorquer d'un cousin,
Démomélès de Péania, en se faisant de sa propre main
des incisions à la tête.

Homme public, Démosthène aura ses coudées franches et fera les choses en grand. Jadis il avait dû se contenter de donner la chasse aux riches orphelins, de
spolier les pupilles, de dépouiller même un malheureux exilé, Aristarque. Désormais ce « coupeur de
bourse » (βαλαντιοτόμος) va piller les finances de la
République, détourner à son profit les tributs des
alliés, s'attribuer les libéralités des peuples étrangers.
Il est « inondé » de l'or de la Perse. N'a-t-il pas été
convaincu du vol des soixante et dix talents offerts par

Darius, alors que neuf de ces talents auraient suffi au salut des Thébains, dont l'infortune lui a tiré tant de larmes ? N'a-t-il pas escamoté toute une escadre de soixante-cinq vaisseaux ? Un tel homme, revenant à son métier de sophiste, aura peu de mérite à réussir ses tours de passe-passe oratoires. Impudent parjure, oublie-t-il qu' « il lui faut changer d'auditeurs ou de dieux ? » — « Thersite moderne » pour l'insolence de sycophante, il l'est encore pour la lâcheté. Brave en paroles, fuyard au combat, habile à bien dire, impuissant à bien faire, cet hypocrite, souillé de tous les vices, affecte la vertu (κάθαρμα ζηλοτύπουν ἀρετήν). Il a trempé dans deux assassinats. Violateur des droits les plus sacrés, il poursuit ses hôtes au criminel et les fait condamner à mort. Il accuse les autres de versatilité, « ce déserteur que le fer chaud a oublié de flétrir, » cette « brute indigne du nom d'homme. » Les scélérats les plus fameux de la Grèce, Eurybate, Phrynondas étaient gens ordinaires auprès de lui. Quoi d'étonnant si la malédiction attachée à sa nature impure et à son impiété a ruiné la patrie et provoqué les désastres inouïs qui ont ébranlé le monde entier?

Cette esquisse adoucie des tablettes d'Eschine donne une idée des violences du développement original et inspire peu de confiance dans l'innocence d'Eschine. Tu te fâches, donc tu as tort. Démosthène a touché de la pointe aiguë de son stylet la plaie secrète. Le blessé crie ; incapable de se justifier, il insulte.

Dernièrement, vous le savez, dans la récente assemblée du Pirée où vous refusiez une mission à Eschine, il criait qu'il m'accuserait de haute trahison et il poussait ses clameurs accoutumées. C'était le prélude de discours prolixes, de longs débats ; pourtant il suffisait de quelques paroles simples, de deux ou trois, peut-être, telles qu'un esclave novice aurait pu les trouver : « Athéniens, l'affaire est bien étrange ; il m'accuse de crimes dont il est complice ; il dit que j'ai reçu de l'argent, et il en a reçu avec nous. » Or, Eschine n'a rien dit de cela, il n'en a pas ouvert la bouche, nul ne l'a entendu parler ainsi. Au lieu de cela il proférait des menaces étrangères au sujet. Pourquoi ? c'est que sa conscience de coupable le faisait trembler comme un esclave devant la révélation (δοῦλος ἦν τῶν ῥημάτων τούτων). Loin de se porter de ce côté, sa pensée s'en détournait, maîtrisée par la conscience. Mais il était libre et à son aise dans la carrière de l'injure, de l'invective (*Ambassade*).

A diverses reprises Démosthène s'est plaint de la « cruauté » d'Eschine. Cette cruauté paraît assez dans l'adresse envenimée de ses invectives. Jamais orateur ne fut plus adroit à peindre sentiments et actions sous des couleurs odieuses, à flatter, au détriment d'un ennemi, les bas instincts de la multitude. Aussi, les termes dont Démosthène caractérise la haine outrageuse d'Eschine n'ont rien de trop fort. Eschine, le salit de boue (προπηλακισμός); il vomit sur lui « la vieille lie (ἑωλοκρασίαν), l'affreux mélange de sa corruption et de ses iniquités. » On comprend que, déchiré par une dent si venimeuse, Démosthène ait cru devoir deux fois, dans son exorde, en appeler à tous les immortels : il semble que leurs protections réunies ne seront pas de trop pour le sauver.

III. Démosthène se déclare « non ami de l'invective par nature; » néanmoins, il en était à l'occasion très capable. Nous avons déjà remarqué (p. 69) la sensibilité impressionnable de Démosthène; Eschine le compare à une femme pour la vivacité de la passion, γυναικείῳ ἀνθρώπῳ τὴν ὀργήν. Or, toute âme sensible est aisément vindicative. Boileau disait au tendre Racine, si peu tendre dans ses épigrammes et dans ses démêlés avec Nicole (à l'occasion des lettres intitulées

les Visionnaires) : « Si vous aviez fait des satires, vous
les auriez faites plus mordantes que moi. » Les âmes
les plus accessibles aux impressions affectueuses le
sont quelquefois aux émotions contraires ; leur sensibilité les condamne à être toujours touchées profondément. Ainsi Démosthène, nature nerveuse, très
facile aux larmes, semblait plus capable que les phleg-
matiques de ressentiments pénétrants. On le voit à la
blessure cuisante que lui fit l'outrage de Midias ; après
de longs jours, la plaie le brûle encore :

> C'est par un ennemi à jeun, le matin, dans des intentions
> outrageantes et non dans les fumées du vin, en présence d'un
> grand nombre de citoyens et d'étrangers que j'ai été insulté...
> Ce n'est pas le coup, c'est l'affront qui excite la colère.
> L'homme libre frappé ne s'indigne guère de cette violence,
> mais il s'indigne d'être frappé avec insulte. Maintes circons-
> tances ont pu accompagner le coup, dont même quelques-unes,
> Athéniens, ne sauraient être exprimées par celui qui l'a reçu.
> Le geste, le regard, le ton d'un homme qui frappe pour insul-
> ter, qui frappe par haine, qui frappe du poing, qui frappe sur
> la joue, voilà ce qui émeut, voilà ce qui jette hors d'eux-mê-
> mes des hommes non habitués à être couverts de boue.

Les soufflets que lui avait donnés Eschine aux yeux
de toute la Grèce ne pouvaient lui être moins douloureux. Obligé de se défendre, Démosthène ne veut pas
quitter la tribune « en lui laissant le moindre avantage. »
Il lui rendra donc outrage pour outrage « avec le plus
de modération possible, » en se bornant « au strict
nécessaire. » Eschine lui a tracé sa voie. Il a prétendu
démontrer que la fortune privée de Démosthène a pré-
cipité vers la ruine la fortune publique : Démosthène
établira qu'il est meilleur qu'Eschine et né de meilleurs,
et qu'à tous égards la condition de sa vie entière a été
plus heureuse que celle de son accusateur. On devine
la portée de l'antithèse. La vie entière d'Eschine sera

avilie; et non seulement Eschine, mais lui et les siens passeront sous le fouet de l'orateur [1].

On regrette de voir l'œuvre si belle du discours de la *Couronne* déparée d'outrages grossiers qui répugnent à la délicatesse moderne. On passerait à Démosthène ses railleries à l'adresse du père d'Eschine, l'esclave *Tromès* (le Trembleur) se transformant lui-même en *Atrométos* (l'Intrépide). Labruyère a relevé ces anoblissements syllabiques, travestissements renouvelés des Grecs : l'esclave Syrus a fait fortune ; le voilà tout à coup devenu *Cyrus !* — Mais est-il bienséant de s'acharner sur Glaucothéa, l'Empuse de carrefour, la bohémienne qui se marie tous les jours ? Aristophane lui-même n'a pas outragé à ce point la marchande d'herbes qui a fait présent à Athènes d'Euripide le sophiste. Eschine a fait défiler sa famille devant le tribunal appelé à juger le procès de l'*Ambassade*. Elle défile de même dans le discours de Démosthène, mais sous les malédictions d'un ennemi qui lui crache au

---

[1] Ce procédé était familier à l'éloquence grecque : parents, amis, défenseurs de la partie adverse étaient maltraités comme elle. On n'attendait même pas toujours la naissance du personnage pour le bafouer ; on devançait le berceau. — Midias est né, qui l'ignore ? à la dérobée, mystérieusement, à la façon de certain héros de tragédie. Sa mère, à peine né, lui voulait rendre justice par anticipation ; femme d'un grand sens, elle le vendit, une autre l'acheta. L'insensée ! ne pouvait-elle, au même prix, faire une meilleure emplette ?... Et la suite à l'avenant. Aristophane persécute volontiers ses adversaires (ainsi Lamachos, Cléonyme) jusque dans leurs enfants. Eschine, qui a traité Démosthène de « bâtard d'armurier, » n'a pas trouvé à mordre à son gré sur le père et la mère (son père « était libre, il ne faut pas mentir ») ; il remonte donc jusqu'à l'aïeule « une barbare » et à l'ancêtre maternel, un certain Gylon « condamné à mort comme traître. »

visage. Qu'est devenue la grandeur d'âme du magistrat
patriote s'inspirant à la tribune de la majesté d'A-
thènes? A entendre Eschine et Démosthène, on se
croirait transporté des Propylées au milieu des halles.
Une marchande reconnaissait l'étranger Théophraste
à son accent. L'accent des deux antagonistes demeure
attique sans doute ; mais l'atticisme véritable trouve-t-il
place dans des invectives empruntées, ce semble, aux
bas fonds du Pirée ?

Laissons de côté ce que notre orateur lui-même
aurait dû omettre, et citons seulement une page qui
demeure digne de lui :

Mais toi, auguste personnage qui conspues les autres, compare ta fortune à la mienne. Nourri dans la misère, enfant, tu
servis avec ton père chez un maître d'école ; tu broyais l'en-
cre, tu épongeais les bancs, tu balayais la classe, emploi d'esclave, non d'enfant libre[1]. Jeune homme, tu lisais le grimoire

[1] Ce dénigrement de la chétive condition d'Eschine et de sa
famille s'accorde mal avec la passion des Athéniens pour l'égalité démocratique. La loi permettait d'accuser celui qui reprochait à un citoyen ou à une citoyenne de faire le petit commerce. « Jamais, à Athènes, l'obscurité de son rang n'a fermé
au pauvre l'accès des emplois publics. On n'y reproche à personne l'aveu de sa pauvreté, mais l'indolence qui ne s'en délivre
point par le travail » (Thucydide, II, 37). Aristophane constate
le même fait à sa manière, en peignant la République aux mains
de marchands d'étoupes, de moutons, de cuir et de boudin.
Quand il bafoue le jeune Eschine balayeur d'école, ses frères
scribes en sous-ordre ou peintres de tambourins, Démosthène
sent qu'il côtoie un écueil : « Au nom de Jupiter et des autres
dieux, qu'on ne m'accuse pas de déraison ! Je le reconnais,
c'est manquer de sens que d'outrager la pauvreté ou de se glo-
rifier d'avoir été nourri dans l'abondance. » Appelé plus d'une
fois, comme logographe, à défendre de petites gens, il avait
toujours eu soin de parler des pauvres avec sympathie, et de

à ta mère pendant qu'elle initiait ; tu l'aidais dans ses opérations magiques. La nuit, tu revêtais les initiés d'une peau de faon, tu remplissais les coupes, tu versais l'eau lustrale, tu les frottais de son et d'argile ; tu les relevais après la purification et leur faisais dire : *J'ai fui le mal, j'ai trouvé le bien,* tout fier de hurler [1] mieux que personne ; cela, je le crois : ne pensez pas, en effet, qu'avec une si forte voix ses hurlements n'aient pas eu un éclat inimitable. Le jour, tu conduisais par les rues cette troupe brillante couronnée de fenouil et de peuplier ; tu pressais les serpents de tes mains, tu les élevais au-dessus de ta tête, criant : *Évoé ! Saboé !* et dansant au chant de : *Attès hyès, Attès hyès ;* salué par les vieilles femmes du nom de chef, de prince de la troupe, de porte-corbeille, de porte-van et autres titres aussi magnifiques. Ton salaire, c'étaient des gâteaux, des tourtes, des pains frais. En vérité, qui ne le proclamerait heureux et n'envierait une telle fortune ! Plus tard tu fus inscrit parmi les citoyens de ton dème ; par quel moyen, il n'importe. Inscrit enfin, tu choisis aussitôt le plus beau des emplois, celui de greffier et de valet des petits magistrats. Tu quittas encore ce métier après y avoir fait tout ce que tu reproches aux autres, et par Jupiter ! la suite de ta vie n'a point terni ce brillant début. Tu te mis aux gages de ces comédiens fameux, Simylos et Socratès, surnommés les lamentables, les gémisseurs (βαρυστόνοις). Acteur des troisièmes rôles et maraudeur, tu cueillais figues, raisins, olives sur le terrain d'autrui, comme si tu avais acheté la récolte. Dans ces expéditions tu as reçu encore plus de coups que sur le théâtre, où tes pareils et toi vous aviez à défendre votre vie. Car les spectateurs vous avaient déclaré une guerre sans trêve ni merci, où de nombreuses blessures t'ont donné le

---

faire valoir leurs titres à la compassion. Ainsi le discours *Contre Eubulide* est un plaidoyer touchant en faveur des professions humbles et des nécessiteux. Mais ici, les déclamations d'Eschine sur la prétendue mauvaise fortune de Démosthène l'obligent à ravaler avec mépris celle de l'accusateur.

[1] Ὀλολύξαι désigne un cri aigu analogue sans doute au *you-you* des musulmanes célébrant, par exemple, la Fête du mouton. Cf. Démosthène, *Ambassade*, Didot, p. 212, § 209, βοῶντα καὶ ἰοὺ ἰού.

droit de railler comme lâches ceux qui n'ont pas couru les mêmes périls.

Mais laissons de côté ce dont on peut accuser l'indigence, et abordons les vices mêmes de ta nature. Dans les affaires publiques (car un jour l'idée te vint aussi de t'en mêler), la politique de ton choix fut telle, que dans les prospérités de la patrie tu vivais de la vie d'un lièvre, craintif, tremblant, voyant toujours suspendue sur ta tête l'expiation des crimes que te reprochait ta conscience. Au jour de nos malheurs, ton assurance a frappé tous les yeux. Or, celui qu'a rassuré le trépas de mille citoyens, quel châtiment ne mérite-t-il pas de la main de ceux qui survivent ? J'aurais encore bien d'autres choses à dire de lui, je les tairai. Je ne crois pas devoir révéler indiscrètement toutes les hontes et turpitudes dont cet homme est souillé, mais seulement celles dont je puis parler sans me souiller moi-même. Rapproche donc ta vie de la mienne avec calme, sans aigreur, Eschine, et demande à ces citoyens laquelle chacun d'eux aurait choisie. Tu enseignais les premières lettres, moi je fréquentais l'école ; tu initiais les autres, moi j'étais initié ; tu figurais dans les chœurs, moi je les offrais au peuple [1] ; tu étais scribe, moi orateur ; tu étais histrion subalterne, moi spectateur ; tu tombais sur la scène [2], je sifflais ; dans le gouvernement tu as tout fait pour l'ennemi et moi tout pour la patrie. Mais abrégeons le parallèle : aujourd'hui même où il s'agit pour moi d'une couronne, ma vie est reconnue pure de tout reproche ; ton lot, à toi, est d'être jugé calomniateur et tu cours le risque d'être obligé de renoncer à ton métier, si tu n'obtiens pas la cinquième partie des suffrages. Tu le vois, Eschine, l'heureuse fortune de ta vie te donne le droit d'accuser la mienne avec mépris. Allons, donnons lecture des témoignages des charges publiques que j'ai remplies ; et toi, dis-nous (ce sera la contre-partie) les vers que tu débitais si mal :

[1] Proprement : tu étais choriste, moi chorège.

[2] Eschine, tritagoniste, jouait les rôles sacrifiés et, « à titre de récompense, » celui des rois et des tyrans. C'est en jouant celui d'Œnomaos, dans le bourg de Collytos, qu'il fit une chute risible, dont l'acteur ne put se relever. De là l'épithète « d'Œnomaos de village » que lui donne Démosthène.

> Je viens des sombres bords des portes de la nuit...

et :

> Sachez que malgré moi j'annonce des malheurs ;

et .. Que les dieux, que tous nos juges t'exterminent comme tu le mérites, méchant citoyen, méchant acteur ! — Greffier, lis les témoignages.

Un jour les Athéniens voulaient obliger Démosthène à accuser un citoyen ; il s'y refusa, et comme le peuple murmurait : « Athéniens, je vous donnerai toujours mes conseils, quand même vous ne le voudriez pas ; mais je ne ferai jamais le métier de sycophante, quand même vous le voudriez. » Démosthène repousse dans Eschine un sycophante et avec plus de dignité que n'en a gardé l'agresseur. Il vengeait la République et les honnêtes gens en se vengeant lui-même. Aussi l'on ne saurait dire, en l'écoutant, quel sentiment l'emporte chez lui, de la haine d'Eschine ou de l'amour d'Athènes, tant son ardeur à le combattre est mêlé d'animosité personnelle et de patriotisme. Le mélange presque continu de ces deux passions donne à ses invectives un accent généreux qui les élève au-dessus d'un pamphlet ordinaire. Quand il montre le député prévaricateur courant auprès de Philippe à la curée, ou faisant marché d'une cité à laquelle lui et les siens devaient tant, son discours unit le ton d'un réquisitoire aigri de ressentiments privés à celui d'une réprobation solennelle adressée par la Patrie.

Cinq ou six jours après, les Phocidiens sont détruits ; Eschine voit son marché se consommer comme un marché ordinaire. Dercylos annonce à l'Assemblée du Pirée que la Phocide n'est plus : à cette nouvelle, Athéniens, vous faites

votre devoir, vous gémissez sur les infortunés ; saisis d'effroi
pour vous-mêmes, vous décrétez le transport des femmes et
des enfants hors des campagnes, l'armement des forts, la construction d'un mur protecteur du Pirée, la célébration dans la
ville de la fête d'Hercule. Cependant que fait dans Athènes
troublée, alarmée à ce point, le sage, l'habile, le sonore
Eschine ? Sans mandat du conseil ni du peuple, il part en ambassade vers l'auteur de ces maux ; il ne considère ni la maladie attestée par serment, prétexte de sa démission, ni le
choix fait de son remplaçant, ni la mort, dont la loi punit un
tel crime, ni l'absurdité flagrante de traverser Thèbes et
l'armée thébaine, maîtresse de la Béotie entière et de la Phocide, après avoir publié que les Thébains avaient mis sa tête à
prix ; il part oubliant tout, négligeant tout, tant le salaire
l'attire et le frappe de vertige...

Il oubliait que le salut de la patrie est notre salut ; que dans
cette patrie, sa mère a dû à son métier d'initiations et de puri-
fications et à l'argent des pratiques, de l'élever lui et tous ses
frères ; que là vivait misérablement, mais enfin il y vivait, son
père maître d'école ; que là encore, scribes subalternes et va-
lets de tous les magistrats, ceux-ci ont fait de l'argent ;
qu'enfin, élus par vous greffiers publics, ils ont été deux ans
nourris dans la Tholos (demeure des pensionnaires de l'État),
et que lui-même il est parti de cette même patrie ambassadeur.
Il n'a tenu compte d'aucun de ces bienfaits, et loin de pourvoir
à sa navigation prospère, il l'a renversée, submergée ; il a usé
de toutes les manœuvres possibles pour la livrer aux ennemis
(*Ambassade*)...

Et après cela, tu parles encore, tu oses regarder tes concitoyens en face ! Penses-tu donc qu'ils ne sachent pas ce que tu
es ? les crois-tu tous oublieux ou endormis à ce point ?... Sa
vénalité, voilà ce qu'il appelle amitié, hospitalité. *Il me reproche d'être l'ami d'Alexandre*, disait-il tout à l'heure. Moi,
te reprocher l'amitié d'Alexandre ! Je ne suis pas si insensé ;
à moins que les moissonneurs et autres gens de salaire ne
doivent s'appeler les hôtes, les amis de qui les paie... En effet,
à quel titre honnête et légitime Eschine, le fils de Glaucothée,
la joueuse de tambourin, aurait-il été l'hôte ou l'ami de Philippe, ou même connu de lui ? Pour moi, je ne le vois pas ;
mais je vois que tu t'es mis à ses gages pour lui livrer les intérêts des Athéniens qui nous écoutent. Mercenaire de Philippe

d'abord, mercenaire d'Alexandre aujourd'hui, tel est le nom que je te donne, moi et tous ces citoyens. Si tu en doutes, interroge-les, ou plutôt je vais le faire pour toi : — Hommes d'Athènes, que vous en semble? Eschine est-il l'hôte d'Alexandre ou son mercenaire?... Tu entends ce qu'ils disent! (*Sur la Couronne*).

Et le député coupable de tant d'actions honteuses et toutes contre vous, il va deçà delà, disant : « Que vous semble de Démosthène qui accuse ses collègues? » Oui, par Jupiter ! bon gré, mal gré, je t'accuse après les perfidies que tu as tramées contre moi durant tout le voyage, et placé dans l'alternative de paraître complice de ces crimes où d'accuser. Mais moi, ton collègue? non, non. Ta mission fut toute criminelle, la mienne toute dévouée au bien de l'État. Philocrate, voilà ton collègue ; les collègues de Philocrate, c'était toi et Phrynon. Même conduite, mêmes vues vous unissaient. « Où sont nos tables, nos repas, nos libations communes! » s'écrie en tous lieux ce tragédien, comme si la rupture de ces liens était l'œuvre du juste et non du pervers! Je vois tous les prytanes participer chaque jour aux mêmes immolations, aux mêmes repas, aux mêmes libations. Les bons n'imitent pas pour cela les méchants ; mais s'ils découvrent parmi eux un coupable, ils le dénoncent au conseil et au peuple. Des libations, des cérémonies saintes unissent les stratèges et presque tous les corps de l'État. Accordent-ils pour cela l'inviolabilité aux membres prévaricateurs? loin de là. Léon accuse Timagoras, son collègue d'ambassade pendant quatre ans... ; Conon, cet ancien illustre, accuse Adimante, stratège comme lui. Parmi eux, qui donc, Eschine, brisait les symboles de la confraternité? Étaient-ce les traîtres, les députés infidèles, les receveurs de présents ou leurs accusateurs? Évidemment c'étaient ceux qui violaient, comme toi, non seulement des engagements privés, mais les engagements sacrés de la patrie...

Quel est, à votre avis, l'Athénien le plus éhonté, le plus insouciant du devoir, le plus impudent? Nul, j'en suis sûr, sa langue dût-elle broncher, ne désignera un autre citoyen que Philocrate. Quel est l'orateur doué de l'organe le plus puissant, et capable de dire tout ce qu'il veut de la voix la plus claire, la plus sonore? c'est Eschine, direz-vous. Quel est celui à qui ces hommes reprochent le défaut de hardiesse devant les foules, et une timidité que j'appelle discrétion ? c'est moi. En effet, de ma part, jamais d'importunités fatigantes, ni de violences de tribune à votre égard. Cependant, toutes les fois que dans les assemblées il est question de l'ambassade des serments, vous m'entendez toujours accuser, convaincre ces députés, leur dire en face : « Vous avez reçu de l'or, vous avez vendu tous les intérêts de la République. » Aucun d'eux n'a jamais contredit mes paroles ni ouvert la bouche, ni même ne s'est montré. Hé quoi ! les citoyens au front le plus endurci, aux poumons les plus vigoureux, sont à ce point vaincus par moi, de tous les orateurs le plus timide, le moins puissant par la voix ! D'où vient cela? de la force de la vérité, de la faiblesse attachée à la conscience de leur trahison. Voilà ce qui brise leur audace, enchaîne leur langue, leur clôt la bouche, les serre à la gorge, les contraint à se taire (*Ambassade*).

N'est-il pas regrettable de voir un orateur capable de tels mouvements recourir à l'invective injurieuse? A quoi bon outrager son ennemi, quand on a la force de l'écraser?

IV. La violence des invectives grecques nous blesse; les Athéniens en étaient médiocrement touchés; en certaines matières, ils étaient blasés et gens à ne s'étonner de rien. Des peintures virulentes étant seules capables de les émouvoir, le pamphlétaire était obligé de frapper fort, de transformer sa plume en fer rouge. Voyez de quel ton Aristophane fait, dans les *Nuées*, la morale à ses concitoyens : l'*Injuste*. « Jeune homme, suis mes leçons, et tu pourras satisfaire tes passions, danser, rire, ne rougir de rien. Es-tu surpris en adultère? rappelle au mari l'exemple de Jupiter : simple mortel peux-tu être plus fort qu'un dieu? — *Le Juste :* Et si l'on empale ton élève, comment prouvera-t-il qu'il n'est pas un crapuleux débauché? — Et où est le mal d'être crapuleux? — Est-il rien de pis qu'une telle renommée? — Et que diras-tu, si je te bats encore sur ce point? — Il faudra bien me

taire. — Eh bien, réponds : nos avocats, que sont-ils?
— De la crapule (ἐυρόπρωκτοι). — Rien de plus vrai;
et nos poètes tragiques? — De la crapule. — Bien dit.
Et nos orateurs politiques? — De le crapule. — Tu
reconnais donc que tu as dit une niaiserie. Et les
spectateurs, que sont-ils pour la plupart? regarde-les.
— Je les regarde. — Eh bien! que vois-tu? — Par les
dieux! ils sont presque tous de la crapule. Tiens, celui-ci je le connais pour tel, et celui-là, et cet autre
qui a de longs cheveux. — Qu'as-tu à dire? — *Le
Juste :* Je suis vaincu. Débauchés, au nom des dieux,
recevez mon manteau. Je passe dans vos rangs. » Eschine reproche aux auditeurs de Démosthène d'avoir
toléré des monstres d'expressions : « Vous êtes de fer
(ὦ σιδήρεοι)! » Les moralités d'Aristophane prouvent
encore mieux à quel point leur épiderme était épais
et endurant.

A l'endroit des méchants propos, les anciens étaient
en général plus patients que nous. Un citoyen insulte
Phocion parlant en public : l'orateur s'arrête, et quand
l'homme a fini de l'injurer, imperturbable, il reprend :
« Je vous ai déjà parlé de la cavalerie et des troupes
pesamment armées; il me reste à vous entretenir des
troupes légères. » Durant toute la journée un insolent
avait injurié Périclès sur la place publique, sans que
ce dernier lui répondît un seul mot et cessât d'expé-
dier les affaires. Le soir Périclès se retire tranquillement chez lui, toujours suivi de l'insulteur l'invective
à la bouche. Arrivé à la porte de sa maison, comme
il faisait déjà nuit, il appelle un de ses esclaves :
« Prends un flambeau et reconduis cet homme chez
lui. » Julien l'*Apostat* (mot bien dur : à ce compte
pourquoi ne pas l'appliquer à Henri IV?), Julien à An-
tioche, cité frivole et railleuse, avait entendu les plai-

sants se moquer de ses façons austères et de sa longue
barbe philosophique. Au lieu d'un édit vengeant la
majesté impériale publiquement violée, Julien répond
par le *Misopogon* : il fait bon aux peuples d'avoir des
empereurs hommes d'esprit. Le duc de Montausier
voulait envoyer les médisants rimer dans la rivière :
avec ce système, les rivières de l'Attique auraient été
bientôt comblées. Les Athéniens, plus tolérants,
voyaient dans l'invective un exercice de tribune et
n'en étaient pas touchés plus que de raison.

Le Philocléon des *Guêpes*, s'apercevant qu'il a par
mégarde absous l'accusé, s'évanouit. Ce trait ne donne
pas une idée favorable de la clémence des juges athéniens; et pourtant ils semblent toujours trop compatissants au gré de l'accusateur. Aux galères! s'écrie
Perrin Dandin en tout état de cause. « A mort! » telle
est la formule consacrée à Athènes dans les causes
criminelles, avec des variantes plus ou moins éloquentes : « Saisissez pour le supplice ce pirate dont
les courses oratoires désolent la République » (Eschine). Les Athéniens, on l'a vu plus haut (p. 216),
ne prenaient pas l'orateur tout à fait au sérieux, et à
bon droit; car lui-même se faisait peu d'illusion sur
la portée de ses cris de mort et sur l'issue du débat.
Démosthène demande la tête d'Eschine, « tête criminelle. » Tuez-le! « non pas une fois, mais trois fois. »
Il est digne « des derniers supplices. » Après avoir
paru si altéré de sang, vers la fin de la harangue il se
calme. Il ne parle plus de supplice réel, mais de mort
civile, mort métaphorique qui enlevait seulement au
condamné ses droits de citoyen (*deminutio capitis*).
Même son dernier mot ne précise aucune peine. Il demande simplement « le châtiment » de son adversaire.
Ces tergiversations peuvent dans l'espèce être attri-

buées à un motif particulier. Le procès de l'*Ambassade*
n'était pas, à proprement parler, une accusation formelle de haute trahison (εἰσαγγελία), mais une poursuite en reddition de comptes (εὐθύνη). Or, ces sortes
de causes étaient de celles où la peine, non déterminée par la loi, était laissée à la discrétion du tribunal
(ἀγὼν ἀτίμητος). De là, en partie, l'indécision de l'orateur dans la peine à requérir, et ses conclusions vagues. Mais la raison dominante de la contradiction où
il tombe à bon escient, est la quasi-certitude de ne pas
obtenir la sanction capitale réclamée. Il connaît l'indifférence morale de ses auditeurs, et il les sait plus
disposés à goûter le malin plaisir d'écouter les outrages rendus à Eschine, qu'à partager contre lui les
ressentiments patriotiques de l'orateur. Démosthène
poursuivait dans Eschine un ennemi privé et un
ennemi public. Quel grief personnel les Athéniens
avaient-il contre lui? Ils n'aimaient pas assez leur
patrie pour le haïr.

Si l'ardeur de Démosthène à flétrir Eschine trouve
grâce devant nous, c'est au nom de la légitimité de sa
haine. Démosthène nous en découvre la source avec
franchise : « Je hais ces hommes, parce que, dans
l'ambassade, je les ai reconnus pervers et ennemis des
dieux, parce que leur vénalité, attirant votre déplaisir
sur la députation entière, m'a privé d'honneurs personnels. » Eschine n'a jamais avoué sa haine contre
Démosthène, parce qu'il ne pouvait en dire les motifs
sans se condamner. Il le haïssait par esprit de vengeance (Démosthène l'avait démasqué), et par l'effet
de la jalousie que les honnêtes gens inspirent à ceux
qui ne le sont plus. Ses diffamations laissent percer
l'impuissance de sa mauvaise foi. Cet homme dont il
fait un cloaque d'infamies, il n'ose le comparer à

aucun de ses contemporains et il en est réduit à lui aller chercher des rivaux dans le passé. Il disserte sur la prodigalité des récompenses publiques, profusion indiscrète qui décourage les bons sans corriger les méchants.

Pensez-vous, Athéniens, que pour gagner la couronne aux Panathénées ou dans les autres jeux, un athlète voulût s'exercer à la lutte mêlée de pugilat ou à tout autre combat pénible, si elle se donnait non au plus digne, mais au plus intrigant? Pas un ne le voudrait. Mais comme le prix est rare et difficile à conquérir, la victoire glorieuse et immortelle, il est des hommes qui, de bon cœur, dévouent leurs corps au péril et endurent les plus rudes fatigues. Voyez donc en vous les juges de la lice où combat la vertu civique. Si vous donnez les récompenses à un petit nombre, aux plus dignes et selon les lois, de nombreux athlètes se disputeront le prix de la vertu. Si vous en gratifiez le premier ambitieux venu, vous pervertirez les meilleurs naturels.

Je vais plus clairement encore montrer la justesse de mon raisonnement : lequel vous semble plus homme de cœur, de Thémistocle qui commandait la flotte victorieuse du Perse à Salamine, ou de Démosthène le déserteur? de Miltiade, vainqueur des barbares à Marathon, ou de ce lâche? Désignerai-je et ceux qui ramenèrent de Phylé le peuple fugitif (sous la conduite de Thrasybule) et Aristide le Juste, surnom un peu différent de ceux de Démosthène? Mais par les dieux de l'Olympe, c'est une inconvenance, à mes yeux, de nommer le même jour ce monstre de scélératesse et ces grands hommes. Qu'il cite dans sa harangue un seul d'entre eux qu'un décret ait couronné. Le peuple alors était-il ingrat? non, il était magnanime, et ces citoyens sans couronne étaient dignes de la République. Ils plaçaient leur gloire, non dans le texte d'un décret, mais dans le souvenir d'une patrie dont ils avaient été les bienfaiteurs, souvenir qui, depuis ces temps jusqu'à nos jours, subsiste encore et subsistera éternellement (*Contre Ctésiphon*).

Cette page éloquente développe une grande vérité morale et politique qui n'a pas échappé à l'auteur de *L'Esprit des lois* (V, 18) : l'abus des grandes récompenses dans un État est un signe de sa décadence; — mais Eschine en fait une application injuste et malveillante. Démosthène a le droit de la réfuter ainsi :

Tu as rappelé les grands hommes du passé et tu as bien fait. Mais il n'est pas juste, Athéniens, d'abuser de l'affection que vous portez à leur mémoire et d'établir un parallèle entre eux et moi, qui vis au milieu de vous. Ne sait-on pas que l'envie s'attaque plus ou moins aux vivants et que toujours la haine épargne un ennemi mort? Telle est la loi de notre nature, et c'est l'œil fixé sur nos devanciers que l'on me jugerait aujourd'hui? Non, il n'y aurait là ni justice, ni parité. Mais c'est à toi, Eschine, ou à celui de tes pareils que tu voudras, c'est à nos contemporains qu'il convient de me comparer. Considère encore lequel est le plus beau, le plus utile pour la cité, de répondre aux bienfaits récents par l'ingratitude et par l'outrage, parce que ceux des ancêtres sont d'une grandeur au-dessus de tout éloge, ou de laisser Athènes honorer et aimer tous ceux qui la servent avec affection. Et certes, qu'il me soit permis de le dire, si l'on examine de bonne foi ma vie politique, on reconnaîtra la conformité de mes principes avec ceux des grands hommes dont tu fais l'éloge, et la ressemblance de ta conduite avec celle de leurs calomniateurs. Car leur siècle aussi vit des méchants qui, pour ravaler les vivants, exaltaient les morts, basse jalousie image de la tienne.

Tu dis que je n'ai rien de ces illustres citoyens ; mais toi, Eschine, mais ton frère, mais tel des orateurs d'aujourd'hui, leur ressemblez-vous? non, pas un seul. De grâce, homme de bien (je t'épargne d'autres noms), compare les vivants aux vivants et les talents entre eux, comme on en use à l'égard des poètes, des danseurs, des athlètes. Philamnon, inférieur pourtant à Glaucos de Caryste et à quelques lutteurs d'autrefois, ne sortait pas d'Olympie sans couronne ; comme il était supérieur à ses antagonistes, on le couronnait, on le proclamait vainqueur. De même, Eschine, mets-moi face à face des orateurs de nos jours, de toi, de qui tu voudras ; je ne recule devant personne. Tant qu'il était permis à la République de choisir les conseils les plus salutaires, et à tous les citoyens de rivaliser de zèle patriotique, c'est moi que l'on voyait proposer les avis les meilleurs ; c'est par mes décrets, mes lois, mes ambassades que tout se faisait. Nul de vous n'a jamais paru devant le peuple que pour lui nuire. Après les événements (que les dieux ne les ont-ils détournés!), alors que l'on ne cherchait plus des conseillers fidèles, mais des esclaves dociles, des traîtres empressés à recevoir salaire contre la patrie, des adulateurs de l'étranger, alors tes pareils et toi, devenus grands personnages, vous brillâtes au premier rang, nourisseurs de riches coursiers. Moi j'étais peu de chose, j'en conviens ; mais je désirais plus que vous le bien de ma patrie (*Sur la Couronne*).

Le plaidoyer de la *Couronne* unit aux ardeurs d'une philippique contre Eschine la dignité d'une harangue nationale. Les invectives d'Eschine sont sans excuse : il calomniait Démosthène et, en l'insultant, il poursuivait une victoire souhaitée des Macédoniens.

CHAPITRE IX

L'ÉLOQUENCE GRECQUE AU POINT DE VUE DE LA VÉRITÉ ET DE LA MORALITÉ

Le Gaulois de nos jours est, à certains égards, le Gaulois de J. César. De même, les Hellènes contemporains de Philippe avaient conservé le type originel des Grecs de la guerre de Troie. La culture des siècles l'avait adouci, non effacé. L'un de ses traits est l'esprit de fourbe et de fiction mensongère. « Le brave grand-père » d'Ulysse, comme Homère l'appelle, Autolycos, l'emportait parmi les hommes dans l'art du vol et du parjure. Il devait cette qualité éminente, récompense de sacrifices pieux, à Hermès, le dieu de l'invention et de l'éloquence. Ulysse fut digne d'un

tel ancêtre. On sait avec quel naturel le roi d'Ithaque
tisse d'artificieux mensonges. « Je hais, » dit Achille,
« à l'égal des portes d'Hadès celui qui cache une pensée dans son esprit et en exprime une autre. » Ulysse,
à qui le fils de Thétis déclare ce sentiment, en reproduit ailleurs la formule, avec une variante expressive :
« Je hais à l'égal des portes d'Hadès l'homme qui dé-
bite des mensonges, cédant à la pauvreté. » Il ne hait
pas absolument la feinte, mais le misérable qui vit
de fiction, comme l'épopée. Si le mendiant Iros ment
pour un ventre de chèvre, Iros a tort. Mais s'agit-il
d'accroître ou de préserver de la convoitise d'autrui
les richesses dont Ulysse est chargé, et un moment
embarrassé à son retour du pays des Phéaciens, le
mensonge devient légitime. Aussi quelle fertilité dans
les fictions d'Ulysse! Bien habile serait qui le surpas-
serait en toute espèce de ruses, même parmi les immortels! Minerve rend cet hommage au héros son
favori, et quand Ulysse (tout menteur est défiant)
s'obstine à dissimuler devant elle : « Coupons court à
ces finesses, » lui dit la déesse, « nous sommes tous
les deux passés maîtres en fourberie; ne luttons pas
d'adresse et parlons franchement. »

Héros destiné, ce semble, à toujours souffrir, comme
Hercule, mais supérieur à la souffrance et fortifié
d'un courage que les flots de l'adversité sont impuissants à submerger, le roi d'Ithaque atteint par ces
caractères à la grandeur épique. Il est seul, sans ressources, contre des adversaires nombreux et déter-
minés. Son astuce profonde, son arme unique, trouve
une excuse dans la nécessité et dans la légitimité du
but poursuivi : recouvrer son bien et venger l'hospitalité outragée. Ses mensonges sont donc ici tout naturels : que le Gascon y aille, si le Français n'y peut

aller; « à la peau du lion qui ne suffit, cousons la peau du renard, » disait Lysandre. Mais Ulysse est encore un artiste. Il ne lui suffit pas de tromper, il veut plaire; il s'amuse avec le poète à des récits débités tour à tour à Minerve, à Eumée, aux prétendants, avec une fécondité de variantes où éclate le désir de justifier une haute réputation et de flatter un des goûts les plus vifs des auditeurs. La leçon qui ressort de la catastrophe sanglante de l'Odyssée est solennelle. Il semble donc que non seulement dans les grandes scènes de l'expiation, mais encore dans les diverses péripéties qui la préparent, tout devrait être grave; les détails devraient participer du caractère fort peu égayé du dénouement. Si Homère avait conçu son œuvre ainsi, il aurait fait preuve d'un art étudié, d'un juste sentiment de la convenance dramatique et de l'harmonie des couleurs. En retour il eût été moins naïf et moins vrai. A côté du drame terrible qu'il développe à nos yeux, le poète a peint les mœurs et l'esprit de la race grecque au naturel : l'*Odyssée*, au sentiment d'Alcidamas était « un beau miroir de la vie humaine. » Voilà comment, par une sorte de contradiction avec la grandeur tragique et morale du sujet, on rencontre dans les narrations mensongères du héros une exubérance de fantaisie qui prouve que le rapsode et Ulysse, en se complaisant à ces jeux, obéissent à un instinct de race.

En dépit du temps et de la philosophie, les Hellènes ont toujours conservé certaines empreintes des dispositions natives. En vain la haine du mensonge engageait Platon à le proscrire sous ses formes même les plus innocentes et à bannir de sa République l'art imitatif par excellence, celui de la poésie épique et dramatique. Les arrêts lancés contre l'*hypocrisie* d'Ho-

mère et d'Eschyle étaient plns propres à surprendre
qu'à corriger la nation dont l'hyperbolique Juvénal
(III, 100) dira un jour qu'elle est tout entière compo-
sée de comédiens. Les moralistes de la Grèce par-
laient comme Achille : Ulysse demeurait le patron des
hommes d'action. On sait les stratagèmes politiques
(manœuvres très voisines de la duplicité) auxquels
recourut Thémistocle pour ménager les intérêts d'A-
thènes et le sien. Démosthène, plus sévère qu'Hérodote (VIII, 109, 110, 75), regrette que « l'homme le
plus illustre de son siècle » n'ait pu rétablir les murs
d'Athènes de haute lutte, mais à l'aide d'une « trom-
perie. » Les orateurs d'Athènes n'ont jamais partagé,
dans l'exercice de leur art, les scrupules délicats de
l'auteur de la *Leptinienne*. Si la Grèce a beaucoup osé
en politique et dans l'histoire, elle n'a pas été plus
timide dans l'éloquence.

Parmi les procédés d'illusion employés par les
Attiques, quelques-uns étaient innocents. Malgré la
loi qui leur interdisait de sortir du sujet (τὰ ἐξαγώνια),
ils aimaient à distraire le tribunal, afin d'éveiller ou
de déjouer son attention. Paraboles, apologues, his-
toriettes, traits comiques, mots pour rire, rien n'était
négligé de ce qui pouvait amuser les juges : qui a ri
est désarmé. « On n'aurait pas plus tiré parti d'un
Athénien en l'ennuyant, dit Montesquieu, que d'un
Lacédémonien en le divertissant. » Quelquefois on
usait de moyens plus sérieux en apparence, et les
oracles, même dans une cause civile, venaient offrir
leur appoint à la confirmation. Les orateurs politiques
usaient volontiers de ces arguments divins, moyen
souvent efficace sans doute, puisque le succès pouvait
seul en soutenir l'emploi. Hérodote (I, 60), à propos
de l'apparition à Athènes d'une Minerve apocryphe,

s'étonne que les Athéniens, peuple très intelligent, se soient laissé prendre à un piège si grossier. Le piège des oracles leur était tendu souvent. Aristophane, ami pourtant des anciens préjugés, avait fait rire de celui-là, dans les *Chevaliers*, sans le déraciner.

Parmi les procédés humains, la rhétorique enseignait en première ligne celui de grossir ou de rapetisser les objets (αὔξησις, μείωσις), artifice naturel à la passion et excusable, quand il n'est qu'un sophisme d'amour-propre inconscient : faiblesse analogue à celle des cœurs épris (*Misanthrope*, II, 5), ou à celle des pères indulgents à la façon de M. Diafoirus, dans le *Malade imaginaire* (II, 6). Du reste, il est souvent aussi équitable de montrer les hommes et les choses sous leurs divers aspects, qu'il est utile d'en connaître le fort et le faible : l'absolu ni la perfection ne se rencontrent ici-bas. C'est le droit de la rhétorique de s'emparer de la complexité naturelle à l'âme humaine et à la vérité, et d'en faire son profit. Le poète Simonide refusait de célébrer la victoire d'un attelage de mules : il lui répugnait de prendre la lyre pour chanter des demi-ânes (ἡμιόνους). Était-ce une défaite pour tirer de ses vers un prix plus élevé? La somme fut augmentée; le poète chanta sans scrupule : « Salut, filles des cavales, aux pieds rapides comme la tempête. » Cependant, remarque Aristote, « elles étaient aussi filles des ânes. »

L'auteur du *De oratore* (II, 72) rappelle, non sans une certaine satisfaction, son art à exagérer ou à atténuer les parties faibles ou avantageuses. Eschine et Démosthène pratiquent cette méthode sans l'avouer et parfois avec peu de discrétion. — Les fautes, motif du bannissement d'Alcibiade, étaient pécadilles auprès des attentats de Midias, insulteur de Démosthène. Al-

cibiade a souffleté Tauréas dans ses fonctions de chorège : « mais c'était un chorège qui en frappait un autre. » Entre collègues, apparemment, ces vivacités ne
tirent pas à conséquence... Qui veut prouver trop ne
prouve rien; l'art indiscret se trahit, et l'exagération met le juge en défiance « comme le buveur se défie des vins mêlés » (Aristote).

II. Pascal croyait aux témoins qui se laissent égor-
ger; il n'eût pas toujours été prudent à Athènes de
croire aux témoins étalant leurs blessures. Ulysse,
déguisé en mendiant, avait achevé le travestissement
en se couvrant de « meurtrissures honteuses. » Pisistrate, grand admirateur d'Homère et sans doute aussi
du fils de Sisyphe, se blesse lui et ses mules (qui n'en
peuvent mais) et s'élance à l'agora : il vient d'échapper à grand'peine à une tentative de meurtre; que le
peuple lui donne une garde! — Et le peuple trompé la
lui accorde. Fidèles à une tradition devenue classique,
les Athéniens, par cupidité ou haine, se lacéraient de
leurs mains; tel prie un médecin de lui faire des cou-
pures à la tête, un autre se la taillade lui-même : ce
seront autant de preuves contre l'adversaire.

Qui se balafre ainsi la figure pour vaincre un antagoniste ou lui tirer de l'argent, n'hésitera point à dé-
figurer la vérité. La grande Mademoiselle, de son
aveu, usait de son imagination quand la mémoire lui
faisait défaut. Les Attiques sont aussi peu scrupuleux
et l'exacte vérité est leur moindre souci. Dans l'*Antidosis* et le *Panathénaïque,* Isocrate donne sur un
même fait deux assertions contradictoires : ici les
Thébains ont refusé, là ils ont accordé la sépulture
aux Argiens. Croit-on le rhéteur embarrassé du fla-
grant délit? « N'allez point imaginer que je ne m'a-
perçoive pas que je dis ici le contraire de ce que j'ai

manifestement écrit ailleurs. Je ne pense pas qu'aucun de ceux qui pourraient faire ce rapprochement
soit assez peu éclairé ou assez malveillant pour ne
pas estimer que j'ai fait preuve de sagesse en parlant
alors d'une manière et aujourd'hui d'une autre. Je
tiens ce que je viens de dire pour bien dit et tout à
fait à propos (καλῶς καὶ συμφερόντως). » (A l'époque
où il composa le *Panathénaïque*, Athènes et Thèbes,
ennemies séculaires, combattaient Philippe de concert. De là une rétractation favorable à d'utiles alliés.)
Isocrate faisait cet aveu d'une désinvolture instructive à l'âge de quatre-vingt-dix-sept ans. Qu'attendait-
il pour être sérieux? Vécût-il trois âges d'homme,
l'Athénien reste léger et sa légèreté se joue de la vérité.

Les auditeurs n'y sont pas attachés davantage ;
entre eux et l'orateur il demeure toujours sous-entendu que l'art et le succès importent avant tout, et
qu'il convient d'accepter les affirmations les plus ca-
tégoriques sous bénéfice d'inventaire. Le mensonge
fait partie du droit de la défense ; c'est l'arme naturelle des accusés : « Vous le savez, depuis qu'il existe
des hommes et des procès, nul coupable ne fut jamais
condamné sur son propre aveu. On paie d'effronterie,
de dénégations, de mensonges ; on forge des prétextes,
on fait tout pour échapper au châtiment. » Cette remarque naïve de Démosthène ne confirme pas seulement l'adage : « Tout mauvais cas est niable ; » elle
rappelle l'emploi que les orateurs grecs faisaient journellement de toutes sortes de fictions. L'intérêt et la
rhétorique conspiraient à les enseigner.

Tout en réservant les droits de la morale, qui ad-
met seulement les causes justes et les arguments fondés en vérité, Aristote ne craint pas d'entrer dans le

détail des règles de la rhétorique du mensonge; il
veut apprendre non à s'en servir, mais à la réfuter.
Le motif est louable et, nous en convenons, l'orateur,
formé à plaider le pour et le contre par tous les
moyens, ne sera pas nécessairement pour cela un
malhonnête homme. Il faut, disait saint François de
Sales, avoir les richesses « dans notre bourse, non
dans notre cœur. » A cette condition, elles n'em-
poisonneront pas plus notre âme qu'un pharmacien
ne souffre des poisons tenus dans sa boutique. — De
même, sans doute, l'orateur pourra garder des recettes malsaines dans son esprit pour les déjouer au
besoin, sans les admettre dans son estime. Malheureusement le rhéteur si bien instruit dans le manie-
ment de ces armes prohibées sera aisément tenté de
s'en servir. Fuyez le mensonge, mais voici une re-
cette pour mentir *incognito* et avec profit. N'est-ce
pas exposer le disciple à la tentation? Est-il certain
qu'il distinguera la théorie de la pratique, comme il
faut distinguer dans Aristote le précepteur parlant en
son nom, du savant livré tout entier à son génie ana-
lytique[1]?

[1] Aux yeux d'Aristote, ces analyses sont un mal nécessaire
imputable à la perversité humaine (*Rhétorique* I, 13, 15 ; III,
1) et la pureté de ses intentions lui ferme les yeux sur les périls de son œuvre. Tout est sain aux sains, disait Mme de Sé-
vigné; la proposition corollaire est également vraie. Or, ni la
rhétorique, ni la politique d'Aristote n'ont instruit toujours
de parfaits honnêtes gens. Plus d'une fois le Stagirite a exprimé
en termes touchants la sympathie de l'homme pour l'homme
et la beauté morale de la philanthropie (*A Eudème*, VII, 2, *A
Nicomarque*, VII, 1, *Rhétorique*, I, 15 ; II, 21-24). Cela ne
l'empêche pas de formuler à deux reprises, à titre d'argument,
ce précepte digne de Machiavel : « Insensé qui, meurtrier du

Le barreau athénien justifiait, et de reste, le terme de malice (κακοῦργον) appliqué par Aristote à l'éloquence judiciaire. Pour enlever la palme, il n'est pas d'artifices que les adversaires n'emploient : ils font assaut de ruses de palais (πάλαισμα δικαστηρίου); ils se renvoient les épithètes de sophistes, de singes, de renards, c'est-à-dire de malins et madrés compères. Démosthène, dit Eschine, est une vraie fleur de farine (παιπάλημα), capable de traverser les cribles les plus serrés; il se tourne, se retourne, change à tout moment. Eschine est encore plus délié: vieux routier de chicane (περίτριμμα ἀγορᾶς), il glisse entre les mains de son antagoniste et se tire, en se jouant, des plus mauvais pas. Il est « habile à tout, » « homme à tout faire » (πανοῦργος). Le Panurge de Rabelais pratiquait soixante-trois manières de se procurer de l'argent en son besoin; la plus honnête était de dérober. Les champions de la tribune grecque mettent de même toute pièce en œuvre : dissimulations, inventions de toute sorte, toute arme est légitime, si elle aide à vaincre. Le grave Pindare n'a-t-il pas laissé échapper cette parole : « Il faut tout faire pour triompher d'un ennemi

père, laisse vivre les enfants. » Ailleurs il indique les motifs à alléguer pour louer le *chien* (animal admis au ciel, dans le zodiaque) ou la *souris* (μῦς, radical de *mystères*). Aristote n'est pas plus sophiste en cet endroit qu'il n'était moraliste dépravé tout à l'heure; il indique les instruments propres à telle ou telle besogne sans s'arrêter à la juger; il inventorie et n'apprécie pas. « En général, » dit Aristote, « les hommes font le mal quand ils le peuvent. » Pourquoi l'auteur de cet arrêt sévère, n'a-t-il pas prévu l'abus que la malice humaine pouvait faire d'analyses curieuses, trop désintéressées? Voir *Morale à Nicomarque* II, 2 et M. Janet, *Histoire de la science politique*, t. I, p. 200.

(*3me Isthmique*)? » Dans sa définition de la force cor-
porelle, où il fait un dénombrement parfait des manières de mouvoir un homme, Aristote ne dit rien d'un
mouvement proscrit aux jeux publics, mais fort en
honneur devant les tribunaux, le croc-en-jambe (ὑπο-
σκελίζειν). Philippe le pratiquait contre les cités grecques; les lutteurs de l'arène judiciaire et politique ne
se faisaient aucun scrupule de l'employer. De là les
agilités et souplesses de leur argumentation captieuse,
et les stratagèmes qu'ils se reprochent en y recourant
à l'envi.

A Athènes, la profession d'avocat était tenue pour
suspecte comme toute contrebande, et ses produits trop
souvent frelatés, sophistiqués, étaient avidement recherchés en secret, mais honnis en public. L'une des
injures qu'échangent les orateurs est celle de logographe. Gardez-vous, juges, disait Eschine, des habiletés de Démosthène : magicien consommé (γόης) et
« tout pétri de mots artificieux, » son éloquence est le
triomphe scandaleux du prestige (τερατεία)[1]. Ne sait-on
pas que Démosthène initie la jeunesse aux tours frau-
duleux de la rhétorique, et les exécute lui-même
avec l'effronterie d'un charlatan qui rit à huis clos de
la crédulité de son public ? De retour au logis, il faut
voir comme l'habile homme se vante, auprès de ses
disciples, de la dextérité de ses escamotages ! (*Contre
Timarque*). Pauvres comme leur sol, les Grecs se faisaient volontiers soldats, logographes ou pirates, mer-

---

[1] « ... Il (M. Thiers) est le roué le plus amusant de nos
roués politiques, le plus aigu de nos sophistes, le plus subtil
et le plus insaisissable de nos prestidigitateurs : c'est le Bosco
de la tribune » (*Timon*, de Cormenin). — O éternelle équité
de la passion politique !

cenaires de l'épée ou de la plume. L'opinion publique
était plus indulgente pour les pirates de la mer que
pour ceux des tribunaux. Dans le même plaidoyer
(*Contre Aristocrate*), Démosthène pardonne à Charidème, besogneux dans sa jeunesse, d'avoir sur un
brigantin pillé les alliés d'Athènes, et il flétrit les rhéteurs comme fléau de la patrie. Il rappelle la loi inter-
disant l'emploi des artifices devant les tribunaux et
les imprécations du héraut contre l'orateur qui tendra
un piège aux conseils de la nation ou aux héliastes.

Ni les codes humains ni les menaces divines n'a-
vaient la force de réprimer un mal dont les lois draco-
niennes de Platon permettent de mesurer l'étendue.
Un avocat est convaincu de chicane ? suspension tem-
poraire. En cas de récidive, la mort. S'est-il rendu
coupable de cupidité ? la mort. Le logographe devra
toujours défendre la bonne cause et gratuitement [1]. —
Théopompe disait d'Athènes qu'elle fourmillait de poé-
tastres bachiques, de matelots, de filous, de sycophantes, de faux témoins et d'huissiers menteurs [2].
« Prête-moi ton témoignage » était devenu proverbial
en Grèce. Il fallait avoir subi trois condamnations

---

[1] *Lois*, livre 11me, tome 7 de la traduction de M. Cousin. —
Mémorial de Sainte-Hélène, 14 novembre 1816, § 14 : « J'aurais voulu établir qu'il n'y eût d'avoués ni d'avocats rétribués
que ceux qui gagneraient leurs causes... Je reste convaincu
que ma pensée est lumineuse. » L'Empereur voulait dégoûter
les avocats de soutenir les mauvaises causes. Il eût été peut-
être plus efficace de chercher les moyens d'obliger les juges à
ne jamais condamner les bonnes.

[2] Athénée, *Banquet des sophistes* ; VI, 16 ; cf. *Pro Flacco*, 4,
5, 9. Les faux témoignages soutenus ou rétractés (ἐξωμοσία)
jouaient un rôle capital dans bien des causes civiles ; voir Ier
plaidoyer *Contre Stéphanos*.

comme faux témoin pour encourir l'infamie. La justice athénienne s'entourait à cet égard de précautions de mauvais augure. L'accusateur en matière de meurtre, devant l'Aréopage, prêtait serment debout, entouré des lambeaux consacrés d'un bélier, d'un porc, d'un taureau immolés selon certains rites ; il prononçait sur lui, sa famille et sa race, des imprécations extraordinaires et terribles. « Cet appareil redoutable, » dit Démosthène, « ne suffit pas cependant pour qu'on le croie. » Cette observation candide permet d'apprécier le degré de confiance des juges dans les serments ordinaires. Un client de Démosthène établit cette distinction : « Juges, ce n'est pas la même chose de rendre un faux témoignage devant vous ou devant un arbitre. Dans le premier cas, en effet, une grande colère et vengeance menace le faux témoin ; dans le second, c'est à peine un délit sans péril » (*Contre Phormion*). Callistrate invoque en sa faveur ce singulier argument : Olympiodore nie que je sois son associé ; la preuve que je le suis, c'est que je l'ai secondé en justice d'un faux témoignage. — Et là-dessus l'honnête demandeur rappelle les mensonges d'Olympiodore et de ses témoins : « Tout cela était concerté entre nous. » Nos intérêts étaient donc communs évidemment ; nous étions donc associés... Et, en effet, ils étaient dignes de l'être. Voilà une singulière façon de plaider sa cause et de se recommander auprès des juges !

Le genre délibératif est, dit Aristote, plus noble (καλλίων) que le judiciaire. Il n'a point de peine à l'être dans ces conditions, et pourtant, avouons-le, s'il l'a été à Athènes, ce fut grâce à l'élévation des sujets familiers à l'éloquence politique plutôt qu'à la pureté des moyens employés par les orateurs. La tribune,

s'y confondant continuellement avec le barreau, lui
empruntait ses passions et ses procédés de discussion les plus suspects [1]. Si les *Philippiques* de Démosthène étaient l'unique monument de son éloquence
politique, la gloire de l'orateur n'aurait pas atteint à
la hauteur où ses débats avec Eschine l'ont portée;
mais celle de l'homme n'y eût rien perdu. En face du
Macédonien, Démosthène est le modèle éternel des
orateurs et des citoyens. En face de son rival Eschine,
il paraît encore le premier des orateurs; mais il se
trahit comme avocat athénien et porte l'empreinte de
détestables coutumes consacrées par les mœurs de la
cité : de tout temps (Voltaire l'a senti et avoué) il fut
difficile de ne pas hurler avec les loups.

III. Au témoignage de Quintilien (II, 17), Cicéron
se vantait d'avoir, dans le procès criminel de Cluentius, si bien jeté de la poudre aux yeux du tribunal,
qu'il l'avait réduit à ne plus voir que par les siens.
Les orateurs d'Athènes auraient eu souvent l'occasion
de semblables confidences et pour atteindre à ce but,
ils ne reculaient devant aucune audace. La peine de
mort était portée contre tout citoyen qui s'autorisait
d'une loi fausse. Dans la pratique, le juge était contraint de se relâcher d'une rigueur qui, exercée
exactement, aurait pu décimer le barreau et la tribune. « Les lois font les mœurs d'un État. » Démosthène aurait pu ajouter que les lois sans les mœurs
ne peuvent rien. Malgré la menace du supplice, les

[1] Ulpien reproche à Démosthène d'arranger à sa guise les
histoires qu'il raconte, par exemple celle de Glaucète (*Contre
Timocrate*). Dans la *Leptinienne*, harangue dont l'élévation
morale a frappé le stoïcien Panétios, il dénature sciemment
une des clauses de la loi de Leptine, pour se mettre à l'aise
contre lui; σοφίζεται, dit le scholiaste.

textes des lois et des décrets étaient souvent falsifiés,
forgés même. Eschine et Démosthène s'accusent mutuellement d'être des faussaires, et avec cela tous
deux en appellent aux registres publics, témoins
irréfutables des méfaits incriminés. Eschine surtout
les apostrophe avec vénération : « Belle, Athéniens,
belle est l'institution des archives publiques. Immuables, elles ne se plient pas aux métamorphoses politiques, mais elles permettent au peuple de pénétrer,
quand il le veut, les hommes qui, après une administration criminelle, se déguisent tout à coup en citoyens vertueux. » Est-ce là une impudente ironie,
ou faut-il admettre que le recueil des lois athéniennes,
chargé de dispositions contradictoires, était un arsenal où chacun pouvait au besoin trouver des armes?
Cette explication ne suffirait pas à éclaircir les contra-
riétés flagrantes de plusieurs assertions des deux adversaires. Ainsi Démosthène se vante de son intégrité
dans la même circonstance où, selon Eschine, il a été
« convaincu » d'avoir dérobé une escadre plus forte
que celle qui vainquit les Lacédémoniens à Naxos. Le
corps du délit n'était pourtant pas d'une dissimulation
facile. Démosthène reproche à Eschine de lui avoir
intenté le procès de Ctésiphon longtemps après les
événements, alors qu'auparavant « il ne l'avait jamais
accusé, jamais poursuivi. » Eschine lui donne un dé-
menti formel et rappelle diverses circonstances où il
a non seulement accusé, mais convaincu avec éclat
(φανερῶς ἐξηλέγχου) Démosthène de sacrilège, de corruption et de vol[1]. Lequel croire? L'un des deux est

---

[1] On sait comment en Grèce les affaires d'État se doublaient
d'affaires d'argent. A Artémisium, les Eubéens offrent à Thémistocle *trente* talents pour qu'il persuade aux alliés de rester

assurément un menteur effronté. Peut-être l'ont-ils été l'un et l'autre tour à tour, et méritent-ils la qualification d'orateurs de mauvais aloi (ῥήτωρ παράσημος) appliquée par l'accusateur de Timocrate aux falsificateurs des lois.

L'art de mentir semble avoir été poussé très loin par les orateurs grecs. Ils inventent les faits, puis les

dans les eaux de l'Eubée. A son tour, Thémistocle séduit le commandant en chef, le Spartiate Eurybiade, avec *cinq* talents ; *trois* talents gagnent le Corinthien Adimante. La flotte ne quitta pas son mouillage d'Artémisium. « Ainsi une faveur précieuse fut accordée aux Eubéens, et Thémistocle lui-même eut un gros profit, » c'est-à-dire 22 talents sur 30 (Hérodote, VIII, 4, 5, 112). Cette façon de concilier l'intérêt public et l'intérêt privé met les politiques sur une pente glissante. Mirabeau y a bronché. L'organisation politique d'Athènes rendait le désintéressement difficile aux orateurs. Ils gouvernaient la République au dehors, l'administraient au dedans, et leurs charges souvent dispendieuses, celles par exemple d'ambassadeur, de chorège, n'étaient pas rétribuées. — Dans la négociation des affaires étrangères, quand particuliers ou cités sollicitaient des faveurs non préjudiciables à l'État, les orateurs même honnêtes pouvaient admettre que leur entremise ne fut pas gratuite. Avec des orateurs agents d'affaires politiques peu scrupuleux, on voit ce que ces gains pouvaient devenir. D'après un fragment attribué à Hypéride, Démade, sans compter ce qu'il avait reçu du Grand Roi et d'Alexandre, avait gagné plus de 60 talents (330,000 fr.), grâce à ses propositions de lois et à ses proxénies. Le *Proxène* était chargé de recevoir à titre d'hôte les étrangers et les ambassadeurs, de régler les différents entre marchands étrangers, de représenter auprès des Athéniens les intérêts des États ou des villes. — Didot, *Oratores attici*, p. 404, § 110. — On connaît ce mot de Démade à un comédien qui se vantait d'avoir été gratifié d'un talent pour une seule représentation : — « Tu as reçu un talent d'or pour parler ; moi, j'en ai reçu dix du Grand Roi pour me taire. »

preuves de ces faits; l'enchaînement est logique. Il
ne suffit pas d'édifier une imposture, il faut solidement l'étayer. La vérité se soutient d'elle-même; la
contre-vérité n'a jamais trop d'appuis :

> Cet homme, prestidigitateur inimitable, incapable de dire
> la vérité, même par mégarde, a une méthode tout à fait ori-
> ginale. Un hâbleur ordinaire, quand il ment, se garde de
> s'exprimer avec clarté et précision, de peur d'être confondu.
> Démosthène se joue-t-il de la vérité en fanfaron d'imposture ?
> il ment d'abord avec serment, avec de terribles imprécations
> contre lui-même. Puis, ce qu'il sait ne devoir jamais arriver,
> il l'annonce intrépidement, il en suppute l'époque ; des per-
> sonnes qu'il n'a jamais vues, il les cite par leurs noms... C'est
> peu d'alléguer comme réels des faits controuvés, il en indique
> le jour. Il forge le nom d'un témoin de son invention ; mime
> merveilleux, il dupe les auditeurs en imitant le langage de la
> la vérité. Fourbe doublement digne de votre haine la plus vive,
> puisqu'il est méchant et falsifie les caractères de la probité
> (*Ambassade*). — Il jure par Minerve dont Phidias semble
> avoir fait la statue pour fournir à cet homme une source de
> profits et de parjures (*Contre Ctésiphon*).

Les Grecs ont écrit des traités sur l'art de faire rire
(Περὶ γελοίου) : pour en composer sur l'art de travestir la vérité, les exemples n'auraient manqué ni à
Rome, ni à Athènes. Cicéron recommande de saupou-
drer la cause de petits mensonges : *Est mendaciuncu-
lis adspergendum.* Parfois ce ne sont pas de menus
mensonges d'assaisonnement, mais des anecdotes
développées à plaisir : les plaidoyers pour Roscius
d'Amérie (§ 21, 22) et pour Cluentius (§ 21) en offrent
de piquants exemples. Quintilien, instituteur de l'avocat romain, dépasse son maître dans cette voie; il rédige le Code des « narrations fausses; » il expose la
théorie des « couleurs, » et avec quelle sollicitude
prévoyante! N'oubliez pas, dit-il à son élève, que tout
menteur doit avoir bonne mémoire. Surtout n'hésitez

point, quand il faudra mentir, à mentir obstinément.
A force de répéter la même chose, vous finirez par
la faire croire, et qui sait? peut-être en serez-vous
convaincu vous-même à la fin[1]. Néanmoins, au point
de vue de la fiction, rien dans l'éloquence latine,
même la plus délibérée, n'égale l'épisode romanesque
de la captive d'Olynthe.

Philippe, après la prise d'Olynthe, célébrait les jeux Olym-
piens. A cette fête, réunion solennelle, il avait convié tous les
artistes dramatiques. Tandis qu'il les régalait et distribuait des
couronnes aux vainqueurs, il voulut savoir pourquoi l'acteur
comique Satyros, que voici, était seul à ne demander rien.
Le soupçonnait-il d'avarice? le croyait-il indisposé contre lui?
Satyros, dit-on, répondit qu'il n'avait besoin d'aucune des
choses que les autres demandaient ; cependant il solliciterait
volontiers une grâce de Philippe, la plus facile de toutes à
accorder ; mais il craignait un refus. Le prince lui ordonne de
parler, et dans un transport de générosité, il s'engage à tout
consentir. « Apollophane de Pydna, » reprend Satyros, « était
mon hôte et mon ami ; il mourut assassiné. Ses parents,
craignant pour ses filles encore enfants, les firent passer à
Olynthe, comme dans un asile sûr. Elles ont atteint l'âge nu-
bile, et depuis la prise de la ville, elles sont devenues tes
captives. Je te les demande avec prières, donne-les-moi. Mais
je veux te dire et t'apprendre l'usage que je ferai de ton présent, si je l'obtiens. Loin de tirer aucun profit de ces jeunes
filles, je les doterai, je les établirai ; je ne permettrai pas
qu'elles éprouvent aucun traitement indigne de moi et de leur
père. » Ces paroles excitèrent parmi tous les convives de tels
applaudissements et des acclamations si élogieuses, que Philippe, ému, accorda le présent. Pourtant cet Apollophane avait
été l'un des meurtriers d'Alexandre, frère de Philippe.

[1] Quintilien, IV, 2 ; VI, 3. Comment Quintilien concilie-t-il
la probité vénérable (sanctitas docentis) qu'il impose au maître d'éloquence, avec des préceptes sur l'art de défendre tous les
métiers, même celui de Mercure galant (leno) II, 4, ou de
dresser les témoins (V, 7)? Cf. *De officiis*, II, 14; *De repu*
blica, III, 4.

A ce banquet de Satyros, comparons un autre banquet, celui de vos députés en Macédoine, et voyez s'ils se ressemblent en rien. Invités chez Xénophron, fils de Phédimos, un des Trente, ils s'y rendirent ; moi, je n'y allai point. Quant on en vint à boire, Xénophron fit entrer une Olynthienne d'une grande beauté, mais noble et pudique, comme la fin le montra. D'abord ces hommes la pressaient doucement de boire et de goûter les friandises, comme Iatroclès me le raconta le lendemain. Mais peu à peu les convives s'échauffaient ; ils lui ordonnent de se mettre à table et de chanter. Cette femme, qui ne voulait ni ne savait chanter, s'en défend avec trouble. Eschine et Phrynon déclarent que ce refus est une insulte et qu'il est intolérable qu'une captive, née chez un peuple réprouvé du ciel, les exécrables Olynthiens, fasse la fière. « Qu'on appelle un esclave ; qu'on apporte un fouet ! » Le serviteur vient, armé de lanières ; et comme la femme se plaignait et résistait, sur l'ordre des buveurs trop faciles à irriter, il lui déchire toute sa tunique et lui cingle le dos de coups redoublés. Mise hors d'elle-même par la douleur et un pareil traitement, la femme s'élance éperdue, renverse la table et vient tomber aux genoux d'Iatroclès. S'il ne la leur eût arrachée, elle aurait péri dans cette orgie ; car l'ivresse de ce misérable est terrible. On racontait le fait dans l'assemblée des Dix-Mille, en Arcadie. Diophante vous l'a rapporté ici ; je le forcerai à en rendre témoignage ; on en parlait beaucoup en Thessalie et partout (*Ambassade*).

Voilà un récit pathétique, dont tous les détails sont expressifs : Satyros a eu la gloire d'obtenir de Philippe la grâce des filles du meurtrier d'un frère de Philippe. — Les députés vont festiner dans la famille de l'un des Trente, oppresseurs détestés de la cité. — Eschine et Phrynon (on connaît ce Phrynon) jouent le principal rôle dans cette orgie odieuse. — Dès le lendemain, un honnête homme, ami de Démosthène, lui en a fait le récit. — Ce scandale a été connu de toute la Grèce. — Mais surtout, que penser d'un ambassadeur athénien capable de déshonorer sa patrie par de telles violences et d'applaudir à la ruine des

Olynthiens, alors que la dignité, le dévouement à
l'amitié et à l'hospitalité, la générosité la plus noble,
la plus délicate sont le partage d'un comédien? Le
parallèle n'est-il pas accablant pour Eschine? « Et cet
impur, la conscience souillée de telles actions, il
osera lever les yeux sur vous; et tout à l'heure il
viendra, de sa voix retentissante, nous vanter sa vie!
Pour moi, cela me suffoque. »

Ce qui doit suffoquer ici, c'est la hardiesse du nar-
rateur. « Entre l'art et le mensonge, l'intervalle est
petit » (Tacite); la séduction d'un contraste injurieux
a engagé Démosthène à la calomnie. S'il fallait ajouter foi à la réplique d'Eschine, il s'y serait repris à
deux fois pour insinuer ces mensonges au lecteur
avec plus d'adresse encore qu'il n'avait essayé de le
faire aux juges. Le discours d'Eschine donne, en effet,
sur divers points de ce récit une version différente :

Vous vous rappelez sans doute ces abominables artifices de
rhéteur que Démosthène promet d'enseigner à ses jeunes
disciples, et dont il a usé aujourd'hui contre moi. Vous l'avez
vu verser des larmes, gémir sur la Grèce, louer le comédien
Satyros d'avoir, dans un banquet, demandé à Philippe *quelques-
uns de ses amis prisonniers, et employés à travailler la terre
dans les vignobles du prince.* Partant de là, et élevant avec
effort sa voix aiguë et criminelle, il relevait cette opposition
révoltante : Un homme qui joue les Carion et les Xanthias s'est
montré si généreux et magnanime; et moi, le conseiller d'une
grande République, moi qui donnais des conseils aux Dix-Mille
en Arcadie, je n'ai pu réprimer mon insolence. Echauffé par
le vin dans un repas que donnait *Xénodochos,* un des courtisans de Philippe, j'ai *traîné par les cheveux,* et, armé de lanières, j'ai fouetté une captive, une femme. Si donc vous
l'eussiez cru, ou si Aristophane avait confirmé ses mensonges,
j'aurais succombé innocent sous une accusation flétrissante
(*Ambassade*).

L'art consommé est celui qui se cache : dans la

première version, Démosthène avait souligné le contraste; dans la seconde, il laisse au lecteur le soin de le faire. Pour ajouter à la force, à l'agrément du récit, il l'embellit de nouvelles couleurs. Aux ouvriers des vignobles de Philippe, il substitue les jeunes filles d'un hôte de Satyros. Ces vierges nubiles sont amenées ici pour faire la contre-partie de la captive olynthienne indignement maltraitée par Eschine.

Démosthène, attachant un grand prix à son invention du banquet, avait, selon Eschine, essayé de la consacrer par le faux témoignage d'un parent supposé de l'Olynthienne imaginaire :

Voyez comme il préparait cette accusation de longue main. Un des étrangers, résidant à Athènes, est l'Olynthien Aristophane. Il avait été recommandé à Démosthène, dont on lui avait vanté l'éloquence. A force de prévenances et de séductions, celui-ci voulut l'engager à rendre un faux témoignage contre moi. S'il consentait à paraître devant les juges et à soulever leur indignation en déclarant que j'avais outragé, dans l'ivresse, une captive sa parente, Démosthène lui promettait cinq cents drachmes aussitôt ; il en recevrait cinq cents autres après la déposition. Aristophane répondit (lui-même l'a rapporté) que son exil et son dénuement actuel avaient suggéré à Démosthène l'idée d'une spéculation point du tout maladroite; mais il se trompait grossièrement sur son caractère : il ne ferait rien de pareil. — Pour établir la vérité de ce que j'avance, je vais produire comme témoin Aristophane lui-même. Appelle-moi Aristophane d'Olynthe, et lis sa déposition. Fais aussi paraître Dercylos, fils d'Autoclès d'Agnonte, et Aristide, fils d'Euphilétos, de Céphisia. Ils ont appris le fait de sa bouche et me l'ont rapporté (*Ambassade*).

Voilà Démosthène confondu à son tour. Mais ces échafaudages de dépositions sont-ils solides? Est-il certain que la tentative de séduction imputée à notre orateur et la sollicitation au parjure ne soient pas maintenant des inventions d'Eschine? Avec de telles gens, toute supposition est admissible, toute affirmation est discutable. L'embarras où ces démentis solennels, ces protestations juridiques jettent le lecteur, est précisément le but de ces habiles. Où est le trompeur? Le juge l'ignore, il hésite, sa conscience est troublée; il pardonne ou se refuse à punir. Quand il en est là, tout est consommé; l'éloquence athénienne s'applaudit d'avoir accompli son œuvre.

Cette fois, pourtant, Démosthène a manqué le but en le dépassant; il a forcé les ressorts de son art et l'instrument s'est brisé dans ses mains. Selon Ulpien, Eubule, à cet endroit du discours de Démosthène, cria aux Athéniens : « Hé quoi! le laisserez-vous tenir un pareil langage! » Les juges alors se levèrent et laissèrent là l'orateur... Ce dernier trait semble peu vraisemblable. Les Athéniens auraient donné une preuve singulière de délicatesse morale, s'ils avaient en effet levé la séance; mais la chose est douteuse. Ils entendaient tous les jours des mensonges aussi forts et non aussi bien dits. L'« insidieux et perfide contraste » de l'accusateur pouvait trahir « le détestable sycophante, » selon l'expression d'Eschine; mais le même Eschine n'a-t-il pas tremblé que la force et l'agrément de ce tableau n'enchantât (ψυχαγωγηθέντες), ne ravît les auditeurs jusqu'à la conviction? Sans doute ils se contentèrent de rejeter ce grief, sans en être si fortement indignés. Nous les savons très délicats et sensibles, mais non aux choses de pure morale. Ils sifflent une faute de prononciation, ils se soulèvent contre un solécisme et ils en tolèrent d'étranges en conduite. Le sens moral découle chez eux du sens esthétique. Ils aiment dans le bien une des manifestations du beau (καλοκαγαθία); ils sont vertueux, quand ils le sont, parce que d'abord ils étaient artistes. Dé-

mosthène connaissait sa ville et la mesure de ce
qu'elle pouvait supporter. Mais ce qui était tolérable
au commun du public, aurait dû ne pas l'être à Démosthène : génie oblige. Une calomnie d'abord circon-
stanciée devant les juges, puis reproduite froidement
dans un discours écrit, avec retouches méticuleuses
et enjolivements réfléchis, et cela quand on l'a vue
désavouée par l'attitude incrédule du tribunal, ce mépris de la vérité passe toute licence. Démosthène a
des scrupules; il supprime un détail trop violent :
traînée par les cheveux. Il met le fouet aux mains non
plus d'Eschine, mais de l'esclave (le sage l'a dit :
Rien de trop); mais il conserve et envenime le reste.
Il doit supposer que sa fable ne donnera pas plus le
change au lecteur qu'elle n'a fait à l'auditoire, et il
s'obstine à la mettre au net. Cette hardiesse touche à
la candeur. Démosthène a effacé de ses harangues
certaines métaphores de haut goût sur lesquelles,
moins attiques qu'Eschine, nous aurions peut-être
passé condamnation, et il polit et repolit avec amour
des inventions qualifiées « d'insensées » par Eschine,
en tout cas peu honorables à leur auteur.

IV. Dans le 33me *Dialogue des morts* de Fénelon,
Démosthène fait amende honorable, en compagnie de
Cicéron. « L'éloquence est très bonne en elle-même;
il n'y a que l'usage qui en peut être mauvais, comme
de flatter les passions du peuple, ou de contenter les
nôtres... Le véritable usage de l'éloquence est de mettre
la vérité en son jour, et de persuader aux autres ce qui
leur est véritablement utile, c'est-à-dire la justice et
les autres vertus. C'est l'usage qu'en a fait Platon, que
nous n'avons imité ni l'un ni l'autre. » Platon excluait
Homère de sa République en le couronnant de fleurs;
les orateurs, il les chassait sans couronne. Leur art

avait été tellement avili à Athènes qu'il lui refusait même le nom d'art. C'était pour lui une habileté, fruit de la pratique et de l'expérience (ἐμπειρία). L'éloquence devrait se faire l'alliée de la dialectique et enseigner le vrai : elle poursuit le vraisemblable. Elle devrait travailler à guérir les âmes, à les fortifier par la législation et la justice : au lieu de leur offrir une « gymnastique, » une « médecine » salutaires, elle les corrompt par la « toilette » du sophisme habilement déguisé, par la « cuisine » de la flatterie (*Gorgias*).

Cette éloquence *piperesse* et empoisonnée mérite les arrêts méprisants du philosophe. L'art des sophistes, ainsi entendu, ne semble-t-il pas, en effet, moins propre à honorer les tribunaux qu'à les pourvoir d'accusés ? Trop heureuse la sophistique, si elle se contentait de mesurer combien de fois une puce saute la largeur de ses pattes et de chercher la petite bête. Elle a des visées plus hautes ; elle prétend à confondre le bien et le mal, le *mien* et le *tien*. Elle enseigne à ne pas payer ses dettes, à « escamoter » le bien d'autrui. Ainsi parle le poète des *Nuées*, et les orateurs mêmes, bons juges en leur propre cause, ne la traitent pas avec plus de respect. Ils sont les premiers à se diffamer en remplissant leurs plaidoiries de médisances mutuelles ; ils soufflent au client, dont ils sont les avocats anonymes, la flétrissure de leur art, la révélation de leurs malhonnêtes pratiques.

Quintilien (XII, I) défendant la définition idéale de Caton : « L'orateur est un honnête homme habile à parler, » veut répondre à cette « objection unanime du public : » « *Quoi donc ? Démosthène n'était-il pas orateur ? Cependant il passe pour avoir été malhonnête homme.* Je sens que ma réponse va faire jeter les hauts cris et demande des précautions oratoires. Je dirai

donc d'abord que Démosthène ne me paraît pas tellement répréhensible dans ses mœurs, qu'il faille ajouter
foi à tout ce que ses ennemis ont accumulé contre lui,
surtout si je considère sa noble conduite politique et
sa fin mémorable. » L'équité conseille ici à Quintilien
de séparer l'homme privé de l'homme public, et d'imiter l'État, lequel, selon Thucydide (II, 42), regarde
aux services plutôt qu'aux vertus. L'honnête Plutarque
fait remarquer que si l'on eût fait périr Miltiade, quand
il exerçait la tyrannie en Chersonèse; cité en justice
Cimon coupable d'inceste; chassé d'Athènes Thémistocle à cause de sa vie licencieuse, on y eût perdu les
victoires de Marathon, d'Eurymédon, d'Artémisium,
où les Athéniens ont jeté les fondements de l'indépendance hellénique. Plutarque veut établir par là que
Dieu et les hommes sont louables de différer la puni-
tion des coupables. Les philosophes *politiques* du Lycée
auraient tiré de ces lignes une autre conclusion.

Les mauvaises actions sont blâmables absolument,
mais le bien fait à l'État par le citoyen peut éclipser le
mal moral que l'homme non vertueux se fait à lui-
même. « Dans la république parfaite, » dit Aristote,
« la vertu civique doit appartenir à tous, puisqu'elle
est la condition indispensable de la perfection de la
cité; » mais, ajoute le philosophe, il n'est pas possible
que tous y possèdent la vertu de l'homme privé. L'u-
nité de vertu y est aussi impossible que l'unité d'emploi
dans les chœurs où il faut bien qu'il y ait des figurants,
et non pas exclusivement des coryphées. La vertu
civique et la vertu privée peuvent se trouver réunies
dans un même sujet, magistrat à la fois habile et vertueux. Mais si elles ne le sont pas, il convient d'estimer
surtout celle qui importe davantage à l'intérêt de l'État.
Pour les fonctions de général, l'expérience est préfé-

rable à la probité, car la probité se rencontre plus aisément que le talent militaire[1]. Il conviendrait d'opter autrement, s'il s'agissait d'élire le comptable, gardien du trésor public. « *L'objet le plus important est, nous l'avons souvent répété, de rendre la partie des citoyens qui veut le maintien du gouvernement plus forte que celle qui en veut la chute.* » — « La cité peut et doit employer, estimer même un méchant, s'il est utile[2]. » Un bon couteau est un couteau qui coupe.

Démosthène fut moins honnête que Phocion : qui osera dire que Phocion a été plus grand citoyen que Démosthène ? Atteint de la contagion de son temps, Démosthène en porte de regrettables traces ; mais devant l'étranger son âme s'est toujours ressouvenue d'elle-même. En somme, ce Démosthène est le véritable, c'est celui que la postérité connaît surtout et a le droit d'admirer. Avant que le triomphe d'Antoine et d'Octave l'eût engagé à douter de la vertu, Brutus, un autre martyr de la liberté, avait placé le buste de Démosthène parmi les images de ses ancêtres.

---

[1] On s'étonnait devant Fabricius qu'il donnât son suffrage pour le consulat à C. Rufinus, citoyen peu intègre, mais bon capitaine : « J'aime mieux être dépouillé par un concitoyen, que vendu par l'ennemi » fut sa réponse. La morale moderne exige la probité des spécialistes même les plus expérimentés.

[2] *Politique*, III, 2 ; VII, 7. — Cf. *Grande morale*, II, 13. A Nicomarque, V, 1, § 15. — Montesquieu (*Esprit des lois*, V, 2 ; IV, 5 ; XIX, 11) adopte la plupart de ces pensées en les commentant.

CHAPITRE X

I. DÉMOSTHÈNE MORALISTE. — II. RAPPORTS DE LA
JUSTICE ET DE LA POLITIQUE. — III. LE SENTIMENT
RELIGIEUX DANS DÉMOSTHÈNE.

I. — DÉMOSTHÈNE MORALISTE.

Divers témoignages anciens, d'une valeur très contestable, font de Démosthène un disciple de Platon.
Cette tradition de l'éducation platonicienne de notre
orateur paraît avoir pris naissance dans les écoles de
philosophie, intéressées à revendiquer un tel disciple.
Neuf cités se disputaient Homère : rien d'étonnant de
voir la philosophie disputer à la rhétorique la gloire
d'avoir inspiré l'auteur de l'apostrophe aux héros de
Marathon, mouvement enviable en effet, et dont M. de
Châteaubriand a, de son côté, fait honneur à la religion. Selon Cicéron, Démosthène fut « l'auditeur assidu » du chef de l'Académie. L'auteur de l'*Orator* croit
en trouver la preuve dans ses lettres. Il est vrai, les
lettres attribuées à Démosthène et supposées écrites
(sauf la cinquième) pendant son exil, expriment des
pensées hautes et généreuses ; elles peuvent, en somme,
ne point paraître indignes d'un élève de Platon. Mais
l'une de ces pages mêmes renferme des traits qui,
dans la bouche de Démosthène, seraient sa propre
condamnation. L'auteur y exhorte Héracléodore à
prêter son appui à l'accusé Épitimos, au lieu de le
poursuivre avec acharnement : « Je vous sais formé à
une école sincèrement étrangère à la cupidité, aux
pratiques déloyales (σοφισμάτων) des mauvaises pas-

sions, et rapportant tout au souverain bien, à la suprême justice... Un élève de Platon, j'en atteste les dieux, qui oserait mentir et se montrer méchant envers un seul homme, serait bien coupable. » Le philosophe du *Gorgias* n'eût pas désavoué l'orateur des *Philippiques* ou même peut-être du discours de la *Couronne;* mais il aurait sans aucun doute renvoyé le polémiste et le logographe aux officines des sophistes.

Si Démosthène n'a pas suivi les leçons de l'Académie, il a profité de la lecture des dialogues platoniciens. On le voit (nous empruntons ces termes à Cicéron) à la majesté de son style (*grandidate verborum*). Quintilien (XII, 10), réfutant les orateurs indiscrets aux yeux desquels la froideur et la sécheresse sont des titres à la réputation d'attique, rappelle avec raison que ni Lysias, ni Andocide, n'ont enseigné à Démosthène la sublimité pathétique de ses harangues. Le disciple d'Isée dépasse ici son maître et va puiser ses inspirations à une source plus chaude et plus profonde. Périclès avait reçu des mains de la philosophie ses armes les mieux trempées. De même, Démosthène est redevable à l'étude de l'œuvre platonicienne d'une culture générale dont l'orateur du devoir porte manifestement l'empreinte. Il est donc permis de voir en lui, dans cette mesure, un disciple de Platon. Aller au delà serait une exagération bientôt réfutée par plusieurs de ses discours. Les philosophes *politiques* de la nouvelle Académie et du Lycée, voilà quels furent, tout compte fait, ses maîtres le plus souvent écoutés [1].

D'ailleurs l'étude assidue de Thucydide, les habitudes traditionnelles de l'éloquence grecque, la gravité des

---

[1] *Orator,* 3, 19, 4 ; *ad atticum,* III, 25 ; *De oratore,* III, 17, 18, 19, 21 ; *De finibus,* IV, 3.

circonstances et celle du caractère de Démosthène ont contribué, autant que les leçons de la philosophie, à imprimer à son éloquence une gravité morale d'un effet puissant.

Athéniens, nous sommes des hommes ; gardons-nous de paroles et de lois qui pourraient réveiller Némésis. Espérons le bonheur, demandons-le aux immortels, mais songeons aussi à la loi commune de l'humanité. Lacédémone ne se serait jamais attendue à se voir en l'état où elle est (sa défaite à Leuctres l'avait abattue aux pieds de Thèbes) ; et Syracuse, cette ancienne démocratie qui soumit Carthage au tribut, qui dominait sur tous les peuples d'alentour, qui vainquit les flottes d'Athènes, elle ne prévoyait pas qu'à lui seul, un scribe, un valet, dit-on, lui imposerait le joug de la tyrannie (Denys l'ancien). Le Denys de nos jours eût-il imaginé qu'avec une barque et une poignée de soldats, Dion chasserait le maître de tant de trirèmes, de troupes étrangères et de cités (en 356) ? Oui, sans doute, l'avenir est voilé à tous les hommes ; de petites causes opèrent de grandes révolutions. Il faut donc se modérer dans la prospérité et se pourvoir contre l'avenir (*Contre Leptine*).

L'événement devait confirmer les réflexions morales du jeune orateur, et même les dépasser de beaucoup. Pouvait-il en 355 prévoir qu'un homme de Pella détruirait l'indépendance hellénique, qu'un adolescent macédonien, en moins de huit années, soumettrait tout l'Orient à son empire ?

Plus tard, témoin des revers qui peu à peu acheminent la cité de Minerve à sa ruine, Démosthène s'arme contre les défaillances publiques des désastres mêmes qui les ont provoquées. Il exhorte Athènes à tirer son salut de son adversité :

Si la haute idée que vous avez d'Athènes n'est pas une illusion, il vous faut vous montrer supérieurs aux autres hommes au sein des revers. Mon vœu le plus cher eût été que cet

événement n'eût pas atteint la cité, et que la fortune lui épar-
gnât toute disgrâce. Mais la Fortune a des retours rapides ;
elle passe aisément d'un camp à l'autre ; les défaites, ouvrage
de la lâcheté, sont seules constantes en leur stabilité... Nul de
vous peut-être, Athéniens, n'a recherché pourquoi l'adversité
est meilleure conseillère que le bonheur. La seule raison en
est que l'homme heureux ne redoute rien ; il ne se croit pas
menacé des maux qu'on lui annonce ; au contraire, l'infortune
nous met sous les yeux les fautes dont elle a été le fruit, et elle
nous rend, pour l'avenir, sages et mesurés (*Exordes 39, 43*).

Le stoïcien Panétios félicitait Démosthène d'établir
la plupart de ses harangues sur ce principe que « le
beau seul est éligible » et préférable en soi. En effet,
Démosthène ose toujours présenter aux Athéniens
l'image d'une vertu austère et laborieuse ; une bonne
cause doit être soutenue, fût-elle condamnée à périr ;
la nécessité la plus impérieuse est celle de l'honneur.

Si un dieu (car un mortel ne saurait se porter garant de si
graves intérêts) vous donnait l'assurance qu'en restant en repos
et en laissant aller les affaires, vous ne verrez pas à la fin
Philippe fondre sur vous, alors même, par Jupiter et par tous
les dieux, il serait honteux, indigne de vous, de la puissance
athénienne et des exploits de vos ancêtres, de sacrifier à votre
indolence la liberté de la Grèce entière ; et quant à moi, j'aimerais mieux mourir que de vous donner un tel conseil... Mais
si tous nous savons que, plus nous le laisserons s'agrandir,
plus il sera fort et redoutable le jour où il nous faudra le combattre, dans quel espoir nous dérober ? à quoi bon les délais ?
quand nous déciderons-nous, Athéniens, à faire notre devoir ?
— Hé ! par Jupiter, quand il y aura nécessité ! — Mais ce
qu'on peut appeler la nécessité de l'homme libre, non seulement elle est présente, mais elle est passée depuis longtemps.
Quant à celle de l'esclave, il faut prier les dieux de vous en
préserver. En quoi diffère-t-elle de l'autre ? Pour l'homme
libre, la plus grande nécessité c'est la crainte du déshonneur,
et je ne sais en effet ce qu'on pourrait imaginer de plus impérieux ; mais pour l'esclave, ce sont les coups, les châtiments
corporels. Puissiez-vous ne la jamais connaître ! et même il
messied d'en parler (*Sur la Chersonèse*).

Haut les cœurs! était le cri du patriote et la devise
de l'orateur.

« Comme la foule vit seulement de passions, elle
poursuit seulement les plaisirs qui lui sont propres et
les moyens de se les procurer ; elle s'empresse de fuir
les peines contraires. Mais du beau, du vrai plaisir,
elle ne se forme même pas l'idée, parce qu'elle ne les
a jamais goûtés. Quels discours, je le demande, quels
raisonnements pourraient corriger ces natures grossières ? Il n'est pas possible, *ou du moins il n'est pas
facile* de changer, par la seule puissance de la parole,
des habitudes sanctionnées par les passions depuis
longtemps [1]. » Vers la fin de sa carrière, Démosthène
éprouvait, dit-on, le découragement que la sentence
trop rigoureuse du philosophe était propre à inspirer.
Mais ce découragement, sa vie politique tout entière
l'avait désavoué d'avance. L'œuvre difficile dont parle
Aristote, Démosthène l'a accomplie : à force de parler
de leur honneur aux Athéniens dégénérés, il le leur a
fait ressaisir. En poussant ses concitoyens dans les
âpres sentiers du bien, il semait de ronces sa propre
voie et marchait à un précipice presque certain. —
L'homme affrontant les affaires publiques dans l'espoir
de corriger ses semblables, se jette en pâture à des
« bêtes féroces, » dit l'auteur de la *République; «* il
périra avant d'avoir servi de rien à la cité, inutile aux
autres et à lui-même. » Démosthène a bravé la pro-
phétie de Platon et l'a démentie à demi : s'il a péri à

[1] *Morale à Nicomaque, X,* 10, § 4. — « *Le Magnanime* recherche les choses belles et sans fruit, plutôt que les choses
utiles et fructueuses, » Ibid. IV, 3. — La politique de Démosthène a été magnanime, et utile au sens stoïcien. Elle a, de
plus, offert ce caractère relevé d'être non pas seulement athénienne, comme la politique de Périclès, mais hellénique.

la tâche, son dévouement n'a été inutile ni à sa patrie
ni à lui-même.

II. — RAPPORTS DE LA JUSTICE ET DE LA POLITIQUE.

> La justice... ni l'étoile du soir, ni l'étoile du
> matin ne sont aussi belles.
>
> (ARISTOTE, *Morale à Nicomaque*, V, 1).
>
> Le bien en politique, c'est la justice, et la
> justice c'est l'utilité générale.
>
> (ARISTOTE, *Politique*, III, 7.)

Un des arguments développés par Démosthène avec
le plus de force contre Philippe, est l'instabilité de
tout pouvoir fondé sur l'injustice. Interprète de la
conscience humaine, l'orateur de la deuxième *Olynthienne*, en déclarant ruineux l'édifice de la puissance
inique, affirme ce qui devrait être pour se consoler de
ce qui est. En d'autres circonstances, Démosthène a
allié aux considérations morales les conseils de la sagesse pratique. Après la consécration de l'honnête,
seule base des succès durables, il a réclamé l'union
de l'honnête et l'utile. La doctrine socratique, si pure
d'intention, incline ici à une exagération dangereuse.
Aux yeux du maître de Platon, une chose n'est pas
bonne, quand elle n'est bonne à rien. — *Aristippe :*
« Un *panier à ordures* est donc aussi une belle chose ?
— *Socrate :* Oui, par Jupiter, et un bouclier d'or est
laid, si l'un est convenablement approprié à son usage,
et l'autre, non[1]. » Ce sentiment a du moins le mérite
de la netteté, qualité dont manque le paradoxe stoï-

---

[1] Voir plus haut, p. 16. L'esthétique utilitaire de Socrate
conduit à la morale utilitaire des épicuriens et des sceptiques.
Platon dans le *Premier Hippias* réfute cette théorie étroite.

cien : *L'honnête est toujours utile, est le seul utile,*
théorie fondée sur une équivoque où se confondent
l'utilité morale et l'utilité pratique. Des deux parts il
y a méprise; Socrate et le Portique ont outré la vérité. Démosthène reste dans une juste mesure en disant : « Il faut toujours viser à la justice et la pratiquer, mais en même temps chercher les moyens de
l'identifier avec l'intérêt[1]. » Le politique se garde des
spéculations idéales et tient compte de la réalité des
choses; il poursuit ensemble l'honnête et l'utile : que
lui demander davantage, et n'est-ce pas assez pour
lui de ne pas mettre la main à certain panier?

La protection des faibles est une obligation si
étroite, au sentiment de Démosthène, qu'il en fait le
critérium souverain de la justice dans les rapports
d'Athènes avec le dehors (*Pour les Mégalopolitains*).
C'est là, pour lui, la source de l'honneur et le fondement de l'équité. « Faisons en sorte de conformer
notre politique à l'équité; établissons-la sur ce principe : faire à l'égard des opprimés ce que dans l'adversité (puisse-t-elle ne jamais nous atteindre!) nous
voudrions que les autres fissent pour nous. »

Dans le discours *Pour la liberté des Rhodiens*, Démosthène distingue la justice sociale de la justice
internationale; mais, cette fois, il est loin d'imposer
à cette dernière l'obligation de la loi morale :

Je crois juste de rétablir la démocratie rhodienne ; et juste

[1] Cette conciliation est d'autant plus méritoire qu'elle
semble parfois assez malaisée; Démosthène (voir p. 90, 94)
en a fait l'épreuve. « Dans Athènes, quelques magistrats, nous
dit-on, connaissent aussi bien que personne les lois de la justice ; mais, à les entendre, ils sont forcés par la pauvreté de la
multitude de les observer peu strictement. » Xénophon, *Revenus*, 1.

ou non, quand je considère la conduite des autres peuples, le
conseil de ce rétablissement me semble un devoir. Comment
cela? c'est que, si tous, Athéniens, étaient zélés observateurs
du droit, il serait honteux de nous en écarter seuls; mais,
puisque tous travaillent à se rendre capables de violer la justice impunément, alléguer seuls le prétexte de l'équité pour
ne rien entreprendre, ce n'est plus justice, c'est lâcheté. Partout je vois l'étendue des droits se mesurer à la grandeur de la
force... Les lois, dans une république, appellent à l'égale participation des mêmes droits individuels les grands et les petits;
mais dans le droit public de la Grèce, c'est le plus fort qui
fait sa part au plus faible.

Ainsi Démosthène, à côté d'une morale sociale rele-
vant de l'équité, reconnaît une morale hellénique soumise à la loi de la force : on ne s'attendait pas à cette
chute, et quelle excuse en donne-t-il? le spectacle de
l'injustice universelle... Trop souvent, en effet, l'exemple de l'iniquité heureuse séduit; le chien de la Fontaine (VIII, 7) n'y a pas résisté.

Notre chien se voyant trop faible contre eux tous,
Et que la chair courait un danger manifeste,
Voulut avoir sa part; et, lui sage, il leur dit :
Point de courroux, messieurs; mon lopin me suffit :
Faites votre profit du reste.
A ces mots, le premier il vous happe un morceau;
Et chacun de tirer, le mâtin, la canaille,
A qui mieux mieux : ils firent tous ripaille;
Chacun d'eux eut part au gâteau.

Ainsi certains congrès, au nom de la justice (distri-
butive), dépècent une victime, dans l'intérêt de la
paix générale ou de l'équilibre européen. La maxime
athénienne est alors justifiée : à chacun selon sa
force, et non selon ses droits; car nul des intéressés
ne croit trouver son avantage à être juste isolément.
Démosthène a distingué une justice sociale et une

justice internationale : dans quel sens cette distinction est-elle fondée? En principe, la justice ne change pas de nature en changeant de théâtre; qu'elle s'applique à des individus ou à des groupes d'individus, aux citoyens d'un seul État ou à plusieurs États, elle demeure la même en son essence. Le bien, selon Kant, est ce qui peut être universalisé impunément. La justice étant une et absolue en soi, les principes de la justice sociale devraient pouvoir s'étendre à la justice internationale, et le droit des individus généralisé, devenir le droit des gens. Ainsi l'idéal serait que les nations civilisées fussent régies dans leurs relations par des lois de justice semblables à celles qui, dans chaque pays, président à l'ordre social. Malheureusement en l'état actuel de l'Europe, ces deux justices sont observées très inégalement. La justice sociale est respectée, à des degrés divers, dans chaque État; car l'État est armé, pour la défense de ses membres, de lois qui les protègent contre tout agresseur. Ainsi, un contrat social oblige chaque peuple isolément par-devers lui-même et est fortifié de sanctions suffisantes. Au contraire, on n'a pu encore rédiger de contrat international qui s'impose à l'Europe dans des conditions analogues d'efficacité. Peut-être un jour connaîtra-t-elle un arbitrage souverain, Justice de paix universelle, assez forte et respectée pour prévenir les violences et imposer ses décisions. Le monde hellénique l'ignorait au temps de Philippe; il a manqué aux nations modernes jusqu'à ce jour. Les princes les plus osés ont parfois été contraints de se soumettre à la loi, protectrice commune de leurs sujets, « de peur d'un successeur, » ou par respect de l'opinion publique. Contre un État voisin, s'il est faible, la violence offre moins de risques.

Frédéric le Grand respectait l'héritage du meunier
Sans-Souci (c'était le droit social) et il volait la Silésie
(c'était sa façon d'entendre le droit international). Il
y avait des juges à Berlin pour un moulin : où en
trouver pour des provinces?

Démosthène, témoin du triomphe de ce détestable
principe : La force prime le droit, en a voulu tirer un
encouragement à l'appliquer; en cela, il a failli.
L'idée du droit a été, en général, faible chez les
Grecs [1]. Athènes, à bout de ressources, se jette sur
une ville alliée, Oropos en Béotie, et la pille de fond
en comble. « Ce ne fut pas méchamment, mais par
nécessité, » telle est la conclusion morale que Pausanias (VII, 11), tire de ce brigandage. Un prédicateur de morale qui a la prétention d'être grave, Isocrate, a fait un éloquent développement sur l'union
inviolable de l'utile et de l'honnête. Puis, quand il
lui faut se prononcer sur les violences d'Athènes,
voici l'excuse dont il les absout : « Les Athéniens
pensèrent qu'entre deux partis fâcheux il fallait choisir de maltraiter les autres plutôt que d'être maltraités eux-mêmes, et de dominer injustement sur les
peuples plutôt que de se laisser asservir injustement
par Lacédémone, pour échapper à ce reproche. Et
tout ce qu'il y a de gens bien avisés penseraient de
même; quelques moralistes, tout au plus, affectant
la sagesse, parleraient et choisiraient autrement. »
Mélos et Scione n'émeuvent pas davantage son flegme

[1] Dans sa *République*, Platon méconnaît la justice et la
liberté au point de proscrire les droits élémentaires de l'indi-
vidu, l'instinct de la propriété, les affections naturelles de la
famille. Elles sont noyées par lui dans l'État « comme quelques gouttes de miel dans une grande quantité d'eau. » *Politique* d'Aristote, II, 1.

ingénu : « On nous accuse d'avoir asservi les Méliens, détruit ceux de Scione. A mes yeux, ce n'est pas du tout un indice de notre tyrannie, que des peuples qui nous avaient fait la guerre aient été fortement punis (σφόδρα κολασθέντες); mais c'est une grande preuve que nous gouvernions bien nos alliés, que nulle des villes soumises n'ait éprouvé un semblable traitement[1]. » Isocrate se contente à peu de frais et se dédit fort galamment. Nous verrons plus loin en étudiant le sentiment religieux dans Démosthène, comment Athènes prétendait établir que la force est de droit divin.

Les anciens sont citoyens avant tout : ils subordonnent volontiers la morale à la politique[2] et tous les devoirs au devoir civique : qui sert vertueusement son pays n'a pas besoin d'autres vertus. Parfois, le politique moraliste, en souvenir des principes de la philosophie, adoucit par une restriction l'ordre impérieux de tout sacrifier à l'intérêt de l'État : « Il y a des choses hideuses et infâmes que le sage ne fera point, même pour le sauver[3]. » Mais c'est là une concession faite pour la forme à l'idée du bien absolu et à la maxime stoïcienne que l'honnête seul est vraiment utile. Cicéron n'ignorait pas que la sagesse du poli-

---

[1] *Panégyrique*, Didot, p. 38, § 100 ; p. 158, § 63. *Sur la paix*, p. 105, § 28. *Panathénaïque*, p. 165, § 117. *Antidosis*, édition de M. E. Havet, introduction.

[2] *Politique*, III, 7 ; *A Nicomaque*, I, 1. *Esprit des lois*, XXIII, 17.

[3] *De officiis*, I, 45. Cette exception à la règle souveraine ne laisse pas de faire de la peine à Cicéron ; heureusement une pensée le met un peu à l'aise (*hoc commodius se res habet*) : c'est que jamais la République n'exigera du sage un pareil sacrifice.

tique n'est pas celle de Zénon; aussi reprochait-il à
Caton d'opiner toujours comme dans la cité idéale de
Platon, et de nuire à la République par cette inflexi-
bilité étroite[1]. Que le salut du peuple soit la loi suprême : telle est, en somme, la maxime fondamentale
de la politique et de la morale de l'antiquité.

Le spiritualisme chrétien a inspiré aux modernes
une morale plus délicate et, en quelque sorte, plus
personnelle que civique. Tel prince chrétien a pu
mettre sur la même ligne l'intérêt de son âme et l'intérêt de l'État, quelquefois même sacrifier l'intérêt de
l'État à des scrupules de conscience[2]. En 1259, par le
traité d'Abbeville, Louis IX restituait, contre leur gré,
à Henri III d'Angleterre, le Limousin, le Périgord, le
Quercy, l'Agénois, une partie de la Saintonge. « Sa
conscience li remordait[3] » des conquêtes faites en
France par ses aïeux sur nos futurs adversaires de la
guerre de Cent ans. Une fois engagé dans cette voie,
pourquoi le saint roi n'allait-il pas jusqu'au bout? Une
restitution partielle était-elle un « bon rendage? » Réduire le royaume au domaine de Hugues Capet eût
été logique[4]. — Aux yeux du moraliste chrétien, la

---

[1] *Ad Atticum*, II, 1 : passage commenté par Camille Desmoulins (*Le vieux Cordelier*, nos 7, 1, fin, 3, fin).

[2] Voir Balzac, *Le Prince* ; chap. 8 : « Si le monde ne peut
se conserver que par un péché, elle (la vieille théologie) est
d'avis qu'on le laisse perdre... » Au chap. 30, la thèse est tout
autre.

[3] Guizot, *Histoire de la civilisation en France*, 14me leçon.

[4] Carnéade disait aux Romains : « Tous les peuples qui ont
possédé l'empire, et les Romains eux-mêmes, maîtres du
monde, s'ils voulaient être justes, c'est-à-dire restituer le bien
d'autrui, en reviendraient aux cabanes et devraient se résigner
aux misères de la pauvreté. »

piété est le tout de l'homme, même sur le trône, et
elle ne se confond pas nécessairement, comme la
piété antique, avec l'amour de la patrie. Le saint du
christianisme rapporte tout au salut de son âme; le
Grec ou le Romain d'une vertu parfaite rapporte tout
au salut de la cité.

Les préoccupations sociales, familières aux anciens,
expliquent encore la disproportion laissée quelquefois
par eux entre les délits ou les crimes et les châtiments; ils ne considèrent pas surtout le degré d'im-
moralité de la faute, mais la mesure du dommage fait
à l'État. Platon condamne à mort l'avocat qui fait
commerce de sa parole ou qui défend une mauvaise
cause : d'où naît cette sévérité excessive? du désir
de guérir à tout prix une des plaies les plus enveni-
mées de la cité athénienne. Le principe sur lequel
repose notre justice militaire, en temps de guerre, est
la *conséquence* du délit ou du crime commis devant
l'ennemi. Elle condamne à mort le maraudeur, à plusieurs années de fers la sentinelle vaincue par le
sommeil. En dehors de ces circonstances particulières, la loi moderne établit la pénalité, non sur les
conséquences possibles, mais sur l'intention. Ainsi
elle ne punit pas comme meurtrier l'auteur d'un
meurtre commis en état d'ivresse. Les anciens étaient
disposés à poursuivre non surtout la culpabilité, mais
le préjudice causé. De là les procès intentés même
aux objets inanimés. Une pierre avait de sa chute
tué un homme : elle était jugée en forme, condamnée
et rejetée hors de l'Attique. Pittacos était l'auteur
d'une loi qui frappait d'une peine double les fautes
commises pendant l'ivresse. Comme les délits sont
plus fréquents en cet état qu'à jeun, le législateur
avait consulté l'utilité générale de la répression de

préférence à l'indulgence relative due à un délit à
demi inconscient. Ainsi l'intérêt public paraît de
toutes parts avoir été l'inspirateur, le guide de la politique et privée chez les anciens.

Dans les États, moins le pouvoir politique est concentré en un petit nombre de mains, plus la politique
et la justice semblent susceptibles de bon accord. Un
berger veillant sur son troupeau, telle est, selon La
Bruyère, l'image « naïve » du prince, « s'il est bon
prince. » S'il ne l'est pas, il pratique la maxime de
Fra Paolo : « La première justice du prince est de se
maintenir prince. » C'est là l'écueil du pouvoir mo-
narchique. Dans les démocraties, où l'autorité souveraine a passé d'un seul à tous, le pôle de la politique est déplacé aussi. L'intérêt et le devoir sont
alors d'accord pour engager les mandataires du souverain à poursuivre le bien du peuple, de qui ils
dépendent et dont l'intérêt se confond avec le leur
(p. 199). Dans ces conditions, la justice politique
moderne se rapproche de celle des cités libres de
l'antiquité, où elle s'identifiait avec la poursuite des
avantages du plus grand nombre. Or, quand les gouvernants et les gouvernés sont unis ainsi par la communauté des intérêts et que la direction de la nation
est confiée à la nation même, qui ne voit que les
crimes politiques et les malheurs publics qui en découlent, doivent être plus rares? Toutefois, le seul
moyen de les prévenir sûrement, est de désarmer à
l'avance le peuple-roi par l'instruction et la culture
morale, et, selon la maxime déjà citée d'Aristote
(p. 107), de « maîtriser les convoitises. »

Dans l'ardeur de la lutte et en présence de l'iniquité universelle, Démosthène a perdu, un moment,
la vue distincte de la loi morale. Il rêvait pour sa

patrie la perpétuité de l'indépendance et la suprématie d'Athènes, champion de la liberté hellénique, devait réaliser à ses yeux, le règne de la justice en Grèce. A ce prix il semblait disposé à faire assez bon marché de l'équité stricte. S'engager dans cette voie est périlleux. Les faiseurs de coups d'État ne manquent jamais d'alléguer l'autorité auguste du but poursuivi : ils sortent de la légalité pour rentrer dans le droit; ils ne peuvent avouer que parfois ils violent la loi pour échapper à ses menaces. Dieu nous garde d'excuser jamais la transgression de la loi; mais un critérium est infaillible ici pour déterminer la mesure du blâme, dû à l'auteur de l'attentat. C'est la formule juridique : Qui en a profité (*Cui bono fuerit*)? Le violateur de la loi a-t-il allégué le bien public dans l'espoir d'atteindre à son bien propre? déclarons-le criminel. L'État seul devait-il recueillir les fruits de l'acte incriminé? philosophes, tout en le condamnant, soyez indulgents au politique : le Dieu bon qui, en créant le monde, a dû vouloir le faire le meilleur possible, l'a pourtant laissé fort éloigné de sa propre perfection [1].

III. — LE SENTIMENT RELIGIEUX DANS DÉMOSTHÈNE.

Aux époques de crise, où le mal triomphe parmi les hommes, il n'est pas rare de voir de grands es-

---

[1] Leibnitz (*Essais de Théodicée*) soumet l'homme, mais non pas Dieu à la règle : *Non esse facienda mala ut eveniant bona.* — Le mal, dit-il, est souvent la condition du bien : « Le grain qu'on sème est sujet à une sorte de corruption pour germer. » — « La nature des choses est telle que le bien et le mal vont partout de compagnie. » Platon, *Lois*; Trad. Cousin, t. VII, p. 32.

prits, troublés par les désordres moraux dont ils sont
témoins, s'interroger anxieusement sur la Providence.
L'épicurien Lucrèce, spectateur des crimes impunis
du triumvirat, reniait les dieux et leur substituait
l'aveugle hasard. Contemporain de Domitien, le stoïcien Tacite doutait quelquefois de la bonté de Jupiter
très bon et très grand, et subissait la croyance à la
fatalité. Au milieu des maux de l'invasion macédonienne, quels ont été à cet égard les sentiments de
Démosthène? L'orateur des *Philippiques* parle toujours avec admiration du pouvoir de la fortune : « La
fortune est maîtresse de toute chose; elle est le tout
(τὸ ὅλον) des choses humaines. » Mais une heureuse
fortune peut être la récompense de bonnes actions.
Ainsi, remarque Démosthène, au siècle d'Aristide et
de Miltiade, les Athéniens, observateurs fidèles de la
justice dans leurs rapports entre eux et avec les cités
grecques, ont mérité de parvenir au faîte de la prospérité. De même, ayons confiance dans l'avenir et les
dieux : « Nous avons toujours été plus justes et plus
pieux que Philippe. » — Pourquoi donc a-t-il jusqu'ici
mieux réussi que nous? — Si l'injuste Philippe réussit
mieux que vous, réplique Démosthène, c'est qu'il
s'occupe avec plus d'énergie que vous de ses affaires :
« Je vois que vous avez beaucoup plus de titres que
lui à la bienveillance des immortels. Mais, avouons-le,
nous restons immobiles, inactifs. Or, quiconque n'agit
point par lui-même n'a aucun droit de prier ses amis,
encore moins les dieux, d'agir en sa faveur. »

Les Athéniens s'y prenaient un peu tard pour s'avi-
ser du principe de l'harmonie entre le mérite et le
bonheur. L'adversité les engage aujourd'hui à se réclamer de l'équité de la Providence; avant de souffrir, ils ne semblaient pas s'en être vivement souciés.

« La justice est ce qui plaît au fort et lui est utile » (*Gorgias*) : Athènes avait jadis professé cette doctrine publiquement. Au début de la guerre du Péloponèse, quand les Corinthiens leur avaient reproché une égoïste ambition, ses orateurs avaient répondu : « Nous n'avons rien fait dont on doive s'étonner, rien de contraire à la nature humaine en acceptant un empire qui nous était offert... Nous ne sommes pas les premiers à agir ainsi, mais c'est une loi établie de tout temps que le plus fort maîtrise le plus faible... Un calcul d'intérêt vous fait alléguer des maximes de justice qui n'ont jamais empêché personne de s'agrandir, quand l'occasion s'est présentée d'acquérir quelque chose par la force. » Ce principe fut encore plus ouvertement invoqué dans la conférence des députés d'Athènes avec les magistrats de Mélos (417), pour détourner cette île de l'alliance lacédémonienne. Les Athéniens leur disaient : « il faut s'en tenir à poursuivre ce qui est possible, et partir d'un principe sur lequel nous pensons de même et n'avons rien à nous apprendre mutuellement : c'est que, dans les affaires humaines, on se soumet aux règles de la justice, quand on y est contraint par une mutuelle nécessité; mais, pour les forts, le pouvoir est la seule règle, et, pour les faibles, la soumission. » — Les Méliens : « Nous avons bon espoir, avec la protection des dieux, de ne pas vous être inférieurs, en défendant les droits sacrés contre l'injustice. » La réplique des Athéniens est curieuse : la force est de droit divin : « Nous croyons nous aussi que la faveur divine ne nous fera pas défaut; car nous ne demandons, nous ne faisons rien de contraire à ce que les hommes attribuent à la Divinité et réclament pour eux-mêmes. Nous pensons, en effet, qu'en vertu d'une nécessité naturelle, les

dieux selon la tradition, et les hommes manifestement emploient tous les moyens pour commander,
quand ils sont les plus forts. Ce n'est pas nous qui
avons posé cette loi; nous ne l'avons point appliquée
les premiers; nous l'avons trouvée établie et nous la
transmettrons après nous, parce qu'elle est éternelle.
Nous en profitons, bien convaincus que nul, pas plus
vous que d'autres, placé dans les mêmes conditions
de puissance, n'agirait autrement[1]. »

La force, devenue l'équité, est une des formes de la
fatalité; il faut s'y résigner comme à toutes les choses nécessaires. « Mortels et immortels, tous sont
soumis à l'empire de la loi, qui de sa main souveraine
établit et légitime la plus extrême violence (Pindare). »
Ainsi un crime *légal* n'est plus un crime; or, c'est une
loi avouée du ciel et de la terre que la force justifie
l'iniquité. En vertu de cette loi éternelle, héréditaire
en Grèce, Mélos, coupable de fidélité envers Lacédémone, fut enlevée après un siège héroïque. Obligée
de se rendre à discrétion, elle vit ses femmes, ses
enfants réduits en esclavage; tous les Méliens en âge
de porter les armes furent mis à mort, vengeance
atroce qui, même à Athènes, trouva des censeurs
compatissants. « Nul n'ignore, dit Démosthène, que
tous les hommes, ceux mêmes qui ne se soucient
guère de la justice, éprouvent une certaine pudeur à
ne pas la pratiquer. Mais ils s'élèvent hautement contre l'injustice, surtout s'ils en sont personnellement
frappés. » Cette pudeur manquait aux Athéniens de la
guerre du Péloponèse. Ils étalaient avec cynisme des

---

[1] Thucydide, V, 89, 104, 105; I, 76. — Jupiter, plus fort
que Saturne, l'avait détrôné et envoyé faire fleurir l'âge d'or
en Italie. — Voir le *Prométhée* d'Eschyle.

iniquités que l'hypocrisie romaine a toujours soigneusement voilées ; aux prises avec Philippe, ils se sou-
vinrent tardivement de la justice et des dieux[1].

La pensée de Démosthène semble en général indécise sur les questions de morale religieuse. Grande
est la difficulté pour un païen d'accorder la morale
avec les opinions reçues à l'égard des dieux, et de
concilier la logique des sentiments avec le respect de
dogmes bizarres et illogiques. Durant la lutte, Démosthène incline à atténuer le pouvoir de la destinée : il
lui faut réagir contre les dispositions des Athéniens
à tout lui imputer et à s'abandonner lâchement à elle.
Le désastre consommé, il en rejette la responsabilité
sur elle seule et non plus sur l'incurie de la cité. Démosthène pouvait hésiter raisonnablement entre la
fortune aveugle et les dieux ; car cette volonté des
dieux est obscure, capricieuse, contradictoire. Avant
Salamine, la prêtresse Aristonice annonce aux Athéniens d'effroyables malheurs ; peu après, elle leur
donne une réponse favorable. Le dieu, touché de leur
désespoir, avait-il en quelques jours changé d'avis ?
Hégésippe va consulter l'oracle de Jupiter à Olympie,
puis l'oracle d'Apollon à Delphes : il désirerait savoir
si Phébus sera du même avis que son père. « Un
dieu » (τὶς θεῶν) a pu ménager un avantage aux Athéniens ; un autre dieu, leur nuire selon ses affections
particulières. En effet, Démosthène déclare avoir
éprouvé « souvent » la crainte qu'un génie malfaisant

---

[1] « Les hommes, quand il s'agit de se venger des autres, se
plaisent à abolir d'avance les règles du droit commun applica-
bles à la circonstance et qui laissent toujours au malheureux
quelque espoir de salut. Ils se privent ainsi eux-mêmes d'une
garantie dont ils pourront avoir besoin un jour, au moment du
danger » (Thucydide, III, 84).

travaillât à leur perte. A la guerre engagée sous les murs de Troie correspond, dans Homère, une guerre entre les immortels. Peut-être les dieux se sont-ils partagés de même en deux camps favorables, l'un à la Grèce, l'autre à Philippe. Les habitants de l'Olympe pratiquent peu la gratuité de la grâce : ils ne donnent guère avant d'avoir reçu; néanmoins ils suivent volontiers la maxime du bon plaisir. « Rien ne les force à s'intéresser à ceux dont ils ne se soucient pas » (*Cyropédie*).

Ainsi l'incertitude où sont les mortels de la nature des affections des dieux à leur égard, et les fortunes inconstantes qui, dans leur pensée, découlent de ces dispositions divines, les conduisent insensiblement à accepter la prédominance de la fortune. Qui décidera de la victoire ou de la défaite du dieu supposé le protecteur d'Athènes? une cause inconnue d'Athènes et que la cité sera excusable d'assimiler au hasard; car pour elle c'est tout un. — Témoin attristé des victoires de Philippe, Démosthène a pu hésiter parfois entre l'aveugle fatalité et la Providence; mais, sauf quelques moments d'incertitude douloureuse, il nous semble impossible que celui dont la mort fut empreinte d'un sentiment religieux si profond (p. 78), n'ait pas cru à la justice divine et à la récompense de la vertu, comme il croyait à son efficacité pour assurer le succès.

Démosthène et Cicéron, remarque M. de Chateaubriand, « ont sans cesse le nom des dieux à la bouche. » Nous n'oserions affirmer que Cicéron les eût toujours dans le cœur, alors même qu'il les invoquait dans ses mouvements les plus pathétiques. Démosthène, orateur et politique plus grave que l'enjoué contradicteur de Caton (*Pro Murena*), était disposé, par son caractère et les circonstances, à de fortes impressions religieuses. Il est religieux sans feinte ni grimaces; sa piété reste exempte de préjugés et d'hypocrisie. Une prêtresse, Théoris, enseignait aux esclaves à tromper leurs maîtres, et usait d'enchantements pour faire des dupes : Démosthène la fit condamner à mort. Sa main hardie savait, au besoin, fouiller le sanctuaire et saisir les coupables qui s'y abritaient. Il n'était pas moins courageux à réfuter les sophismes empruntés aux choses saintes par la mauvaise foi. Leptine combat les immunités en disant que l'on ne peut, sans manquer aux dieux, dispenser personne de charges mêlées d'obligations sacrées, argument « très perfide » (κακουργότατον). Démosthène le déjouera : retirer les immunités aux citoyens qui en jouissent, serait une injustice que nul prétexte religieux ne saurait pallier. C'est « le comble de l'impiété » de chercher à légitimer une iniquité au nom du ciel; ce que la conscience humaine déclare mauvais ne peut être bon aux yeux de Dieu[1].

Démosthène croyait-il aux oracles, aux augures? Il respectait les oracles dont il pouvait tirer des arguments en sa faveur; il les omet ou même les raille, quand on peut les faire parler contre lui[2]. A l'occa-

---

[1] « Sentence vraie, généreuse et digne d'un chrétien. Que de maux épargnés au monde, si les hommes s'étaient toujours gardés de ces faux prétextes de religion! » (A. Wolf).

[2] Dans le discours *Sur les classes des armateurs*, il met avec dédain les faiseurs d'oracles sur la même ligne que de sots orateurs. Les oracles ont été les directeurs politiques et spirituels de l'antiquité. Aristote à *Eudème*, II, 8. — En Samothrace, le ministre du dieu, avant d'initier Lysandre, lui ordonne de déclarer l'action la plus coupable de sa vie. — « Qui exige cet aveu? toi ou les dieux? — Les dieux, — Eh bien, retire-toi; je vais leur répondre. »

sion, il essaie de tourner au bien de l'État les opinions
religieuses de ses concitoyens. Un exprès spécial
l'avait informé de la mort de Philippe avant que la
nouvelle s'en fût répandue dans la ville. Démosthène
monte à la tribune et raconte qu'il vient d'avoir un
songe, présage assuré d'une prospérité prochaine·
Peu après arriva le message officiel de l'événement
prédit : les Athéniens avaient un moment repris courage et confiance dans l'avenir et les dieux. Cet artifice innocent, finement raillé par Eschine, rappelle
celui de Périclès. Le plus habile des artistes qui travaillaient aux propylées de l'Acropole tomba du haut
de l'édifice : les médecins désespéraient de sa vie.
Minerve apparaît en songe à Périclès, et lui indique
un remède qui procura au blessé une prompte guéri-
son, preuve éclatante de l'intérêt sympathique porté
par la déesse aux constructions de Périclès[1]. Ces fictions n'ont rien de commun avec les supercheries
dont l'ambition ou la passion égoïste se fait une arme,
par exemple avec le stratagème religieux dont s'avisent Mégaclès et Pisistrate, dans Hérodote (I, 60),
pour rendre au tyran son pouvoir, ou avec celui du
héros de la dixième des lettres attribuées à Eschine.

Le sentiment religieux, de tous le plus fort et le
plus élevé, a souvent inspiré à l'âme son héroïsme,
au génie ses chefs-d'œuvre. L'art antique et le moderne lui doivent quelques-unes de leurs plus belles
productions : le Jupiter et la Minerve de Phidias, le
Moïse de Michel-Ange, les Vierges de Raphaël. Il a
donné à la scène française *Polyeucte*, *Athalie*, *Zaïre*.
Il présidait à tous les actes importants de la vie pu-

---

[1] Plutarque, *Vie de Périclès*. — voir chap. 6, 35, et Valère-
Maxime, V, 6 : le prodige du préteur à cornes.

blique des anciens. Aussi l'y retrouve-t-on reproduit
fidèlement là où nous l'attendrions le moins, au milieu des farces d'Aristophane. Dans la scène du procès du chien Labès, à peine le rite religieux est-il
annoncé, au début de la cérémonie judiciaire, le
poëte devient sérieux; Bdélycléon invoque Apollon
Agyée, Péan secourable, avec une gravité respectueuse et touchante. Ses paroles sont empreintes de
la tendresse de la piété filiale et d'une sympathie mi-
séricordieuse pour les malheureux. La foi religieuse
se mêlait de même à la plupart des actes de la vie
privée. Les vieux Romains ne pouvaient littéralement
faire un pas sans être en compagnie d'un dieu. Les
dieux assistent l'homme même avant sa naissance, et,
par amitié pour l'homme, ils aident les êtres inanimés dans les diverses phases de leur existence[1].

Le sentiment religieux ne pouvait point ne pas suivre
les anciens à la tribune. Les historiens, les orateurs
latins témoignent qu'il fut une des sources vives de
leur éloquence. Il en fut de même en Grèce. Stobée a
conservé un fragment d'Euripide d'une impiété mémorable : « Croyez-vous que les iniquités aient des ailes
pour s'envoler chez les dieux, qu'on les inscrive là
sur les registres de Jupiter, et que celui-ci les consulte
pour juger les hommes ? Mais il ne suffirait pas à tout
inscrire ni à tout juger. La justice est ici même, à côté
de nous, pour qui sait voir. » Jamais les orateurs
attiques n'auraient osé contredire ainsi à la conscience
publique. Ils rappellent volontiers les auditeurs à la
crainte de la justice divine : « Vos suffrages ont beau
être secrets, ils n'échapperont pas aux dieux » (Démosthène, *Ambassade*). L'orateur, d'ordinaire, les in-

---

[1] Voir Berger, *Histoire de l'éloquence latine*, t. II, p. 95;
page curieuse sur le Pandémonium du Latium antique.

voquait au début de sa harangue, tradition à laquelle
ne manque pas le Paysan du Danube dans La Fontaine.
Le discours finit quelquefois (celui par exemple de la
Couronne) comme il a commencé, par un souhait à la
fois religieux et patriotique. La religion du patriotisme
et la religion même se confondaient dans le cœur des
anciens [1]. Cette solidarité éclate en Démosthène; Philippe est à ses yeux l'ennemi d'Athènes, du sol et des
dieux d'Athènes : puissent ces dieux l'anéantir !

La Divinité, dans la prospérité par l'élan du bonheur
et de la reconnaissance, mais plus encore dans les
revers par le sentiment de la faiblesse humaine et
l'effet salutaire de la souffrance, est et sera toujours
présente au cœur de l'homme. Il est malaisé de gouverner les peuples, surtout les peuples malheureux,
sans se fortifier avec eux de la croyance à la Divinité.
Est-il donc surprenant que le sentiment religieux ait
animé les harangues d'un orateur dont la vie fut une
lutte contre l'infortune publique, au milieu d'événements extraordinaires « faits pour l'étonnement de
l'avenir ? » Démosthène a respecté les dieux du paga-
nisme plus qu'ils ne le méritaient : c'est que, si ces
dieux faillibles sont discutables, la Divinité ne l'est pas.
Obligé de lutter contre la foi intéressée des Athéniens
à la fatalité, et d'échapper aux contradictions impo-
sées au moraliste par l'opposition de la théologie
païenne et de la morale sentie au fond du cœur, Démosthène a été moins crédule, plus vraiment religieux
que la plupart de ses contemporains. Il n'avait ni la
prétention ni la force de sonder des mystères éternellement impénétrables; mais il a voulu concilier, le
mieux possible, la croyance à la fortune avec la foi à
une providence équitable. Il a fait au destin sa part

---

[1] Voir *La Cité antique* (III, 6), par M. Fustel de Coulanges.

nécessaire, tout en revendiquant l'efficacité des conseils humains et l'obligation du devoir :

Il est pour tous les hommes, Athéniens, deux avantages essentiels : le premier, le plus grand de tous, c'est une heureuse étoile (εὐτυχεῖν) ; le second, moins grand que le premier, mais le plus grand parmi tous les autres, c'est la sagesse des conseils. Les mauvaises lois minent les républiques mêmes qui se croient les plus inébranlables. La prudence dans le conseil et la vigilance à ne rien négliger élèvent le plus souvent les hommes à une brillante fortune ; mais il leur en coûte de suivre ces mêmes voies pour s'y maintenir (*Contre Leptine*).

L'homme est donc, en somme, l'artisan de sa fortune. Mais fût-il asservi au pouvoir du Destin, il est un devoir envers lui-même qu'il ne peut décliner : « L'homme de cœur doit toujours aller où l'honneur l'appelle, en se couvrant de l'espérance comme d'un bouclier, et supporter noblement le sort que la Divinité lui assigne » (*Sur la Couronne*). Homme d'Athènes, si la fatalité te contraint, le devoir t'oblige ; résigne-toi, sans défaillir.

CHAPITRE XI

LE PROCÈS DE LA COURONNE

> « Mon caractère ne s'est jamais démenti : dans les affaires de la cité, j'ai attaché plus de prix aux droits du grand nombre qu'à la faveur des riches ; dans celles de la Grèce, j'ai préféré aux dons et à l'amitié de Philippe les intérêts communs à tous les Hellènes. »
> (*Discours de la Couronne.*)

I. — L'ACCUSATEUR DE DÉMOSTHÈNE.

L'activité politique, qui avait été le principal élément de la vie d'Athènes, ne fut pas éteinte complètement

par Chéronée; désormais bannie du Pnyx, elle se ré-
fugia dans les âmes, demeurées libres. Au témoignage
d'Hypéride, les enfants eux-mêmes, à Athènes, s'as-
sociaient à ce mouvement des esprits. On redisait,
dans les écoles, les noms des orateurs salariés de la
Macédoine ou des hôtes ordinaires des émissaires de
l'ennemi. On y apprenait aussi, sans doute, à prononcer
avec respect ceux des serviteurs de la République
restés fidèles à ses espérances et à ses regrets. On
peut juger par là de l'intérêt que provoqua le procès,
depuis longtemps attendu, de la *Couronne*.

Eschine a pris soin de marquer l'importance que
l'opinion publique y attachait. Il s'engage à confondre
Démosthène « à la face de tous les citoyens qui entourent l'enceinte du tribunal, de tous les Hellènes
dont ce jugement excite la curiosité, multitude la plus
nombreuse qui, de mémoire d'homme, soit jamais ac-
courue à un procès politique. » En effet, le spectacle
était unique et la conjoncture solennelle. Les deux
plus grands orateurs (*gladiatorum par nobilissimum*,
dit Cicéron), allaient, dans la plus grave des causes,
déployer les ressources de leur génie et la chaleur de
leurs inimitiés. Au cours de cette joute, les deux adversaires devaient discuter avec leurs actes la politique
d'Athènes, agiter les questions qui avaient passionné
la Grèce depuis plus de vingt ans. Il y allait pour les
Athéniens d'être, selon les termes d'Eschine, loués ou
« sifflés » par les Hellènes; justifiés de toute complicité avec un impie, violateur de la paix générale, ou
enveloppés dans son infamie, et cela à la veille des
jeux Pythiques et de l'assemblée de toute la Grèce.

L'apologie de Démosthène est son chef-d'œuvre, et
tout à la fois le chef-d'œuvre de la tribune et du barreau. Eschine, digne rival de Démosthène, a fait preuve

d'un talent merveilleux, orateur tour à tour vigoureux et souple, grave, mordant ou enjoué, très habile à flatter, piquer et façonner son auditoire. Mais à cet art il manque ce qui consacre et porte à son comble l'admiration des hommes, et que Longin appelle « le son d'une grande âme. » « La sincérité du talent le grandit, » a dit Pindare; la mauvaise foi le dégrade.

L'accusateur de Ctésiphon était condamné d'avance au reproche de malignité déloyale :

Un bon citoyen ne doit pas demander aux juges assemblés pour des intérêts généraux, de servir sa colère, sa haine, ni aucune de ses passions ; il ne doit jamais monter à la tribune animé de ces sentiments. Le mieux est de ne pas les avoir dans le cœur ; mais si le naturel l'y contraint, il doit au moins les adoucir, les modérer. Dans quelles circonstances donc le politique, l'orateur devra-t-il déployer toute sa véhémence ? quand la chose publique est en péril et que le peuple est aux prises avec ses ennemis, voilà les occasions où se montre le généreux, l'honnête citoyen. Mais sans m'avoir jamais poursuivi ni en son nom, ni au nom de l'Etat, pour aucun délit public ou privé, venir aujourd'hui m'accuser à propos d'une couronne, d'un éloge, s'épuiser à ce sujet en longs discours, c'est la marque d'un cœur haineux, jaloux, d'une âme basse où il n'y a rien de bon. Décliner le combat avec moi pour tomber sur Ctésiphon, est le dernier excès de la méchanceté [1].

[1] « Une loi d'Athènes défendait de proposer au peuple de voter une couronne à un magistrat qui n'avait pas encore rendu ses comptes ; une autre loi portait qu'on décernerait en assemblée publique les couronnes accordées par le peuple, et, dans le Sénat, celles que le Sénat aurait votées. Démosthène avait été chargé de la réparation des murs d'Athènes et les avait réparés à ses frais. Là-dessus Ctésiphon proposa un décret qui, sans que Démosthène eût rendu ses comptes, gratifiait cet orateur d'une couronne d'or décernée au théâtre, devant le peuple convoqué, convocation qui, à cause du lieu, n'était pas légale. Le héraut devait proclamer que cette cou-

Le moment même qu'Eschine a choisi pour attaquer
son ennemi est une preuve de la perfidie de son inimitié. Depuis Chéronée (338) et le sac de Thèbes (335),
chaque année avait été signalée par de nouveaux
succès d'Alexandre. Vainqueur au Granique (334), à
Issus (333), il était maître de l'Asie Mineure, des côtes
de la Méditerranée, de Tyr, de l'Égypte. Sparte avait
bravé cette puissance toujours grandissante : effort
magnanime, mais stérile. Agis avait été battu et tué à
Mégalopolis (330). A Naxos, à Thasos, on poursuivait
les citoyens hostiles à l'hégémonie macédonienne. Nul
retour de la fortune en faveur de la Grèce n'était plus
à redouter. Eschine éclate alors contre Démosthène,
et lui intente en règle une action qu'il avait laissée
sommeiller depuis près de huit ans. La condamnation
de l'accusé semblait assurée par la suprématie désormais incontestée d'Alexandre. Elle allait être prononcée à la veille des jeux Pythiques : quel éclat
semblait réservé au triomphe d'Eschine, à l'humiliation de son rival !

Eschine réclamait contre Ctésiphon une amende
de 50 talents (278,000 fr. environ). Si l'on mesure à

ronne était le prix de la vertu de Démosthène et de son dévouement au peuple athénien. Eschine appelle en justice Ctésiphon pour avoir voulu, en violation des lois, faire décerner
une couronne à un magistrat qui n'a pas rendu ses comptes et
la faire décerner au théâtre, et pour avoir en outre faussement
vanté la vertu et le dévouement de Démosthène, qui n'était ni
honnête citoyen ni bien méritant de la patrie. » Cicéron, *De
optimo genere dicendi* : sorte de préface mise par l'orateur romain à sa traduction, aujourd'hui perdue, des discours des
deux adversaires. — En 339, sur la proposition d'Hypéride,
les Athéniens avaient décerné une couronne d'or à Démosthène,
négociateur de l'alliance thébaine.

cette somme la haine d'Eschine, on la trouvera un peu bien forte. Elle animait l'accusateur à frapper de mort civile Ctésiphon certainement insolvable et à ruiner Démosthène dans son honneur : « Si l'un des poètes dont les tragédies se jouent après la proclamation des récompenses publiques, présentait dans sa pièce Thersite couronné par les Grecs, nul de vous ne pourrait supporter ce spectacle. Car Homère nous peint ce ridicule personnage comme lâche et calomniateur. Et vous, si vous couronnez le Thersite moderne, espérez-vous ne pas être bafoués par la Grèce? » Il se flatte qu'on le laissera se pavaner avec sa couronne, sur un théâtre illustre, devant les étrangers et les Hellènes, au milieu des applaudissements des fêtes de Bacchus... Répondez à cette prétention indécente par une flétrissure!

La harangue d'Eschine porte les marques de la petitesse d'âme (μικροψυχίας) que Démosthène y relève. Il fait le compte de ce que la lutte contre les Macédoniens a coûté et accuse Démosthène d'avoir plus fait peser les frais de la guerre sur Athènes que sur ses alliés. Seul, Démosthène est l'auteur de vos maux et des désastres de la patrie. Sacrifiez-le et vous serez justifiés.

Démosthène lui répond avec vigueur et dignité :

Si aujourd'hui tu dissertes, Eschine, sur l'inégalité des répartitions, d'abord tu ignores que des trois cents vaisseaux qui combattirent jadis pour les Hellènes, la République en fournit deux cents. Et elle ne se crut point lésée ; on ne la vit pas mettre en jugement les auteurs de ce conseil, ni s'irriter contre eux : c'eût été une honte ! mais elle rendit grâce aux dieux de ce que, dans le péril commun qui enveloppait les Hellènes, elle seule fournissait le double des autres pour le salut de tous. Et puis, c'est en vain que tu cherches à te faire bien venir des Athéniens en me calomniant. En effet, pourquoi

dire aujourd'hui ce qu'il fallait faire? Pourquoi, présent à
Athènes, aux assemblées, ne l'as-tu pas proposé, si toutefois
tes avis étaient admissibles dans une situation critique qui
nous obligeait à accepter non ce que nous aurions désiré,
mais ce que donnaient les circonstances? Car un compétiteur
était là pour nous disputer le succès et enchérir, tout prêt à
recevoir aussitôt les peuples que nous aurions rejetés.

On m'accuse aujourd'hui de ce que j'ai fait : que serait-ce,
si, rebutées par mes calculs rigoureux, les cités s'étaient éloi-
gnées de nous et attachées à Philippe, ainsi devenu maître, du
même coup, de l'Eubée, de Thèbes, de Bysance? Que n'auraient pas fait, que n'auraient pas dit ces impies? « On a
livré à l'ennemi, on a repoussé des peuples qui voulaient être
avec nous! Par Bysance, voilà Philippe maître de l'Hellespont;
il dispose en souverain du transport des blés dans la Grèce.
Par les Thébains, il a porté une guerre cruelle de nos frontières au sein de l'Attique, et les incursions des pirates de
l'Eubée nous ont fermé la mer. » N'auraient-ils pas tenu ces
propos et bien d'autres encore? quel fléau, Athéniens, quel
éternel fléau que le sycophante! partout sa haine envieuse
trouve à dénigrer.

La bassesse des sentiments réels d'Eschine réfute
la noblesse de ses sentiments oratoires. Respect inviolable de la loi, dévouement à la chose publique, nécessité d'offrir une leçon éclatante de moralité à la
jeunesse, amour de la concorde, hommage à cette parole, « la plus belle que l'on ait jamais enseignée, »
amnistie; vénération due aux héros antiques, dont la
glorification de Démosthène indignerait les mânes :
Eschine n'omet aucune des pensées généreuses ou
des mouvements noblement pathétiques dont un orateur peut se parer :

Lorsqu'à la fin de son discours, il appellera pour le défendre, les complices de sa corruption[1], imaginez-vous voir, au

[1] Il n'y a rien de cela dans le discours de Démosthène.
Eschine a feint de prévoir ces élans oratoires pour se ména-

pied de cette tribune où je parle, rangés pour repousser leur
audace criminelle, les bienfaiteurs de la République. Solon,
qui entoura notre démocratie des plus belles institutions, Solon, philosophe et grand législateur, vous prie, avec sa douceur naturelle, de ne préférer d'aucune façon les phrases de
Démosthène à vos serments, à vos lois. Aristide qui régla les
contributions des Hellènes, et dont le peuple dota les filles
orphelines, déplore l'avilissement de la justice et vous demande
si vous ne rougissez pas au souvenir de vos pères. « Arthmios
de Zélia, vous dit-il, avait apporté en Grèce l'or des Mèdes ;
voyageur accueilli dans la cité, proxène du peuple athénien,
il n'échappa à la mort que pour être banni de la cité et de
toutes les terres de la domination athénienne ; et Démosthène,
qui n'a pas seulement apporté l'or des Mèdes, mais qui l'a
reçu en retour de ses trahisons et qui le possède encore, vous,
vous allez l'honorer d'une couronne d'or ! » Thémistocle enfin,
et les morts de Marathon et de Platée, et les tombeaux mêmes
des aïeux, croyez-vous qu'ils ne gémiraient pas, si l'homme
qui, de son aveu, a servi les Barbares contre les Hellènes,
recevait de vous une couronne ?

Tel est le vice irrémédiable de la mauvaise foi,
qu'elle transpire toujours et trahit les plus habiles[1].

ger une brillante prosopopée, le morceau à effet de la fin. Démosthène n'a pas besoin, pour toucher, d'user de ces procédés
de métier : « La vraie éloquence se moque de l'éloquence »
(Pascal).

[1] La harangue *Contre Ctésiphon* renferme des témoignages à
la charge d'Eschine et honorables à Démosthène. Les ennemis
de la paix publique, dit Eschine, appelaient Démosthène à la
tribune en le proclamant « le seul incorruptible » dans la cité.
Nul n'a jamais songé à décerner cet éloge à Eschine, même
par emphase. — Alexandre est cerné en Cilicie, menacé de
ruine par la cavalerie persane. Eschine peint à ce propos la
joie de Démosthène : celui-ci tient à la main et montre partout la lettre, heureuse messagère ; il fait remarquer le visage
abattu, consterné d'Eschine ; il l'appelle « la victime aux cornes dorées, déjà couronnée pour tomber au premier revers

Celle d'Eschine perce à tout moment; sa méchanceté le discrédite en lui suggérant des imputations déraisonnables. L'alliance avec Thèbes et l'Eubée a été le double triomphe de la politique de Démosthène ; Eschine y voit de graves blessures faites aux Athéniens « à leur insu. » L'alliance avec l'Eubée, achetée par Callias de Chalcis au cupide Démosthène, a fait perdre à la République le tribut de cette île; mais Démosthène y a gagné trois talents. Cette alliance thébaine si vantée et due « aux circonstances et à votre renommée glorieuse, Athéniens, » a fourni de nouvelles preuves de son avidité. Les Thébains songeaient à traiter séparément avec Philippe. Démosthène « s'estimant indigne de vivre, s'il manquait un seul profit honteux, » ne peut consentir à ce qu'ils reçoivent seuls l'or du Macédonien. Le dépit que lui donnait la pensée d'une réconciliation lucrative des Béotarques avec Philippe, le décide à les pousser à la guerre ; et leur ruine est préparée avec la nôtre : « A lui l'argent, à vous les périls. » Car « il vit non de ses revenus, mais de vos dangers. »

Les Athéniens ont été trop assidus aux écoles des sophistes pour n'y avoir pas contracté des habitudes malaisées à déraciner. On leur a dit, et peu s'en faut que d'habiles gens ne le leur aient prouvé, que par la vertu du discours les choses sont ce qu'elles paraissent être ; tout est opinion, tout est possible. Au lieu de preuves convaincantes, de raisonnements décisifs, on usera donc impunément auprès d'eux de conjectures plausibles, de probabilités spécieuses. Ainsi, l'orateur argumentera sur une rumeur publique réellement ré-

---

d'Alexandre. » — C'est qu'en effet l'ami des Macédoniens redoutait des revers qui auraient été le signal de sa perte.

pandue ou forgée par lui, sur des présomptions, des
idées en l'air ; ce qui, du reste, ne l'empêchera pas de
déclarer gravement, avec Eschine, qu' « il est honteux
de reprocher des faits que l'on ne peut prouver. »
Pourquoi le bel adolescent Aristion ne serait-il pas
l'émissaire secret de Démosthène vers Alexandre ?
L'invention est bien un peu forte, mais la parole est
bien puissante aussi. L'essentiel est, à force d'habileté,
de rendre vraisemblable ce qui l'est le moins. Eschine
veut établir que Démosthène a été complice du traître
Philocrate, assertion assez incroyable (ἀπιστότερος
λόγος), lui-même veut bien en convenir ; mais ce n'est
pas, à ses yeux, une raison d'y renoncer. Les sophistes
font accepter l'éloge de Busiris, de la poussière, de la
fièvre : il ne semble pas plus impossible d'accréditer
l'opinion « paradoxale » (Eschine la reconnaît telle)
que l'orateur des *Philippiques* a sciemment livré la
Thrace à Philippe et est le pensionné des Macédoniens.
A quoi sert le discours, sinon à éclaircir les choses
obscures, à obscurcir les choses claires et à faire illusion sur la vérité ?

Eschine n'a pas reculé devant le tour de force de
soutenir le philippisme de Démosthène, invention
« tout à fait voisine de la folie » (ἐγγυτάτω μανίας) ; il
n'est pas homme à se laisser arrêter par de simples
contradictions. — D'abord complice de Philocrate,
Démosthène se fait ensuite son dénonciateur : il était
jaloux (ζηλοτυπίας) de le voir mieux payé que lui. Cet
allié de Philocrate avait pourtant, de l'aveu d'Eschine,
un espion, Charidème, auprès de Philippe. Le même
Démosthène est coupable de haine aveugle contre les
Macédoniens et il entretient avec eux des intelligences
secrètes. On lui reproche de béotiser et on lui impute
le sac de Thèbes. Il se réjouit des périls d'Alexandre

et il néglige d'en profiter. — Ces calomnies déraisonnables et de parti-pris se tournent contre leur auteur.
Toute injustice et vilenie, disait le défenseur de Ctésiphon, est pourrie de sa nature (σαθρὸν φύσει) et révèle
sa corruption par quelque endroit. Eschine, que Démosthène, dans l'*Ambassade*, compare à une balance
penchant toujours du côté où elle reçoit le plus, n'est-
il pas imprudent d'avoir toujours à la bouche le reproche de vénalité? Frédéric II de Prusse, qui fut
philosophe dans sa correspondance avec Voltaire, mais
fort peu sur le trône, médisait volontiers des politiques :
« Qui dit politique dit presque coquinerie ; » sentence
indiscrète : qui a la jaunisse voit tout en jaune [1].

Un homme vint un jour solliciter l'aide de Démosthène : il avait été, disait-il, insulté et battu.

[1] Divers passages du plaidoyer *Contre Ctésiphon* mettent en
lumière certains traits de la physionomie de Démothène, par
exemple son humeur impétueuse (voir, plus haut, p. 69, 132,
239). « Si je refuse de répondre et si, m'enveloppant la tête, je
cherche à m'enfuir, il dit que, venant à moi, il me découvrira
le visage, me traînera à la tribune et me forcera de parler. » —
Voyant les Thébains incliner à un accommodement avec Philippe, « Démosthène proteste que, si quelqu'un parle de paix
avec Philippe, il le saisira par les cheveux et le traînera en
prison ! » Les Béotarques persistent dans leurs desseins pacifiques. « Alors, tout hors de lui (παντάπασιν ἔκφρων), il monte
à la tribune, appelle les Béotarques traîtres aux Hellènes, et
lui qui n'a jamais regardé les ennemis en face, il dit qu'il va
proposer par décret une ambassade aux Thébains pour demander le passage contre Philippe ; » mouvement magnanime qui,
aux yeux d'Eschine, était d'un insensé (en effet jamais le sceptique Eschine n'a eu de ces ardeurs-là). Les magistrats Thébains
l'accueillirent autrement : « Tout honteux et craignant de paraître en effet trahir les Hellènes, ils renoncent à la paix et ne
songent plus qu'à se ranger en bataille. » Didot, p. 124, § 149.

— Mon ami, il n'est pas vrai que tu aies été battu.
— Le plaignant haussant la voix et avec chaleur :
« Quoi ! Démosthène, je n'ai pas été battu ? » —
« Oh! maintenant, je reconnais la voix d'un homme
véritablement maltraité. » Cet accent de sincérité
manque à Eschine[1]. Il a beau s'étudier à faire illusion, son pathétique de rhéteur rappelle l'école et ne
touche pas. La conviction, la vérité dans l'émotion
excluent l'emphase déclamatoire : « O terre! ô soleil!
ô vertu! et vous, Intelligence, Science par qui nous
discernons le bien et le mal, j'ai secouru la patrie,
j'ai dit; » grands mots sonores, vainement criés sur
un ton tragique. Aussi froid est le passage où des antithèses compassées ne réussissent pas à exciter l'indignation contre Démosthène se réjouissant de la
mort de Philippe, sept jours après la mort de sa fille,
morceau admiré de l'un des interlocuteurs des *Tusculanes* (III, 26) et judicieusement critiqué par Plutarque. — « Vous n'avez pu voir de vos yeux la ruine
des infortunés Thébains, voyez-la par la pensée. Re-
présentez-vous une ville prise d'assaut... etc. » Ces
tirades lamentables sont comme des scènes de mélo-
drame; Eschine n'y épargne ni les éclats de voix, ni
les sanglots, et pourtant il nous laisse froids. Si habile
comédien qu'il soit... à la tribune, il a mal joué son
rôle.

« Ce qui m'a le plus frappé dans le cours de ses
imputations et de ses mensonges, c'est qu'en parlant
des malheurs de la cité il n'a pas versé une larme, il

---

[1] Hermogène, περὶ ἰδεῶν, II, 11 ; L. Spengel, II, p. 413. —
Æschines in Demosthenem invehitur, et quam rhetorice!
(*Tusculanes*, III, 26). Cet éloge indiscret peut servir d'épigra-
phe à la harangue *Contre Ctésiphon.*

n'a rien ressenti au fond du cœur de la douleur naturelle à un citoyen dévoué et vertueux. Mais il en-
flait la voix d'un air satisfait, il criait à pleine gorge
(λαρυγγίζων) : évidemment il croyait m'accuser et il
témoignait, contre lui-même, que nos calamités lui
inspirent des sentiments tout différents des vôtres. »
Eschine triomphait de ces désastres : c'étaient autant
d'arguments contre Démosthène et de justifications
de la politique de l'auxiliaire des Macédoniens. L'éloquence d'Eschine découle de la verve heureuse
d'une imagination fertile, des milles ressources d'un
esprit richement doué ; elle a les habiletés et les
saillies de la haine. Démosthène puise la sienne au
fond de son cœur ; il n'émeut pas l'imagination, il
prend les entrailles. On sent dans sa défense l'accent
d'un honnête homme outragé. Grâce au rôle politique
qui l'avait honoré, Démosthène devait être, même
comme orateur, supérieur à son adversaire.

Tel sujet aide à l'éloquence et y oblige ; tel autre
la rend singulièrement méritoire. Un client très com-
promis est toujours difficile à défendre. Or, nul ne le
fut jamais plus qu'Eschine dans ses rapports avec la
Macédoine. De là son impuissance à rendre solide la
justification que Démosthène réclame de lui[1]. De plus,

---

[1] Dans un brillant résumé de l'histoire d'Athènes depuis les
guerres médiques, tableau des alternatives de passion belliqueuse et de sagesse politique de la cité, Eschine rend hommage au souvenir de Cimon, d'Andocide, de Nicias, bienfaiteurs pacifiques de la démocratie ; il fait l'éloge de Thrasybule,
de l'amnistie, dont lui-même aurait grand besoin, il flatte son
auditoire, il insulte son accusateur ; toutes ces souplesses tra-
duisent l'angoisse de l'accusé, sans dissiper les préventions
qui pèsent sur lui : « Le peuple ranimé avait repris ses forces
(après l'expulsion des Trente tyrans), et voilà que des hommes
inscrits frauduleusement sur les rôles des citoyens, gens atti-

Démosthène, pour justifier sa conduite politique, doit célébrer celle des aïeux dont il a été le continuateur. Que peut opposer à cet avantage le partisan de l'alliance macédonienne, c'est-à-dire de l'abdication de la liberté hellénique? S'il exalte les vertus des aïeux, c'est pour les mettre en contraste avec les crimes prétendus de Démosthène, parallèle où se trahit la mauvaise foi haineuse de l'orateur. D'ordinaire, il lui faudra dissimuler un passé glorieux qui parle contre lui, ou en railler la louange, comme lieu commun impuissant : « Des orateurs ligués se levaient, n'essayaient même pas une parole pour sauver la cité; mais ils appelaient nos regards sur les Propylées de l'Acropole, nos souvenirs sur le combat soutenu à Salamine contre les Perses, sur les tombeaux, sur les trophées de nos ancêtres (*Ambassade*). » Démosthène,

rant toujours à eux la partie malsaine de la cité, n'ayant pas d'autre politique que la guerre ; pendant la paix, prophètes de malheurs, *aiguillonnant de leurs paroles des cœurs épris de gloire et trop ardents ;* durant les hostilités, inspecteurs militaires et amiraux sans jamais toucher à une épée; pères de bâtards nés de courtisanes, sycophantes couverts d'infamie, précipitent l'État dans les derniers périls. Ils caressent de leurs adulations le nom de démocratie, et de leurs mœurs ils l'outragent. Infracteurs de la paix, soutien du gouvernement populaire, complices de la guerre qui en est le fléau, tous réunis se jettent maintenant sur moi. Philippe a, disent-ils, acheté la paix; il a profité des négociations pour tout nous ravir; cette paix, machinée à son profit, c'est lui qui l'a violée ; et moi, ils m'accusent, non comme député, mais comme garant de Philippe et de la paix ! Je ne disposais que de paroles et ils exigent de moi des faits au gré de leur attente! Nous étions dix ambassadeurs, et seul je suis poursuivi en reddition de comptes ! » *Ambassade*, Didot, p. 93, § 177; Cf. p. 77, § 79.

dans l'apologie de son ministère, qui est celle des héros de Marathon, est naturellement magnanime et éloquent. Au contraire, la plupart des beautés du discours d'Eschine seront forcément des beautés artistiques; la beauté morale n'y trouvera point place aisément. Ainsi le veulent l'esprit du parti politique dont il est le chef peu désintéressé et le caractère de la thèse qu'il défend.

Eschine orateur avait été mieux doué que Démosthène par la nature. Lui-même, dans les deux plaidoyers *Sur l'Ambassade* et *Contre Ctésiphon*, rappelle complaisamment son « talent naturel et acquis, » objet des félicitations (μαχαρίζων) de son rival. Il ne tenait donc qu'à lui d'être le premier orateur de la Grèce; il a mieux aimé jouir des avantages attachés à l'amitié des Macédoniens. Démosthène lui a ravi la palme, malgré une infériorité native, parce qu'il a su tenir son âme haute et puiser les mouvements d'éloquence qui l'ont élevé au-dessus du passé et peut-être de l'avenir, dans la générosité du cœur. Le discours de la *Couronne* est le dernier effort de l'éloquence antique ; « il réalise l'idéal conçu dans nos esprits; on ne peut rien rêver au delà » (*Orator*, 38).

II. — LA PIÉTÉ ENVERS LES DIEUX, ENVERS LA PATRIE.

> Une action mauvaise, commise au nom des dieux, n'est pas plus excusable, à mon avis, que si elle reposait sur des motifs humains.
>
> (DÉMOSTHÈNE, *Contre Leptine*.)

Eschine a senti l'infériorité attachée à sa cause et il a essayé d'y porter remède. Il lui était malaisé de tirer parti contre Démosthène de la piété envers la patrie; il a voulu y suppléer par la piété envers les dieux. Il espérait percer d'une arme divine son adver-

saire réduit à des secours humains. La tactique était
habile : l'état moral de la Grèce à cette époque semblait lui promettre la victoire. Quand le sol tremble,
l'homme instinctivement lève les yeux au ciel. Le mot
de Tive-Live (V, 51) sera vrai de tout temps : « L'adversité rappela les Romains aux pratiques religieuses. » Brennus, Annibal, ravivèrent tour à tour le
sentiment de la puissance divine chez un peuple redevable de l'empire à sa piété, selon Bossuet; vainqueurs des anciens dieux de Rome, ils la forcèrent de
recourir à des divinités nouvelles, fussent-elles une
pierre noire. C'est le propre des grands désastres
d'ébranler l'imagination des peuples. A peine sortie
des maux de l'invasion allemande, la France de 1870
l'a éprouvé, comme jadis avait fait la Grèce en proie
à la guerre du Péloponèse [1].

Ce phénomène psychologique se reproduisit avec
plus de vivacité encore à l'époque macédonienne : la
Grèce asservie à un homme de Pella, l'Orient conquis
par un Macédonien de trente ans, le renouvellement
soudain de la face de la terre, comment des révolutions si étonnantes n'auraient-elles pas tourné les esprits des hommes, plus fortement que jamais, vers la
divinité? Quelle autre main qu'une main divine avait
pu conduire quelques cohortes à de si incroyables
succès? Ces préoccupations religieuses se retrouvent
dans le curieux plaidoyer d'Hypéride en faveur d'Euxénippe. Les Athéniens avaient partagé le territoire
d'Oropos entre les dix tribus de la cité. Les parts
faites, on s'avisa que le lot assigné à deux tribus était
consacré à Amphiaraos. La piété défendait d'en dis-

[1] Voir M. E. Havet, *Origines du Christianisme* I, p. 121 et
suiv.; 274 et suiv.

poser sans l'assentiment du dieu. Euxénippe, citoyen
d'une probité et d'un âge vénérables, reçut la mission
d'aller, avec deux compagnons, coucher une nuit dans
le temple d'Amphiaraos. Euxénippe obéit, et le lendemain il annonce au peuple que le maître du temple
lui a signifié en songe le désir de rester possesseur
de son territoire. Un citoyen peu convaincu de la sincérité du songeur, le poursuit au criminel, l'accusant
d'avoir inventé le songe. Lycurgue prend la parole
contre l'hôte d'Amphiaraos; Hypéride le défend. Voilà
donc une action criminelle établie sur un rêve et dis-
cutée sérieusement.

De pareilles dispositions d'esprit expliquent les
pages où Diodore décrit les effets de la vengeance céleste, non seulement sur les sacrilèges de Cirrha, mais
sur ceux mêmes qui les avaient secondés ou appro-
chés : Philomélos se précipite d'un rocher; son frère
Onomarque est mis en croix. Phaillos meurt d'une
consomption lente et douloureuse (il avait converti
en monnaie une partie des trésors sacrés). Phalæcos
périt consumé dans un incendie allumé par le feu du
ciel. Ses mercenaires sont tués ou faits prisonniers;
deux mille de ces derniers sont vendus, deux mille
égorgés comme complices d'un impie. La femme d'un
chef phocidien avait porté le collier d'Hélène : elle en
est punie par une lubricité sans frein. Une autre s'était
parée du collier d'Ériphile : atteinte de folie, elle périt dans les flammes de sa maison que son propre fils
a incendiée. Chéronée devait plus tard châtier Athènes, et Alexandre saccager Thèbes. « Ainsi tous les
sacrilèges furent frappés de la vengeance divine. »
Quant à Philippe, « il retourna en Macédoine, laissant aux Grecs une haute idée de sa piété et de sa
science militaire... Philippe, qui par le secours prêté

à l'oracle de Delphes et par sa piété envers les dieux,
voyait son influence grandir de jour en jour, fut enfin
proclamé chef de toute la Grèce et réalisa ainsi le plus
grand empire en Europe. » Diodore pourtant avait
fait sur Philippe cette honnête remarque : « S'étant
ainsi ménagé des traîtres dans toutes les villes, et
donnant le titre d'hôte et d'ami à quiconque recevait
son or, il corrompit par ses maximes perverses les
mœurs du genre humain. » Justin, sans dissimuler
non plus la perfidie politique de Philippe, rend aussi
hommage à sa piété : « Seul il avait châtié un sacrilège que le monde entier aurait dû punir. Ainsi le
vengeur de la majesté des dieux méritait d'être presque leur égal[1]. »

Philippe, politique avisé, avait vu de bonne heure
l'avantage qu'il pouvait tirer des dispositions religieuses des Grecs. Nous avons dit ailleurs avec quelle
adresse il était intervenu dans la première guerre sacrée de la Phocide (pillage de Delphes par Philomélos), et dans la seconde croisade contre Amphissa.
Eschine, associé de Philippe, ne pouvait manquer
d'invoquer lui aussi le ciel contre les adversaires du
parti macédonien ; les préjugés populaires et les souvenirs de sa jeunesse l'y invitaient. Né de parents
pauvres, il avait vu sa mère exercer auprès du menu
peuple le métier d'initiatrice (τελέστρια). Ces pratiques
religieuses étaient une contrefaçon privée des mystères
officiels d'Éleusis, et touchaient à la jonglerie. Eschine
y avait son rôle. Il était beau, bien fait ; il avait une
belle voix ; c'en était assez pour concourir au succès
des cérémonies maternelles et faire affluer dans la

---

[1] Justin, (VIII, 2) et Diodore (XVI, 57, 60-64) sont évidemment ici les échos des historiens de l'époque macédonienne.

corbeille mystique tourtes et gâteaux. « L'amphore garde longtemps l'odeur dont elle fut imprégnée aux premiers jours. » Eschine, orateur politique, conserva les impressions de sa jeunesse. Aide-initiateur, puis acteur, il était préparé par cette double éducation au rôle qu'on lui voit jouer dans le procès de la *Couronne*, et qui lui a valu, de la bouche de Démosthène, cet hommage, qu'il était comédien excellent (ὑποκριτὴς ἄριστος).

Aristote (*Politique* VIII, 9) recommande cet artifice au despote désireux d'affermir son pouvoir : « Le tyran doit afficher une piété exemplaire. On redoute moins l'injustice de la part d'un homme que l'on croit livré au culte des dieux (δεισιδαίμονα), et l'on ose moins conspirer contre lui, parce qu'on suppose le ciel même son allié. Il faut toutefois que le tyran se garde de pousser les apparences jusqu'à une ridicule superstition. » Ces maximes sont peut-être une allusion au roi de Macédoine ; en tout cas, elles s'appliquent à lui de tout point. En prenant en main la cause des dieux, Philippe avait gagné la sienne. Eschine l'y avait aidé certainement. Le jour où celui-ci annonça dans l'assemblée du peuple la condamnation prononcée, à son instigation, contre les Locriens d'Amphissa par le conseil amphictyonique, Démosthène s'écria : « Eschine, tu apportes la guerre au cœur de l'Attique, une guerre sacrée ! » Eschine, après l'asservissement de la Grèce, était peu jaloux de revendiquer un tel ouvrage ; il lui était plus commode d'imputer l'intervention désastreuse de Philippe et la ruine publique à l'impiété de son rival : —Par tes conseils, Démosthène, Athènes s'est refusée à prendre « l'hégémonie de la piété, » le protectorat de la religion. La défense des dieux, répudiée par toi, est échue au roi de Macédoine ; toi seul es donc responsable de ses succès et de nos malheurs.

Considéré dans sa vie privée, Eschine est un épicurien galant homme. Il relève l'innocence de ses mœurs et paraît, en effet, n'avoir pas usé dans toute leur étendue des licences admises de son temps. Néanmoins, il n'y est pas resté étranger. Il ne désavoue ni les vers érotiques dont un défenseur de Timarque se permet d'égayer l'auditoire à ses dépens, ni les injures et les coups que lui ont valus ses galanteries : « J'ai aimé, je le reconnais, et j'aime encore; j'ai eu des querelles, et je me suis battu, je n'en disconviens pas. Mais aimer un objet beau et modeste est la marque d'un cœur sensible (φιλανθρώπου) et bien né. » Eschine croit pouvoir cultiver cette forme de la philanthropie et conserver le droit de parler, à l'occasion, en grave instituteur de la jeunesse. Une vie facile n'excluait pas la piété chez les anciens [1].

A d'autres égards encore, le religieux Eschine s'est parfois laissé gagner aux maximes épicuriennes. Il a écrit ces lignes, imitées trois fois par Cicéron et dignes en effet d'un philosophe supérieur aux préjugés :

« Ne croyez pas, Athéniens, que les grandes catastrophes aient leur principe dans la colère des dieux et non dans la perversité des hommes ; ni que les scélérats soient, comme on les voit dans les tragédies, poursuivis et châtiés par les Furies armées de torches ardentes : l'amour effréné du plaisir, les convoitises insatiables, voilà la Furie des criminels. Ni le souci de leur honneur, ni la crainte du supplice ne les touche ; mais l'espoir du succès, l'appât des jouissances les fascine et les entraîne (*Contre Timarque*).

Eschine parle ici comme Lucrèce, et il a poussé aux

---

[1] La courtisane Rhodope voulut laisser au temple de Delphes un souvenir de sa piété : un ex-voto de broches de fer, à rôtir des bœufs, et représentant le dixième de ses biens. Hérodote, II, 134, 135.

horreurs que le poète a détestées. Croit-il vraiment
aux motifs pieux dont il s'arme contre Démosthène?
La mauvaise foi dont les preuves abondent dans son
discours, permet d'en douter; mais un calcul perfide
l'encourage.

L'accusation d'impiété était une de celles que la frivole Athènes avait toujours prises au sérieux. On sait
comme, au théâtre, elle s'amusait de ses dieux. Les
modernes aimeraient mieux nier la Divinité que la
supposer vicieuse; les Athéniens permettaient à la
diffamation la plus bouffonne de pénétrer dans l'O-
lympe. — Bafouez les immortels à votre aise, mais ne
les niez pas; ne leur donnez point de nouveaux collègues, sans l'assentiment de l'État. — Protagoras
avait vu ses livres brûlés, sa personne bannie par
l'Aréopage. Diagoras de Mélos avait été mis hors la
loi; Anaxagore, jeté en prison; Prodicos de Céos, condamné à la ciguë, comme Socrate le *Mélien* (selon
l'allusion perfidement spirituelle d'Aristophane). Les
femmes mêmes n'étaient pas épargnées : il fallut que
Périclès touchât le peuple de ses larmes pour sauver
Aspasie. Un amant de Phryné, Euthias, avait, par
cupidité ou dépit, accusé cette courtisane d'introduire
« un nouveau dieu. » La cliente d'Hypéride ne dut son
salut qu'à un pieux scrupule des juges : quand ils la
virent si belle, ils furent saisis de la crainte d'offenser
le ciel, en condamnant à périr une prêtresse de Vénus.

Les susceptibilités religieuses d'Athènes offrant des
arguments redoutables, Eschine, qui veut entraîner le
peuple à condamner Démosthène, se fait peuple et
crie à l'impiété. — Toute la vie de Démosthène est
d'un impie. Sous prétexte de réparer les murs d'Athènes, il a détruit les tombeaux publics. Il ose accuser les
ambassadeurs dont il a partagé les repas au prytanée :

« Ce barbare... sacrifices, libations, fraternité de la
table, rien ne l'arrête. » Il a livré au supplice son
hôte, l'Oritain Anaxinos, un honnête marchand qui
trafiquait innocemment en Grèce pour Olympias : « Au
sel de la table hospitalière, je préfère le sel de la patrie ; » Démosthène se fait gloire de cet aveu impudent.
Il insulte la Pythie, il se moque des oracles, il raille
Alexandre de consulter les entrailles des victimes. Il
a conseillé Chéronée, « malgré les présages contraires.»— C'est qu'il estimait par-dessus tous les autres
augures celui que préférait Hector : « Le meilleur augure est de combattre pour la patrie. » Nous embras-
sons le parti du fils de Priam, condamné par le ciel à
succomber sous les armes divines d'Achille ; Eschine
se rallie à la cause du ciel, que Démosthène a outragé.

Les pages où cette machine de guerre est mise en
jeu sont le morceau capital de sa harangue ; l'agresseur s'y est retranché comme dans un fort inexpugnable ; il nous faut l'y suivre. — Cirrha, sur le golfe
de Crissa, en Phocide, était, à l'origine, le port de mer
de Delphes. Enrichis par les nombreux pèlerinages
faits au temple d'Apollon, les Cirrhéens avaient excité
la jalousie des cités voisines. On les accusait d'avidité,
d'extorsions envers les étrangers, pieux visiteurs du
dieu. Dans la première guerre sacrée (590), Cirrha fut
détruite et son territoire consacré à Apollon. Cependant, comme un port était nécessaire pour abriter les
hôtes du sanctuaire, les Locriens d'Amphissa, voisins
de Cirrha, l'avaient rebâtie et repeuplée. Les libéralités des fidèles ne tardèrent pas à enrichir la cité
relevée indûment de ses ruines et, la hardiesse renais-
sant avec la prospérité, ses nouveaux habitants labou-
rèrent une partie des champs condamnés par les amphictyons à la stérilité. Tel fut le principe de la seconde

guerre sacrée et de l'intervention désastreuse de Philippe. Laissons la parole à son auxiliaire volontaire
ou imprudent, Eschine.

Il est, Athéniens, une plaine dite Cirrhéenne et un port
appelé aujourd'hui port du *Sacrilège* et de la *Malédiction*. Cette
contrée fut jadis habitée par les Cirrhéens et les Cragallides,
peuples sans frein, qui ne respectaient pas le temple de Delphes
et insultaient les amphictyons. Une telle conduite indigna, dit-
on, vos pères plus que personne, et d'accord avec les autres
amphictyons, ils consultèrent l'oracle du dieu sur le châtiment
à infliger à ces peuples. La Pythie leur répondit de faire la
guerre aux Cirrhéens et aux Cragallides tous les jours et toutes
les nuits, et quand la contrée aurait été dévastée et les habitants
vendus comme esclaves, de consacrer cette terre à Apollon
Pythien, et à Diane, et à Latone, et à Minerve-Providence,
pour rester éternellement sans culture ; de ne point cultiver
eux-mêmes ce canton et de ne laisser personne le faire.
Après cet oracle, les amphictyons décrétèrent, sur la proposition de l'Athénien Solon, homme à la fois législateur habile,
poète et philosophe, d'envoyer une armée contre les sacrilèges,
conformément à l'oracle du dieu. Les amphictyons, ayant réuni
des forces suffisantes, vendirent les habitants comme esclaves,
comblèrent les ports, rasèrent la ville et consacrèrent la
contrée, conformément à l'oracle ; à cela ils ajoutèrent un
serment terrible : « Ils ne cultiveraient pas eux-mêmes la terre
consacrée et ne permettraient à personne de le faire, mais ils
défendraient le dieu et la terre consacrée et de la main et du
pied et par tous les moyens. » Ils ne se contentèrent pas de
prononcer ce serment ; ils y ajoutèrent une imprécation et une
malédiction terribles. Voici les termes de la malédiction : « Si
quelqu'un enfreint ces lois, ville, particulier ou peuple, qu'il soit
sacrilège envers Apollon, et Diane, et Latone, et Minerve-Providence. » Puis elle souhaite que la terre leur refuse ses fruits ;
que leurs femmes ne leur donnent pas d'enfants semblables à
leurs parents, mais des monstres ; que leur bétail n'engendre
pas suivant la nature ; qu'ils soient vaincus à la guerre, en
justice, dans les assemblées ; qu'ils périssent eux, leurs maisons et leur race. Elle ajoute : « Que jamais ils ne sacrifient
sans profanation à Apollon, à Diane, à Latone, à Minerve-Providence, et que leurs offrandes soient rejetées. » Pour prouver

la vérité de mes paroles, lis la prédiction du dieu. Ecoutez la malédiction, rappelez-vous les serments que vos pères ont prêtés avec les amphictyons.

PRÉDICTION :

VOUS NE PRENDREZ ET NE RENVERSEREZ LES MURS DE CETTE VILLE QUE LORSQUE LES FLOTS SONORES DE LA VERTE AMPHITRITE BAIGNERONT LE DOMAINE DU DIEU, LE LONG D'UN RIVAGE SACRÉ.

SERMENTS   MALÉDICTION

Malgré cette malédiction, ces serments et cette prédiction dont l'inscription subsiste encore, les Locriens d'Amphissa ou plutôt leurs magistrats, hommes sans loi, cultivaient la plaine ; ils avaient bâti et s'étaient établis au port maudit et consacré et levaient un tribut sur ceux qui y abordaient. Ils achetèrent quelques pylagores [1] envoyés à Delphes, entre autres Démosthène. Vous l'aviez élu pylagore ; il reçoit mille drachmes des Amphissiens pour ne point parler d'eux dans le conseil des amphictyons. De plus, il fut convenu qu'on lui enverrait tous les ans, à Athènes, vingt mines de cet argent sacrilège et maudit, à condition qu'il soutiendrait à Athènes les intérêts des Amphissiens par tous les moyens. Dès lors, plus que jamais, son lot fut de plonger dans d'irréparables malheurs tous ceux qu'il approchait, particuliers, princes ou républiques.

Or, considérez quelle victoire le dieu et la fortune ont remportée sur l'impiété des Amphissiens. Sous l'archontat de Théophraste, Diognète d'Anaphlyste étant hiéromnémon, vous aviez élu pylagores le célèbre Midias d'Anagyronte (pour bien des raisons je voudrais qu'il fût encore vivant) [2], Thrasyclès d'Olon et moi troisième. A peine étions-nous arrivés à Delphes que l'hiéromnémon Diognète fut pris tout à coup de la fièvre : le même accident était survenu à Midias. Les autres amphictyons se réunirent en conseil. Nous apprenons alors de ceux qui voulaient montrer leurs sympathies pour la ville, que les Amphissiens, qui se courbaient alors devant les Thébains et

---

[1] Voir, p. 178, la citation de Démosthène et la note.

[2] Ce Midias était celui qui avait souffleté Démosthène; de là les regrets touchants d'Eschine.

leur témoignaient un zèle sans égal, proposaient une résolution contre votre ville, demandant que le peuple athénien fût condamné à une amende de 50 talents, parce que nous avions suspendu au nouveau temple de Delphes, avant sa consécration, des boucliers d'or avec cette inscription si légitime :

LES ATHÉNIENS SUR LES MÈDES ET SUR LES THÉBAINS LIGUÉS CONTRE LES HELLÈNES.

L'hiéromnémon, m'ayant fait appeler, me pria d'aller au conseil et de défendre la ville devant les amphictyons : j'y étais déjà décidé. Je commençais à parler, (j'étais entré au conseil avec quelque vivacité, pressé par l'absence même de mes collègues) [1]. Soudain des cris sont poussés par un Amphissien fort insolent et, à ce qu'il me parut, dépourvu de toute éducation ; peut-être même quelque divinité le poussait et l'égarait : « Avant tout, » dit-il, « ô Hellènes, si vous étiez sensés, vous ne prononceriez même pas le nom des Athéniens durant ces jours, mais vous les chasseriez du temple comme sacrilèges. » En même temps, il rappelle l'alliance avec la Phocide [2], dont ce fameux Crobylos (Hégésippe) avait été l'auteur, et il se met à accumuler contre notre ville bien d'autres accusations intolérables que je ne pus entendre de sang-froid et dont le souvenir m'est encore pénible.

En l'écoutant, j'éprouvai une irritation plus violente qu'en aucun jour de ma vie. Je laisserai de côté le reste de ma réponse, mais il me vint à l'esprit [3] de rappeler le sacrilège des Amphissiens envers la terre consacrée, et de l'endroit où j'étais, je la montrai aux amphictyons (la plaine de Cirrha est en effet dominée par le temple d'où on la découvre tout entière) : « Vous voyez, » dis-je, « ô amphictyons, cette plaine que cultivent les Amphissiens, et ces fabriques de poterie, et ces étables qu'ils

[1] Thrasyclès s'était-il fait excuser, lui aussi, pour cause de maladie subite ?

[2] Cette alliance était coupable aux yeux de l'Amphissien, parce que les Phocidiens avaient jadis pillé le trésor de Delphes.

[3] Eschine n'ose dire qu'un dieu lui a inspiré cette pensée, comme le ciel sans doute a suggéré à l'Amphissien sa sortie injurieuse. Il laisse à ses auditeurs le soin de le supposer.

y ont élevées ; vous voyez de vos yeux qu'ils y ont rebâti le port consacré et maudit ; vous savez vous-mêmes, sans avoir besoin d'autres témoins, qu'ils perçoivent des impôts et tirent un revenu du port consacré. » Puis, je fais lire devant eux la prédiction du dieu, le serment des ancêtres, l'anathème, et je protestai nettement en ces termes : « Moi, pour le salut du peuple athénien, de ma propre personne, de mes enfants, de ma maison, je secours, selon le serment, et le dieu et la terre consacrée, de la main, du pied, de la voix, par tous les moyens dont je dispose ; et je dégage notre ville de ce qu'elle doit aux dieux. Pour vous, voyez ce que vous avez à faire. Les corbeilles sacrées sont là, les victimes sont devant les autels : vous allez implorer les dieux pour tous et pour chacun. Considérez de quelle voix, de quelle âme, avec quels yeux, avec quelle audace vous prononcerez les prières, si vous laissez impunis des coupables sous le coup de l'imprécation ; car sans équivoque, mais très nettement, l'imprécation indique les peines que doivent subir les profanateurs et ceux qui les épargneraient ; en voici les derniers mots : « Que jamais, » dit-elle, « ceux qui ne puniront point les coupables ne sacrifient sans profanation à Apollon, à Diane, à Latone et à Minerve-Providence, et que leurs offrandes soient rejetées ! »

Lorsque, après ces paroles et bien d'autres encore, je me retirai et sortis du Conseil, il y eut parmi les amphictyons une agitation bruyante et tumultueuse ; l'on ne parlait plus des boucliers que nous avions suspendus, mais du châtiment à infliger aux Amphissiens. Le jour était très avancé, quand le héraut se présenta et annonça que les Delphiens âgés de plus de vingt ans, esclaves et libres, eussent à se réunir au point du jour, munis de faux et de pioches, au lieu appelé *Place-des-Sacrifices*. Puis le même héraut annonça que les hiéromnémons et les pylagores devraient se réunir au même endroit pour secourir le dieu et la terre consacrée : « Toute ville, » dit-il, « qui s'abstiendra, sera exclue du temple, sacrilège, et sous le coup de l'imprécation. » Le jour suivant, nous nous rendîmes dès le matin au lieu indiqué, et nous descendîmes dans la plaine de Cirrha ; puis, le port détruit et les maisons brûlées, nous nous retirâmes. Sur ces entrefaites, les Locriens d'Amphissa, qui habitent à soixante stades de Delphes, prirent tous les armes et marchèrent contre nous ; si nous n'eussions couru nous réfugier dans la ville de Delphes, notre vie était menacée.

Il serait inexact de dire que l'antiquité n'a pas connu les guerres de religion. Jamais les plus fougueux ligueurs n'ont ressenti ni exprimé plus fortement le fanatisme religieux. Certains traits de ce morceau rappellent les duretés impassibles des prophètes de l'ancienne loi contre les ennemis de Jéhovah. L'auteur des *Soirées de Saint-Pétersbourg* n'était pas touché de pitié en face de ces aberrations inhumaines. Eschine sans doute les méprisait en son cœur, mais il voulait se venger de Démosthène et il les exploitait.

Le jour suivant, Cottyphos, qui était chargé de mettre les questions aux voix, convoque une assemblée des amphictyons... Dans cette réunion, ce n'étaient plus qu'accusations contre les Amphissiens, éloges à l'adresse de notre ville. Pour abréger, on décrète qu'avant la prochaine session, les hiéromnémons se rendront aux Thermopyles à un jour fixé, apportant chacun un décret sur la peine à infliger aux Amphissiens pour leur crime envers le dieu, la terre consacrée et les amphictyons.

Athènes se disposait à s'associer à la réparation pieuse votée par la diète amphictyonique. Démosthène, fidèle à son marché avec les Amphissiens, s'y oppose : « C'était vous commander l'oubli du serment juré par vos ancêtres, l'oubli de l'anathème, l'oubli de l'oracle divin. » Toutes les autres cités envoient des délégués aux Thermopyles, « sauf une seule ville dont je tairai le nom (Thèbes, récemment détruite par Alexandre), et puisse son désastre ne se renouveler chez aucun peuple de la Grèce ! » Les hostilités sont ouvertes contre les Amphissiens : Athènes y reste étrangère, alors que les dieux lui offraient dans cette expédition sainte un commandement que Démosthène avait vendu. Ici l'orateur déroule avec une majestueuse éloquence le tableau des catastrophes étranges qui ont été la conséquence du sacrilège commis par Démosthène, au mépris des avis du ciel.

Les dieux ne nous ont-ils pas avertis ? pouvaient-ils nous envoyer des signes plus frappants, à moins de parler le langage des hommes ? Non, jamais je n'ai vu de ville plus protégée des immortels, plus ruinée par quelques orateurs. Le signe apparu dans la célébration des mystères et la mort des initiés ne suffisaient-ils pas à nous mettre en garde ? Amyniade ne nous conseillait-il pas à ce propos d'user de prudence, d'envoyer à Delphes prendre conseil du dieu ? Mais Démosthène s'y opposa : *la Pythie philippise*, disait cet homme grossièrement impie, laissant déborder la licence dont nous le laissons jouir. Enfin, malgré les funestes présages des sacrifices, n'a-t-il pas envoyé nos soldats à une mort assurée ? Et cependant, naguère il osait dire que Philippe n'était pas entré en Attique parce que les sacrifices lui étaient contraires. Quel châtiment mérites-tu donc, fléau destructeur de la Grèce (Ἑλλάδος ἀλιτήριε) ? Si le vainqueur est arrêté sur la frontière des vaincus par de tristes auspices, toi qui n'as su rien prévoir et as lancé nos troupes avant l'aveu du ciel, que te faut-il en retour des calamités de la patrie ? une couronne ou l'exil ?

Mais qu'y a-t-il d'extraordinaire et d'inattendu qui n'ait eu lieu de notre temps ? Nous n'avons pas vécu de la vie des hommes : nous sommes destinés à faire l'étonnement de la postérité. Le monarque des Perses, celui qui perçait l'Athos, qui enchaînait l'Hellespont, qui demandait aux Hellènes la terre et l'eau, qui osait écrire dans ses lettres : « Je suis le maître de tous les peuples, du levant au couchant, » est-il vrai que maintenant il combatte, non plus pour régner sur autrui, mais pour le salut de sa propre personne ? Et ne voyons-nous pas mériter cette gloire et le commandement contre les Perses, ceux-là mêmes qui ont délivré le sanctuaire de Delphes ? Mais Thèbes, Thèbes, cette ville, notre voisine, en un jour elle a été enlevée du milieu des Hellènes, sort sans doute mérité (car elle s'était peu inquiétée de l'intérêt commun), mais dû à un égarement fatal et à un délire qui lui venaient non des hommes, mais des dieux. Les infortunés Lacédémoniens, qui n'ont eu part à cette faute que dans les premiers temps, lors de la prise du temple [1], eux qui jadis voulaient être les chefs de la Grèce, aujourd'hui forcés de servir d'otages et d'étaler leurs misères, ils sont sur le point de se rendre auprès d'Alexandre ; eux et

---

[1] Sparte, qui avait envoyé des secours à la Phocide, en haine de Thèbes, était soupçonnée d'avoir pris part au butin.

leur patrie, ils subiront le sort que fixera ce prince, à la merci
de la modération d'un vainqueur dont ils ont provoqué la colère [1]. Et notre cité, le commun refuge des Hellènes, où af-
fluaient jadis de toute l'Hellade les députations qui attendaient
de nous le salut de leurs villes, aujourd'hui elle ne lutte plus
pour la prééminence, mais pour le sol de la patrie. Or, ces
faits ont eu lieu depuis que Démosthène est entré aux affaires.
Ce que dit à ce propos le poëte Hésiode est d'une grande justesse. En un passage, il instruit les peuples et recommande aux
cités de repousser les orateurs pervers. Je citerai ses paroles ;
car, si enfants nous apprenons les maximes des poëtes, c'est
sans doute afin d'en profiter hommes faits :

« Souvent une ville entière souffre pour un homme pervers
qui commet le mal et qui nourrit de noirs desseins ; mais du
haut des cieux, le fils de Kronos lui inflige un châtiment sévère,
la famine et la peste à la fois, et ses habitants périssent. Ou
bien c'est une grande armée, ou les remparts de la cité, ou les
vaisseaux au milieu des mers que frappe et anéantit Zeus à la
voix puissante. »

Si, rompant la mesure des vers, vous en examinez le sens,
vous croirez lire, je pense, non un passage d'Hésiode, mais
une prédiction s'appliquant à la politique de Démosthène ; car
forces de terre, forces de mer et républiques ont été anéanties
par l'effet de cette politique [2].

Dans toute cette partie de la harangue d'Eschine, le
ton est élevé, les pensées sont grandes comme les
images. On croirait entendre Bossuet parlant avec
majesté de cette Providence qui abaisse ou élève les
empires, récompense ou châtie les puissants de la terre
selon qu'ils combattent ou secondent ses desseins. Mais
au milieu des tirades solennelles d'Eschine. on sent
plutôt l'apparat que l'émotion vraie. Vainement il épuise
toutes les ressources de son art : le discours se sent
toujours des bassesses du cœur. Or cette bassesse

---

[1] Allusion à la révolte d'Agis, Quinte-Curce, VI, 1.
[2] Didot, p. 116 et suiv. La traduction de ce morceau appartient en majeure partie à M. F. Castets, *Eschine l'orateur* (Nî-
mes, 1872).

imprime à l'éloquence d'Eschine une tache que ses feintes sentimentales et religieuses ne réussissent pas à dissimuler. Le masque est bien ajusté, peint d'habiles couleurs, et pourtant au travers de ce masque on voit à plein l'hypocrite. N'était-ce pas assez pour Eschine d'avoir été l'auxiliaire de Philippe, et fallait-il qu'il achevât son personnage en affectant d'être l'auxiliaire de la Divinité ? Le don Juan de Molière, vicieux, sacrilège, intéresse encore ; à partir du moment où il se fait un rempart du ciel, on le regarde avec une pitié voisine du dégoût.

Avant la destruction de la Phocide, Eschine avait prétexté une maladie (la maladie a été de tout temps un instrument diplomatique) pour ne pas aller en ambassade en Macédoine. L'extermination consommée, Eschine rétabli vole auprès du prince. Philippe fêtait par des réjouissances la ruine de la Phocide ; Eschine assiste au banquet d'allégresse du vainqueur, indécence qu'il devait plus tard renouveler après Chéronée :

A son arrivée près du roi, sa conduite fut de beaucoup plus révoltante encore. Vous tous ici assemblés, vous étiez, avec Athènes entière, si affectés du désastre affreux de la malheureuse Phocide, que, suspendant l'exercice de votre droit héréditaire d'être représentés aux jeux Pythiques, vous n'envoyâtes ni théores choisis dans le conseil, ni thesmothètes ; et lui, il se régalait aux banquets et aux sacrifices par lesquels Philippe et les Thébains célébraient les résultats de la guerre ; il prenait part aux libations et aux actions de grâce du prince pour la destruction des remparts, des campagnes, des armes de vos alliés. Couronné de fleurs, à son exemple, il chantait avec lui le Péan, il buvait à sa prospérité... A votre avis, Athéniens, que demandaient aux dieux, dans ces libations, Thèbes et Philippe ? n'était-ce pas la supériorité militaire, la victoire pour eux et leurs alliés ? n'était-ce pas le contraire pour les alliés des Phocidiens ? Donc cet homme s'associait aux prières de

Philippe; il formulait contre sa patrie des imprécations que vous devez aujourd'hui faire retomber sur sa tête (*Ambassade*).

Voici comment Eschine essaie de se justifier :

J'ai chanté le Péan avec Philippe, dit l'accusateur, après la destruction des villes de Phocide. Quelle preuve pourrait l'établir manifestement? J'ai été, ainsi que mes collègues, invité à un banquet d'usage qui, avec les députés de la Grèce, conviés comme nous, ne comptait pas moins de deux cents convives. Dans cette foule, sans doute, on m'a clairement remarqué : je n'ai pas gardé le silence ; j'ai chanté, si l'on en croit Démosthène, qui n'y était pas et ne produit le témoignage d'aucune personne présente. Et comment a-t-on distingué ma voix, à moins que je n'aie entonné le premier, comme dans les chœurs? Si donc je me suis tu, Démosthène, ton accusation est mensongère. Mais si, quand ma patrie était florissante et que mes concitoyens n'étaient affligés d'aucune disgrâce, j'ai chanté avec mes collègues un hymne par lequel on honorait la Divinité sans outrager en rien Athènes, j'ai fait une action pieuse, innocente et je mérite d'être absous. Mais non, je ne suis digne pour cela même d'aucune pitié; c'est toi qui es l'homme pieux, toi l'accusateur de ceux dont tu as partagé les libations (*Ambassade*).

Eschine est logique. Il a déclaré pieuse l'expédition de Philippe contre la Phocide ; il ne peut y avoir impiété à en chanter le succès. Ou Eschine est sincère dans l'expression de sa foi religieuse, et alors, il faut l'avouer, la piété a étouffé chez lui le sentiment patriotique et le sens moral; ou il affecte des sentiments qu'il n'a pas. Dans les deux cas il est à plaindre; car sa dévotion menteuse insulte à la Divinité, ou bien il est pieux à la façon d'un Français que des scrupules de conscience auraient engagé en 1859 à souhaiter la ruine de l'armée française en Italie.

Démosthène, nous l'avons vu plus haut (p. 177), accuse formellement Eschine d'avoir servi de propos délibéré les desseins de Philippe en provoquant la

guerre sacrée contre les Amphissiens. Examiné de
près, le récit qu'Eschine lui-même a laissé de la mémorable séance du concile dont il fut le héros, confirme la vraisemblance des imputations de Démosthène.
Bon nombre de traits y inspirent des soupçons. — A
peine arrivés à Delphes, le hiéromnémon et l'un des pylagores, collègues d'Eschine, sont pris de fièvre. Est-ce
là un accident malencontreux ou une défaite calculée ?
En s'abstenant, veulent-ils laisser ses coudées franches
à Eschine et éviter de s'associer à une responsabilité
redoutable ? — Des amphictyons, amis d'Athènes,
avertissent Eschine que les Amphissiens, par complaisance pour les Thébains hostiles à Athènes, vont proposer de décréter une amende de cinquante talents
contre la République, à cause d'une consécration injurieuse à Thèbes ? Eschine court à l'assemblée défendre
sa patrie. Or, selon Démosthène, Amphissa n'a jamais
songé à élever contre Athènes aucune plainte de cette
nature. C'est un « prétexte mensonger » que le fourbe
allègue pour justifier sa sortie contre les Locriens,
dont il machinait la perte. — Tandis qu'Eschine justifie
Athènes, un Amphissien, « poussé peut-être à cet égarement par un dieu, » insulte aux Athéniens et demande
qu'on les chasse du temple comme complices des Phocidiens sacrilèges. Ce fait est-il vraisemblable ? Les
Amphissiens, de l'aveu d'Eschine, ne prennent-ils
point parti contre les troupes amphictyoniques, en
faveur des habitants de Cirrha, peuple de Phocide ? —
Les outrages de ce personnage allument la colère
d'Eschine; il y réplique par une peinture pathétique
du sacrilège d'Amphissa. Bientôt il n'est plus question
des boucliers votifs, mais du châtiment à infliger aux
Locriens. Ainsi l'apostrophe éloquente, provoquée par
les injures de l'Amphissien, fut une diversion non

préméditée, inspirée sur-le-champ au pylagore d'A-
thènes par une indignation patriotique, digression
profitable à Athènes et dont la République doit lui
savoir gré. — Eschine, entendant flétrir la cité, n'a pu
se contenir : jamais, de toute sa vie, il n'avait ressenti
pareil courroux. L'habile homme exagère sa colère
afin d'expliquer une explosion intempestive de zèle
religieux dont les suites ont été désastreuses pour
Athènes. — Plus loin, Eschine, comme sous l'impression des malédictions divines dont il a donné lecture,
fait personnellement sa paix avec les dieux. Il engage
les amphictyons à suivre ce prudent exemple, à jurer
guerre à mort aux impies. Il attise leur fanatisme ; il
leur met l'épée sainte à la main : c'est une bénédiction
des poignards.

En ces conjonctures, le zèle religieux d'Eschine équi-
valait au crime de haute trahison. Car les Athéniens
n'avaient pas donné mission à leur pylagore de soulever le concile amphictyonique contre Amphissa, de
déchaîner une guerre sainte, ardemment souhaitée de
leur ennemi. Eschine, député d'Athènes à Delphes,
n'y avait pas fait les affaires d'Athènes, mais celles de
Philippe. Sa piété, fût-elle sincère, ne saurait donc le
disculper d'un attentat public, origine de la prise
d'Élatée et de la ruine de sa patrie. Il aura beau « torturer » la vérité, il ne pourra jamais « se laver » d'une
trahison qui a mis le comble à ses iniquités. Ainsi
parle Démosthène, en maudissant cette « tête impure. »
Dans le discours de l'*Ambassade*, Eschine s'indigne à
la pensée que les Athéniens pourraient laisser Démosthène impuni, quand ils ont « fait périr Socrate le
sophiste. » Ce rapprochement maladroit est expressif.
La haine d'Eschine contre Démosthène se voile, comme
celle de Mélétos et d'Anytos, de prétextes religieux.

Des ressentiments personnels, voilà le secret de sa piété et l'aiguillon du fanatisme qu'il souffle au peuple d'Athènes sans avoir même la triste excuse de le partager.

Eschine a semé d'écueils la voie où Démosthène est obligé de passer pour se défendre : il espérait le voir se heurter à des engins de guerre dont l'attouchement indiscret provoque des explosions mortelles. Telle est la nécessité pour Démosthène de justifier Chéronée et de parler librement d'Alexandre tout-puissant. L'orateur a méprisé cette difficulté : il a osé soutenir que, même prévue, la défaite devait être affrontée au nom du devoir; il n'a pas craint de terminer un discours tout plein des regrets de la chute d'Athènes par des vœux contre ses vainqueurs. Eschine lui avait tendu un autre piège, encore plus perfide : celui-là, Démosthène ne pouvait le braver.

Il est toujours malaisé d'entreprendre la justification d'actes déclarés impies. Réplique-t-on que l'accusateur est un fourbe qui ment à sa conscience? on s'expose à blesser les sentiments du peuple juge, d'auditeurs sincèrement pénétrés peut-être des opinions affectées par le délateur. Allègue-t-on la probité patriotique, le dévouement désintéressé dont on a fait preuve envers l'État? cette apologie étrangère à la question ne réfute pas le grief d'avoir manqué aux dieux. Comment établir, dans la cause présente, que des passions politiques, des convoitises humaines se mêlaient à l'anathème contre les Phocidiens, spoliateurs de Delphes, ou contre les Amphissiens, violateurs d'un champ sacré? Démosthène ne peut ici combattre Eschine à armes égales. Sur la foi d'un vers d'Homère, où sont mentionnés « les trésors que renferme en son sein le sol pierreux du temple de Phébus, dans la rocheuse Py-

tho, » les lieutenants du Phocidien Phalæcos avaient
commencé des fouilles autour du foyer et du trépied
de Delphes. De violents tremblements de terre, signes
manifestes de la colère divine, avaient arrêté les sacrilèges. Démosthène, lui aussi, doit redouter les commotions du terrain sacré où son ennemi l'oblige à se
défendre ; il est menacé, à toute parole imprudente,
du feu du ciel. De là ses réticences, ses détours : il
marche sur des charbons ardents.

S'agit-il de la première guerre sacrée de Phocide
(355)? il se défend d'y avoir été mêlé comme conseiller responsable : il n'était pas encore aux affaires.
D'ailleurs, quand même il eût été animé d'indulgence
à l'égard des Phocidiens, ces sentiments auraient
trouvé leur excuse dans les sentiments des Athéniens.
Athènes, en effet, reconnaissait « leurs torts ; » mais
elle haïssait encore plus leurs ennemis, les Thébains,
qu'elle ne réprouvait un sacrilège où le désespoir avait
poussé un peuple ruiné, dépouillé de tout, terres,
femmes et enfants. Leur Apollon semblait impuissant
à les protéger : ils demandèrent des vivres et des
armes à son trésor de Delphes. L'impiété des Phocidiens, s'attaquant dans leur détresse à la divinité
même, avait, selon Justin (VIII, 1), rendu plus odieux
encore les Thébains qui les avaient réduits à cette
extrémité. Sparte leur avait envoyé des secours;
Athènes leur avait accordé son alliance. Démosthène
était excusable de n'avoir pas combattu dans le cœur
de ses concitoyens des impressions que les circonstances rendaient assez légitimes.

Eschine l'accuse d'avoir dévoué Athènes aux courroux des dieux en la dissuadant de s'associer à la ligue
amphictyonique. A ce grief, l'orateur ne peut répondre
sans ambages qu'il valait mieux secourir la patrie que

les dieux. Une justification directe sur le fond même
de l'imputation lui étant interdite, il use de palliatifs,
de moyens détournés. Il ne nie pas l'impiété des violateurs d'un territoire consacré; il élève des doutes sur
cette consécration même. A défaut d'apologie rigoureuse, il établit que l'adversaire ne saurait présenter
la sienne. D'accusé il se fait accusateur; il proteste
devant les dieux de la droiture de ses intentions, de la
pureté de ses actes. Il en appelle spécialement à Apollon Pythien, à celui des dieux qu'Eschine a voulu
surtout soulever contre lui; il le prend à témoin de la
vérité de ses paroles, quand il accuse Eschine d'avoir
été l'auxiliaire volontaire des succès de Philippe, sous
couleur de défendre le ciel. Même sans avoir poussé
à la guerre sainte, lui, Démosthène, est plus digne de
la protection du dieu de Delphes que le religieux Eschine : telle est l'impression que Démosthène veut
laisser aux auditeurs; et, à cet effet, il met en lumière
les intelligences criminelles d'Eschine avec les Macédoniens dans ce complot contre la Grèce. — Démosthène a déserté la cause du ciel ! — Eschine a déserté
la cause de la patrie; le véritable impie, le fléau des
Hellènes, c'est lui.

III. — DÉMOSTHÈNE CONSEILLER MAUDIT.

Eschine n'a osé dire ouvertement aux Athéniens :
« Vous avez failli en défendant votre liberté contre
Philippe. » Il impute leur défaite à l'influence fatale
d'un conseiller maudit : — Du jour où Démosthène a
conclu avec la sacrilège Amphissa un pacte vénal, tous
ceux qui l'ont approché ont été, plus que jamais,
plongés dans des maux incurables. La malédiction
attachée à sa personne a triomphé de l'heureuse for-

15

tune d'Athènes. Thèbes, Lacédémone, le Grand-Roi,
tous les ennemis de la Macédoine ont succombé : un
politique sacrilège leur était sympathique dans leur
lutte contre le peuple vengeur de la Divinité. — Eschine exploitait sans scrupule le préjugé qui avait fait
de Démosthène un homme de malheur. Six années
plus tard, Dinarque, à son exemple, devait, dans le
procès d'Harpale, étaler les effets désastreux de la
contagion de ce politique fatal : « Démosthène a accablé
de sa mauvaise fortune ceux qui travaillaient pour
vous... Il s'est dit l'ami d'Euthydique : Euthydique a
péri. »

La foi à une destinée bonne ou mauvaise a été une
conviction profondément enracinée de tout temps dans
l'âme des Grecs. Hérodote en est tout pénétré et lui
doit un de ses récits les plus émouvants, celui des
infortunes d'Adraste le Maudit (I, 34). Le bonheur ou
le malheur de prédestination est compté par Aristote [1]

---

[1] *Rhétorique*, I, 5, fin. « L'homme heureux a des frères laids
et lui seul est beau. » — Cf. *Morale à Eudème*, VII, 14. « On
ne peut nier qu'il n'y ait des gens qui ont vraiment du bonheur. Ils ont beau faire des folies, tout leur réussit... La nature établit entre les hommes, dès le moment de leur naissance, des différences profondes, donnant aux uns *des yeux
bleus*, aux autres *des yeux noirs*... Tout de même, dit-on, la
nature fait les uns heureux et les autres malheureux... En
fait de navigation, ce ne sont pas les plus habiles qui sont
heureux, mais parfois c'est comme au jeu de dés, où l'un
n'amène rien, tandis que l'autre amène un coup qui prouve
bien qu'il est naturellement heureux ou qu'il est aimé du ciel,
comme on dit... Si ce fou réussit, c'est qu'*il a pour lui le destin, qui est un pilote excellent*. J'avoue qu'on peut s'étonner à
bon droit (ἄτοπον) que Dieu ou le destin aime un homme de
cette sorte plutôt que l'homme le plus honnête et le plus prudent. »

Les partisans de Philippe exaltaient à dessein son heureuse

au nombre des arguments à faire valoir dans le discours. Eschine insiste d'autant plus volontiers sur ce
grief qu'il sait l'adversaire à peu près impuissant à le
repousser avec succès. Qu'alléguer, en effet, pour établir logiquement qu'il n'était pas entaché d'une male-
chance fatale ? Les apparences étaient contre lui;
réfuter des témoignages accablants, ce semble, et for-
tifiés encore des sentiments superstitieux d'un peuple
étonné du spectacle de révolutions qui avaient secoué
toute la terre, c'était là une lourde tâche. Démosthène
en a soutenu le poids aussi bien qu'il était possible :

La déloyauté, la basse jalousie éclatent en plusieurs endroits
de son discours, mais surtout dans ses déclamations sur la
fortune. Pour moi, je regarde, en général, comme tout à fait
privé de sens et d'éducation, l'homme qui reproche à un homme
sa fortune. Si le mortel qui se croit le plus fortuné ignore s'il
le sera jusqu'au soir, peut-on vanter son propre bonheur et
incriminer le malheur d'autrui ? Puisque Eschine, sur ce point
comme sur beaucoup d'autres, s'est exprimé avec la dernière
arrogance, voyez, Athéniens, considérez combien mon langage
sur la fortune est plus vrai et plus humain. Pour moi, je regarde comme heureuse la fortune de la cité (les oracles de
Jupiter à Dodone, d'Apollon à Delphes, nous en ont donné

fortune. Démosthène la reconnaissait, avec un sentiment d'ironie amère, à un trait particulier : « Nombreux sont les motifs, Athéniens, de féliciter Philippe de son bonheur ; mais,
à bon droit, on le pourrait féliciter surtout d'un avantage
dont je ne trouve pas d'autre exemple (j'en atteste tous les
dieux) parmi les hautes fortunes de notre siècle. Avoir pris
de grandes villes, soumis de vastes contrées à son empire,
tous les succès de ce genre sont brillants et dignes d'envie ;
qui en doute ? Néanmoins, on en citerait beaucoup d'autres
qui en ont joui. Mais un bonheur lui fut propre ; il ne l'a
partagé avec personne. Quel est-il ? sa politique avait besoin
d'hommes pervers, et la perversité de ceux qu'il a trouvés a
dépassé ses souhaits. » *Ambassade*, Didot, p. 180, § 67.

l'assurance), mais comme fàcheuse et dure celle qui pèse maintenant sur tous les hommes.

En effet, qui des Hellènes ou des Barbares n'a pas éprouvé
de nos jours de nombreuses et grandes calamités? Mais avoir
embrassé le parti le plus honorable, et se voir dans une situation meilleure que les Hellènes mêmes qui se flattaient d'assurer leur bonheur en nous abandonnant, là je reconnais l'heureuse fortune d'Athènes... Si tu peux, Eschine, montrer sous
le soleil un seul mortel, Hellène ou Barbare, qui n'ait pas
souffert de la puissance de Philippe et d'Alexandre, j'en conviens : mon sort, ou, si tu veux, mon mauvais sort a tout
causé. Mais si des milliers d'hommes qui ne m'ont jamais vu
ni entendu, ont éprouvé de nombreuses et terribles disgrâces,
et je ne dis pas des hommes isolés, mais des villes, des nations
entières, combien n'est-il pas plus juste et plus vrai d'imputer
ces maux à une destinée commune, fatalité malheureuse qui a
tout entraîné?... Si nous avons échoué, si nous n'avons pas
toujours réussi selon nos désirs, c'est le sort de tous les hommes
et notre part dans le malheur commun. Quant à ma fortune
particulière et à celle de chacun de nous, il faut la rechercher
dans ce qui nous est personnel. Telle est la voie simple et
droite, selon moi ; et sans doute vous partagez mon sentiment.
Eschine prétend que ma destinée particulière commande à la
destinée de la République, c'est-à-dire une destinée faible et
obscure à une destinée heureuse et grande : hé quoi ! cela se
peut-il? »

Démosthène n'est pas malheureux, car il n'a pas été
vaincu : « J'ai vaincu Philippe, puisque son or n'a pu
me corrompre... Jamais Philippe n'a triomphé de moi
par la politique ou par les armes, mais la fortune a
triomphé des généraux et des forces de nos alliés...
Ne dites donc plus, Athéniens, en vous promenant sur
les places : « un seul homme a causé les malheurs de
la Grèce; » non, ce n'est pas un seul homme, mais un
grand nombre de citoyens pervers, j'en atteste la terre
et les dieux. » Thucydide (II, 37) loue les Athéniens
de respecter, au delà de toutes les autres, les lois que
protège la seule sanction de l'opinion publique. Une

d'elles, aux yeux de Démosthène, est de ne pas reprocher à un malheureux des infortunes dont il n'est pas responsable. Eschine se fait une arme contre son ennemi de l'insuccès de la lutte ; il manque à cette loi de délicatesse morale qui défend d'abuser de circonstances fâcheuses contre un innocent. Démosthène est malheureux d'avoir échoué; il n'a pas échoué parce qu'il était malheureux. Au lieu d'exciter la haine publique contre lui, Eschine devrait respecter sa douleur, et, s'il le peut, la partager.

Malgré la force de ses raisons et l'éloquence de ses plaintes, Démosthène n'avait sans doute pas réussi à vaincre la prévention d'un mauvais sort attaché à sa personne. Après Chéronée, les Athéniens avaient continué de s'inspirer de ses conseils. Néanmoins, par déférence pour un préjugé en contradiction avec la confiance obstinée de ses concitoyens, l'orateur s'abstint durant quelque temps de signer de son nom les décrets qu'il faisait adopter. Il y mettait celui d'un ami, Nausiclès. Il voulait enlever tout prétexte à la défiance envers l'avenir et soustraire la cité à l'apparence même d'une influence funeste, preuve touchante de piété envers la patrie.

Sans accepter le préjugé des Athéniens sur la fatalité attachée à Démosthène, nous-mêmes sommes frappés du caractère d'une vie qu'un destin ennemi a semblé constamment poursuivre. Cette couleur tragique apparaît manifeste à qui embrasse de la pensée la carrière âpre fournie par l'orateur; et, d'abord, quel contraste avec celle d'Eschine ! L'ami des Macédoniens a chanté le Péan à la table de Philippe après la ruine de la Phocide; il a fêté Chéronée auprès du vainqueur, et sa vie s'est écoulée calme et douce entre la sympathie fructueuse des Macédoniens et l'admira-

tion artistique ou l'indifférence morale de ses concitoyens. Il a vécu heureux, honoré du plus grand nombre;
une seule disgrâce l'atteint : il provoque Démosthène
à un combat singulier où sa haine est déjouée, sa vanité
humiliée. Il se résout à un exil volontaire dont il partage les loisirs entre la culture de l'éloquence et des
relations amicales avec Alexandre, jusqu'au jour où il
s'éteint paisiblement à Rhodes ou à Samos.

A ce tableau, opposons celui de la vie et de la mort
de Démosthène. Privé de bonne heure de l'appui pa-
ternel, Démosthène, à vingt ans, est obligé de disputer
son bien à d'avides tuteurs; des efforts tenaces leur
en arrachent une faible partie. Après une jeunesse
laborieuse, opiniâtre à lutter contre des imperfections
naturelles, il aborde la tribune : il y est moqué. Loin
de perdre courage, il redouble d'énergie, triomphe
enfin de ses défauts et enlève les suffrages des Athéniens. Quel fruit en retirera-t-il? Il a choisi le parti
honnête, la défense des droits helléniques : les talents
de Philippe, les vices d'Athènes, la faiblesse de la
Grèce entière lui opposent des obstacles qui, sans cesse
à demi surmontés, se redressent sans cesse devant lui.
Toujours sur la brèche, il lutte seul, avec l'honneur
national; il a toujours raison et il est toujours vaincu;
il a usé sa vie à pousser le rocher de Sisyphe. Après
Chéronée, il se voit honni comme fléau public, détesté
comme sacrilège et maudit.

N'est-ce pas être, en effet, condamné du ciel que
de semer le bien et récolter le mal, d'approcher
du but sans jamais l'atteindre? L'alliance de Thèbes
avait fait un moment pencher la balance en faveur
d'Athènes ; mais la force supérieure du destin a bientôt rompu contre elle tout équilibre. La fatalité semble
se jouer de Démosthène. A la mort de Philippe (336),

à celle d'Alexandre (323), elle éclaire sa vie de rayons d'espoir et la replonge chaque fois dans une sombre incertitude. Les Athéniens raniment son âme en rendant un hommage éclatant à sa politique patriotique (330) ; quelques années après (324), l'Aréopage le condamne pour crime de corruption. Un exil l'atteint, plus humiliant que celui d'Eschine, s'il était coupable ; beaucoup plus douloureux, s'il était innocent. Son retour est un triomphe (323), qui rappelle celui d'Alcibiade [1]. Un an à peine écoulé, la défaite des Athéniens à Cranon ruine une dernière fois ses espérances. Il est sans cesse abreuvé de déceptions et d'amertumes.

Moins probe que Nicias, mais citoyen plus éclairé et plus utile à sa patrie [2], il est victime d'une infortune plus longue et plus poignante. Quelques faiblesses le livrent aux médisances, aux calomnies de ses ennemis, et conspirent avec ses vertus de citoyen pour le faire souffrir. La vertu doit toujours être gratuite ; pourquoi n'est-elle pas toujours impunie ? Chéronée, le plus beau titre politique de Démosthène à notre admiration, lui a été reproché comme un parricide. Au temps de son plus grand crédit, il avait dû soutenir le poids d'un État rebelle par la force d'inertie à l'impulsion de

---

[1] Une galère à trois rangs de rames alla le prendre à Égine ; tous les magistrats et les prêtres, suivis de la cité entière, vinrent au Pirée le recevoir. Le peuple lui fit don de 50 talents destinés à acquitter l'amende infligée par l'Aréopage. Plutarque, *Vie de Démosthène*, 27.

[2] « Bien des gens peuvent être vertueux en ce qui les regarde individuellement, qui sont incapables de vertu en ce qui concerne les autres... L'homme le plus voisin de la perfection n'est pas celui qui emploie sa vertu pour lui-même ; c'est celui qui l'emploie pour autrui, tâche toujours difficile. » *Morale à Nicomaque*, V, 1 ; § 15.

conseils généreux[1] ; brisé par un dernier désastre, il
termine ses jours en fugitif, traqué par les ennemis de
sa patrie, en face de dieux indifférents ou impuissants.
« La vie de l'homme politique est aussi agitée que celle
de l'homme de guerre (Aristote). » Durant trente années, Démosthène a soutenu le combat contre Athènes
et contre la Macédoine. Vainqueur de sa patrie, victoire
trop tardive, il n'a pu trouver en elle un appui assez
vigoureux pour consommer son œuvre en repoussant
le joug macédonien.

Cette destinée malheureuse et la fermeté d'une âme
imployable au malheur, donnent à la figure de Démosthène une expression tragique. Il est surprenant qu'un
Alfieri, par exemple, n'ait point profité d'un tel drame.
L'obstination inflexible de Démosthène rappelle Prométhée[2], Philoctète, Électre. Il hait l'envahisseur
comme le fils de Péan hait les Atrides ; comme lui, il
préfère la douleur à la honte d'un accommodement. Il
ne se reconnaît pas le droit de pardonner. Clytem-
nestre a massacré son époux. « Frappe encore ! » crie
Électre à Oreste. Les Macédoniens ont tué la liberté
hellénique ; Démosthène jusqu'à son dernier souffle
criera vengeance contre les meurtriers.

La peine est un bien, disait Antisthène. « Le vrai
bonheur est d'obéir à la seule voix du devoir (Hypé-

---

[1] Démétrius (Περὶ ἑρμηνείας, L. Spengel, t. III, p. 322) rapporte ce trait de Démade. « Athènes n'est plus la cité guerrière
de nos ancêtres : c'est une vieille femme qui traîne ses sandales
et vit de tisane. »

[2] Eschyle, *Prométhée*. « J'avais tout prévu ; j'ai voulu, oui,
j'ai voulu agir ainsi, je ne le nierai point ; pour secourir les
mortels, je me suis attiré des souffrances (v. 270). » — « Contre
ta servilité, sache-le bien, je n'échangerais pas ma misère
(v. 956). » Démosthène tenait le même langage à Eschine.

ride). » A ce titre seulement, Démosthène fut heureux durant sa vie. A considérer les choses avec l'élévation de sentiments dont lui-même donne l'exemple, il fut heureux aussi dans sa mort. Mériter par-dessus tous les autres la haine des ennemis de sa patrie, n'était-ce pas une fin plus enviable que celle d'Eschine, mourant ami des Macédoniens et oublié d'Athènes ; ou même de Phocion, abandonné à la colère du peuple par les maîtres étrangers dont il avait toujours préconisé l'alliance ; ou de Philippe, politique aux savantes intrigues, assassiné dans une intrigue de cour ; ou d'Alexandre, le nouveau Bacchus, le conquérant de l'Inde, emporté par une orgie ; ou de Dinarque, payé de ses services par le bourreau de Polysperchon ; ou de Démade expiant ses duplicités du meurtre de son fils tué par Cassandre entre ses bras, puis égorgé lui-même? La grande âme de Démosthène a trouvé en elle-même, au milieu des épreuves, la consolation des cœurs virils : la conscience du devoir obéi. Elle en a entrevu une autre, posthume mais souveraine : l'espoir d'une immortalité honorée.

Les témoignages d'estime de ses concitoyens la lui avaient fait pressentir. Dans le procès de la *Couronne*, Athènes sentant que la cause de Démosthène était la sienne, avait voulu consacrer la gloire de son orateur pour la partager. La République, disait Eschine, paraîtra telle que celui qu'elle aura couronné : Athènes aima mieux ressembler à Démosthène qu'à son accusateur, et elle couronna avec éclat[1] l'adversaire irré-

---

[1] Recevoir une couronne dans l'assemblée du peuple, ou sur le théâtre le jour des tragédies nouvelles, non pas de la cité entière (ambition trop élevée pour la plupart des citoyens), mais de sa tribu, de son dème, est un honneur très envié de l'Athénien. Les riches affranchissent leurs esclaves au milieu de la solennité théâtrale ; en retour ils goûtent la joie d'être

conciliable de ses vainqueurs. La fermeté de son attitude après Chéronée avait permis de prévoir cette
décision. On a loué la constance de Rome après Cannes ;
dans une situation encore plus désespérée, la frivole
Athènes ne fut pas moins vigoureuse. Grâce à des mesures énergiques, la ville fut mise en état de défense ;
les esclaves, affranchis ; les indignes, rétablis dans
leurs droits. Les sépultures fournirent des pierres aux
fortifications, les trophées des temples donnèrent leurs
armes. Démosthène demeura l'âme de la résistance ;
il alla soulever les cités alliées, tandis que le peuple,
n'ayant pas de raisons politiques de ménager son
Varron, punissait de mort Lysiclès [1] et infligeait la
peine capitale aux émigrés. Philippe, en face de cette
résolution peut-être inattendue, usa de générosité et
de prudence.

proclamés par le héraut, à la vue de tous les Grecs. Les stratèges recherchent de même cette gloire. Charidème, Diotime
fournissent aux jeunes recrues 800 boucliers ; Nausiclès entretient 2000 soldats à ses frais. Quelle sera la plus haute récompense de ces sacrifices patriotiques ? une couronne aux Panathénées. Quelquefois des citoyens, proxènes de villes étrangères,
se faisaient décerner par ces cités, au théâtre, une couronne
d'or que la loi ordonnait de consacrer aussitôt à Minerve. Mais
l'Athénien, conservait dans sa maison la couronne décernée
par ses concitoyens, « pour que ce monument honorable toujours présent à ses yeux et à ceux de ses enfants, les empê-
chât de devenir mauvais (Eschine). »

[1] *Oratores Attici*, II, p. 366. « Tu commandais l'armée,
Lysiclès : mille citoyens ont péri et deux mille ont été faits
prisonniers, et un trophée s'élève contre la République, et la
Grèce entière est esclave ! Tous ces malheurs sont arrivés
quand tu guidais, commandais nos soldats ; et tu oses vivre, et
voir la lumière du soleil, et te présenter sur la place publique,
toi, monument de honte et d'opprobre pour ta patrie ! »
(Lycurgue).

IV. — L'ÉLOQUENCE GRECQUE S'ÉTEINT AVEC DÉMOSTHÈNE.

La paix conclue, Athènes, malgré la division des partis, ne cessa de lutter sourdement dans la mesure de ses ressources. Elle s'était soumise de force, non de cœur. A toute occasion propice, elle tentait de relever la tête ; elle poursuivait les agents ou les complaisants d'Olympias ; elle laissait toute liberté aux orateurs hostiles à ses vainqueurs. « A côté des ruines fumantes de Thèbes, » elle osait, fermeté admirée de Tite-Live (IX, 18), protester contre ses maîtres et même les railler. Alexandre voulait être dieu, et dieu reconnu des Athéniens. Le peuple dut délibérer sur l'apothéose demandée. Démade l'agréait : « Tandis que les Athéniens veulent défendre le ciel, qu'ils ne s'exposent pas à perdre la terre. » — « De quelle espèce, » dit Lycurgue, « sera ce dieu à qui l'on ne pourra rendre un culte qu'à la condition de se purifier en sortant ? » Sur la proposition de Démosthène, la cité déclara s'en tenir aux dieux adorés par les ancêtres.

Quarante-deux ans après la mort de Démosthène (280), Athènes voulut consacrer par un acte public la reconnaissance due à sa mémoire. Démocharès, neveu de l'orateur, fit adopter un décret où nous lisons ces mots :

Démosthène a servi le peuple athénien de ses bienfaits, de ses conseils... Il a donné à l'État trois trirèmes, treize talents... Il a contribué de son bien pour donner des armes aux citoyens pauvres et acheter du blé pendant la disette... Il a racheté plusieurs citoyens faits prisonniers par Philippe à Pydna, à Méthone, à Olynthe... A ses frais il a réparé les murs du Pirée... Par son éloquence et son dévouement, il a fait entrer dans l'alliance d'Athènes les Thébains, l'Eubée, Corinthe, Mé-

gare, l'Achaïe, la Locride, Byzance, la Messénie. Envoyé en
ambassade auprès de nos alliés, il leur a persuadé de fournir
plus de cinq cents talents pour les frais de la guerre. Député
vers les peuples du Péloponèse, il leur a distribué de l'argent
pour les détourner d'envoyer des renforts à Philippe contre
Thèbes. Il a donné aux Athéniens les conseils les plus sages
et a mieux soutenu l'indépendance nationale et la démocratie
qu'aucun des orateurs ses contemporains. Banni par les fau-
teurs de l'oligarchie, quand le peuple eut perdu sa souveraineté, il mourut dans l'île de Calaurie, victime de son patriotisme... Poursuivi par les soldats d'Antipater, il resta jusqu'au
bout fidèle à la démocratie et, à l'approche de la mort, il ne
fit rien qui fût indigne d'Athènes... L'aîné de sa famille, à
perpétuité, sera nourri au Prytanée et, dans les jeux, il siégera
aux places d'honneur. Une statue de bronze, sur la place publique, sera élevée à Démosthène...

Cette statue reçut cette inscription : « Si ta force,
Démosthène, avait égalé ton génie, jamais le Mars macédonien n'aurait commandé dans la Grèce. »

Athènes devait à son orateur plus encore qu'elle ne
disait. Tant qu'il avait vécu, il avait soutenu l'âme de
sa patrie ; la fierté des sentiments qu'il lui inspirait
pouvait laisser quelque illusion à Athènes sur sa triste
condition. Quand Démosthène lui manqua, n'ayant pas
en elle-même la force de se redresser sous le joug,
elle se courba complètement et subit tout entière l'influence dégradante de la servitude. Dès ce jour, elle
était véritablement esclave et ses sentiments le laissaient assez voir. Sept ou huit ans après l'adoption du
décret en l'honneur de Démosthène, la même Athènes
en votait un autre semblable en faveur de son neveu,
Démocharès. Au nombre des éminents services de ce
personnage, des ambassades fructueuses auprès des
rois ont obtenu de l'argent de Lysimaque, de Ptolémée,
d'Antipater ; Démocharès a été bon administrateur,
démocrate fidèle, heureux mendiant. — Déjà en 305,

Athènes avait donné la mesure de son abaissement moral ; elle avait salué de cet hymne sacré l'entrée dans ses murs de Démétrius Poliorcète :

Oui, les plus grands et les plus aimés des dieux se présentent à notre ville. Voici que l'occasion propice y amène ensemble Déméter (Cérès) et Démétrius. Elle, vient célébrer les mystères redoutables de sa fille (Proserpine) ; lui, joyeux comme il convient à un dieu, il apparaît beau et souriant. Majestueux spectacle de sa présence : tous ses amis en cercle, lui-même au milieu, comme si les amis étaient les étoiles, et lui le soleil ! O fils du très puissant dieu Neptune et d'Aphrodite, salut ! car les autres dieux ou sont trop éloignés, ou n'ont pas d'oreilles, ou n'existent pas, ou n'ont aucun souci de nous. Mais toi, nous te voyons présent, non en bois ou en pierre, mais en réalité : à toi nous adressons nos prières... etc.

« Voilà, » ajoute Athénée (VI, 16), « ce que chantaient les guerriers de Marathon, eux qui avaient puni de mort le prosternement d'adoration devant le roi de Perse et tué des myriades de barbares. » Cette cantate servile était le digne accompagnement des adulations dont Démétrius fut accablé jusqu'au dégoût. Athénée et Plutarque nous en ont transmis les tristes témoignages : des autels aux intimes du nouveau dieu, des temples à ses deux maîtresses. Ainsi se prostituait à un maître étranger la ville où s'était chantée longtemps la chanson populaire d'Harmodius et d'Aristogiton, la cité honorée jadis des noms mérités de Prytanée, de foyer, de rempart, d'école de la Grèce [1].

En perdant la liberté, dit le poète de l'*Odyssée* (XVII, 322), l'homme perd la moitié de sa vertu. La Grèce, dépouillée de son indépendance, le fut, du même coup, de son génie. La domination macédonienne ne pacifia

---

[1] προτανεῖον (Théopompe), ἑστίαν (l'oracle même), ἔρεισμα (Pindare), παίδευσιν (Thucydide).

pas l'éloquence, elle l'anéantit. Démosthène n'eut pas
d'héritier, il ne laissa même de legs à personne. La
parole hellénique, si féconde en chefs-d'œuvre depuis
près de deux siècles, fut étouffée tout à coup, pour
toujours. Seule la rhétorique survécut, babillarde et
fardée dans ses écoles ; emphatique, ingénieuse adu-
latrice auprès des puissants. A peine un nom surnage-
t-il au-dessus de cette médiocrité plate, celui de Démétrius de Phalère. Pouvait-il en être autrement ?
Chassée du domaine politique où se déployait jadis sa
liberté, l'éloquence ne trouvait plus d'autre sol à cultiver que les petits débats de la vie civile et la flatterie.
La souveraine de la cité était devenue l'humble auxiliaire du foyer domestique, la servante-captive de
maîtres étrangers. Dépouillée sans retour de son éloquence attique, que supplanta la faconde asiatique, la
Grèce méritait à cet égard d'être comparée par Denys
d'Halicarnasse à « une de ces maisons livrées au libertinage et au génie du mal ; la femme libre et sage y
languit dédaignée, sans pouvoir disposer de son propre
bien, tandis que la folle courtisane, appelée là pour
tout perdre, veut gouverner en maîtresse et abreuve
l'épouse légitime d'injures et d'humiliations. »

L'honneur de Démosthène est d'avoir dévoué sa
vie à l'ambition de prévenir, avec l'asservissement
d'Athènes, la perte de son âme et de son génie. Il
réussit seulement à les retarder. Mais la transformation de la Grèce bientôt défigurée, justifiait encore
l'orateur des *Philippiques*. Il avait pressenti le vide que
laisserait dans le monde la disparition d'Athènes et
l'échec réservé par sa défaite à la civilisation. En effet,
ni la dignité morale et nationale, ni l'éloquence, ni la
poésie, ni même la haute inspiration dans les arts ne
survécurent à la chute de la cité attique. Le jour

où elle tomba avec Démosthène, la grande lumière de l'Occident s'éteignit; de longues années encore devaient s'écouler avant qu'Alexandrie vît l'aurore d'un jour nouveau.

CHAPITRE XII

CONCLUSION

> Le temps découvre les progrès; il est la source des perfectionnements des arts.
>
> (ARISTOTE, *Morale à Nicomaque*, I, 5.)

I. Les commotions des États qui luttent pour conserver ou conquérir la liberté semblent destinées à avoir toujours les mêmes contre-coups dans les manifestations de la passion humaine. La période macédonienne et la Révolution française devaient être pour la Grèce le triomphe, pour la France le berceau (glorieux, il est vrai), de l'éloquence politique. Les deux peuples, dans une tourmente nationale diversement décisive, ont été remués dans leurs fibres patriotique, morale et religieuse.

Démosthène protestait contre les iniquités de l'envahisseur et la félonie de ses alliés grecs : l'Assemblée législative se soulève contre le manifeste de Brunswick et les émigrés. L'orateur politique des *Philippiques* conseillait parfois aux Athéniens de sacrifier le droit strict à la cause supérieure des droits helléniques : le comité de Salut public s'autorise de l'exemple de la nature, laquelle « s'intéresse aux espèces, non aux individus. » Un allié inattendu, Joseph de Maistre, vient justifier ces théories. Le pouvoir révolutionnaire,

« monstre de puissance, » dit-il, « est à la fois un
châtiment épouvantable pour les Français et le seul
moyen de sauver la France. » Les Athéniens s'inter-
rogent sur la Providence. Les uns trouvent commode
de s'abandonner au destin, à la force supérieure qui
maîtrise alors le monde entier ; les autres, les meilleurs,
relèvent avec Démosthène les titres de la cité à la
bienveillance des dieux et veulent y aider par un mâle
usage de la liberté. Ainsi l'action de la Providence
éclate aux yeux même des ennemis de la Révolution
française. Fanatique logique, l'auteur des *Considérations sur la France* la déclare « décrétée ; » il y voit
une « force entraînante qui courbe tous les obstacles.
Son tourbillon emporte comme une paille légère tout
ce que la force humaine a su lui opposer ; personne n'a
contrarié sa marche impunément. » Que dire de l'ébran-
lement des imaginations à la vue d'un jeune conquérant qui, plein de foi dans son étoile, renouvelle les
prodiges d'Alexandre ? Le destin conduit l'un de Pella
à l'Indus et à Babylone ; l'autre, de Brienne aux Pyra-
mides et à Moscou. Tous les deux remanient la terre
de leur main toute-puissante ; comme jadis l'hellénisme,
89 est répandu dans l'univers.

Hume, avant la période la plus brillante du Parlement britannique, signalait l'absence dans son pays de
la gloire de l'éloquence : « Les grands intérêts nous
manquent. » Ils ne devaient pas manquer longtemps
à l'Angleterre, ni surtout à la France. Les mouvements
politiques qui avaient soutenu l'éloquence de Rome et
d'Athènes semblent médiocres, comparés à la rénovation prodigieuse dont la France de 1789 donna le signal
à l'Europe. La méditation philosophique avait fécondé
le terrain en le remuant profondément. A la semence
des idées succéda une moisson de réformes discutées,

propagées par l'éloquence. Les luttes des partis tenaient
continuellement la parole en éveil et s'en armaient
comme d'une puissance irrésistible. Des duels oratoires s'engageaient sur le corps de la royauté, puis au
sein de la République, entre les modérés et les violents.
Mirabeau et Barnave, Vergniaux et Danton donnaient
à la tribune un retentissement et un éclat où le génie
et la passion atteignent plus aisément que la parfaite
sagesse ou la vertu. La gravité des intérêts débattus,
la solennité des circonstances donnaient à ces joutes
de la parole une grandeur inconnue aux débats mêmes
les plus imposants du Pnyx et du Forum. De là les
caractères d'une éloquence dont la véhémence plus
que romaine et les transports parfois emphatiques
étaient fort éloignés de la sobriété athénienne. Les
choses, les hommes, les discours, tout alors affectait
des proportions grandioses.

Cependant les souvenirs de la Grèce hantaient les
imaginations. Sparte, la citoyenne exemplaire, aux
rigides vertus, était érigée en modèle de patriotisme.
On lui enviait son Lycurgue ; Hérault de Séchelles
proposait sérieusement de s'inspirer comme elle des
lois de Minos. Athènes « charmante démocratie » au
gré de Camille Desmoulins, exerçait moins de prestige
sur les esprits. Pourtant on songeait à elle pour me-
nacer les dictateurs des comités du poignard d'Harmodius. A l'Assemblée nationale on discutait l'utilité
de la clepsydre moderne, le sablier, et la majorité rejetait cette « tyrannie du cadran. » Aux Hellènes on dérobait un emblème, le bonnet grec ; mais le moyen de
faire revivre fidèlement leur éloquence ? Dans la Convention se déchaînaient des tempêtes parties de son sein
ou du flot des sections envahissant la salle au nom du
peuple souverain. L'éloquence est une flamme qui a

besoin, selon Tacite, de l'aliment des agitations civiles. Mais si le foyer se transforme en volcan, que devient-elle ? Trop souvent, à cette époque, elle céda la place au rugissement populaire ou à la lecture impassible de rapports sinistres, au milieu du silence de la peur... Les orateurs mêmes les plus lettrés de la Révolution ne songent pas à se donner le luxe de la diction savante des anciens. Ils taillent le bloc de la société nouvelle, quelquefois à coups de hache ; ils ne cisèlent pas.

L'éloquence athénienne a souvent les caractères du pamphlet. Il en a été de même, à certaines époques, de l'éloquence politique des modernes. Le grand agitateur de l'Irlande, O'Connel, a parfois enivré ses harangues des colères et des outrages familiers à la tribune antique. Les orateurs de la Révolution ne pouvaient guère se défendre de ces impétuosités. Pourtant, ceux d'entre eux qui méritent véritablement le nom d'orateur, ont rarement donné à leurs discours la violence injurieuse de ceux de l'agora. Cette modération relative tient à la différence des mœurs littéraires des deux pays. Le pamphlet et le discours se confondaient à Athènes ; à Paris, ils étaient cultivés séparément. Ce que la bouche n'aurait pas osé hasarder dans une assemblée où l'on osait beaucoup pourtant, le papier, qui ne rougit pas, le publiait par toute la France. Amis et ennemis de la constitution nouvelle avaient leurs publicistes, champions aux dents cruelles. Les *Révolutions de France et de Brabant* rendaient aux *Actes des Apôtres* leurs outrages et leurs morsures. Calomnies en vers et en prose, parodies rieuses ou déchirantes, sarcasmes sanglants que le sang vengera, fiel et venin, rien ne manque à ces libelles de ce que peut exhaler la haine dépouillée de toute vergogne. La chaire de ces nouveaux apôtres est un tombereau encore moins

attique que celui d'où Eschine insulte Démosthène.
Le pamphlet parlé d'Athènes outrage la vérité et les
convenances, non la pudeur ; le pamphlet écrit des
novateurs et de leurs adversaires méprise toute loi.
Que les colères éclatent ainsi en paroles ignominieuses,
c'est beaucoup trop ; mais qu'aurait-ce été, si le dé-
versoir du pamphlet n'avait ici favorisé ce qu'Aristote
appelle la *purgation* des passions et préservé l'éloquence ?

Les libertés de l'éloquence pamphlétaire d'Athènes
étaient un écho affaibli des audaces de la scène comique.
La muse « divine » d'Aristophane conspue ses ennemis
d'un « vaste crachat : » la muse d'André Chénier ne peut
se refuser la volupté de « cracher sur leurs noms, » de
« chanter leur supplice. » Toutefois la comédie grecque,
même avec ses emportements, ne fut jamais meurtrière.
Camille Desmoulins l'a fait remarquer avec sa verve
accoutumée : « Les Athéniens étaient plus indulgents
et non moins chansonniers que les Français. Loin d'envoyer à Sainte-Pélagie, encore moins à la place de la
Révolution, l'auteur qui, d'un bout de la pièce à l'autre,
décochait les traits les plus sanglants contre Périclès,
Cléon, Lamor..., Alcibiade, contre les comités et pré-
sidents des sections et contre les sections en masse,
les sans-culottes applaudissaient à tout rompre, et il
n'y avait personne de mort que ceux des spectateurs
qui crevaient à force de rire d'eux-mêmes[1]. » Les *Nuées*

---

[1] *Le Vieux Cordelier*, n° 7 ; Le *Pour et le Contre*, à propos de
la liberté de la presse : « Comment se faire illusion à ce point !
Pour moi, je ne conçois pas comment on peut reconnaître une
république là où la liberté de la presse n'existe point. De véritables républicains, par principes et par instinct, c'étaient les Athéniens. Non seulement le peuple d'Athènes permettait de parler
et d'écrire, mais je vois, par ce qui nous reste de son théâtre,

ont diverti Socrate, elles ne l'ont pas tué. Le pamphlet
et l'éloquence de la Révolution française ont eu le tranchant du glaive... « Oui, monstres... je vous accuserai
devant les nations ; de ma plume d'acier, étincelante
du feu sacré de la liberté que vous ne connaissez pas,
je percerai, je brûlerai vos entrailles (Claude Fauchet). »

qu'il n'avait pas de plus grand divertissement que de voir jouer,
sur la scène, ses généraux, ses ministres, ses philosophes, ses
comités ; et, ce qui est bien plus fort, de s'y voir jouer lui-même.
Lis Aristophane... et tu seras étonné de l'étrange ressemblance
d'Athènes et de la France démocrate. Tu y trouveras un *Père
Duchène* comme à Paris, les bonnets rouges, les ci-devants, les
orateurs, les magistrats, les motions et les séances absolument
comme les nôtres ; tu y trouveras les principaux personnages du
jour : en un mot, une antiquité de deux mille ans dont nous
sommes contemporains. La seule ressemblance qui manque, c'est
que, quand ses poètes le représentaient ainsi à sa barbe.., sous le
costume d'un vieillard qu'il appelait Peuple, le peuple d'Athènes,
loin de se fâcher, proclamait Aristophane le vainqueur des jeux
et encourageait... à faire rire à ses dépens... Notez que ces
comédies étaient si caustiques contre les ultra-révolutionnaires
et les tenants de la tribune de ce temps-là, qu'il en est telle,
jouée sous l'archonte Stratoclès, 430 ans avant Jésus-Christ,
que si on la traduisait aujourd'hui, Hébert soutiendrait aux
Cordeliers que la pièce ne peut être que d'hier, de l'invention
de Fabre d'Églantine, contre lui et Ronsin, et que c'est le
traducteur qui est cause de la disette des subsistances... Charmante démocratie que celle d'Athènes !... »

L'interlocuteur de Camille Desmoulins fait cette restriction à
la revendication de la liberté illimitée de la presse : « Le peuple
français en masse n'est pas encore assez grand lecteur de jour-
naux, surtout *assez éclairé et instruit par les écoles primaires*,
qui ne sont encore décrétées qu'en principe, pour discerner
juste au premier coup d'œil entre Brissot et Robespierre. Ensuite, je ne sais si la nature humaine comporte cette perfection
que supposerait la liberté indéfinie de parler et d'écrire. »

Tantôt c'était la mort sans phrases, tantôt c'étaient des phrases mortelles, celles d'un Saint-Just. Ce même Saint-Just avait, en 1789, publié un poème, *Organt*, où l'auteur s'égayait à un badinage agréable, et essayait çà et là la peinture de l'amour ingénu. Robespierre avait composé de petits vers que n'eût pas désavoués Dorat. Ces distractions littéraires ne devaient pas amuser longtemps les émules des septembriseurs. La Terreur s'attendrissait à des fêtes pastorales (contraste moins surprenant qu'il ne paraît d'abord) ; mais cette bergère conservait la griffe du lion. Les Grecs étaient trop exclusivement artistes pour avoir les menaces de mort ailleurs que sur les lèvres ; en général, hors de l'art ils prenaient peu de choses au sérieux. Les hommes de la Révolution étaient des citoyens enflammés de leurs convictions et allant tour à tour d'un enthousiasme sublime à la fureur.

Nos pères de 89 avaient le fanatisme de la liberté et de la patrie ; les contemporains de Démosthène ignoraient ces saintes ardeurs. Tel parmi eux se balafrait la figure pour tirer un peu d'argent d'un ennemi ; la plupart fuyaient les balafres plus sérieuses de l'épée macédonienne. Ils célébraient l'indépendance sans se dévouer pour elle ; ils applaudissaient à la patrie des ancêtres, mais ils plaçaient la leur où était le bien-être. Nos aïeux, insouciants de la vie, allaient au supplice avec l'élan du martyre. Eux non plus, ils n'ont pas vécu vie d'hommes, et plus encore que les auditeurs d'Eschine, ils étaient nés pour l'admiration des siècles à venir. Rien de grand ne s'accomplit sans foi. Les hommes de la Révolution française ont eu la foi ; leur abnégation héroïque nous a sauvés. Les Athéniens étaient des sceptiques de goût et d'esprit ; ils n'ont pas eu, comme nos aïeux, des âmes de granit pour

barrer le passage au flot de l'invasion qui venait les
submerger.

II. Les révolutions qui provoquent les chocs les plus
violents sont les révolutions sociales. Or Athènes, au
temps de Philippe, n'avait pas à se renouveler au
point de vue social, mais seulement à s'améliorer.
André Chénier s'armait de l'ïambe d'Archiloque pour
en fouetter au visage Collot-d'Herbois, mauvais
citoyen, méchant acteur comme Eschine ; le girondin
Guadet rappelait avec mépris le souvenir de Pride, le
boucher devenu colonel, au temps de Cromwell. Un
des collaborateurs des *Actes des Apôtres*, raillant la
soi-disant compétence de la foule sur les matières
d'État, en appelait « à tous les cordonniers, perru-
quiers, marchands de bas, chaudronniers, corroyeurs
et autres gens de négoce, qui sont devenus tout à
coup des Lycurgue et des Solon, voire même des
Condé et des Turenne [1]. » Ce qui, dans l'Angleterre
de 1650 et dans la France de 1789 faisait exception et
scandale aux yeux de quelques-uns, avait été la règle,
l'état normal à Athènes. Les couches sociales s'y
étaient mêlées, nivelées depuis Solon et surtout Périclès. La cité était donc à l'abri de ces remous formi-
dables d'un État où le fond aspire à prendre sa place
à la surface. La paix sociale n'y était pas d'une limpi-
dité irréprochable, car l'égalité absolue des droits ne
supprimera jamais l'inégalité des conditions et des
fortunes ; mais en somme, s'il y avait à régler, à tempérer, il n'y avait pas de refonte complète à faire.

---

[1] Jourdan alterna du généralat à la mercerie. Hoche était
fils d'un garde du chenil de Louis XV ; Ney, duc d'Elchingen,
fils de tonnelier ; Murat, roi de Naples, fils d'aubergiste ; Au-
gereau, duc de Castiglione, fils d'ouvrier maçon ; Masséna,
prince d'Essling, fils de marchand de vin.

Assez bien assise sur ses bases et satisfaite à peu près de son état, Athènes aurait pu puiser dans la haine de l'étranger une ardeur de passion analogue à celle des luttes sociales. Elle aurait pu et dû déployer contre ses envahisseurs l'énergie dont elle avait fait preuve dans la guerre du Péloponèse. Impétueuse jadis contre des cités rivales, elle fut molle en face de Philippe; moins attachée à la liberté qu'au repos, elle ne demandait qu'à continuer de jouir d'elle-même, sans labeur ni sacrifice. Les Grecs haïssaient plus les Grecs qu'ils ne détestaient le Macédonien. Les passions municipales avaient été violentes en Grèce et le seraient redevenues à l'occasion; la passion de la patrie hellénique n'était plus. Au contraire, la France de 92 ressentit à la fois les passions sociales et la passion patriotique. Il lui fallait se défendre contre les royalistes et contre les souverains coalisés : ce fut une lutte de géants. Athènes ne sentit aucun de ces puissants aiguillons ; en vain Démosthène l'avait piquée du sien. Assurée, quoi qu'il arrivât, de n'être pas dépouillée des avantages de son organisation sociale, elle se résignait à la perte d'une indépendance dont la conservation lui semblait mise à trop haut prix.

La nature morale de l'homme a quelque chose de l'invariabilité des lois de la nature physique, mais l'humanité a le privilège de concilier cette constance avec la loi du progrès ; progrès nécessairement borné quand à la perfectibilité de l'âme humaine, indéfini dans le domaine de l'esprit et de l'amélioration sociale. Les Républiques anciennes étaient des aristocraties souvent oppressives (ainsi Rome) ou des démagogies volontiers tyranniques. Les abus de la liberté inspiraient à de hauts esprits une idée fausse de la véritable constitution républicaine. Les socratiques, dont Sparte était l'idéal, demandaient à voir fleurir l'autorité des meilleurs (ἀριστοκρατία). Or, l'on sait où aboutissait d'ordinaire cette heureuse prédominance de l'aristocratie. Aristote excluait de la cité les travailleurs ; le seul citoyen légitime à ses yeux était celui qui avait de l'aisance et des loisirs. La démocratie réelle d'Athènes ne valait guère mieux que celle que le philosophe façonnait à son idée ; la vraie égalité y était inconnue. Dans les États oligarchiques, les gros mangeaient les petits. Dans la patrie d'Hyperbolos et de Cléonyme, les petits prétendaient vivre de la substance des gros. On y avait le droit d'être pauvre et médiocre, non celui d'être supérieur par la richesse ou le mérite. Que serait devenue l'égalité populaire, si tel citoyen s'était permis de s'élever par sa vertu au-dessus du niveau commun ?

Cette défiance du mérite éminent semblait si naturellement inhérente à la démocratie athénienne, qu'Aristote en est réduit à louer l'ostracisme comme une loi d'humanité. En effet, ce procédé d'élimination valait encore mieux que le nivellement par décapitation goûté de Tarquin ; mais c'était trop encore que la proscription des capacités excellentes semblât nécessaire. Un citoyen très éminent, ne tenant de la loi athénienne aucune place nettement limitée dans l'État, les absorbait toutes. Un citoyen très éminent, dans une République moderne, concentre sa puissante activité dans ses fonctions ; il n'empiète pas sur l'autorité d'autrui. Il a sa sphère déterminée ; celle du grand homme à Athènes ne l'est pas. Quand les mérites réunis de tous les citoyens ne peuvent faire équilibre au mérite d'un seul, il faut éloigner ce demi-dieu ou se soumettre à lui : « La loi n'est point faite pour ces êtres supérieurs; ils sont eux-mêmes la loi [1]. » Athènes est restée quarante ans soumise à Périclès; mais le plus souvent l'ostracisme la préservait du péril des talents extraordinaires. Le navire *Argo*, au nom du principe d'égalité, avait refusé de recevoir Hercule, beaucoup plus pesant que ses compagnons. Le vaisseau de l'État, chez les modernes, est assez solidement construit pour soutenir les personnalités les plus puissantes. Le mérite singulier a aujourd'hui sa place dans notre démocratie; loin de l'exclure de l'État, on le lui confie. Thémistocle, Cimon, Aristide, éloignés de la cité de Minerve par mesure de salut public, seraient aujourd'hui, d'une voix unanime, députés au Parlement, s'ils n'y sont déjà.

La démocratie athénienne voyait dans la richesse des particuliers une menace, un péril social (p. 93). Les philosophes politiques s'ingéniaient à la réglementer, à la restreindre. Les sycophantes travaillaient, à leur façon, à la solution du problème, en battant l'opulence en brèche à leur profit. Non contents d'extorquer de l'argent aux cités alliées, désireuses d'acheter à tout prix la protection d'orateurs écoutés de la multitude, ils livraient aux biens de leurs concitoyens l'assaut de l'envie et de la cupidité. Il faut voir dans les orateurs grecs comment les flatteurs de la foule font la guerre aux concessionnaires des mines d'argent de l'Attique et les exploitent eux-mêmes par le *chantage* [2]. Une des questions les plus

[1] Aristote, *Politique*, III, 8. *Esprit des lois*, XXVI, 17. Ces *lions* qui, dans Aristote, répondent à leur manière au décret rendu par l'assemblée des lièvres sur l'égalité générale des animaux, rappellent ceux du *Gorgias*.

[2] Xénophon (*Les revenus*, 4) a cherché un remède à ces abus

délicates des sociétés modernes est celle des rapports
du travail et du capital. Ce problème ardu a été ignoré
des Républiques anciennes, où le travail était le lot
presque exclusif de l'esclave. Athènes, néanmoins,
avait ses gens de petit métier. Rome, la superbe aristocrate, les méprisait ; Platon, rêveur dédaigneux, les
reléguait au dernier degré de l'échelle sociale ; il les
admettait seulement comme manœuvres, pour s'en
servir. Socrate, un vrai sage, les avait réhabilités en
faisant l'éloge des travaux manuels. Athènes ne pouvant, comme Rome, vivre des dépouilles du monde,
était obligée de travailler, si peu que ce fût. La question sociale offrait donc chez elle une difficulté particulière. On a vu (p. 94) comment Démosthène essayait de tenir la balance égale entre les prétentions
opposées des riches et des pauvres et, à défaut de
conciliation tout à fait équitable, poursuivait d'abord
le bien de l'État.

Le bien public inspirait de même de sages paroles
à Hypéride. Les délateurs, en rançonnant les proprié-
taires des mines, les forçaient au détriment du Trésor
public à abandonner leur exploitation. Était-ce servir
l'État que de molester ainsi les particuliers ? « Le
meilleur citoyen n'est pas celui qui, en retour d'un
peu d'argent (produit des amendes et des confiscations), apporte un détriment considérable aux intérêts
généraux de la cité [1] ; ni celui qui fournit des ressources momentanées et prive Athènes de revenus
légitimes. C'est l'homme soucieux de l'intérêt à venir

en proposant l'exploitation des mines par l'État, avec le concours
et au profit de tous les citoyens.

[1] Le trésor prélevait un 24me sur les revenus des mines. —
Oratores attici, *Contre Polyeucte*, Didot, II, p. 381, § 39.

de sa patrie, de la concorde des citoyens et de votre gloire. Il est des gens que tout cela inquiète fort peu ; privant les industriels du fruit de leurs travaux, ils prétendent enrichir la cité, alors qu'ils lui préparent l'indigence ; *car si la propriété et l'accumulation due à l'épargne deviennent une cause d'alarmes, qui voudra s'exposer au péril ?* » Le peuple d'Athènes, jaloux des revenus des travailleurs des mines, cherchait à les en dépouiller au profit du Trésor d'où lui-même tirait en partie sa subsistance et la gratuité de ses plaisirs. C'était la lutte organisée entre le capital et l'oisiveté. La question des droits respectifs du capital et du travail est loin d'être assoupie de nos jours, mais elle aussi, sans doute, recevra une solution qui sera un nouveau gage de la supériorité de la démocratie moderne.

Le gouvernement d'Athènes était une vaste Convention, formée de tous les citoyens et sans contrôle modérateur, balance folle dont les soubresauts, aux jours de crise passionnée, pouvaient culbuter l'État. Les Républiques modernes sont pondérées ; un prudent équilibre y concilie la stabilité et le mouvement. Le peuple athénien relevait de ses démagogues, favoris souvent indignes, représentants improvisés de la cité, sans autorité respectable ni mandat régulier. La souveraine de la cité est aujourd'hui l'opinion publique ; et cette reine gouverne, munie de l'organe politique par excellence, le suffrage universel, instrument décisif et pacificateur.

III. Le progrès du sens moral n'est pas moins sensible que le progrès politique et social ; on en trouve un témoignage manifeste dans la différence des jugements portés sur Démosthène, homme et orateur, par les Athéniens et par nous. Pour bien juger un ancien,

il faut d'abord le replacer dans son milieu ; aller à lui,
au lieu de l'amener à nous, et le voir des mêmes yeux
dont ses contemporains l'ont vu. Aussi avons-nous
souvent invoqué le témoignage d'Aristote, puissant
génie où convergent, comme dans un foyer concentri-
que, toutes les idées de son siècle éclairées de la
lumière du passé [1]. Son œuvre, véritable encyclopédie,
est la *Somme* de la philosophie grecque ; or, la philosophie, chez les anciens, était la science universelle.
Nous ne pouvions donc citer un témoin plus autorisé
des sentiments et des idées dans l'atmosphère desquels vivait Démosthène. Mais, tout en restant fidèle
à ce principe de la consultation du passé, la critique
n'abdique pas son droit d'appréciation personnelle.
Démosthène demeure donc justiciable du sens moral
et du goût des modernes. Ici encore paraît leur supériorité.

Les Athéniens étaient peu blessés de certaines faiblesses de Démosthène : ils les trouvaient en eux-
mêmes. Moralistes bénins, loin d'exiger de lui qu'il
valût mieux que son temps, un retour sur leurs propres infirmités les disposait à plaider en sa faveur les
circonstances atténuantes. L'orateur des *Philippiques*
a fui à Chéronée : la nature, la destinée partagent
cette faute avec lui ; on naît courageux ou timide,
comme on naît brun ou blond (p. 338). — Il savait
mal résister à l'appât de l'argent : jamais l'or de
Macédoine n'a souillé ses mains. — Il aimait les plaisirs : hé ! qui ne les aime ? La vertu du citoyen prime
celle de l'homme privé (p. 277). — Orateur politique,

[1] Pour la politique seule, il avait fait un recueil des consti-
tutions de 158 ou, selon quelques-uns, de 250 États démocratiques, oligarchiques, aristocratiques et tyranniques.

il n'a pas reculé devant des fraudes graves : l'objet de l'éloquence, c'est la victoire. « Le succès est doux même au prix du mensonge » (*Sophocle*). — L'essentiel n'est pas d'éclairer les juges, mais de les passionner[1].

Sur divers points, les modernes jugent Démosthène avec moins d'indulgence que ses concitoyens. Ils sont plus sévères aux défaillances morales et portent un plus grand respect à la vérité. « La fin de l'architecte, dit Héliodore de Larisse, est de donner à son œuvre l'harmonie qui suffit aux perceptions des sens, et autant qu'il est possible, d'inventer des procédés pour duper la vue en visant à la symétrie et à l'eurythmie non réelle, mais apparente. » La théorie de la duperie n'était pas en Grèce réservée à l'architecture ; aujourd'hui les *trompe-l'œil* sont bannis de l'éloquence.

Les Athéniens n'admiraient pas plus vivement que nous Démosthène orateur ; peut-être même, en l'admirant autrement, l'apprécions-nous mieux. La critique ancienne se place d'ordinaire à un point de vue étroit, celui du style : le choix des mots, l'arrangement des mots, l'harmonie, tels sont ses objets de prédilection. Voilà comment, avec Denys d'Halicarnasse, elle compare entre eux comme « graveurs et ciseleurs » les auteurs les plus dissemblables, Isocrate, Platon, Démosthène. Chez Cicéron lui-même[2], elle s'attache surtout aux beautés de la diction. Lucullus s'excusait auprès d'Atticus des fautes répandues dans son his-

---

[1] Ὀργίζεσθε! *Contre Leptine*; Didot, p. 257, § 119. Σφόδρα χρὴ ὀργίζεσθαι ; Lysias, *Contre Ératosthène*.

[2] *De claris oratoribus*, 14, 17, 23. Plutarque, moins soucieux de l'élocution, est meilleur critique ; *Vie de Caton*, 10.

toire écrite en grec : il disait y avoir semé des barba-
rismes et des solécismes, pour qu'on vît bien que l'ouvrage était d'un Romain. Jamais un Grec n'aurait
songé à pousser si loin l'amour de la couleur locale.
Le culte de la forme était la brillante idolâtrie des
Hellènes.

La renommée d'Isocrate [1], l'autorité presque souveraine dont il a joui, étonnent aujourd'hui. S'imagine-
t-on un publiciste moderne profitant de sa haute réputation pour adresser à l'un des trois empereurs un
grand discours politique écrit, entremêlé de paren-
thèses de cette nature : « Que votre majesté me pardonne de manier si imparfaitement la métaphore et
la métonymie : les ans en sont la cause. » C'est pourtant le cas d'Isocrate, le grand maître de l'art de bien
dire. Il écrit au roi de Macédoine une longue lettre-
programme, où il l'engage à donner un vertueux dé-
menti aux « rêveurs impertinents » qui l'accusent de
méditer l'asservissement de la Grèce, et à tourner ses
forces et celles des Hellènes contre les Perses :
« Nous n'avons pas donné à ce discours la parure des
cadences harmonieuses, ni celle des figures variées ;
je les employais moi-même dans ma jeunesse, et
j'enseignais aux autres les ornements qui rendent
l'éloquence agréable et persuasive. Aujourd'hui je
ne peux plus rien de cela : ainsi le veut mon âge. »
Et qui réclame ici de vous ces ornements, candide
vieillard?

[1] « On a vu parmi mes disciples des orateurs, des généraux,
des princes et des rois » (*Antidosis*). On venait de Sicile et
même du Pont se faire instruire à son école. Il reçut de Nico-
clès, fils d'Évagoras, 20 talents pour un seul discours (*Vie des
dix orateurs*).

Les modernes sont médiocrement sensibles au mérite des mille finesses et délicatesses de la diction antique. Ces préceptes minutieux, cette recherche curieuse du nombre, des assonances, des allitérations et tant d'autres artifices enseignés, pratiqués religieusement et dont les anciens faisaient des affaires d'État, sont aujourd'hui dédaignés à bon droit[1]. Les Grecs et les Romains en étaient charmés et les applaudissaient dans leurs orateurs politiques les plus graves. C. Gracchus, quand il parlait en public, faisait cacher derrière lui un musicien qui lui donnait la note sur une flûte d'ivoire, pour relever sa voix si elle venait à baisser, ou la tempérer à la suite d'éclats un peu vifs. A la place de ce musicien, régulateur des intonations de l'orateur, les assemblées modernes se trouvent bien de mettre un président qui réprime les écarts de la parole, non ceux de la voix, et veille à prévenir les orages que la flûte du tribun ne conjurait pas.

---

[1] Aristote, *Rhétorique*, III, 9, fin. Les Latins ont suivi et, sur certains points, dépassé peut-être les Grecs. Quintilien, au chapitre *De l'action*, enseigne à son orateur le langage des doigts, sans oublier le pouce capable lui aussi de certains effets : « Rapprocher l'index du pouce et en appuyer l'extrémité sur le milieu du côté droit de l'ongle du pouce, en relâchant les autres doigts, est un geste qui convient pour approuver, etc... » (La leçon de *philosophie* donnée à M. Jourdain est ici dépassée). Tel agencement des doigts exprime l'aversion ; tel, la modestie. L'auteur prend la peine de nous dire que, sans doute, Démosthène prononça l'humble exorde du discours de la *Couronne* « les quatre premiers doigts faiblement rapprochés par l'extrémité, la main non loin de la bouche, etc... » Il rappelle encore dans quelle mesure il convient de se frapper la cuisse, de frapper du pied, « mouvements qui siéent à l'indignation et réveillent les juges. » *Institution oratoire*, XI, 3.

L'éloquence moderne n'a point d'apprêt; elle se soucie des choses plus que de leur enveloppe. A l'exemple de Chatam, de Fox et de Pitt, les orateurs de la Révolution française improvisaient le plus souvent et dédaignaient de rien retoucher pour l'impression. Même de nos jours où la fièvre politique est moins vive, l'éloquence fait à l'art une part très petite. Le temps n'est plus où l'auteur du *Panégyrique* d'Athènes consumait dix années à écrire une œuvre de quinze pages; à peine aujourd'hui consacre-t-on dix heures à la préparation d'un discours. L'atticisme était simple et naturel; il fuyait les grands mots sonores, les éclats resplendissants; mais sa familiarité s'alliait toujours dans les nuances et dans la contexture de l'ensemble à un art exquis. On le dirait parfois abandonné, négligé; c'est le négligé d'une femme naturellement belle, mais consommée dans l'art de plaire. La simplicité moderne est toute naïve et sans calcul; la pensée, le sentiment sont tout pour elle. P.-L. Courrier disait du journalisme américain qu'il usait du même style, qu'il s'agît d'une réforme dans l'État, d'une coalition des puissances d'Europe contre la liberté, ou « du meilleur terrain à semer les navets. » Nos orateurs politiques modernes ne parlent pas tout à fait du même ton dans un débat sur la Constitution ou sur les bouilleurs de cru. Néanmoins leur éloquence a toujours une franchise étrangère aux soucis artistiques des anciens. L'orateur aujourd'hui ne dit plus, il pérore encore moins; il expose, il explique, il ouvre sa pensée, il ouvre son cœur : c'est une conversation attentive, émue; il ne peut ni ne veut en user autrement. Le temps presse, les affaires s'imposent, ses discours doivent être des actes, il s'adresse non à des auditeurs, mais à des citoyens. Il se doit tout entier comme eux à l'administration, au gouvernement du pays. N'est-ce pas là un heureux progrès?

Les orateurs anciens étaient des artistes ; de là leur force auprès de la postérité : seuls les ouvrages supérieurement écrits lui parviennent ; mais de là aussi leur faiblesse à quelques égards. L'orateur artiste est parfois tenté de faire à son art de regrettables sacrifices et il donne à son auditoire des impressions esthétiques qui le distraient indiscrètement de l'intérêt public en discussion. L'éloquence antique fuit les discussions arides, les détails techniques, les chiffres ; elle se soumet au même joug que l'histoire telle que la comprenaient Hérodote, Tite-Live, Tacite. L'histoire moderne n'est plus une branche de l'éloquence, greffée de poésie ; c'est le miroir de l'organisme entier de l'État, le relief exact, expressif des divers éléments de la vie matérielle, politique, intellectuelle et morale d'un peuple. La parole a partagé avec l'histoire le bienfait de cette transformation. La rhétorique n'est plus ; l'éloquence est vivante, nourrie plus que jamais en France de l'aliment fortifiant par excellence, la pratique des affaires dans la liberté.

A Athènes, l'orateur politique était obligé de plaire pour avoir raison, obligation imposée à Démosthène plus impérieusement qu'à tout autre ; car il avait à lutter contre Eschine, rude jouteur armé de toutes les séductions de l'éloquence, unies à celles des avantages physiques, et soutenu aussi de la complicité secrète des faiblesses des Athéniens. Démosthène ne devait donc négliger aucune des ressources de son art pour captiver un peuple artiste et triompher, par le charme de la diction autant que par la solidité des arguments, des répugnances de citoyens amollis, peu disposés à l'abnégation virile que l'austère devoir réclamait d'eux.

Que faire pour les engager à des dispositions favorables ? non seulement manier avec adresse les mœurs oratoires, mais surtout les prendre à l'appât invincible du beau langage. Justement convaincu de la puissance des mots pour conduire les hommes et surtout des Athéniens, Démosthène voulait être un orateur accompli ; c'était chez lui amour de l'art et patriotisme : le salut de la République était à ce prix. De là le soin de Démosthène à pénétrer au cœur de ses concitoyens par cette avenue en dehors de laquelle l'orateur était condamné à s'égarer. De là les retouches étudiées des morceaux qu'il estimait le plus propres à faire une forte impression artistique et morale ; de là des redites contraires à nos habitudes modernes et devant lesquelles le goût antique ne reculait pas. De là, enfin, le refus d'affronter la tribune sans s'y être préparé [1]. Médiocrement doué de la promptitude d'imagination nécessaire à l'improvisateur, Démosthène craignait de rien livrer au hasard de l'inspiration et de compromettre par une défaillance possible l'autorité d'une parole nécessaire au bien de l'État. Ainsi Démosthène se préparait dans le recueillement studieux du cabinet à être persuasif à la tribune ; il y montait pourvu de toutes ses armes, sûr de lui-même, maître d'avance d'auditeurs délicats et difficiles à satisfaire, mais peu rebelles à se laisser enlever par qui savait leur faire goûter à la fois les sentiments généreux et les jouissances de l'art.

Les beautés purement attiques de Démosthène sont à demi perdues pour nous [2] : elles tiennent souvent à

---

[1] Ces divers points ont été traités au chapitre V, p. 134-141.

[2] Isocrate (*Antidosis*, édition de M. Havet, p. 138) cite un fragment d'un discours de sa jeunesse : « Ce passage, » dit-il,

des nuances imperceptibles ; mais il a des beautés impérissables qui continueront de résister aux modifications du goût et aux traducteurs. Le bon sens lumineux, la force logique, la passion généreuse, l'élévation morale feront durer Démosthène éternellement. Le temps a secoué comme autant de fleurs les agréments délicats de sa diction ; le chêne est resté debout avec ses racines puissantes, ses rameaux vigoureux et la majesté de sa cime. C'est le Parthénon dépouillé de la fragile parure de sa polychromie, oblitération inévitable qui n'enlève rien au marbre nu de sa parfaite beauté.

L'orateur et le politique sont inséparables en Démosthène[1]. C'est le même homme faisant tour à tour

---

« est d'une élocution plus ornée que ce que vous avez entendu tout à l'heure. » Cette différence n'échappait certainement pas aux Grecs ; même prévenu, le lecteur moderne a grand'peine à la saisir.

[1] Démosthène, à certains moments, avait concentré dans ses mains tous les pouvoirs publics (τὸν συλλήβδην ἁπάσας τὰς Ἀθήνησιν ἀρχὰς ἄρχοντα, Eschine), hors celui de stratège. Après Chéronée, il pouvait se disculper du désastre en le rejetant sur les généraux : J'ai eu raison de conseiller la guerre ; si nous avons été vaincus, c'est que d'autres l'ont mal faite. — Aux âges précédents, cette excuse n'eût pas été possible. Quand Thémistocle, Cimon, Périclès, Alcibiade, Nicias proposaient une expédition militaire, il était toujours sous-entendu qu'ils ne se refusaient pas à s'en charger ; ils assumaient la double responsabilité du conseil et de l'exécution. Thucydide (IV, 28) a raconté comment le corroyeur Cléon, pris au mot par le peuple, avait été décrété stratège et stratège vainqueur, malgré lui. Au temps de Démosthène, les Athéniens ne songeaient pas à exiger de leurs orateurs politiques qu'ils fussent à la fois conseillers et hommes d'action. Ainsi ils n'imposèrent jamais de commandement militaire à Eschine, qui pourtant, dans sa

passer son âme des actes aux discours. Chez l'un et
l'autre, deux qualités dominent : la chaleur de la passion et la sagesse. Inflexible sur le principe de l'inviolabilité de la dignité nationale, d'une constance inva-
riable sur le but poursuivi, il est souple et varié dans
l'emploi des moyens. Son cœur est fier et impétueux,
son esprit est maître de soi et clairvoyant. Il ne se
précipite pas dans la guerre en forcené aveugle, il sait
conseiller la paix à propos. Il hait Philippe d'une haine
instinctive et réfléchie. Tandis que son âme bouillonne
contre lui, sa pensée médite. Il voit où la politique
tortueuse du Macédonien veut amener la Grèce insensiblement ; il comprend à merveille l'acharnement
soigneusement dissimulé du cauteleux envahisseur
contre la cité attique. Il pressent la blessure incurable
que la déchéance d'Athènes ferait au monde hellénique,
expression la plus élevée alors de l'humanité.

Également touchée de la foi à la fortune et à la Providence, sa sincérité religieuse, incapable de préjugés
et de calculs intéressés, concilie deux piétés que la
mauvaise foi seule peut séparer : la religion du ciel et
la religion de la patrie. Libre d'opter entre les avantages de la soumission et les amertumes de la lutte, il
lutte trente années contre les ennemis de son pays sans
merci ni défaillance, toujours vaincu et pourtant digne
de vaincre. Sa gravité combat la légèreté des Athé-

---

jeunesse, avait porté les armes avec éclat (*Ambassade;* Didot,
p. 92, § 167 et suiv.). Démosthène n'avait rien de l'homme de
guerre et manquait de « la vertu » qui « s'achète au prix du
sang, » selon le mot qu'Eschine lui attribue (Αἵματός ἐστιν ἡ
ἀρετὴ ὠνία). Néanmoins, le mot d'Horace sur lui-même :

Militiæ quanquam piger et malus, utilis urbi ;

s'applique fort bien à Démosthène. Voir chapitre III.

niens; sa vigueur, leur mollesse; ses angoisses patriotiques, leur insouciance. Il consume ses forces à se
communiquer à eux, à leur souffler l'âme des ancêtres
qui semble s'être concentrée dans sa poitrine; les
énergies, les douleurs de la patrie se sont réfugiées en
lui. Sur le point de tomber aux mains des Macédoniens,
il n'atteste pas les hommes dont il se voit abandonné,
mais les dieux qu'il a honorés en aimant sa patrie :
peut-être un jour consentiront-ils à la venger. Sa destinée est empreinte d'une fatalité malheureuse; son
caractère héroïque aurait mérité d'inspirer la tragédie.
Vaincu à Chéronée, les Athéniens continuent de voir
en lui leur bienfaiteur, et c'était justice. S'ils n'avaient
affronté ce désastre « à l'envi d'un triomphe, » ils seraient tombés au niveau des Messéniens, des Thessaliens, au lieu de tenir dans la Grèce et devant l'histoire le rang de suprématie où leurs pères les avaient
placés, et où l'estime de la postérité leur décerne à
leur tour la récompense qu'ils réservaient au patriotisme : à la voix de Démosthène ils sont allés au combat pour la couronne, et ils l'ont conquise.

Si certaines faiblesses morales et les passions politiques d'Athènes ne nous sont pas complètement in-
connues, notre État est mieux constitué que le sien;
chez nous, les hommes et les citoyens sont meilleurs.
Grâce à l'âme et au génie de l'orateur des *Philippiques*,
Athènes, dans sa lutte avec la Macédoine, n'a point
failli, mais son infirmité propre la condamnait à succomber; ses fautes passées [1], sa mollesse présente
pesaient également sur elle. Pour vaincre ou survivre
à sa défaite, il lui aurait fallu se renouveler elle-même;

---

[1] L'expédition de Sicile et le désastre naval d'Ægos-Potamos
(405), l'avaient atteinte au siège de la vie. Voir p. 200—202.

un seul homme, si dévoué, si puissant qu'il fût, ne pouvait se substituer à elle pour opérer cette métamorphose. La France, aux prises avec une Macédoine moderne, a survécu à des revers inouïs parce que les causes du désastre ne lui étaient pas inhérentes. Pour se relever, il lui a suffi de secouer le joug. Afin de cueillir le fruit, le despotisme avait coupé l'arbre; par la vertu de racines vivaces et d'une sage culture, en quelques années l'arbre a repoussé et il porte aujourd'hui de meilleurs fruits. Démosthène avait sauvé du moins l'honneur de sa patrie. En 1870 la France a eu l'honneur sauf et, grâce à Dieu, nous la voyons aujourd'hui bien vivante. Quand Démosthène tentait de relever le courage de ses concitoyens en alléguant contre la fortune l'énergie efficace des conseils humains, ils lui objectaient l'invincible destinée de Philippe. Les modernes savent unir la foi à la Providence et la foi à la liberté. — Dieu et la France protègent la France !

TABLE DES MATIÈRES

Principaux morceaux traduits de Démosthène et d'Eschine.

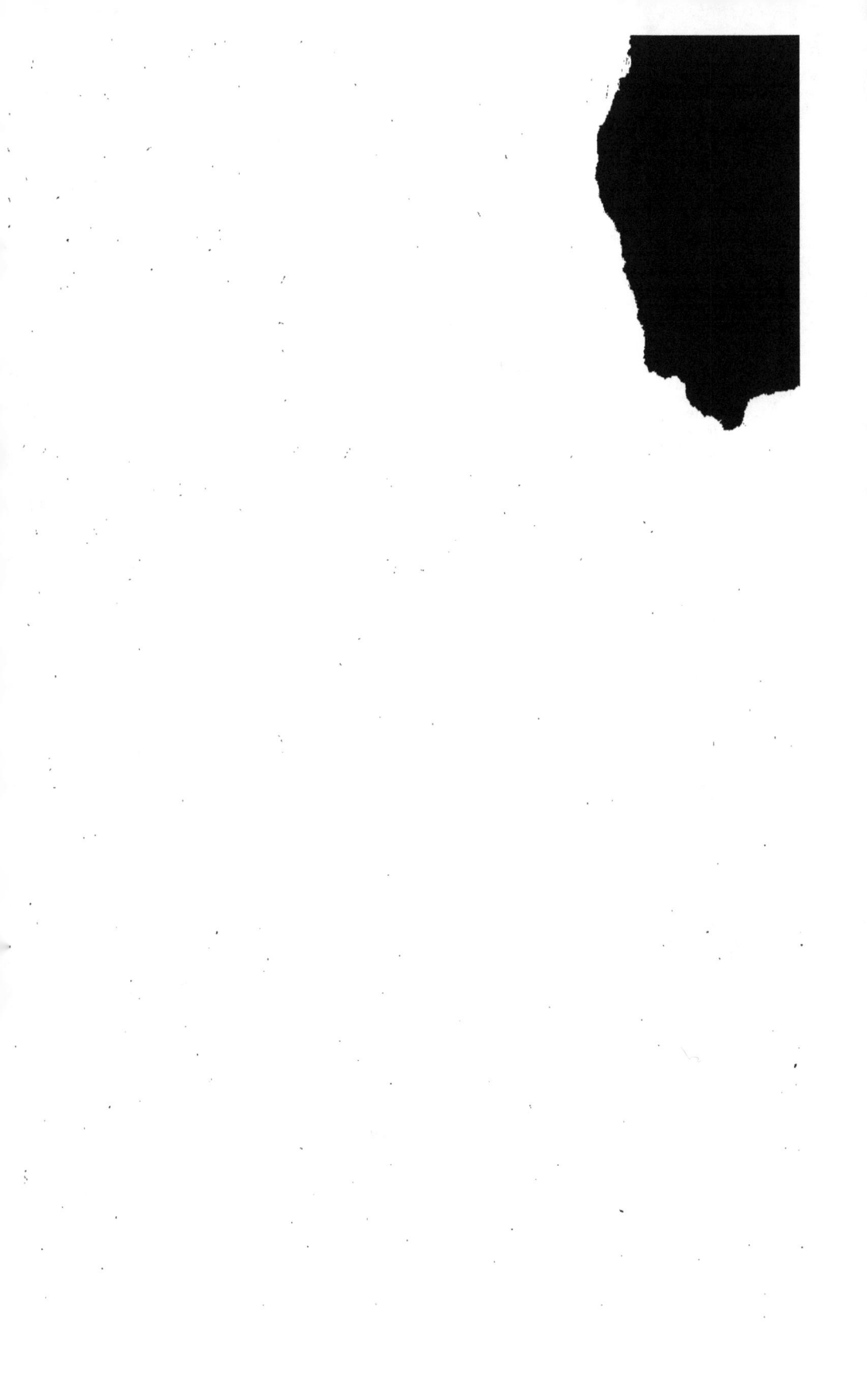

ACHETTE et Cⁱᵉ, Boulevard Saint-Germain, 79, PARIS

HÈQUE VARIÉE A 3 FR. 50 LE VOLUME

FORMAT IN-16

Etudes littéraires

(Paul) : *La poésie*, études sur les œuvre des poètes de tous les temps e tous les pays. 1 vol.

a prose, études sur les chefs-d'œuvre des rosateurs de tous les temps et de tous les pays. 1 vol.

— *La littérature française des origines à la fin du XVIᵉ siècle*. 1 vol
— *La littérature française au XVIIᵉ siècle*. 1 vol
— *La littérature française au XVIIIᵉ siècle*. 1 vol.
— *La littérature française au XIXᵉ siècle*. 2 vol.
— *Variétés morales et littéraires*. 1 vol
— *Poètes et poésies*. 1 vol.

BERGER (Adolphe) : *Histoire de l'éloquence latine*, depuis l'origine de Rome jusqu'à Cicéron, publiée par M. V. Cucheval. 2 vol.
Ouvrage couronné par l'Académie française.

BERSOT : *Un moraliste ; études et pensées*. 1 v.

BOSSERT : *La littérature allemande au moyen âge*. 1 vol.
— *Gœthe, ses précurseurs et ses contemporains*. 1 vol.
— *Gœthe et Schiller*. 1 vol.
Ouvrage couronné par l'Académie française.

BRUNETIÈRE : *Etudes critiques sur l'histoire de la littérature française*. 2 vol.

CARO : *La fin du XVIIIᵉ siècle ; études et portraits*. 2 vol.

DELTOUR : *Les ennemis de Racine au XIXᵉ siècle*. 1 vol.
Ouvrage couronné par l'Académie française.

DESCHANEL : *Etudes sur Aristophane*. 1 vol.

DESPOIS (E.) : *Le théâtre français sous Louis XIV*. 1 vol.

GEBHART (E.) : *De l'Italie*, essais de critique et d'histoire. 1 vol.
— *Rabelais, la Renaissance et la Réforme*. 1 vol.
Ouvrage couronné par l'Académie française.
— *Les origines de la Renaissance en Italie*. 1 vol
Ouvrage couronné par l'Académie française.

GIRARD (J.), de l'Institut : *Etudes sur l'éloquence attique* (Lysias, — Hypéride, — Démosthène). 1 vol.
— *Etudes sur la poésie grecque* (Epicharme, — Pindare, — Sophocle, — Théocrite, — Apollonius). 1 vol.
— *Le sentiment religieux en Grèce*. 1 vol.
— *Essai sur Thucydide*. 1 vol.
Ouvrages couronnés par l'Académie française.

LAVELEYE (E. de). *Etudes et essais*. 1 vol.

LENIENT : *La satire en France au moyen âge*.
— *La satire en France, ou la littérature militante au XVIᵉ siècle*. 2 vol.

LICHTENBERGER : *Etudes sur les poésies lyriques de Gœthe*. 1 vol.
Ouvrage couronné par l'Académie française.

MARTHA (C.), de l'Institut : *Les moralistes sous l'empire romain*. 1 vol.
Ouvrage couronné par l'Académie française.
— *Le poème de Lucrèce*. 1 vol.
— *Etudes morales sur l'antiquité*. 1 vol.

MAYRARGUES (A.) : *Rabelais*. 1 vol.

MÉZIÈRES (A.), de l'Académie française. *Shakespeare, ses œuvres et ses critiques*.
— *Prédécesseurs et contemporains de Shakespeare*. 1 vol.
— *Contemporains et successeurs de Shakespeare*. 1 vol.
Ouvrage couronné par l'Académie française.
— *En France*. 1 vol
— *Hors de France*. 1 vol.

MONTÉGUT (E.) : *Poètes et artistes de l'Italie*. 1 vol.
— *Types littéraires et fantaisies esthétiques*. 1 v.
— *Essais sur la littérature anglaise*. 1 vol.
— *Nos morts contemporains*. 2 vol.
— *Les écrivains modernes de l'Angleterre*. 1 vol.

NISARD (Désiré), de l'Académie française. *Etudes de mœurs et de critique sur les poètes latins de la décadence*. 2 vol.

PARIS (G.) : *La poésie au moyen âge*. 1 vol.

PATIN : *Etudes sur les tragiques grecs*. 4 vol.
— *Etudes sur la poésie latine*. 2 vol.
— *Discours et mélanges littéraires*. 1 vol.

PEY : *L'Allemagne d'aujourd'hui*. 1 vol.

PRÉVOST-PARADOL : *Etudes sur les moralistes français*. 1 vol.

SAINTE-BEUVE : *Port-Royal*. 7 vol.

TAINE (H.), de l'Académie française : *Essai sur Tite-Live*. 1 vol.
Ouvrage couronné par l'Académie française.
— *Essais de critique et d'histoire*. 2 vol.
— *Histoire de la littérature anglaise*. 5 vol.
— *La Fontaine et ses fables*. 1 vol.

TRÉVERRET (de) : *L'Italie au XVIᵉ siècle*. 2 vol.

WALLON : *Eloges académiques*. 2 vol.

Chefs-d'œuvre des littératures étrangères

BYRON (lord) : *Œuvres complètes*, traduites de l'anglais par M. Benjamin Laroche. 4 vol.

CERVANTÈS : *Don Q...otte...* pagnol par M. L. Vi... édif. L.

DANTE : *La divine ...* lien par P. A. Fior...

OSSIAN : *Poèmes gaéliques*, recueillis par Mac Pherson, trad. de l'anglais par P. Christian.
...complètes, traduites ...égut. 10 vol.
...cadémie française ...loquence politique en Grèce : ...d séparément

www.ingramcontent.com/pod-product-compliance
Lightning Source LLC
Chambersburg PA
CBHW071048280326

41928CB00050B/1685